民法总则

原理·案例·资料

翟新辉◎著

General Rules of Civil Law : Theory, Cases and Materials

中国政法大学出版社

2019·北京

图书在版编目（ＣＩＰ）数据

民法总则：原理·案例·资料/翟新辉著.—北京：中国政法大学出版社,2019.10
ISBN 978-7-5620-9189-9

Ⅰ.①民…　Ⅱ.①翟…　Ⅲ.①民法—总则—中国　Ⅳ.①D923.1

中国版本图书馆CIP数据核字(2019)第190228号

书　　名	民法总则：原理·案例·资料 Minfa Zongze Yuanli Anli Ziliao	
出 版 者	中国政法大学出版社	
地　　址	北京市海淀区西土城路25号	
邮　　箱	fadapress@163.com	
网　　址	http://www.cuplpress.com（网络实名：中国政法大学出版社）	
电　　话	010-58908435（第一编辑部）58908334（邮购部）	
承　　印	固安华明印业有限公司	
开　　本	720mm×960mm　1/16	
印　　张	21.5	
字　　数	341千字	
版　　次	2019年10月第1版	
印　　次	2019年10月第1次印刷	
印　　数	1～5000册	
定　　价	58.00元	

☑ 自 序

中国《民法总则》已经颁布实施，民法典各分编亦在编纂之中，作者在之前主编之《民法学总论》的基础上，撰写了本书。

本书有原理的讨论，比如对民法的特质、民法作为裁判法与权利法的逻辑关系、民法与宪法的关系、民法的渊源等的讨论。尽管我国民法典编纂已至分编阶段，并且近年可能出台，但这些原理方面的讨论，并不多余。

本书一个明显的特色是摘取了不少判决书的说理部分。我国司法公开进程有目共睹，尽管还有不足。但我国司法公开工作的不断深入，一方面确实体现了我国法治进程的不断进步，另一方面也为法学研究以及法律实务提供了不少方便。

指导性案例之外的判例在我国虽不具约束力，但研究这些判例，一方面可以发现我国法律人确实存在一定的学理共识，另一方面，这些判例实际上体现了中国当下的法治现状，或者说体现了中国当下的"法"。研习这些判例，可以避免纯粹空洞的学术说理。

本书中摘取及引用的我国法院的裁判文书原文（不包括指导性案例），除非特别注明，均来自中国裁判文书网（http：//wenshu. court. gov. cn），正文中的本书加粗字体为本书作者所加。

本书还摘取了部分优秀学者的相关资料文献，在此一并致谢！

上海政法学院 2017 级民商法学硕士研究生张栩僮同学辛苦地协助校对全书并对引用的判例、法规等进行制表、核对，民商法学硕士研究生孙祎祺、谭涵琦等同学也帮助核对了部分文献及进行了校对。感谢他们！

必须感谢本书编辑，本书品质的提升离不开编辑的严谨要求和辛苦工作！

最后，感谢我的家人对我的工作的支持，使本书得以最终完成。

法学前辈史尚宽先生有云，民法为众法之基。民法理论博大精深，由于时间仓促，著者水平所限，错误必然难免，欢迎批评指正。

翟新辉
二零一九年六月于上海

引用法律、法规、规范性文件及司法解释简称表

法规全称	法规简称	颁布时间、修改时间
《中华人民共和国民法总则》（主席令第 66 号）	《民法总则》	2017 年 3 月 15 日通过
《关于深化改革推进出租汽车行业健康发展的指导意见》（国办发〔2016〕58 号）	《关于深化改革推进出租汽车行业健康发展的指导意见》	2016 年 7 月 26 日颁布
《网络预约出租汽车经营服务管理暂行办法》（交通运输部等 7 部委令 2016 年第 60 号）	《网络预约出租汽车经营服务管理暂行办法》	2016 年 7 月 27 日颁布
《上海市网络预约出租汽车经营服务管理若干规定》（上海市人民政府令第 48 号）	《上海市网络预约出租汽车经营服务管理若干规定》	2016 年 12 月 21 日颁布
《杭州市网络预约出租汽车经营服务管理实施细则》（系对该市 2016 年《杭州市网络预约出租汽车和私人小客车合乘管理实施细则（试行）》的修改）（杭政办函〔2018〕12 号）	《杭州市网络预约出租汽车经营服务管理实施细则》	2018 年 2 月 8 日颁布
《成都市网络预约出租汽车经营服务管理实施细则（暂行）》（成交发〔2016〕143 号）	《成都市网络预约出租汽车经营服务管理实施细则（暂行）》	2016 年 11 月 5 日颁布
《绵阳市城区网络预约出租汽车经营服务管理实施细则》（绵交发〔2017〕16 号）	《绵阳市城区网络预约出租汽车经营服务管理实施细则》	2017 年 4 月 14 日颁布

续表

法规全称	法规简称	颁布时间、修改时间
《中华人民共和国道路交通安全法》（主席令第 47 号）	《道路交通安全法》	2003 年 10 月 28 日通过，2011 年 4 月 22 日第二次修正
《上海市道路交通管理条例》（2016 年 12 月最新修订）（上海市人民代表大会常务委员会公告第 49 号）	《上海市道路交通管理条例》	2016 年 12 月 29 日修正通过
《上海市非营业性客车额度拍卖管理规定》（沪府发〔2016〕37 号）	《上海市非营业性客车额度拍卖管理规定》	2016 年 6 月 16 日颁布
《关于进一步完善本市住房市场体系和保障体系促进房地产市场平稳健康发展若干意见的通知》（沪府办发〔2016〕11 号）	《关于进一步完善本市住房市场体系和保障体系促进房地产市场平稳健康发展若干意见的通知》	2016 年 3 月 24 日颁布
《中华人民共和国民法通则》（主席令第 37 号）	《民法通则》	1986 年 4 月 12 日通过，2009 年 8 月 27 日修正
《中华人民共和国宪法》（全国人民代表大会公告第 1 号）	《宪法》	1982 年 12 月 4 日通过，2018 年 3 月 11 日最新修正
《中华人民共和国行政处罚法》（主席令第 76 号）	《行政处罚法》	1996 年 3 月 17 日通过，2017 年 9 月 1 日第二次修正
《中华人民共和国合同法》（主席令第 15 号）	《合同法》	1999 年 3 月 15 日通过
《中华人民共和国婚姻法》（主席令九届第 51 号）	《婚姻法》	1980 年 9 月 10 日通过，2001 年 4 月 28 日修正

法规全称	法规简称	颁布时间、修改时间
《最高人民法院关于适用〈中华人民共和国婚姻法〉若干问题的解释（一）》（法释〔2001〕30号）	《婚姻法解释（一）》	2001年12月24日通过
《最高人民法院关于当前形势下审理民商事合同纠纷案件若干问题的指导意见》（法发〔2009〕40号）	《审理民商事合同纠纷意见》	2009年7月7日颁布
《中华人民共和国侵权责任法》（主席令第21号）	《侵权责任法》	2009年12月26日通过
《中华人民共和国物权法》（主席令第62号）	《物权法》	2007年3月16日通过
《中华人民共和国文物保护法》（主席令第81号）	《文物保护法》	1982年11月19日通过，2017年11月4日第五次修正
《上海市历史文化风貌区和优秀历史建筑保护条例》（上海市人民代表大会常务委员会公告第43号）	《上海市历史文化风貌区和优秀历史建筑保护条例》	2002年7月25日通过，2011年12月22日第二次修正
《澳门特别行政区民法典》	《澳门特别行政区民法典》	1999年8月2日核准
《最高人民法院关于以侵犯姓名权的手段侵犯宪法保护的公民受教育的基本权利是否应承担民事责任的批复》（法释〔2001〕25号）（已失效）	《最高人民法院关于以侵犯姓名权的手段侵犯宪法保护的公民受教育的基本权利是否应承担民事责任的批复》	2001年6月28日通过
《最高人民法院关于废止2007年底以前发布的有关司法解释（第七批）的决定》（法释〔2008〕15号）	《最高人民法院关于废止2007年底以前发布的有关司法解释（第七批）的决定》	2008年12月8日通过

法规全称	法规简称	颁布时间、修改时间
《最高人民法院关于裁判文书引用法律、法规等规范性法律文件的规定》（法释〔2009〕14 号）	《最高人民法院关于裁判文书引用法律、法规等规范性法律文件的规定》	2009 年 7 月 13 日通过，自 2009 年 11 月 4 日起施行
《中华人民共和国立法法》（主席令第 20 号）	《立法法》	2000 年 3 月 15 日通过，2015 年 3 月 15 日修正
《中华人民共和国澳门特别行政区基本法》（主席令第 3 号）	《澳门特别行政区基本法》	1993 年 3 月 31 日通过
《中华人民共和国香港特别行政区基本法》（主席令第 26 号）	《香港特别行政区基本法》	1990 年 4 月 4 日通过
《最高人民法院关于适用〈中华人民共和国合同法〉若干问题的解释（一）》（法释〔1999〕19 号）	《合同法解释（一）》	1999 年 12 月 1 日通过，自 1999 年 12 月 29 日起施行
《中华人民共和国行政诉讼法》（主席令第 66 号）	《行政诉讼法》	1989 年 4 月 4 日通过，2017 年 6 月 27 日第二次修正
《中华人民共和国证券法》（主席令第 14 号）	《证券法》	1998 年 12 月 29 日通过，2014 年 8 月 31 日第三次修正
《中华人民共和国船舶登记条例》（国务院令第 155 号）	《船舶登记条例》	1994 年 6 月 2 日发布，2014 年 7 月 29 日修订
《上海市房屋租赁条例》（上海市人民代表大会常务委员会公告第 24 号）	《上海市房屋租赁条例》	1999 年 12 月 27 日通过，2010 年 9 月 17 日修正

法规全称	法规简称	颁布时间、修改时间
《江苏省城市房地产交易管理条例》（江苏省人民代表大会常务委员会公告第2号）	《江苏省城市房地产交易管理条例》	2002年2月5日通过，2018年3月28日第二次修正
《江苏省高速公路条例》（江苏省人民代表大会常务委员会公告第10号）	《江苏省高速公路条例》	2002年12月17日通过，2014年3月28日第四次修订
《中华人民共和国人民法院组织法》（主席令第11号）	《人民法院组织法》	1979年7月1日通过，2018年10月26日最新修订
《建设工程质量管理办法》（建设部（已撤销）第29号令）（已失效）	《建设工程质量管理办法》（已失效）	1993年11月16日颁布
建设部（已撤销）关于废止《建设工程质量管理办法》等部令的决定（建设部（已撤销）令第106号）	建设部关于废止《建设工程质量管理办法》等部令的决定	2001年10月26日颁布
《上海市房地产抵押办法》（上海市人民政府令第76号）	《上海抵押办法》	1999年12月6日颁布
最高人民法院《关于适用〈中华人民共和国合同法〉若干问题的解释（二）》（法释〔2009〕5号）	《合同法解释（二）》	2009年2月9日通过，2009年4月24日公布，自2009年5月13日起施行
《人类辅助生殖技术管理办法》（卫生部（已撤销）令第14号）	《人类辅助生殖技术管理办法》	2001年2月20日颁布
《关于〈中华人民共和国国籍法〉在香港特别行政区实施的几个问题的解释》（1996）	《关于〈中华人民共和国国籍法〉在香港特别行政区实施的几个问题的解释》	1996年5月15日通过

法规全称	法规简称	颁布时间、修改时间
《关于〈中华人民共和国国籍法〉在澳门特别行政区实施的几个问题的解释》（1998）	《关于〈中华人民共和国国籍法〉在澳门特别行政区实施的几个问题的解释》	1998 年 12 月 29 日通过
《最高人民法院关于死亡人的名誉权应受法律保护的函》（［1988］民他字第 52 号）（已失效）	《关于死亡人的名誉权应受法律保护的函》（已失效）	1989 年 4 月 12 日颁布
《最高人民法院关于废止 1980 年 1 月 1 日至 1997 年 6 月 30 日期间发布的部分司法解释和司法解释性质文件（第九批）的决定》（法释［2013］2 号）	《关于废止 1980 年 1 月 1 日至 1997 年 6 月 30 日期间发布的部分司法解释和司法解释性质文件（第九批）的决定》	2013 年 1 月 14 日颁布
《最高人民法院关于确定民事侵权精神损害赔偿责任若干问题的解释》（法释［2001］7 号）	《精神损害赔偿解释》	2001 年 2 月 26 日通过
《民事案件案由规定》（法［2011］42 号）	《民事案由规定》	2007 年 10 月 29 日通过，2011 年 2 月 18 日第一次修正
《最高人民法院关于贯彻执行〈中华人民共和国民法通则〉若干问题的意见（试行）的通知》（部分失效）（法（办）发［1988］6 号）	《民通意见》	1988 年 4 月 2 日颁布
《婚姻登记条例》（国务院令第 387 号）	《婚姻登记条例》	2003 年 7 月 30 日通过
《中华人民共和国涉外民事关系法律适用法》（主席令第 36 号）	《涉外民事关系适用法》	2010 年 10 月 28 日通过

法规全称	法规简称	颁布时间、修改时间
《中华人民共和国民事诉讼法》（主席令第 71 号）	《民事诉讼法》	1991 年 4 月 9 日通过，2017 年 6 月 27日第三次修正
《中华人民共和国老年人权益保障法》（主席令第 24 号）	《老年人权益保障法》	1996 年 8 月 29 日通过，2018 年 12 月29 日第三次修正
《个体工商户条例》（国务院令第 666 号）	《个体工商户条例》	2011 年 4 月 16 日公布，2016 年 2 月 6日第二次修订
《中华人民共和国外商投资法》（主席令第 26 号）	《外商投资法》	2019 年 3 月 15 日通过，自 2020 年 1 月1 日起施行
《国务院关于个人独资企业和合伙企业征收所得税问题的通知》（国发〔2000〕16 号）	《国务院关于个人独资企业和合伙企业征收所得税问题的通知》	2000 年 6 月 20 日颁布
《个体工商户个人所得税计税办法》（国家税务总局令第 44 号）	《个体工商户个人所得税计税办法》	2014 年 12 月 27 日发布，2018 年 6 月15 日修正
《外国企业或者个人在中国境内设立合伙企业管理办法》（国务院令第 567 号）	《外国企业或者个人在中国境内设立合伙企业管理办法》	2009 年 8 月 19 日通过
《中华人民共和国个人独资企业法》（主席令第 20 号）	《个人独资企业法》	1999 年 8 月 30 日通过
《台湾农民在海峡两岸农业合作试验区和台湾农民创业园申办个体工商户登记管理工作的若干意见》的通知（工商个字〔2007〕247 号）（部分失效）	《台湾农民在海峡两岸农业合作试验区和台湾农民创业园申办个体工商户登记管理工作的若干意见》	2007 年 11 月 16 日颁布

法规全称	法规简称	颁布时间、修改时间
《关于开放台湾居民申请设立个体工商户的通知》	《关于开放台湾居民申请设立个体工商户的通知》	2011 年 12 月 27 日颁布
《国务院台湾事务办公室、中国共产党中央委员会宣传部、国家发展和改革委员会、科学技术部、工业和信息化部、公安部、民政部、司法部、人力资源和社会保障部、环境保护部（现已撤销）、交通运输部、商务部、文化部（现已撤销）、国家工商行政管理总局（现已撤销）、国家新闻出版广电总局（现已撤销）、国家体育总局、国家食品药品监督管理总局（现已撤销）、国家邮政局、国家文物局、国家外汇管理局关于扩大开放台湾居民在大陆申请设立个体工商户的通知》（国台发〔2015〕3 号）	《关于扩大开放台湾居民在大陆申请设立个体工商户的通知》	2015 年 12 月 15 日颁布
《国家工商行政管理总局（现已撤销）关于扩大开放台湾居民在大陆申办个体工商户登记管理工作的意见》（工商个字〔2015〕224 号）	《关于扩大开放台湾居民在大陆申办个体工商户登记管理工作的意见》	2015 年 12 月 28 日颁布
《国家工商行政管理总局（现已撤销）关于扩大开放港澳居民在内地申办个体工商户登记管理工作的意见》（工商个字〔2016〕99 号）	《关于扩大开放港澳居民在内地申办个体工商户登记管理工作的意见》	2016 年 5 月 31 日颁布
《中华人民共和国公司法》（主席令第 15 号）	《公司法》	1993 年 12 月 29 日通过，2018 年 10 月 26 日第四次修正
《中华人民共和国全民所有制工业企业法》（主席令第 18 号）	《全民所有制工业企业法》	1988 年 4 月 13 日通过，2009 年 8 月 27 日修正

法规全称	法规简称	颁布时间、修改时间
《中华人民共和国乡镇企业法》（主席令第76号）	《乡镇企业法》	1996年10月29日通过
国务院《关于原有有限责任公司和股份有限公司依照〈中华人民共和国公司法〉进行规范的通知》（国发〔1995〕17号）（已失效）	《关于原有有限责任公司和股份有限公司依照〈中华人民共和国公司法〉进行规范的通知》	1995年7月3日颁布
《中华人民共和国外资企业法》（主席令第51号）	《外资企业法》	1986年4月12日通过，2016年9月3日第二次修正
《中华人民共和国中外合资经营企业法》（主席令第51号）	《中外合资经营企业法》	1979年7月1日通过，2016年9月3日第三次修正
《中华人民共和国中外合作经营企业法》（主席令第81号）	《中外合作经营企业法》	1988年4月13日通过，2017年11月4日第四次修正
中共中央、国务院《关于分类推进事业单位改革的指导意见》（中发〔2011〕5号）	《关于分类推进事业单位改革的指导意见》	2011年3月23日颁布
国务院办公厅《关于印发分类推进事业单位改革配套文件的通知》（国办发〔2011〕37号）	《关于印发分类推进事业单位改革配套文件的通知》	2011年7月24日颁布
《民政部关于进一步加强和改进社会服务机构登记管理工作的实施意见》（民发〔2018〕129号）	《关于进一步加强和改进社会服务机构登记管理工作的实施意见》	2018年10月16日颁布
《中华人民共和国仲裁法》（主席令第76号）	《仲裁法》	1994年8月31日通过，2017年9月1日第二次修正

法规全称	法规简称	颁布时间、修改时间
《重新组建仲裁机构方案》	《重新组建仲裁机构方案》	1995 年 7 月 28 日颁布
《深圳国际仲裁院管理规定（试行）》（深圳市政府令第 245 号）	《深圳国际仲裁院管理规定（试行）》	2012 年 11 月 24 日颁布，2019 年 1 月 7 日修订
《最高人民法院关于对上海市高级人民法院等就涉及中国国际经济贸易仲裁委员会及其原分会等仲裁机构所作仲裁裁决司法审查案件请示问题的批复》（法释［2015］15 号）	《关于对上海市高级人民法院等就涉及中国国际经济贸易仲裁委员会及其原分会等仲裁机构所作仲裁裁决司法审查案件请示问题的批复》	2015 年 6 月 23 日通过
《仲裁委员会登记暂行办法》（国办发［1995］44 号）	《仲裁委员会登记暂行办法》	1995 年 7 月 28 日通过
《民政部关于重新确认社会团体业务主管单位的通知》（民发［2000］41 号）	《关于重新确认社会团体业务主管单位的通知》	2001 年 2 月 23 日颁布
《民政部、人事部（现已撤销）关于全国性社会团体专职工作人员人事管理问题的通知》（民发［2000］263 号）	《关于全国性社会团体专职工作人员人事管理问题的通知》	2000 年 12 月 7 日颁布
《民政部办公厅关于民主党派能否作为社会团体业务主管单位问题的复函》（民办函［2000］150 号）	《关于民主党派能否作为社会团体业务主管单位问题的复函》	2000 年 8 月 24 日颁布
《民政部关于国务院授权中国法学会作为社会团体业务主管单位的通知》（民发［2007］43 号）	《关于国务院授权中国法学会作为社会团体业务主管单位的通知》	2007 年 3 月 22 日颁布
《交通部（现已撤销）关于印发交通部社会团体管理办法的通知》（交人劳发［2007］714 号）	《关于印发交通部社会团体管理办法的通知》	2007 年 12 月 7 日颁布

法规全称	法规简称	颁布时间、修改时间
《河北省社会团体登记管理办法》（河北省人民政府令［2016］第1号）	《河北省社会团体登记管理办法》	2010年2月11日颁布，2016年6月14日修正
《河北省卫生类社会团体登记管理办法（试行）》冀卫科教［2009］2号	《河北省卫生类社会团体登记管理办法（试行）》	2009年2月16日颁布
《湖北省社会团体登记管理办法》（省政府令第217号）	《湖北省社会团体登记管理办法》	2001年12月10日颁布
《洛阳市社会团体登记管理办法》	《洛阳市社会团体登记管理办法》	2000年12月29日通过，2010年9月29日修正
《基金会管理条例》（国务院令第400号）	《基金会管理条例》	2004年2月4日通过，自2004年6月1日起施行
《中华人民共和国慈善法》（主席令第43号）	《慈善法》	2016年3月16日通过
《基金会名称管理规定》（民政部令第26号）	《基金会名称管理规定》	2004年6月21日颁布
《民办非企业单位登记管理暂行条例》（国务院令第251号）	《民办非企业单位登记暂行管理条例》	1998年10月25日颁布
《宗教事务条例》（国务院令第686号）	《宗教事务条例》	2004年11月30日发布，2017年6月14日修订
《行政区划管理条例》（国务院令第704号）	《行政区划管理条例》	2018年10月10日公布，自2019年1月1日起施行
《中华人民共和国地方各级人民代表大会和地方各级人民政府组织法》（主席令第33号）	《地方各级人民代表大会和地方各级人民政府组织法》	1979年7月1日通过，2015年8月29日第五次修正

法规全称	法规简称	颁布时间、修改时间
《中华人民共和国人民检察院组织法》（主席令第 12 号）	《人民检察院组织法》	1979 年 7 月 1 日通过，2018 年 10 月 26 日修订
《农业农村部关于启用农村集体经济组织登记证有关事项的通知》（农办政改〔2018〕3 号）	《关于启用农村集体经济组织登记证有关事项的通知》	2018 年 9 月 30 日颁布
《中共中央国务院关于稳步推进农村集体产权制度改革的意见》	《中共中央国务院关于稳步推进农村集体产权制度改革的意见》	2016 年 12 月 26 日颁布
《中华人民共和国城市居民委员会组织法》（主席令第 21 号）	《居民委员会组织法》	1989 年 12 月 26 日通过，2018 年 12 月 29 日修正
《中华人民共和国村民委员会组织法》（主席令第 21 号）	《村民委员会组织法》	1998 年 11 月 4 日通过，2018 年 12 月 29 日修正
中共中央、国务院《关于深化供销合作社综合改革的决定》（中发〔2015〕11 号）	《关于深化供销合作社综合改革的决定》	2015 年 3 月 23 日颁布
《中华人民共和国商业银行法》（主席令第 34 号）	《商业银行法》	1995 年 5 月 10 日通过，2015 年 8 月 29 日第二次修正
《中华人民共和国保险法》（主席令第 26 号）	《保险法》	1995 年 6 月 30 日通过，2015 年 4 月 24 日第三次修正
《社会团体登记管理条例》（国务院令第 666 号）	《社会团体登记管理条例》	1998 年 10 月 25 日发布，2016 年 2 月 6 日修订

法规全称	法规简称	颁布时间、修改时间
《民政部关于进一步加强和改进社会服务机构登记管理工作的实施意见》（民发〔2018〕129号）	《关于进一步加强和改进社会服务机构登记管理工作的实施意见》	2018年10月16日颁布
《中共中央办公厅、国务院办公厅关于改革社会组织管理制度促进社会组织健康有序发展的意见》	《关于改革社会组织管理制度促进社会组织健康有序发展的意见》	2016年8月21日颁布
《中华人民共和国公司登记管理条例》（国务院令666号）	《公司登记管理条例》	1994年6月24日公布，2016年2月6日第三次修订
《中华人民共和国企业破产法》（主席令第54号）	《企业破产法》	2006年8月27日通过
《中华人民共和国教育法》（主席令第39号）	《教育法》	1995年3月18日通过，2015年12月27日第二次修正
《中华人民共和国高等教育法》（主席令第23号）	《高等教育法》	1998年8月29日通过，2018年12月29日第二次修正
《高等学校章程制定暂行办法》（教育部令第31号）	《高等学校章程制定暂行办法》	2011年11月28日颁布
《证券交易所管理办法》（中国证券监督管理委员会令第136号）	《证券交易所管理办法》	2017年11月17日公布，自2018年1月1日起施行
《中华人民共和国合伙企业法》（主席令第55号）	《合伙企业法》	1997年2月23日通过，2006年8月27日修订
《中华人民共和国外资企业法实施细则》（国务院令第648号）	《外资企业法实施细则》	1990年12月12日发布，2014年2月19日第二次修订

续表

法规全称	法规简称	颁布时间、修改时间
《国务院关于个人独资企业和合伙企业征收所得税问题的通知》（国发〔2000〕16号）	《关于个人独资企业和合伙企业征收所得税问题的通知》	2000年6月20日颁布
《中华人民共和国企业所得税法》（主席令第23号）	《企业所得税法》	2007年3月16日通过，2018年12月29日第二次修正
《中华人民共和国合伙企业登记管理办法》（国务院令第648号）	《合伙企业登记管理办法》	1997年11月19日发布，2014年2月19日第二次修订
《中华人民共和国律师法》（主席令第76号）	《律师法》	1996年5月15日通过，2017年9月1日第三次修正
《律师事务所管理办法》（司法部令第142号）	《律师事务所管理办法》	2008年7月18日发布，2018年12月5日修正
《中华人民共和国注册会计师法》（主席令第14号）	《注册会计师法》	1993年10月31日通过，2014年8月31日修正
《国家工商行政管理总局（已撤销）关于做好合伙企业登记管理工作的通知》（工商个字〔2007〕108号）	《关于做好合伙企业登记管理工作的通知》	2007年5月29日颁布
《中华人民共和国企业法人登记管理条例》（国务院令第666号）	《企业法人登记管理条例》	1988年6月3日发布，2016年2月6日第三次修订
《中华人民共和国证券投资基金法》（主席令第23号）	《证券投资基金法》	2003年10月28日通过，2015年4月24日修正

法规全称	法规简称	颁布时间、修改时间
《中华人民共和国信托法》（主席令第 50 号）	《信托法》	2001 年 4 月 28 日通过
《中华人民共和国担保法》（主席令第 50 号）	《担保法》	1995 年 6 月 30 日通过
《工伤保险条例》（国务院令第 586 号）	《工伤保险条例》	2003 年 4 月 27 日公布，2010 年 12 月 20 日修订
《中华人民共和国消费者权益保护法》（主席令第 7 号）	《消费者权益保护法》	1993 年 10 月 31 日通过，2013 年 10 月 25 日第二次修正
《中华人民共和国食品安全法》（主席令第 22 号）	《食品安全法》	2009 年 2 月 28 日通过，2018 年 12 月 29 日修正
《中华人民共和国继承法》（主席令第 24 号）	《继承法》	1985 年 4 月 10 日通过
《最高人民法院关于审理建设工程施工合同纠纷案件适用法律问题的解释》（法释〔2004〕14 号）	《建设工程纠纷解释》	2004 年 10 月 25 日颁布
《最高人民法院关于审理城镇房屋租赁合同纠纷案件具体应用法律若干问题的解释》（法释〔2009〕11 号）	《城镇房屋租赁合同解释》	2009 年 7 月 30 日颁布
《最高人民法院关于审理商品房买卖合同纠纷案件适用法律若干问题的解释》（法释〔2003〕7 号）	《商品房买卖合同解释》	2003 年 4 月 28 日颁布
《最高人民法院关于适用〈中华人民共和国行政诉讼法〉的解释》（法释〔2018〕1 号）	《行政诉讼法解释》	2017 年 11 月 13 日通过，自 2018 年 2 月 8 日起施行

法规全称	法规简称	颁布时间、修改时间
《最高人民法院关于审理建设工程施工合同纠纷案件适用法律问题的解释（二）》（法释〔2018〕20号）	《建设工程纠纷解释（二）》	2018年10月29日通过，自2019年2月1日起施行
《最高人民法院关于适用〈中华人民共和国民事诉讼法〉若干问题的意见》的通知（法发〔1992〕22号）（已失效）	《民事诉讼法意见》	1992年7月14日颁布
《最高人民法院关于审理民事案件适用诉讼时效制度若干问题的规定》（法释〔2008〕11号）	《最高人民法院关于审理民事案件适用诉讼时效制度若干问题的规定》	2008年8月21日公布，自2008年9月1日起施行
《最高人民法院关于适用〈中华人民共和国民法总则〉诉讼时效制度若干问题的解释》（法释〔2018〕12号）	《最高人民法院关于适用〈中华人民共和国民法总则〉诉讼时效制度若干问题的解释》	2018年7月2日通过，2018年7月18日公布，自2018年7月23日起施行
《最高人民法院关于审理外商投资企业纠纷若干问题的规定（一）》（法释〔2010〕9号）	《外商投资企业纠纷司法解释》	2010年5月17日通过，自2010年8月16日起施行
《最高人民法院关于适用〈中华人民共和国民事诉讼法〉的解释》（法释〔2015〕5号）	《民事诉讼法解释》	2014年12月18日通过，自2015年2月4日起施行

引用案例表

说明：本书中摘取之我国裁判文书原文，除非特别说明，均来源于中国裁判文书网，其中加粗字体为本书作者所加。

案例编号	裁判法院	裁判文书编号
案例 1-1	最高人民法院	（2015）民申字第 609 号
案例 1-2	最高人民法院	（2014）民二终字第 40 号
案例 2-1	广东省广州市中级人民法院	（2017）粤 01 民终 19673 号
	四川省泸州市中级人民法院	（2001）泸民一终字第 621 号
案例 2-2	辽宁省葫芦岛市中级人民法院	（2018）辽 14 民终 20 号
案例 2-3	山东省济南市中级人民法院	（2017）鲁 01 民终 8741 号
案例 2-4	江苏省苏州市中级人民法院	（2018）苏 05 民终 3119 号
案例 2-5	广东省广州市中级人民法院	（2018）粤 01 民终 8612 号
案例 2-6	河南省郑州市中级人民法院	（2018）豫 01 民终 8703 号
	河南省郑州市中级人民法院	（2018）豫 01 民终 8032 号
案例 3-1	美国联邦最高法院	美国同性婚姻案： Obergefell v. Hodges（576 U. S.（2015））
案例 3-2	最高人民法院	（2017）最高法民终 514 号
案例 3-3	最高人民法院	（2011）民提字第 10 号
案例 3-4	最高人民法院	（2012）民申字第 1197 号
案例 3-5	最高人民法院	（2017）最高法民终 529 号
案例 4-1	最高人民法院	（2015）民申字第 1885 号
案例 5-1	最高人民法院	（2016）最高法行再 26 号

案例编号	裁判法院	裁判文书编号
案例 5-2	河南省济源中级人民法院	（2018）豫 96 民终 319 号
案例 5-3	陕西省西安市中级人民法院	（2017）陕 01 民终 14510 号
案例 5-4	山西省朔州市中级人民法院	（2018）晋 06 民终 102 号
案例 5-5	四川省成都市中级人民法院	（2017）川 01 民终 14693 号
案例 5-6	四川省资阳市雁江区人民法院	（2018）川 2002 民特 12 号
案例 5-7	北京市第一中级人民法院	（2018）京 01 民辖终 130 号
案例 5-8	北京市第一中级人民法院	（2016）川 0703 民初 314 号
案例 5-9	四川省武胜县人民法院	（2018）川 1622 民特 6 号
案例 5-10	辽宁省丹东市中级人民法院	（2018）辽 06 民终 448 号
案例 5-11	辽宁省大连市中级人民法院	（2018）辽 02 行终 261 号
案例 5-12	上海市虹口区人民法院	（2018）沪 0109 民特 139 号
案例 5-14	宜昌市三峡坝区人民法院	（2018）鄂 0591 民特 4 号
案例 5-14	河南省濮阳县人民法院	（2018）豫 0928 民特 19 号
案例 5-15	广州海事法院	（2017）粤 72 民特 29 号
案例 5-16	江苏省连云港市中级人民法院	（2018）苏 07 民终 1056 号
案例 5-17	最高人民法院	（2018）最高法民申 2390 号
案例 5-18	四川省高级人民法院	（2017）川民终 1187 号
案例 5-19	贵州省铜仁市中级人民法院	（2018）黔 06 民终 482 号
案例 6-1	江苏省高级人民法院	（2011）苏商终字第 0107 号
案例 6-2	最高人民法院	（2016）最高法民申 3168 号
案例 6-3	广东省高级人民法院	（2016）粤民申 6141 号
案例 6-4	湖南省怀化市中级人民法院	（2017）湘 12 民初 111 号
案例 6-5	广东省中山市中级人民法院	（2017）粤 20 民终 3811 号
案例 6-6	最高人民法院	（2016）最高法民申 1178 号

案例编号	裁判法院	裁判文书编号
案例 6-7	上海市第二中级人民法院	（2015）沪二中民二（民）终字第 3034 号
案例 6-8	上海市第二中级人民法院	（2017）沪 02 行终 174 号
案例 6-9	江苏省高级人民法院	（2017）苏民终 1845 号
案例 6-10	北京市第三中级人民法院	（2018）京 03 民辖终 152 号
案例 6-11	海南省海口市中级人民法院	（2017）琼 01 民终 3129 号
案例 6-12	陕西省西安市中级人民法院	（2018）陕 01 民终 91 号
案例 6-13	北京市第二中级人民法院	（2018）京 02 民终 7639 号
案例 6-14	北京市东城区人民法院	（2018）京 0101 民初 3117 号
案例 6-15	北京市第一中级人民法院	（2018）京 01 民终 1166 号
案例 6-16	上海市第一中级人民法院	（2017）沪 01 民终 11580 号
案例 7-1	贵州省黔东南苗族侗族 自治州中级人民法院	（2018）黔 26 民终 51 号
案例 7-2	最高人民法院	（2015）民申字第 1009 号
案例 7-3	最高人民法院	（2016）最高法民终 221 号
案例 8-1	江苏省高级人民法院	（2014）苏民终字第 203 号
案例 8-2	上海市浦东新区人民法院	（2014）浦民一（民）初字第 11907 号
案例 8-3	北京市西城区人民法院 （最高人民法院指导案例 99 号）	（2015）西民初字第 27841 号
案例 8-4	河南省平顶山市中级人民法院	（2018）豫 04 民终 727 号
案例 8-5	上海市高级人民法院	（2016）沪民申 2161 号
案例 8-6	陕西省西安市中级人民法院	（2018）陕 01 民辖终 493 号
案例 8-7	江西省吉安市中级人民法院	（2014）吉中民立终字第 15 号
案例 8-8	北京市高级人民法院	（2018）京民申 2813 号
案例 8-9	最高人民法院	（2015）民申字第 1885 号
案例 9-1	北京市第一中级人民法院	（2018）京 01 民终 1044 号

续表

案例编号	裁判法院	裁判文书编号
案例 9-2	最高人民法院	（2013）民提字第 239 号
案例 9-3	最高人民法院	（2014）民提字第 125 号
案例 9-4	最高人民法院	（2016）最高法民终 745 号
案例 9-5	湖北省武汉市中级人民法院	（2017）鄂 01 民终 7999 号
案例 9-6-1	最高人民法院 （最高人民法院指导案例 33 号）	（2012）民四终字第 1 号
案例 9-6-2	最高人民法院 （最高人民法院指导案例 33 号）	（2012）民四终字第 1 号
案例 9-7	北京市第一中级人民法院	（2017）京 01 民终 9731 号
案例 9-8	山西省大同市中级人民法院	（2018）晋 02 民终 148 号
案例 10-1	最高人民法院	（2017）最高法民再 169 号
案例 10-2	北京市第三中级人民法院	（2018）京 03 民终 2576 号
案例 10-3	广东省广州市中级人民法院	（2017）粤 01 民终 20549 号
案例 10-4	湖北省随州市中级人民法院	（2017）鄂 13 民终 628 号
案例 10-5	上海市静安区人民法院	（2016）沪 0106 民初 4955 号
案例 10-6	最高人民法院	（2015）民申字第 1895 号
案例 10-7	最高人民法院	（2018）最高法民申 2619 号
案例 11-1	最高人民法院	（2018）最高法民终 32 号
案例 11-2	最高人民法院	（2017）最高法民申 165 号
案例 11-3	最高人民法院	（2017）最高法民再 367 号
案例 11-4	最高人民法院	（2017）最高法民申 327 号
案例 11-5	最高人民法院	（2018）最高法民申 6215 号
案例 11-6	最高人民法院	（2014）民申字第 2032 号
案例 11-7	最高人民法院	（2018）最高法民申 1996 号
案例 11-8	最高人民法院	（2017）最高法民申 4160 号

案例编号	裁判法院	裁判文书编号
案例 11-9	最高人民法院	（2013）民申字第 1954 号
案例 11-10	最高人民法院	（2018）最高法民申 2582 号
案例 11-11	最高人民法院	（2017）最高法民申 1740 号
案例 11-12	浙江省宁波市中级人民法院	（2017）浙 02 民终 3743 号

目 录

民事主体篇

民事权利篇

民事权利变动篇

导论篇

导论 1：民法是什么

第一节　国家与社会·民法是规范市民社会的法

法律以规范社会生活为目的，而社会生活可从概念上区分为市民社会生活（或谓私的活动）和政治社会生活（或谓公的活动）。各法律的主要不同，在于其规范对象的不同。欲了解民法是什么，需要了解民法所规范的对象之特质，了解民法规范什么样的"人"（主体）之间什么样的活动或关系。

民法是规范市民社会的法，民法规范平等的主体（即"人"）之间的人身关系和财产关系。民法为市民社会中民事权利的变动提供裁判规则，从而起到规范市民社会秩序的功能。

一、"私"与"公"、"社会"与"国家"

国家与社会是一对重要的思想范式，不单帮助我们思考"国家"与"社会"的关系、国家的起源、国家与政府做出某些行为的目的，对理解民法是什么也有帮助。

"私"与"公"是一对与之相关的概念或范式。

我们每个人在现实生活中都有各种各样的"身份"、从事各种各样的活动。但是所有这些"身份"或活动，可以划分为最基本的两类，即："私"与"公"。

以"公"的身份从事"公"的活动，总是与国家、政府或公权力有关，组成"公领域"。比如作为警察抓捕小偷，"城管"对无照经营的摊贩处以没收非法经营物品和工具的处罚[1]，海关缉私，工商局对企业进行登记，环保局对排污企业进行处罚，法院审判，国家对外商投资的管制，外汇管理局对相关外汇交易进行管理，等等。又比如个人依法服兵役、纳税、参加选举等。在公领域中，总是有政府机关或代表公权力的人员出现，从事立法、执法、司法活动。我们可以看出，在公领域中的活动的特点是命令、服从，各主体之间类似于上下级的关系[2]。

以"私"的身份从事"私"的活动，一般与国家、政府或公权力无关，组成"私领域"。比如，孩子出生，父母对孩子的养育，婚丧嫁娶，读书就业，旅游娱乐，买房置业，投资经商，等等。"私领域"中一般是不代表公权力的个人或团体[3]之间的活动。私领域中活动的特点是各主体之间的平等以及自由、自愿或自主决定自己事项。

又比如，你开车到加油站加油，是你和加油站之间私的活动，属于"私领域"，国家发改委依据相关法规，根据国际原油价格的涨跌对汽柴油价格进行调整，则属于"公领域"；你乘坐出租车，是你和出租车（公司）之间的私的活动，属于"私领域"，政府的交通行政部门对出租车牌照的控制、许可，则属于公的活动，属于"公领域"；你乘坐网约车，是你与网约车经营者、网约

---

[1] "城管"为"城市管理综合行政执法"的简称或俗称。比如北京市设"北京市城市管理综合行政执法局"，"据国务院和市政府关于相对集中处罚权的决定，本市城管执法机关行使法律、法规、规章规定的以下13个方面的处罚权：市容环境卫生管理、市政管理、公用事业管理、城市节水管理方面的全部处罚权；园林绿化管理、环境保护管理、城市河湖管理、施工现场管理、城市停车管理、交通运输管理方面的有关处罚权；工商管理方面对流动无照经营行为的处罚权；城市规划管理方面对违法建设的有关处罚权；旅游管理方面对无导游证从事导游活动行为的处罚权。"见北京市城市管理综合行政执法局官方网站，http://cgj.beijing.gov.cn/，2019年7月4日访问。

[2] 有时也存在平级的政府机关之间的关系，但它们所从事的活动必须严格依照法律的规定范围和程序进行，不似下述市民社会中的平等主体的自由、自愿及自主决定。

[3] 团体依是否营利，学理上可分为：营利团体，比如公司和合伙企业；非营利团体或称公益团体，比如基金会、学会、协会等；中间团体（有营利但主要是为了成员的福利），比如俱乐部、合作社等。依据我国《民法总则》，自然人之外的团体，包括法人和非法人组织，法人包括营利法人、非营利法人和特别法人。

车平台之间私的活动，但政府对网约车的规制，则属于公的活动[1]。

我们从**概念上或者理论上**将所有以"私"的身份从事的"私"的活动所组成的领域称为私领域，专门称之为"市民社会"，有时简称为"社会"；将所有以"公"的身份从事的"公"的活动组成的领域称为公领域，并专门称之为"政治社会"，简称为"国家"。

我们可以看出，市民社会不能离开国家单独存在，但民主国家的构建又需有广泛的社会参与。社会需要国家维持秩序、提供公共服务，由国家来生产诸如"国防""社会保障""市政"甚至公平、正义（解决纠纷）等公共产品，而国家的民主决策也不能离开社会的广泛参与。在西方，传统的观念认为，"社会"被排除在国家的政治决定和参与决策之外，与"国家"权力对立，社会生活秉行自治原则，"国家"只是保障"社会"的私法自治过程的前提条件、仅在社会秩序被扰乱时进行干预；但"在今天民主社会形式的国家中"，"如若缺乏有组织、有计划、负责任的国家行为，'社会'生活将不再可能"，"反之，民主'国家'只有在'社会性'的共同行动的影响下才能构建形成"[2]。国家的任务以及如何保障社会对国家政治决定的参与、如何规范政府"依法行政"[3]，是公法的重要课题。

现实生活中，市民社会的生活（或者说社会生活）总是和政治国家生活交织在一起，很难截然分割。比如，你买辆汽车，跟汽车销售公司是"私"的关系，但车主需要缴纳的增值税、购置税、消费税、车船使用税等税费是"公"的关系，同时依据《道路交通安全法》，机动车上路行驶，须依法登记或取得

---

[1] 就网约车的管理，2016 年 7 月 26 日，国务院办公厅印发了《关于深化改革推进出租汽车行业健康发展的指导意见》（国办发〔2016〕58 号），2016 年 7 月 27 日交通运输部等 7 部委联合颁布《网络预约出租汽车经营服务管理暂行办法》（交通运输部等 7 部委令 2016 年第 60 号）。随后，各地方政府纷纷据此制定了《实施细则》，如：上海市政府 2016 年 12 月 21 日公布《上海市网络预约出租汽车经营服务管理若干规定》（上海市人民政府令第 48 号）；杭州市政府 2018 年 2 月 8 日印发《杭州市网络预约出租汽车经营服务管理实施细则》（系对该市 2016 年《杭州市网络预约出租汽车和私人小客车合乘管理实施细则（试行）》的修改）；《成都市网络预约出租汽车经营服务管理实施细则（暂行）》（成交发〔2016〕143 号，经该市市政府常务会议和市委常委会议审定同意）；2017 年的《绵阳市城区网络预约出租汽车经营服务管理实施细则》；等等。

[2] ［德］康拉德·黑塞：《联邦德国宪法纲要》，李辉译，商务印书馆 2007 年版，第 13~14 页。

[3] 应该说"政府"包括立法、执法（行政）、司法各分支，公法规范这些分支的活动。

临时通行牌证[1]，如果在上海，车主如要取得"沪C"之外的车牌，则需通过拍卖取得[2]，这些又是"公"的关系；又比如，你作为买房人与卖房人之间系"私"的关系，但你作为买房人须符合各地政府限购政策规定的"买房资格"[3]，又属于"公"的关系；几个人共同投资开办公司，需要到工商行政管理机关登记并领取营业执照；公司设立后正常经营交易之余，要与工商、税务、环保、劳动与社会保障、外汇管理、海关、商检等政府部门打交道。更为复杂的是，有时候政府机关也会以"私"的身份从事一些"私"的活动，比如某政府机关采购办公用品，国家发行国债，等等。

虽然如此，我们将整个社会生活从概念上或理论上划分为市民社会和政治社会有着重要的意义[4]，两个领域有着不同的运行规则。其区分见下图：

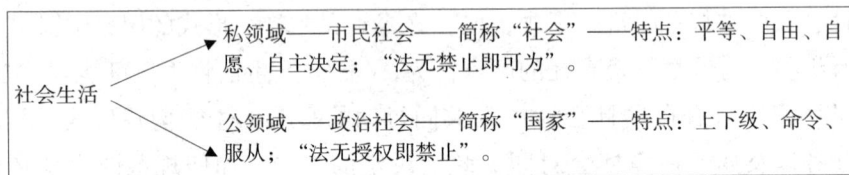

图 1-1　社会生活划分

—————————

〔1〕《道路交通安全法》第 8 条规定："国家对机动车实行登记制度。机动车经公安机关交通管理部门登记后，方可上道路行驶。尚未登记的机动车，需要临时上道路行驶的，应当取得临时通行牌证。"

〔2〕 上海市人民代表大会根据《道路交通安全法》制定的地方性法规《上海市道路交通管理条例》（2016 年 12 月修订）第 21 条规定："本市对车辆号牌的发放实行总量调控。机动车号牌额度年发放量、发放以及注册登记办法，由市交通行政管理部门会同市公安机关和其他有关部门提出，报市人民政府批准后实施。"上海市人民政府依据前述地方性法规制定有《上海市非营业性客车额度拍卖管理规定》（沪府发〔2016〕37 号）

〔3〕 比如，依据上海市政府办公厅同意转发的《关于进一步完善本市住房市场体系和保障体系促进房地产市场平稳健康发展的若干意见》（沪府办发〔2016〕11 号）的规定，"提高非本市户籍居民家庭购房缴纳个人所得税或社会保险的年限，将自购房之日起计算的前 3 年内在本市累计缴纳 2 年以上，调整为自购房之日前连续缴纳满 5 年及以上"。

〔4〕 有关市民社会理论有价值的研究，参见邓正来：《市民社会理论的研究》，中国政法大学出版社 2002 年版；同时参见香港社会科学服务中心、中国问题研究所出版，邓正来主编：《中国社会科学季刊》（香港）1993 年 5 月第二卷（总第 3 期）、1993 年 8 月第三卷（总第 4 期）、1993 年 11 月第四卷（总第 4 期，该期出版者为香港社会科学服务中心、中国社会科学研究所）各卷的有关市民社会的论文。

【资料】邓正来论"市民社会"

"中文世界所使用的'市民社会'一词，大体是由英文 civil society 一词转译而来。该词的最早涵义可上溯至古希腊先哲亚里士多德。……到了近代，市民社会在早期自由主义思想那里开始与自然状态（state of nature）相区分，但其涵义依旧是指与自然状态相对的政治社会或国家，而不是指与国家相对的实体社会。……"

"自由主义思想家的主要关注点，从国家层面来看，是如何使国家权力受到限制，换言之，亦就是如何使不同个人、群体和阶层的自由与政治秩序或政治强力相协调。其关键手段则是透过社会契约观而使国家与前国家或非国家状态相区分。国家是理性产物的认知基本上可以说是那一时期的共识，即国家是调整个人利益和本能情绪的机构，透过它可以确保一种可控的和有序的自由，尽管早期自由主义者对此的表述不尽相同；然而，另一方面，大多自由主义政治思想家又认为，无条件地承认国家至上独尊的地位，会导致国家对其人民权力的侵吞与剥夺，因此，他们尽管力图证明政治国家为必要，但同时仍努力释证对国家权力的限制为正当，这种努力一般被认为有三种模式，而其中最具典型意义和代表意义的乃是洛克-康德模式。"

"根据中国社会发展的历史及现状，我们主张市民社会与国家关系的'良性互动说'。

从国家的角度看，其对市民社会的作用主要表现在两个方面：首先，国家承认市民社会的独立性，并为市民社会提供制度性的法律保障，使其具有一个合法的活动空间；其次，国家对市民社会进行必要的干预和调节；这种活动又可分为两个层次：一是国家抽象的立法行为，为市民社会的活动确立对人人适用的普遍规则；另一层次是国家对市民社会自身无力解决的利益方面的矛盾和冲突进行具体的仲裁和协调。应该指出，市民社会既非人间天堂，亦非铁板一块，其内部存在着各种不同利益和不同价值取向的复杂关系；为争夺资源和利益而展开的竞争是激烈而又残酷的；收入分配、财产权利以及个人选择的自由空间，等等，也很可能是极为不均等的。此外，市民社会更多表现的是特殊利益，它常常无力自觉地维护社会的普遍利益，因此国家对市民社会的干预和调节有其必然的根源。"（摘自邓正来：《市民社会理论的研究》，中国政法大学出版社 2002 年版，第 14 页、28 页及 31 页。）

二、民法是规范市民社会的法

古汉语虽曾出现"民法"这一汉字组合,但并未在我们这里所说的意义上使用该词。"中文的'民法'这一术语,是照搬日本人的误译","民法作为基本部门法不是而且也不能为中国法律文化所固有,当属不争的事实,盖中国从不具备产生和发育市民法的社会条件也"[1]。

一般认为,民法一词系译自西文(包括英、法、荷兰语等),语源均为罗马法的 jus civile,意为"市民法"。现代意义上的"民法"这一汉字组合,来源于日本,系日本在明治时期(19 世纪)翻译、继受西方民法典时开始使用汉字"民法"的表述。中国在清末、民初起草相关法律时均称"民律",至《中华民国民法典》各编逐步颁布,"民法"一词开始在我国法律中使用。但近代欧陆民族国家以"市民法"命名其法典,"'市民法'被注入了'私法''私权法''市民社会的法'等诸多信息,成了专有名词",日本学者在译介时不明"'市民法'术语中'市民的'这个成分的固有价值,竟然以为它无足轻重,可以简而化之为'民的'!"这样使得"市民法所传达的文化信息差不多全给丢掉了"[2]。谢怀栻先生也指出,"我国制定法律虽然有几千年历史,但在民法方面,确实没有'遗产'留下来。所以继受外国法是唯一可行之路"。[3]

而"只有学习罗马法,才能掌握'民法'一词的来源和专门意义。其他许多民法上的名词术语,也大多如此"[4]。

民法是规范私领域的市民社会的法,即私法,遵循市民社会中平等、自由、自愿及自主决定的特质,并且自由、自愿或称意思自治(又称私法自治)成为民法的重要基本原则,对于私主体而言应当遵循"法无禁止即自由"的原则(详见后述);公法是规范公领域即政治社会的法,主要规范公权力的构成及运行,一般认为宪法、行政法、刑法等属于公法,公权力机关则应遵循"法

---

〔1〕 张俊浩主编:《民法学原理》(上册),中国政法大学出版社 2000 年版,第 6~7 页及第 7 页脚注 1。

〔2〕 张俊浩主编:《民法学原理》(上册),中国政法大学出版社 2000 年版,第 5~6 页及该两页脚注。另参见王书江译:《日本民法典》,中国法制出版社 2000 年版,第 1 页。

〔3〕 谢怀栻:《大陆法国家民法典研究》,中国法制出版社 2004 年版,第 107 页。

〔4〕 周枏:《罗马法原论》,商务印书馆 1994 年版,第 16 页。有关罗马法的含义,市民法、万民法、自然法的含义等,参见该书第一编第一章及第三章的相关内容。

无授权即禁止"的原则。有人指出，"民法是与宪法相并列的法律，宪法规定的是国家的基本理念和构造，而民法规定的是社会的基本理念和构造"[1]，这种说法颇有道理。

市民社会领域中，有形形色色的人和团体，他们在进行着形形色色的活动，他们之间发生着形形色色的关系，民法只规范其中最重要的两类关系，即人身关系和财产关系。其他关系，比如朋友关系、恋人关系、同学关系等等，只要不涉及人身与财产，民法不予规范。

因此，民法是规范市民社会的法，它是规范市民社会中平等的人（主体）或团体之间的人身关系和财产关系的法。我国《民法总则》第 2 条规定："民法调整平等主体的自然人、法人和非法人组织之间的人身关系和财产关系。"[2]

第二节 民法的特质

民法的特质，即民法的特点或性质，也可以称为民法的性格或气质。民法学虽然是一门应用学科，但其背后有着丰富的和深刻的理论及历史背景。民法作为一个制度体系，由一系列的制度如民事主体制度、法律行为制度、物权制度、债权制度、继承制度、婚姻制度、知识产权制度等组成，了解民法的特质，有助于了解这些制度背后承载的理念及价值观，对于真正掌握民法和运用民法，大有裨益。

一、民法是私法[3]

如前所述，我们可以将整个社会生活从概念或理论上划分为私领域（即市

---

〔1〕〔日〕星野英一："名家评说：日本民法的 100 年"，渠涛译，载《环球法律评论》2001 年第 3 期。

〔2〕比较之前《民法通则》第 2 条的定义"中华人民共和国民法调整平等主体的公民之间、法人之间、公民和法人之间的财产关系和人身关系"，可以发现财产关系和人身关系的顺序发生了变化，这与有学者提出人身关系在财产关系之前是对"人"的重视、对人文精神的弘扬和尊重人的价值等理念有关。本书作者以为这种改变纯属文字游戏，并无实益，真正对"人"的尊重体现在具体的制度设计和司法实践的具体操作；但将"公民"更改为"自然人"则有其价值，因为两词蕴含不同的文化信息并且是不同的法律术语，详见后述。

〔3〕关于公法与私法区分的有价值的著作，参见〔日〕美浓布达吉：《公法与私法》，黄冯明译，中国政法大学出版社 2003 年版。

民社会）和公领域（即政治社会或国家）。民法，是规范私领域即市民社会的法，是私法，它以市民社会中的个人（或团体）之间的平等和自决（也即私法自治）为基础；与私法相对，规范政治生活即公领域的法，为公法，它主要规定国家以及其他被赋予公权力的团体（机关）相互之间以及与它们的成员（比如国民）之间的关系，公法主要规范行使公权力的团体的构成及公权力的运行，如宪法（除宪法外还包括各类机关的组织法、立法法等宪法性法律）、行政法（如行政许可法、行政处罚法、教育法、税法、价格法等）以及刑法等。

　　民法作为私法，规范市民社会，而市民社会有其自身的运行规律，市民社会与政治社会之间也存在复杂的关系。对市民社会与政治社会、社会与国家的关系的不同理解，会产生对私法和公法理念的不同理解。国家对市民社会的不当干预，会压缩市民社会的空间，否认市民社会中市民的平等及自决（自我决定、自主选择）的权利，这样就会出现一个"病态"的社会，甚至有演变为纳粹统治下的警察国家的危险。

　　自罗马法以来，法律即分为两大类，一类为私法，另一类为公法，罗马私法尤为发达。有人称古罗马人将法律分为公法和私法，意在为公法和私法划一界限，防止公权力横行或染指市民社会和市民私生活，体现了对公权力的警惕之心，"天真之余，极其严肃"[1]。

　　（一）公法与私法的区别标准

　　民法系属私法，规范市民社会，几无争议，但就公法与私法的区分标准却有多种说法，比如：

　　1. 主体说。法律关系的主体，一方或双方是国家或其他公权力机关，为公法关系。但国家或其机关可能会参与到市民社会中，比如，购买办公用房或商品房，此时则应是私法关系，应遵循市民社会的法，即私法。

　　2. 利益说。即看法律所保护的是个人利益还是社会公共利益。此标准不妥。国家惩罚犯罪从而保护社会利益，同时也是保护个人利益，个人遇险求助警察，应属公法关系；私法也会关注社会公共利益，比如对交易安全保护的制度设计（主要见于物权制度）、对男女平等、婚姻及家庭秩序的保护等等。只不过公法和私法的规范手段会有不同，公法的手段是刑罚（如拘役、罚金、徒

---

〔1〕 张俊浩主编：《民法学原理》，中国政法大学出版社1997年版，第4页。

刑甚至死刑）或行政处罚（如罚款、没收），私法（民法）则是不让相关交易发生当事人期待的法律效力而已。

3. 平等关系或隶属关系说。即私法关系中各主体系平等关系，而公法关系中各主体系隶属关系（或管理关系）。但此标准也不妥。一方面，在私法关系中，亲属、家庭关系中有一定的隶属性质的关系（比如父母与子女），公司及其他社团对其成员也存在类似的关系；另一方面，在公权力团体中，北京市政府、重庆市政府之间不仅并无隶属关系甚至类似一种平等关系。

应该说，"在公法与私法之间，并不能用刀子把它们精确无误地切割开，就像我们用刀子把一只苹果切成两半一样"[1]。

上述诸说，各有所长，也均具缺陷。一般来说，在某种法律关系中，至少有一方当事人是以公权力主体的性质参加该法律关系并且行使具有强制力的公权力，那么该法律关系就归公法调整，不符合这一条件的其他法律关系都属于私法范围，归私法调整。公法是受约束决定的法，私法是自主决定的法；公权行为（或者说行使公权力）必须严格遵照指示、依据法律的明确规定，而私法行为则主要是自决的、自治的行为。这一观点颇值赞同。

另外，需说明的是，虽不少人认为诉讼法或程序法属公法，但有观点认为法律首先可以分为实体法和程序法（主要是诉讼法）[2]，而公法和私法的划分应仅适用于实体法，诉讼法从本质上说既不属于公法，也不属于私法。因为虽然法院的司法裁判行为属于国家实施公权行为无疑，诉讼当事人、证人、鉴定人等同法院之间不是平等关系，但诉讼当事人之间却是平等关系，而且在民事诉讼中，诉讼当事人也有相当的自由，可以就其诉讼中的权利自由进行处分，可以说是"私法自治"在诉讼法中的体现。就实体法而言，任何一种法律关系要么属于私法范畴要么属于公法范畴，舍此无他；但诉讼法则处于这一划分之外[3]。

---

〔1〕〔德〕卡尔·拉伦茨：《德国民法通论》（上册），王晓晔等译，法律出版社 2003 年版，第 7 页。

〔2〕一般认为，仲裁法也属于程序法。

〔3〕参见〔德〕卡尔·拉伦茨：《德国民法通论》（上册），王晓晔等译，法律出版社 2003 年版，第 5~7 页；王泽鉴：《民法总则》，北京大学出版社 2009 年版，第 8~13 页。

【案例 1-1】行政机关作为民事主体：杨进争与成都市公安局、成都市公安局青羊区分局侵害实用新型专利权纠纷申请再审案[1]

本院认为，本案的争议焦点为成都市公安局、青羊区分局的被诉行为是否构成侵权。

经审查，杨进争是名称为"警用快速防暴阻隔装置"（专利号200820063693.9）的实用新型专利权人。杨进争主张的被诉侵权产品铁丝阻隔网（铁丝阻拦网）系成都市公安局从案外人成都恒安警用装备有限公司采购而来，随后，成都市公安局调拨给青羊区分局3台，青羊区分局在四川省成都市天府广场使用了被诉侵权产品。本院认为，首先，**青羊区分局被诉的侵权产品来自于成都市公安局的调拨行为，据此并不能认定成都市公安局具有销售行为。**杨进争主张成都公安局存在销售被诉侵权产品的主张，本院不予支持。其次，**成都市公安局、青羊区分局在辖区范围内使用被诉侵权产品是为了维护公共安全，并非以生产经营为目的。二审法院关于《中华人民共和国专利法》第十一条规定的侵权行为应以"生产经营目的"为前提的认定正确。**杨进争主张成都市公安局、青羊区分局的被诉侵权行为构成侵害涉案专利权无法律依据，本院不予支持。

（二）公法与私法区分的意义

公法与私法的区分，是基于国家与社会、政治生活与市民社会的区分。

市民社会中，以市民的自主决定为原则，一般是"有疑义时为自由"或者说"法无明文禁止即为允许"，选择自由一方面基于人性的考虑，另一方面也有助于促进社会进步和经济发展，公权力一般不应干涉，除非有重大理由。当然，如上所述，社会不能离开国家单独存在，自由不是没有界限的，国家出于安全、秩序甚至文化、伦理等的考虑总是会限制市民社会中的自由，比如公权力会禁止性交易（卖淫嫖娼行为），管制、禁止枪支、毒品的交易，对某项行为（比如强制交易）在法律上认定为无效，个别情况下还会管制商品或服务的价格，甚至从刑法及行政法角度处以刑事或行政处罚。

但在政治社会领域，对于公权力主体而言，"有疑义时为自由""法无禁止即自由"不能适用，在法律没有规定或规定模糊的情况下，公权力不能随意或

---

〔1〕 最高人民法院"（2015）民申字第609号"民事裁定书。

自由行为，因此公权力奉行的原则应当是"法无明文规定即禁止"或者"法无授权即禁止"，公权力机关的应当作为而不作为或者"乱作为"均属违法。将"依法治国"写入我国宪法[1]，可以说是这一理念的体现，要"将权力关进制度的笼子里"成为共识。比如，我国《行政处罚法》第3条第2款规定："没有法定依据或者不遵守法定程序的，行政处罚无效"；第4条第3款规定："对违法行为给予行政处罚的规定必须公布；未经公布的，不得作为行政处罚的依据"；第9条规定："法律可以设定各种行政处罚。限制人身自由的行政处罚，只能由法律设定。"《行政处罚法》还进一步规定了行政处罚的种类及法律、行政法规、地方性法规、行政规章对行政处罚进行规定的权限等。

因此，公法与私法的区分，隐含着国家与社会之间关系的复杂且深刻的理论背景，其规范对象不同，从而有不同的原则和特色。

就法律学习而言，了解和掌握这一区分，有助于对现实生活进行法律分析，正确适用、实施和解释法律。对于现实中的任何法律纠纷，首先即需确定其法律关系的性质，属于私法关系抑或公法关系，确定法律关系的性质又有助于"找法"和适用法律。我国没有专门设立行政法院或宪法法院（但一般我国的法院内部设有民庭、刑庭、行政庭等部门），在其他设立行政法院或宪法法院的司法区域，掌握公法、私法的区分，则直接关乎纠纷的受诉法院的确定。

另有人提出现代有"私法公法化"的趋势，具体如劳动法、经济法、消费者权益保护法等例，显示国家对市民社会生活的干预呈增长之势，但这一现象从来没有否认私法与公法的基本划分，"私法公法化"确是有些夸张的说法。

【案例1-2】行政纠纷与民事诉讼：北京北方电联电力工程有限责任公司诉乌鲁木齐市交通运输局合同纠纷管辖权异议上诉案[2]

本院认为：本案争议焦点为本案纠纷是否属行政诉讼范围。具体包括：本案争议的具体内容是什么；交通局行政主体身份对本案争议法律关系的影响；本案争议内容是否针对具体行政行为。

关于本案的争议内容问题。根据各方当事人的诉辩意见，各方当事人对终

---

〔1〕 我国《宪法》第5条第1款规定："中华人民共和国实行依法治国，建设社会主义法治国家。"该款系根据我国《宪法修正案》（1999）第13条所添加。

〔2〕 最高人民法院"（2014）民二终字第40号"民事裁定书。

止案涉《BOT 协议》《补充协议》的履行，及终止协议后由当地政府对案涉工程进行回购，并无异议。分歧在于，北方公司请求根据司法鉴定意见支付回购款；而交通局认为，应依双方约定以相关评估机构的评估结果作为支付回购款的依据。故本案争议的主要内容为上述协议终止后，案涉工程回购款的支付依据问题。

关于交通局行政主体身份对本案法律关系的影响。首先，**交通局行政主体的身份不影响本案争议的独立性**。案涉《BOT 协议》《补充协议》履行过程中，交织着相关行政主体的具体行政行为，而两种性质不同的法律关系中，双方主体重叠，在民事合同关系中的双方当事人，是相关行政法律关系中的行政主体和行政相对人。**但该协议与其履行过程中所涉及的行政审批、管理事项等行政行为，依据不同的法律规范，这些行政行为虽影响双方合作，但不能因此否认双方民事合同关系的存在及独立性**。同样，上述协议的终止及案涉工程回购事宜，也具有这样的特点。影响回购发生及方式的行政行为与回购过程中就回购依据产生的争议，分属不同的法律关系，相互独立。其次，**交通局的行政主体身份，不能当然决定本案争议为行政法律关系。争议法律关系的实际性质，不能仅凭一方主体的特定身份确定**。本案还需判断争议是否与行政主体行使行政职权有关，应结合争议的具体内容及所针对的行为性质认定。

……一审裁定关于《BOT 协议》《补充协议》具公益目的，作为一方当事人的行政机关在合同订立、解除等方面享有单方优越主导地位，合同履行与行政许可紧密关联，两协议不属平等主体间的民事合同，本案属行政诉讼的观点，混淆了上述协议履行过程中涉及的行政行为与协议终止后的回购款支付行为的性质，没有法律依据。**各方当事人在回购款的支付问题上，处于平等的法律地位，不能排除民事法律规范的适用**。……

综上，**本案争议内容为案涉工程回购款的支付依据问题，独立于相关协议终止前的行政行为；北方公司本案诉求不针对交通局的行政行为，与交通局处于平等的法律地位。本案为民事纠纷，一审裁定驳回起诉不当。**……

二、民法是人法

民法是人法，意为民法的出发点是人，特别是自然人，民法的整个制度设计均以人的生存、发展、福祉为考虑的基础，体现了对人的尊重和关怀。

以我国民法为例：从人一出生开始，就取得权利能力即有资格享有民事权利，且"自然人的民事权利能力一律平等"[1]，并马上进入与其父母或其他近亲属之间的法律关系中，有权要求他们的照顾；甚至在还是胎儿时，法律就考虑到在遗产继承时必须为胎儿保留继承份额[2]；在其成长过程中，8 周岁之前，由于智力尚未健全，因此无"行为能力"，即无法通过自己独立的意志和行为与别人打交道，因此可以特许"说话不算数"，法律还专门设立监护制度，对其进行保护并由其监护人代其作出决定，但必须为其利益考虑；对于 8 周岁以下的"无民事行为能力人"及 18 周岁以下的限制民事行为能力人等虽然独立跟人打交道受到限制，但纯粹受益的活动却是有效的[3]；待其成年后，民法又设立各种制度（比如合同制度和婚姻自由等）保障其自由和自主决定自己事项的权利；在自然人死亡后，则规定其财产按照死者的遗嘱继承或依法定顺序由其父母、配偶、子女等近亲属继承。

了解民法是人法这一特质，有助于从整体上理解民法体系的建立和民法各制度的设计理念，更好理解掌握和运用民法[4]。

三、民法是裁判法[5]

关于民法究竟是裁判法（裁判规则、裁判规范）还是行为法（行为规则、行为规范）还是二者兼具，这一问题不无争议。我国之前民事法律文本中的不少规范，体现了对民法性质认识的模糊，造成司法活动的不便，同时也增加

---

[1]《民法总则》第 13 条规定："自然人从出生时起到死亡时止，具有民事权利能力，依法享有民事权利，承担民事义务。"第 14 条规定："自然人的民事权利能力一律平等。"第 4 条规定："民事主体在民事活动中的法律地位一律平等。"

[2]《民法总则》第 16 条规定："涉及遗产继承、接受赠与等胎儿利益保护的，胎儿视为具有民事权利能力。但是胎儿娩出时为死体的，其民事权利能力自始不存在。"

[3]《合同法》第 47 条第 1 款规定："限制民事行为能力人订立的合同，经法定代理人追认后，该合同有效，但纯获利益的合同或者与其年龄、智力、精神健康状况相适应而订立的合同，不必经法定代理人追认。"《民法总则》第 22 条规定："不能完全辨认自己行为的成年人为限制民事行为能力人，实施民事法律行为由其法定代理人代理或者经其法定代理人同意、追认，但是可以独立实施纯获利益的民事法律行为或者与其智力、精神健康状况相适应的民事法律行为。"

[4]《民法总则》第 2 条将人身关系置于财产关系之前，有这样的考虑，但如前所述，民法是通过各种具体制度的设计来体现这一理念的，而不只是简单地调换文字顺序。

[5] 参见翟新辉："不见'物'的物权法——物权法的裁判法性质及其专业化与纯粹化"，载《学术交流》2012 年第 12 期。另参见翟新辉："论民法的裁判法、权利法品格与我国民法典编纂的语言表达取向"，载《财经法学》2017 年第 3 期。

"教育专业"的成本。典型的是《婚姻法》第 4 条："夫妻应当互相忠实，互相尊重；家庭成员间应当敬老爱幼，互相帮助，维护平等、和睦、文明的婚姻家庭关系。"我国《婚姻法解释（一）》第 3 条特别解释："当事人仅以婚姻法第 4 条为依据提起诉讼的，人民法院不予受理；已经受理的，裁定驳回起诉。"

基于民法的自治法品格——民事"不告不理"的特点，民法典、民法规范（不论是任意性规范还是强制性规范）的主要作用是作为民事纠纷裁判中确定各方民事权利义务的依据，即作为裁判规范存在[1]，而不是行为规范。

【讨论】民法——裁判法抑或行为法？

就民法的裁判法性质抑或行为法性质，我国民法学界的主流观点似乎认为"民法既是行为规范，又是裁判规范"，即民法兼具裁判法和行为法的性质[2]。其中观点有细微差别，有观点认为，"行为规范中逻辑上必然是裁判规范，否则行为规范就失去了其诱导人们从事行为的功能；但裁判规范不必然是行为规范，例如《民法》中关于权利能力的规定就不是行为规范。"[3]

张俊浩先生则明确地指出，民法典规范的性质是裁判规范而不是行为规范[4]。年轻学者朱庆育从"谁应当遵行民法"的角度出发，认为不论是民法中的任意性规范还是强制性规范均属裁判规范，而不是行为规范，"应当遵行民法之人主要是法官，民法典编纂对普通民众的行为不应该产生太大直接影响，因为裁判依据非由立法者创设，它或者是当事人的意思表示，或者是民众

---

〔1〕 其实，就任意性规范，当事人可以自由选择，在当事人有选择的情况下（当事人是通过法律行为来选择的），当事人的选择（法律行为或者说合同）就是裁判的依据，这也是法律行为是当事人通过合同为"自己立法"的含义。

〔2〕 参见王利明主编：《民法学》，法律出版社 2000 年版，第 9 页；梁慧星：《民法总论》，法律出版社 2017 年版，第 36 页。李永军："我国未来民法典应坚持规范属性"，载《政法论丛》2016 年第 1 期。在该文中，作者认为"民法虽然兼有行为规范与裁判规范的双重特征，但民法主要是由行为规范所构成的。因为，行为规范的目的是在于通过权利义务的明确规定，诱导人们实施正常行为，而裁判规范的目的仅仅在于确定风险的归属和分配"。笔者携论文"论民法的裁判法、权利法品格与我国民法典编纂的语言表达取向"参加 2017 年民法年会，绝大多数民法学者也持同样观点，即认为民法规范兼具裁判法及行为法性质。

〔3〕 王利明主编：《民法学》，法律出版社 2000 年版，第 9 页。

〔4〕 周林刚："沪上三叹——'民法法典化与反法典化国际研讨会'侧记"，载《清华法学》2006 年第 3 期。

的交往习惯。"〔1〕

我国台湾学者对此有不同的认识。比如苏永钦认为，法律分为自治规范和管制规范——自治规范是裁判法、技术法，而管制规范为行为法、政策法。"裁判法的主要规范对象是法官，因此其精准度，技术性可以很高，人民只要依其个人利益判断决定其行为即可……。反之，管制法既是基于一定政策目的而设，主要规范的对象就是人民，为影响其行为，自应宣导周知；且法律的解释偏重合目的性，技术的精准反而不是最重要"，"整体而言，民法典内容确实符合自治规范的特征，在'形式理性'上，远高于其他法律领域。"〔2〕尽管民法规范包括任意规范和强制规范，但"强制规范并不'管制'人民的私法行为，而是提供一套自治的游戏规则……"〔3〕。

在大陆有影响力的我国台湾学者黄茂荣分析了裁判规范与行为规范，其观点也得到广泛引用——行为规范的意旨，在于要求受规范者取向于它们而为行为；裁判规范则在要求裁判法律上争端之人或机关，以它们为裁判之标准进行裁判。行为规范在规范逻辑上当同时为裁判规范，但裁判规范并不必然是行为规范，裁判规范所规范之对象是裁判之人或机关，所以其规定之中有一些便只专对裁判者而发，不像行为规范"首先系对行为者而发，然后写贯彻其规范系争行为之意旨，才又进一步要求裁判者依据系争行为规范，从而使这些行为规范兼具裁判规范之性质"〔4〕。

就我国民法典的编纂，有实务界人士呼吁"把满足司法需求作为编纂民法典的重要取向"，认为"民法主要是裁判规范，着眼实际司法裁判需求是编纂民法典的题中应有之义"，"民法既是行为规范，又是裁判规范，但主要还是裁判规范，其次才是行为规范。""认识到民法主要是裁判规范这一点，并非无足轻重的文义之辩，而是关乎实际编纂民法典的指导理念问题。……认定民法主要是裁判规范，就必然主张搞一个'专业化的'司法文本性质的民法典；认定

---

〔1〕　朱庆育："谁应当遵行民法？"，载《法哲学与法社会学论丛》2003 年第 00 期。朱庆育关于民法是裁判规范的观点得到田士勇的支持，见"'谁应当遵行民法'讨论会"，同书第 386~387 页。

〔2〕　苏永钦：《私法自治中的国家强制》，中国法制出版社 2005 年版，第 14~15 页。

〔3〕　苏永钦：《私法自治中的国家强制》，中国法制出版社 2005 年版，第 28 页。

〔4〕　参见黄茂荣：《法学方法与现代民法》，中国政法大学出版社 2001 版，110 页及以下。

民法主要是行为规范，就会倾向于搞一个'大众化的'教育读本性质的民法典。"[1]

【讨论】民法作为自治法与民法裁判法属性的逻辑关系

民法规范平等主体之间的人身关系和财产关系，而民事法律关系的内容就是民事权利与义务。民事法律或民法典由民法规范组成，而民法规范就是民事权利（义务）变动的规则。

同其他法律规范相同，民法规范的逻辑结构也应该是"如果 A，那么 B"这样的蕴含逻辑命题，亦即"如果发生某种法律事实，则有某种法律效果"。就民法规范而言，就是如果发生某种法律事实，则有何种民事权利义务的变动。当然，由于民法所规范的市民社会生活事实复杂、民事主体复杂以及权利义务类型复杂，导致民法典编纂是一个复杂的工程。在立法技术上，受德国法理论及立法技术影响的我国台湾学界将构成民事法律的法条又分为完全性法条和不完全性法条，而不完全性法条又包括说明性法条、限制性法条、引用性法条、拟制性法条等。但不完全性法条也是为服务民事权利义务而确定的。这样的法条分类也为我国大陆学者广泛接受，并用于分析我国的民事立法及我国实际的民事立法技术中。

民法规范分为强制性规范和任意性规范。德国民法的这种民法规范种类划分也为我国学者广泛接受。所谓任意规范，又叫补充规范，"补充规范的效力不及当事人另行约定的效力强"，即"**可以通过约定排除或变更**的规范"。与之对应的是强制规范，即这些"规定适用于任何一种情形；即使当事人作出了不同的约定，这些规定仍然适用，亦即它们的适用是不以当事人的意志为转移的"，它们"不可通过约定予以排除或变更"。而"强制规范包括：①规定私法自治以及私法自治行使的要件的规范，即如行为能力、意思表示生效的要件以及合法的行为类型（限于对行为类型有强制规定的情况）；②保障交易稳定、保护第三人之信赖的规范；③为避免产生严重的不公平后果或为满足社会要求而对私法自治予以限制的规范"。而民法中的"'强制'一词并非指必须遵守

---

[1] 青海省高级人民法院院长董开军："把满足司法需求作为编纂民法典的重要取向（上）"，载人民法院报，2015 年 10 月 21 日第 7 版。

这些行为规则，否则即可采取强制措施或会产生不利的法律后果"，"'强制性'规范也包括那些仅仅确定某些法律行为的生效要件的规范；至于从事还是不从事这些法律行为，则仍由当事人自主决定。强制性规范之'强制'，是指它们总是适用，而无论当事人的意志如何"[1]。

强调民法规范的裁判法属性，不单是因为任意性规范当事人可以选择适用及其补充性质，民法中的强制性规范（包括强行性规范和取缔或管制性规范[2]），其意义（或者说民法意义）也在于其裁判法属性。

只要没有民事纠纷，没有人起诉至法院或提交仲裁（还可以包括调解），民法规范或者民法典就基本没有用武之地，只是在潜在地配置着当事人的民事权利义务。当然，律师为他人提供非讼的法律专业服务需要熟悉民法典或相应的民法规范。期待人民熟悉民法典、掌握民法规范，从而按照民法规范去进行市民生活，是个不可能的任务。

民法典的裁判法抑或行为法属性，确实可以转换为"谁需要遵行民法"或者"我们需要一个怎样的民法典"这样的问题——我们的民法典是要为民事纠纷提供裁判依据，还是要成为人民按照民法典生活（为民事主体提供行为规范）的普法教科书？

人民不需要"遵行"民法典。民法规范分为任意性规范和强制性规范。就任意性规范而言，人民可以自由选择，如果没有选择，则在产生纠纷的情况下，补充性的任意规范会成为法院裁判的依据。合同法中任意性条款居多，试举例：比如《合同法》第62条关于合同约定不明时如何确定质量标准、价款报酬、履行地点、履行期限、履行方式及履行费用的规则，就是纯粹的裁判规则，仅在当事人对该等事项约定不明确、依据《合同法》第61条的补救仍不能确定而当事人又有争议时提供裁判依据，这当然是个补充性的民法规范即当事人没有约定时适用，该规范无论如何难以解释为行为规范——该条旨在引导当事人对该等事项进行约定还是不要约定？

---

〔1〕［德］卡尔·拉伦茨：《德国民法通论》（上册），王晓晔等译，法律出版社2003年版，第42页及该页脚注。

〔2〕我国最高人民法院在《关于当前形势下审理民商事合同纠纷案件若干问题的指导意见》（法发［2009］40号）中指出要"正确适用强制性规定"，并吸取学界意见把强制性规定区分为"效力性强制规定和管理性强制规定"。

即使是强制性规范，人民如果"违反"了，大家没意见、没纠纷，这些强制性规范也没有用武之地，只是在产生纠纷的时候，法院依据该强制性规范或裁判某当事人有请求权（或者对方当事人有民事责任），或裁判当事人的法律行为无效（不能按照当事人的意思产生权利义务）进而确定各方的民事权利义务。比如民法中有关行为能力、物权的种类、物权变动、法律行为的要件等，均属强制性规范，但正如卡尔·拉伦茨所说，"'强制'一词并非指必须遵守这些行为规则，否则即可采取强制措施或会产生不利的法律后果"，"强制性规范之'强制'，是指它们总是适用，而无论当事人的意志如何"〔1〕。

侵权责任法似乎是有那么点行为法的意味。侵权行为作为债的发生原因之一，来源于罗马法的"私犯"，与"公犯"相对〔2〕。侵权责任的称谓是我国继承、沿袭民法通则的思路而来。但无论是叫侵权行为法还是侵权责任法，作为民法的制度之一，仍落脚于对受害人的救济，这也是我国侵权制度中惩罚性赔偿一直没有较大突破的主要原因。《侵权责任法》第2条第1款规定"侵害民事权益，应当依照本法承担侵权责任"，似乎是有行为法的特征——旨在引导当事人不要侵权，但该法第3条规定"被侵权人有权请求侵权人承担侵权责任"，显示侵权责任法仍不脱离民法自治法的特征——虽然侵权，但若被侵权人不提出请求，仍无侵权责任可言。因此，侵权责任法的民法意义仍然主要在于为出现侵权纠纷时提供裁判规则。我们可以稍微比较一下民法与刑法的不同：刑法中规定的各罪，绝大多数为公诉罪名，"违法必究""天网恢恢，疏而不漏"是打击犯罪的格言，刑法作为管制法、行为法的特征明显，立法者通过刑法规范旨在引导受规范对象不要实施犯罪行为（或不行为）的意图明显，当然作为行为规范的刑法规范在刑事诉讼中兼具裁判规范的功能。我国学者王轶认为："未来民法典侵权责任法编的规则大多都将以裁判规范的面目出现，其反射作用就理应发挥行为规范的功能。如果民法典的功能主要被定位为给裁判者提供裁判依据，则民法典中的简单规范，从立法技术的角度来讲，不应设置为行为规范。"〔3〕

---

〔1〕 ［德］卡尔·拉伦茨：《德国民法通论》（上册），王晓晔等译，法律出版社2003年版，第42页及该页脚注。

〔2〕 周枏：《罗马法原论》（下册），商务印书馆1994年版，第781页。

〔3〕 王轶："民法典的规范类型及其配置关系"，载《清华法学》2014年第6期。

因此，基于民法的自治法品格——民事"不告不理"的特点，民法典、民法规范（不论是任意性规范还是强制性规范），其主要作用是作为民事纠纷裁判确定各方民事权利义务的依据，即作为裁判规范存在[1]，而不是行为规范。

民法典中的民法规范有的纯为裁判规范，比如"处理民事纠纷，应当依照法律；法律没有规定的，可以适用习惯，但是不得违背公序良俗"（《民法总则》第10条）、关于权利能力和行为能力的规定等。

有的民法规范，会因为法律效果对某方当事人不利，可能对该方当事人以后的行为模式有影响，比如关于诉讼时效、撤销权除斥期间及违约责任甚至侵权责任的规范，**似乎这些规范也具有行为规范的特征**，民法似乎在指导人民要及时行使权利、不要违约、不要侵权，否则会有不利后果。对于这类可能给某方当事人带来不利法律后果的民法规范，也可以说兼具裁判规范、行为规范的特征，但忽视其主要的裁判法功能（即在民事纠纷中作为裁判依据）而强调其行为规范的功能，则有些本末倒置。因为尽管"违反"时效规定、违约、侵权，某方当事人会有不利后果，但民事主体确实有处分时效利益的自由[2]，甚至违约、侵权的"自由"——只要受害人不追究，国家不会干涉；有的人在进行利益衡量后实施违约或侵权行为，也应该说是其"自由"。就民法而言，其只能赋予受害人相应的债权以进行救济，而不能直接采取强制措施，因此，这些规范也因为民法的自治法品格以致其主要意义在于裁判法的功能。

【讨论】民法典中是否可以写入"不得虐待动物"？

《德国民法典》1990年8月20日加入了第90a条："动物不是物。动物受特别法律的保护。以不另有规定为限，关于物的规定准用于动物。"[3]

请思考并讨论民法典中直接规定"不得虐待动物"的表述是否妥当。

---

[1] 其实，就任意性规范，人民可以自由选择，在人民有选择的情况下（人民是通过法律行为来选择的），人民的选择（法律行为或者说合同）就是裁判的依据，这也是法律行为是人民通过合同为"自己立法"的含义。

[2] 权利人可能基于各种考虑放弃行使权利。当然预先放弃诉讼时效无效。（《民法总则》第197条），即如果预先放弃，视为或者等于没有放弃——也是非常明显的裁判法属性。

[3] 陈卫佐译注：《德国民法典》，法律出版社2015年版，第31页。

四、民法是权利法

民法作为权利法的特质目前虽然争议较少，但这一特质如何体现在民法典的编纂技术中从而促进对民法的理解与适用，则有讨论的必要。

民法的权利法特质与民法是人法、体现对人的尊重和保护的理念一脉相承。民法的设计基点是人，各制度设计体现了对人的尊重、关心和关怀，并通过设计各种权利制度及相应的救济制度予以实现。

一个自然人享有人身权，法律保障其生命、健康、身体、人身自由、姓名、隐私、名誉、荣誉、贞操等权利不受侵犯；一个人还可以享有各种财产权、知识产权、社员权（比如股东权）等。一旦人的这些权利受到侵害，法律应帮助其获得救济。

有些权利（主要是自然人的人身权）出生即取得，有些权利则为后天获得，民法规定了各种权利获得的途径，特别是法律行为制度。

民法诸制度甚至相关课程的设计均从权利及权利的取得和保护角度出发，比如人身权制度、物权法、债权法、知识产权法、侵权责任法等，也可说明民法的这一特质。

民事纠纷，不告不理。人们只是有了民事纠纷才会到法院、用到民法[1]。而法院受理的民事纠纷，主要是两类诉讼，即给付之诉和确认之诉，而其中又以给付之诉占绝大多数。发动诉讼的人，就是自认为权利受到侵害或受到威胁的人，其起诉或者要求确认权利，或者要求对方为一定给付（要求对方为一定作为或不作为），而原告要想胜诉，必须证明其合法权利的存在——在给付之诉中，原告须依据民法规范证明其请求权的存在。

民法作为裁判法，必须满足民事诉讼中的裁判需求，即确定各种情况下权利的配置，以便于裁判；而当事人（通过其律师）需要依据民法规范（具体法条），证明证据事实满足法条规定的要求，从而证明其权利存在。

"权利本位"是民法的基本性格[2]。从技术角度而言，民法是裁判法，民事诉讼由权利受到侵害或受到威胁之人发动，原告需要找到明确的民法规范

---

〔1〕 当然，律师也会提供非讼法律服务，而非讼法律服务的实质，就是依据民法的裁判法性质，预先为当事人提供各种情况的权利配置选择，并在当事人选择后，由律师利用其经验及技能防范法律风险、保障客户权利。

〔2〕 参见张俊浩主编：《民法学原理》，中国政法大学出版社 1997 版，第 29 页。

（法条）即某种权利在法律上存在的依据，而法官也是依据该民法规范，通过双方在事实上的对抗，裁判原告主张的权利成立（存在）或不成立（不存在）。

因此，民法规范在语言表达时应当采取权利法的取向，即采取"**如果 A 事实存在，那么 B 成立（即'谁有什么权利'）**"的表述[1]。

民法规范的权利法表达取向，与民法的请求权基础的思维方法相契合。

比如我国《物权法》第七章关于相邻关系的相关法条如下，其表述均为"应当"或"不得"，貌似行为规范：

表 1-1　我国《物权法》相邻关系相关法条表

第 86 条第 1 款关于用水、排水	"不动产权利人**应当**为相邻权利人用水、排水提供必要的便利。"
第 87 条关于通行	"不动产权利人对相邻权利人因通行等必须利用其土地的，**应当**提供必要的便利。"
第 88 条关于建造、修缮建筑物及管线铺设	"不动产权利人因建造、修缮建筑物以及铺设电线、电缆、水管、暖气和燃气管线等必须利用相邻土地、建筑物的，该土地、建筑物的权利人**应当**提供必要的便利。"
第 89 条关于通风、采光及日照	"建造建筑物，**不得**违反国家有关工程建设标准，妨碍相邻建筑物的通风、采光和日照。"
第 90 条关于相邻不动产之间禁止排放、施放污染物	"不动产权利人**不得**违反国家规定弃置固体废物，排放大气污染物、水污染物、噪声、光、电磁波辐射等有害物质。"

依据民法的自治法及裁判法品格，上表中的"应当"或"不得"等表述，不应该是行为法，因为当事人的自治是第一位的，其中第 90 条重复有关"国家规定"似乎没有意义；而作为裁判规范，如上所述，为便于裁判、便于发动诉讼的原告主张其权利依据，法条自应当采取权利法取向的表述，以使权利受侵害之人得依据赋权规范作为其请求权基础，自行决定是否提起给付之诉。

---

〔1〕 当然，民法的法条，包括完全性法条、不完全性法条和准用及拟制性法条，完全性法条应为请求权规范，采取权利法的语言表达取向。同时参见王泽鉴：《法律思维与民法实例：请求权基础理论体系》，中国政法大学出版社 2001 年版，第 56~60 页。

值得一提的是，大清民律草案第三编物权（该编系由日本法学家起草）、第二章所有权、第二节不动产所有权中 994、996、999、1001、1004、1005、1007、1008-1010、1014、1017、1018、1012 等条[1]，均为赋权规范，其用词均为"得"，其后的民国民法到我国台湾地区现行"民法"延续了这一"权利法"传统及语言表达技术。

也许有人会提出，我国《合同法》就不是权利法的表述，相反，在合同法分则各有名合同中对于债务人的义务多以"应当"的规范词进行表达。

《合同法》及《侵权责任法》规范债的关系，而债的关系是一种相对关系，双方当事人特定，一方当事人"应当"从事某种行为，那么对方当事人就有相应的债权请求权，可以直接判断。而物权是一种绝对关系，相邻关系实际上本身是物权人物权的效力，直接采用"权利法"的表达显然更为妥当。

民法系以权利为本位，基于民法的裁判法品格及民事诉讼的性质，民法规范应采权利法取向，以与请求权基础的思维方法相契合，方便裁判和法律适用。我国民法典的编纂，应该延续民法的这一权利法取向传统，特别是在民法总则之后分则各编的起草过程中，树立民法的裁判法及权利法品格作为民法典编纂的语言表达坐标。

期待我国民法典编纂技术的进步吧。

思考题：

1. 请谈谈你对国家与社会这对范式的看法。
2. 民法是私法吗？为什么这么说？
3. 民法是裁判法还是行为法？为什么？
4. 为什么说民法是权利法？

---

[1] 参见杨立新点校：《大清民律草案·民国民律草案》，吉林人民出版社 2002 年版，第 131~133 页。

导论 2：民法的理念与民法基本原则

第一节 民法的理念

一、近代民法的理念：文艺复兴与理性主义

以《法国民法典》（又称《拿破仑法典》，1804 年通过）、《德国民法典》（1900 年施行）为代表的近代民法的产生，放在近代欧洲的文艺复兴运动、启蒙运动及理性主义兴起的思想背景下，不难理解。近代欧洲的理性主义（唯理主义）传统，导致欧洲大陆走出来法典化的道路，而英国的经验主义传统，导致其走出来判例法的不同路径。

【资料 2.1】近代哲学的精神：经验主义与唯理主义

新时代的历史，可以说是思考精神觉醒，批评活跃，反抗权威和传统，反对专制主义和极权主义，要求思想、感情和行动自由的历史。自文艺复兴和宗教革命的过渡时期就开始发挥作用的那些引起变化的因素，在随后几个世纪内继续活跃，国家逐渐替代教会作为文化机构；国家掌权，取代教会对人民进行统治。在国家内部出现了逐渐增长的、趋于立宪政治和民主政体的倾向，这种倾向现在依然存在：各个国家都要求权利平等和社会正义。独立的精神原来就很合时宜地极力反对过教会的权威，现在又攻击国家的家长式的控制；政治上不加干预的学说变成为个人主义者的理想。在经济领域也表现出同样的精神：奴隶制、农奴制和古老的行会制度逐渐消失，个人摆脱羁绊，要求独立自主地

寻求经济出路（放任主义）。

······

近代哲学按照以理性（ratio）或经验为知识的源泉或准则而被划分为唯理主义或经验主义。为了避免误会起见，必须强调以下数点：①所谓唯理主义可以指这种态度，它肯定知识的标准是理性而不是启示或权威。从这个意义上来看，一切近代哲学体系都是唯理主义的；根据这一特征，我们把它们划归近代哲学。诚然有这种世界观，其不在理智中，而在感情、信仰或直觉中寻求真理的源泉；不过这种信仰哲学或感情哲学也努力创制理论，证明它们把握真理的方法和信仰的对象是合乎理性的。②所谓唯理主义可以指这种观点，它认为真正的知识由全称和必然的判断所组成，思维的目的是制定真理的体系，其中各种命题在逻辑上相互有联系。这是关于知识的数学式概念，几乎所有的新思想家都视之为理想。无论他们是否相信这种理想是能实现的，他们只承认合乎数学模型的知识才是真正的知识。③还有关于知识的起源问题，近代哲学对此有不同的答案：第一，真正的知识不能来自感官知觉或经验，而必然在思想或理性中有其基础。真理是理性天然所有或理性所固有的，那就是天赋、或与生俱来、或先验的真理。确实的真理起源于思想本身。虽然有些人愿意把这种观点定名为直觉主义或先验论，这也被称为唯理主义。第二，没有与生俱来的真理，一切知识都发源于感官知觉或经验。因此，所谓必然的命题根本不是必然或绝对确实的，只能给人以或然的知识。这种观点被称为经验主义或感觉主义。

······

······近代早期的两派都肯定感性知识不绝对确实。唯理主义者宣称，只有唯理或先验的真理、清晰明确被理解了的真理才确实。一般说来，经验主义者否认有先验的真理，指出清晰明确、被理解了的真理不是必然确实的真理。因此我们划分笛卡尔、斯宾诺莎、马勒伯朗士、莱布尼茨和沃尔夫为唯理主义者，培根、霍布斯、洛克、贝克莱和休谟为经验主义者。······

近代理性主义的兴起，导致了平等自由、所有权神圣、契约自由的近代民法理念，其中，过错责任也是理性主义发展的必然结果，同时也导致了近代的国家学说和自由放任的市场经济，古典经济学关于经济人（理性人）及资源稀缺性的基本假定、国家的"守夜人"职责也与此有关。（摘自［美］梯利：

《西方哲学史》，葛力译，商务印书馆 1995 年版，第 261~265 页，着重号为原书所加，关于近代哲学，可参阅该书第三编"近代哲学"。另可参见［英］罗素：《西方哲学史》（下卷），商务印书馆 1976 年版，第一篇"从文艺复兴到休谟"及第二篇"从卢梭到现代"中 18~22 章部分。）

【资料 2.2】《拿破仑法典》的三个原则

《拿破仑法典》中的三编法律规定可以用三个原则予以概括：自由和平等原则、所有权原则、契约自治原则。

（一）就自由和平等原则来说，该法典包含两个基本的规定。第 8 条规定："所有法国人都享有民事权利。"第 488 条规定："年满二十一岁为成年，到此年龄后，除结婚章规定的例外外，有能力为一切民事生活上的行为。"人人都享有平等的民事权利和行为能力，所以人人在民法上都是自由和平等的。

这个原则以理论上不能成立的个人主义作为它的哲学基础。按照个人主义，个人被想象为在自然状态中是自由和平等的，享有各种自然权利。它认为，虽然社会是必要的，可是社会的最后目的是个人。所以，不论在公法上还是私法上，法律都应当保障个人的自由和平等，保护个人的与生命同来的自然权利。

（二）就所有权原则来说，该法典第 544 条至 566 条给予动产和不动产所有人以充分广泛的权利和保障。所有权被定义为："对于物有绝对无限制地使用、收益及处分的权利。"国家征收私人财产只能根据公益的理由，并以给予所有人以公正和事先的补偿为条件。不论是动产或不动产的所有人都有权得到该财产所产生以及添附于该财产的一切东西。这样，资产阶级的生产资料和生活工具既可以完全自由地使用、收益和出售，又不愁被国家征收而得不到补偿，资本主义的经济自然可以迅速发展。

（三）契约自治，或契约自由原则，规定在第 1134 条："依法成立的契约，在缔结契约的当事人间有相当于法律的效力。"契约自治，也称为当事人意思自治。契约一经合法成立，当事人必须按照约定，善意履行，非经他们共同同意，不得修改或废除。（摘自李浩培等译：《法国民法典（拿破仑法典）》，商务印书馆 1979 年版，译者序，第 iv~viii 页。）

二、民法理念的现代发展

进入 20 世纪后，随着社会的发展，工业及技术革命，以及各种政治、经济、军事事件（包括两次世界大战、冷战、经济危机、社会主义运动等）的爆发，思想史上也从多种角度对 19 世纪的理性主义（或唯理主义）进行反思，现代民法的理念相较近代民法也有所改变。

1. 劳动法的分离及 20 世纪契约法的改变。一战及二战，提升了美国在世界上的影响力。美国在契约法方面的改变，也对世界其他法域产生重要影响。

【资料 2.3】劳动法对《德国民法典》的突破

"只有在一个领域，即劳动法领域，民法的发展才突破了《德国民法典》——如果不是整个私法的话——的范围。《德国民法典》在劳动法领域的失败是显而易见的。法典中仅仅规定了雇佣合同（第 611 条以下）作为调整劳动关系的法律手段。雇佣合同由各个雇工同雇主订立。事实表明——当时的人们也已经认识到，依靠出卖劳动力维持生计的单个雇工，相对于雇主而言，在经济上是一个弱者。作为个人，他在订立合同时，难以有效地维护自己的利益。……虽然《德国民法典》第 611 条及其以下的条款继续适用于单个的劳动关系，但劳动关系的大部分内容已在劳资协定及其他众多保护雇工利益的法律中规定了。……总的来说，劳动法已发展成为一个独立的法律领域，在这里，社会（福利）原则具有重要的意义。除了法律和劳资协定以外，单个的劳动合同依然具有根本的意义。即使在今天，劳动合同的内容，至少是有些部分，仍然是通过具体协商的方式形成的。双方当事人享有订立合同的自由，并且在很大程度上享有选择合同当事人的自由。……因此，劳动法中依然存在着一个很大的领域，在这里适用私法的各项基本原则。不过，劳动法作为一个整体，已不再仅仅是私法的一个组成部分了，但我们又无法将它毫无'遗漏'地划分为公法和私法两个部分。毋宁说，劳动法具有它自己所独有的特色。"（［德］卡尔·拉伦茨：《德国民法通论》（上册），王晓晔等译，法律出版社 2003 年版，第 73~74 页。）

【资料 2.4】"洛克那时代"（Lochner Era）的终结与罗斯福新政：美国对契约自由的规制

（1）走向洛克那时代。在 Munn v. Illinois 案（1876）[1] 与 Mugler v. Kansas（1887）案[2] 中，尽管美国联邦最高法院支持了两项州法院对市场经济的规制，但美国联邦最高法院指出：在与公共利益（public interest）无关时，单纯的私人合同必须得到司法的支持；并不是每一项声称为了促进"公共道德、公共卫生或公共安全"的立法都会被法院支持，如果州政府根据其警察权进行的立法与上述公共目的没有真实或实质的关系，或者明显侵犯宪法这一基本法律保障的权利，则法院有责任予以救济。

Allgeyer v. Louisana 案（1897）[3] 是美国联邦最高法院第一个判决经济立法内容违反宪法第十四修正案正当程序条款并予说理的案件。大法官们在该判决中一致裁决路易斯安那州的一项立法因违宪而无效，而该项立法禁止未经许可在该州营业的公司对位于该州的财产进行承保。法院认为该项立法超出了州的警察权限，剥夺了当事人根据第十四修正案享有的自由，而该项自由包括缔结合同的自由[4]。该判决指出："第十四修正案所谓之'自由'，不仅意味着公民身体的自由、不受非法禁制；而且包含公民有权充分利用其各种技能的自由，以各种合法方式利用该等技能的自由，按其自己的意愿选择其生活和工作地的自由，从事任何合法职业以谋取生计的自由，去追求任何生活方式或嗜好的自由，并且，为达致上述目标而签署任何对他而言可能是适当、必要和至关重要的各种合同的自由。"该 1897 年的案件判决被认为是"洛克那时代"的开端。

---

〔1〕　94 U. S.（4 Otto）133

〔2〕　123 U. S. 623

〔3〕　165 U. S. 578

〔4〕　参见 Jesse H. Choper, *Leading Cases in Constitutional Law*, Tomson Rewlers, p. 181～182. 另，美国宪法第十四修正案第 1 款规定："All persons born or naturalized in the United States, and subject to the jurisdiction thereof, are citizens of the United States and of the State wherein they reside. No State shall make or enforce any law which shall abridge the privileges or immunities of citizens of the United States; nor shall any State deprive any person of life, liberty, or property, without due process of law; nor deny to any person within its jurisdiction the equal protection of the laws." 其中，"nor shall any State deprive any person of life, liberty, or property, without due process of law" 被称为"正当程序"（due process）条款。

在洛克那案（Lochner v. New York）（1905）[1] 中，美国联邦最高法院判决纽约州的一项立法无效，该项立法禁止面包房的雇工每周工作超过 60 小时或每天超过 10 小时。该判决指出：该项立法限制了雇主和雇工的合同自由。而 Allgeyer 案已经确认，合同自由属于宪法第十四修正案所保护的个人自由。购买与出售劳力，属于该修正案保护的个人自由，除非存在排除该自由的理由。美国联邦最高法院在很多情形都支持了州政府行使其警察权，比如在 Holden v. Hardy 案〔169 U. S. 366（1898）〕中，法院认为州政府在采矿和冶炼及类似行业对雇工进行相关限制是合理和适当的，但本案中（指洛克那案）不存在 Holden 案的情况。然而，州政府行使其警察权必然有一定的界限，否则第十四修正案就没有意义了，州政府就会有无限的权力。法院认为，作为一项保护公众健康抑或面包工身体健康的立法，该法案对面包工工时的限制没有合理的基础。该项立法是对个人合同自由不合理、不必要的武断的干涉。

（2）洛克那时代 30 年[2]。从 1905 年的洛克那案（以及更早的 1897 年的 Allgeyer 案）开始，到 1934 年的 Nebbia v. New York 案[3]（及之后 1937 年的 West Coast Hotel Co. v. Parrish 案[4]）为止的 30 年左右的时间（如果从 1897 年的 Allgeyer 案算则约 40 年左右），被称为"洛克那时代"（Lochner Era）。

从 1905 年的洛克那案到 1934 年的 Nebbia 案的 30 年时间里，美国联邦最高法院经常以干涉合同及财产自由为由，以其判决来替代国会及州基于经济规制目的而进行的立法。此间，美国联邦最高法院最常用的武器是第五及第十四修正案的正当程序条款，有时也会用第十四修正案的平等保护条款（Equal Protection Clause）。自 1899 年至 1937 年间，除去民权案件，美国联邦最高法院有 159 项判决基于第十四修正案的正当程序条款和平等保护条款而判决相关州立法违宪，有 25 项判决基于正当程序条款及宪法的其他条款判决相关立法因违宪而无效。美国联邦最高法院经常以其判决来替代有关劳动立法、价格管制

---

〔1〕 198 U. S. 45. 25 S. Ct. 539, 49 L. Ed. 937（1905）. 在该案中，哈兰大法官（Justice Harlan）（得到 Justice White 和 Justice Day 的协同）和霍姆斯大法官（Justice Holmes）分别提出了异议意见。

〔2〕 见前引 Jesse H. Choper, *Leading Cases in Constitutional Law*, 2012Ed, 2012 Tomson Reuters, p. 185；维基百科，Lochner Era 词条，https：//en. wikipedia. org/wiki/Lochner_ era#cite_ note-4，2016 年 10 月 17 日访问。

〔3〕 291 U. S. 502, 54 S. Ct. 505, 78 L. Ed. 940（1934）

〔4〕 300 U. S. 379（1937）

及商业准入限制的立法，其判决涉及限制最高工时的立法、反工会歧视立法（限制雇主禁止雇员加入工会的立法）、最低工资立法及价格管制立法。

洛克那时代的美国联邦最高法院，被认为秉承司法能动主义［Judicial Activism，与司法克制主义（Judicial Restraint）相对］和政治保守主义。现任美国联邦最高法院首席大法官约翰·罗伯茨（John Roberts）在其任职确认听证会上称，洛克那时代的联邦最高法院是以司法判决替代立法决定，"他们不是在解释法律，他是在立法"。

（3）洛克那时代的终结。1934年的Nebbia案和1937年的West Coast Hotel案标志着洛克那时代的终结。

在1934年的Nebbia v. New York案中，纽约州通过立法设立了一个牛奶控制委员会，它有权设定牛奶的最低和最高零售价。该委员会设定商店牛奶的最低零售价为9美分。杂货店主Nebbia被抓到以低于最低限价销售牛奶。在该判决中，美国联邦最高法院支持了该项价格管制立法（尽管九名大法官中有四人提出了异议意见）。美国联邦最高法院在该判决中的观点较洛克那案已经有所变化。该判决指出，正当程序仅要求法律不应当是不合理的、武断的或捉摸不定的，选择之手段应与期待达致之目的要有真实及实质的关联；尽管有正当程序条款的规定，州可以采取那些被认为可能合理促进公共福利的经济政策并通过立法保障这些政策的实施。

之后1937年的West Coast Hotel Co. v. Parrish案，美国联邦最高法院推翻了之前的Adkins案（Adkins v. Children's Hospital，261 U. S. 525，1923）的判决，再次以5∶4的微弱多数支持了华盛顿州的有关妇女最低工资的立法。原告Elsie Parrish是旅馆的女服务员，起诉旅馆要求按华盛顿州法律规定的妇女最低工资（每周工作48小时共14.50美元）支付其报酬，被告则以该州法律违反第十四修正案的正当程序条款为由予以拒绝。初审法院支持了被告，而华盛顿州最高法院推翻了初审法院的判决，支持了原告，被告提起上诉，该案到了联邦最高法院。联邦最高法院根据之前的判决，再次确认了国会及州政府受到第十四修正案的约束，但联邦最高法院在该案中指出："什么是自由？宪法并未提到合同自由。宪法提到了自由及禁止未经法律的正当程序剥夺自由。虽然提到了禁止剥夺自由，但宪法并不承认有不受控制的自由。任何方面的自由均有其内涵和历史。受保护之自由，是在社会组织中的自由，而社会要求法律保护人民的健康、安全、道德观念及福祉不受威胁。因此，宪法所谓之自由受到正当程序的必要限制，而合理契合其目标的以及为社区利益进行的规制，就是正当程序。这一对自由的普遍的限制尤其适用于对契约自由的限制。"联邦最高法院在该判决中指出："保护妇女之健康及不受不择手段的雇主之压榨，属于公共利益；州立法机构有权力考虑妇女在劳动市场的具体情况——她们拿最低的工资，谈判能力相对弱势，其贫困的境遇易为他人所趁；立法机构有权采取措施减少'血汗工厂'对其的压榨，立法机构有权将最低工资制度作为其采取的保护措施之一；尽管该政策存有争议并且效果也不确定，立法机构有权作出其判断。"

1937 年的 West Coast Hotel 案之后，又有一连串的联邦最高法院判决开始支持"罗斯福新政"的相关立法，1940、50、60 年代之后，大量的州的相关经济立法也获得了司法上的支持，而且是从之前判决的 5∶4 的微弱多数开始逐渐成为绝对多数，不少是没有异议意见的一致判决。

（4）罗斯福新政与美国联邦最高法院的转变[1]。美国有关对契约自由进行限制的经济立法及联邦最高法院对限制契约自由的经济立法态度的转变，需要结合美国当时的社会经济、政治背景理解。

1929 年美国发生经济危机，出现了大萧条，1932 年富兰克林·德拉诺·罗斯福以巨大优势当选总统。罗斯福上台后开始颁布一系列法令，构成"罗斯福新政"的一部分，由于罗斯福所在的民主党控制了美国参众两院，罗斯福总能从国会那里得到对其"新政"措施所需要的支持，国会沦为总统的橡皮图章。由于法律诉讼从一审法院启动到联邦最高法院作出裁判一般需要 1 年至 2 年的时间，所以上述宣布部分"新政"措施违宪的判例是在 1935 年左右，而这之前，美国联邦最高法院一般会判政府及国会干涉合同自由的政策及法令由于违宪而无效（即洛克那时代最高法院的立场）。1935 年至 1937 年间，政府及国会分支虽然在部分案件中获胜，但不少"新政"立法被联邦最高法院判决因

---

〔1〕 本段背景资料参见 ［美］ 威廉·哈布斯·伦奎斯特（Willime Hubbs Rehnquist）：《伦奎斯特谈最高法院》，于霄译，上海三联书店 2014 年版，第五~七章。伦奎斯特于 1972 年 1 月就任美国联邦最高法院大法官，从 1980 年起担任第 16 任首席大法官，直至 2005 年去世，时任首席大法官为约翰·罗伯茨（John Roberts），于 2005 年在伦奎斯特去世后继任；以及维基百科（https：//en. wikipedia. org）以下词条："Judicial Procedures Reform Bill of 1937"，"Franklin D. Roosevelt"，"New Deal"，"The switch in time that saved nine"，2017 年 3 月 9 日访问。

违宪而无效。

"行政官员继续批评最高法院，而最高法院继续宣布新政立法无效"[1]。

1936 年 11 月，罗斯福在总统大选中再次以压倒多数的选票获胜。其中很大原因系其"新政"措施的实施重振了美国经济、降低了失业率。

罗斯福上任后仅数天，就建议"重组"政府的司法分支，因为"现在的联邦最高法院接连不断地宣布新政措施违宪，它实际上已成为进步主义改革的拦路石，而美国在 11 月的选举中已坚定地表明了人民的希望。"[2]

罗斯福提出了一个"司法程序改革法案"的法律草案。美国国会 1869 年的"司法法"规定联邦最高法院由 1 名首席大法官及 8 名联席大法官共 9 名大法官组成。但联邦最高法院大法官为终身制，除非自己提出退休或在任上死亡，才有机会再由总统提名经国会同意后替换。罗斯福的法律草案中的主要条款是：只要联邦最高法院大法官中有人年龄大于 70 岁零六个月，总统就有权再任命一位大法官，但最多任命不超过 6 名。

而当时联邦最高法院大法官就有 6 人年过七十，如果他们在罗斯福拟提起的重组法案通过后不选择退休的话，总统就可以立刻依法获得授权，另外任命 6 名大法官，这样，联邦最高法院将由 9 名大法官扩充为 15 名。

上述 1937 年的 West Coast Hotel 案的判决就是在罗斯福提出"重组"联邦最高法院的计划后不超过 2 个月作出的。而在该案中，当时的联席大法官罗伯茨（Owen J. Roberts）被认为转变了其之前的立场——才最终让该案以 5∶4 的微弱多数支持了政府方面的立法。而在 1935 ~ 1936 年的联邦最高法院开庭季，罗伯茨大法官在几个 5∶4 微弱多数判决"新政"立法违宪的案件中是关键的一票，尽管其在有些案件中曾支持政府的经济规制立法，属于典型的"摇摆票"（swing vote）。虽然罗伯茨大法官后来声称总统的行动与其在 Parrish 案中的决断无关，但还是有人认为罗伯茨大法官在该案的立场及时转变拯救了九人的联邦最高法院（"The switch in time that saved nine"）。

罗斯福提出的"重组"联邦最高法院的计划震惊了美国国人，即使在其所

---

〔1〕 ［美］威廉·哈布斯·伦奎斯特（Willime Hubbs Rehnquist）：《伦奎斯特谈最高法院》，于霄译，上海三联书店 2014 年版，第 93 页。

〔2〕 ［美］威廉·哈布斯·伦奎斯特（Willime Hubbs Rehnquist）：《伦奎斯特谈最高法院》，于霄译，上海三联书店 2014 年版，第 94 页。

在的民主党内部也受到阻力。而联邦最高法院又"恰巧"转变了立场,开始由之前经常判决相关新政立法违宪无效,转而支持政府的"新政"立法,最终罗斯福的"重组"联邦最高法院的法案没有通过。

虽然罗斯福"重组"联邦最高法院的法案没能通过,罗斯福最终还是得到了自己想要的结果,最高法院逐步转变了其立场,而且他当了十二年多的总统,在此期间,他任命了8名联席大法官,并将其中一名联席大法官升为首席,这是华盛顿总统之后任何一位总统都无法超越的。

2005年在任上去世的美国联邦最高法院首席大法官伦奎斯特对此评论:"对联邦最高法院在判定新政立法违宪时阐述的特定原则,我们没有理由认为美国公众中的多数人是理解或同情的,但从法院改组计划的失败,显然可以看出公众并不希望总统干预美国联邦最高法院,哪怕他是一位很受欢迎的总统。在公众的心目中,无论最高法院的原则有着怎样的缺点,都不能通过创设新的法官职位、用内阁支持者来填充这样简单的权宜之计来推翻它的判决。"(摘自〔美〕威廉·哈布斯·伦奎斯特(Willime Hubbs Rehnquist):《伦奎斯特谈最高法院》,于霄译,上海三联书店2014年版,第104页;另参见翟新辉:《中国合同法:理论与实践》,北京大学出版社2018年版,第27~30页。)

在中国,有《劳动法》(1994年颁布,2018年修正)及《劳动合同法》(2007年颁布,2012年修正),就劳动合同的订立、劳动合同的内容、解除、终止以及最低工资、最高工时乃至劳动保护与社会保障等均有诸多强制规定,劳动法律关系俨然已经脱离传统民法领域,成为一个独特的法律部门。

就契约法(合同法)领域而言,虽然契约自由(缔约自由、内容自由、形式自由等)仍然居于基础地位,中国亦强调让"市场在资源配置中起决定性作用"。所以虽然法律行为"不违反法律、行政法规的强制性规定,不违背公序良俗"(《民法总则》第143条)为一般有效条件之一,但各种市场准入的许可及审批的管制和限制仍不时影响合同的效力。

二战后欧美在房屋租赁契约领域出现各种保护承租人的管制政策,而中国

《合同法》中除了"让与不破租赁"（《合同法》第 229 条）[1] 外，并未受到欧美管制政策的其他影响。1999 年中国《合同法》吸取了缔约过失责任及对格式条款的规制等制度。

2. 无过错责任。近代民法的基础理念是理性主义或唯理主义，导致私法自治、意思自治及过错责任构成近代民法的制度基础。而随着现代的经济发展及各种产业革命，导致无过错责任或不问过错责任、严格责任得到扩张。以我国侵权法为例，"因产品存在缺陷造成他人损害的，生产者应当承担侵权责任"（《侵权责任法》第 41 条）；机动车与非机动车驾驶人、行人之间发生的交通事故的侵权责任（《道路交通安全法》第 76 条）；"因污染环境造成损害的，污染者应当承担侵权责任"（《侵权责任法》第 65 条）；"从事高度危险作业造成他人损害的，应当承担侵权责任"（《侵权责任法》第 69 条）；饲养动物造成他人损害的责任（《侵权责任法》第 78 条）等。

3. 所有权的社会义务。近代民法确立了所有权神圣或所有权绝对的原则，体现对私有财产的尊重和保护。1804 年的《法国民法典》（《拿破仑法典》）第 544 条规定："所有权是对于物有绝对无限制地使用，收益及处分的权利，但法令所禁止的使用不在此限。"[2] 约 100 年后的德国民法典亦同："《德国民法典》意义上的所有权虽然从来就不是'毫无限制的'权利。然而，法典的制定者们还没有考虑到这样的事实，即土地所有人不得任其所好地行使其权利，他行使权利的方式必须同某个集体在有限的空间内的共同生活所产生的基本需要相符合。《德国民法典》制定之时，人们还不知道'区域规则、地区规划、城市规划、自然风景区保护、防止环境污染'等概念为何物……"。[3]

中国由于宪法原因，不存在土地私有的情况，但存在房屋私有。对私有财产存在征收、征用、各种规划以及文物、历史文化保护[4]等方面的限制。中

---

〔1〕 而让与不破租赁，在 1929 年《中华民国民法》"债编"第 425 条已有规定，"出租人于租赁物交付后，纵将其所有权让与第三人，其租赁契约，对于受让人，仍继续存在"，该条在 1999 年修正为："出租人于租赁物交付后，承租人占有中，纵将其所有权让与第三人，其租赁契约，对于受让人仍继续存在。前项规定，于未经公证之不动产租赁契约，其期限逾 5 年或未定期限者，不适用之。"

〔2〕 李浩培等译：《法国民法典（拿破仑法典）》，商务印书馆 1979 年版，第 72 页。

〔3〕 ［德］卡尔·拉伦茨：《德国民法通论》，王晓晔等译，法律出版社 2003 年版，第 85 页。

〔4〕 除了《文物保护法》（1982 年颁布，2017 年修正），以上海为例，还有地方性法规《上海市历史文化风貌区和优秀历史建筑保护条例》（2002 年颁布，2011 年修正）。

国作为法治建设后发国家，存在私有财产保护与公共利益界定及"把权力关进制度的笼子里"等需进一步研究的课题。

4. 亲属法的改革。近代民法在对待父母与子女的关系、夫妻关系、婚生子女与非婚生子女方面带有歧视性的规定，这些关系在现代得到改进，男女平权、婚生子女与非婚生子女的平权等在现代民法中得到体现。

同性婚姻。2015 年，美国联邦最高法院就 Obergefell v. Hodges 案［576 U. S.（2015）］作出裁决，要求美国所有 50 个州应像对待异性婚姻那样对待同性婚姻，即同性婚姻的各方享有或负担与异性婚姻各方同样的权利和义务。该裁决要求所有的州必须为同性婚姻颁发证书并且承认在其他司法区域登记的同性婚姻。同样在 2015 年，欧洲人权法院（European Court of Human Rights）就 Oliari And Others v. Italy 案（Applications nos. 18766/11 and 36030/11）作出一致裁决，裁定意大利政府拒绝为同性伴侣登记结婚违反《欧洲人权公约》[1]第 8 条关于尊重个人隐私及家庭生活权的规定，并裁决意大利政府予以赔偿，该裁决促使意大利政府加快了有关同性婚姻的立法。而在该裁决之前，欧盟 18 个成员国包括法国、德国、英国和瑞士等均立法以各种形式给予同性伴侣一定的法律地位。以德国为例，《同性生活伴侣关系法》自 2001 年 8 月 1 日施行，同性同居者可以通过登记取得"已登记的同性生活伴侣"的法律地位，从而在户籍法、财产法、扶养法和继承法上发生某些类似于婚姻的法律效果，这在《德国民法典》2001 年 8 月 1 日以后的一些新规定中也有所反映[2]。意大利同性伴侣法案（Civil Union Bill）于 2016 年 6 月 5 日生效，尽管不承认同性婚姻，但同性伴侣具有婚姻关系中夫妻双方的所有权利[3]。

在中国，同性婚姻虽有较多讨论，但实定法方面并无任何体现。

5. 人与自然的和谐。20 世纪各种经济与政治事件，引起人们再次思考人类与自然的关系，体现在民法方面，有对动物态度的变化及环境污染方面制度的变化。

以德国为例，如前所述，《德国民法典》1990 年 8 月 20 日加入了第 90a

---

〔1〕《欧洲人权公约》（European Convention on Human Rights，ECHR）全名为《保护人权与基本自由公约》（Convention for the Protection of Human Rights and Fundamental Freedoms）。

〔2〕参见陈卫佐译注：《德国民法典》，法律出版社 2015 年版，第 74 页脚注 14。

〔3〕据维基百科，https：//en. wikipedia. org/wiki/LGBT_ rights_ in_ Italy，2018 年 9 月 30 日访问。

条："动物不是物。动物受特别法律的保护。以不另有规定为限，关于物的规定准用于动物。"侵权法方面，环境污染责任为不问过错责任。

《民法总则》甚至在"基本规定"一章规定："民事主体从事民事活动，应当有利于节约资源、保护生态环境。"（第 9 条）但该规定同中国法律中的不少"宣示性条款"一样，其宣示意义大于其裁判意义，尽管民法总则颁布后有不少判决开始引用该条款[1]，但相关适用值得讨论，详见后述。

第二节　民法的基本原则

一、民法基本原则的意义及功能

对于民法研习者而言，学习和理解民法的基本原则，有助于掌握和理解民法的理念和特质，区分民法与其他法律如宪法、刑法、行政法的规范功能和规范方法；民法基本原则对民事立法及民事司法均具有指导、约束作用，特别是由于社会生活千变万化、日新月异，成文法规范不可能穷尽社会生活的一切事实这一局限性，民法基本原则在民法规范存在漏洞时具有补充漏洞的功能，甚至有可能据民法的基本原则发展出新的民法制度。

由罗马法到近现代民法，人类文明经历了社会、文化、经济、技术以及政治制度等的巨大变迁，虽然不少民法制度源远流长，可追溯至罗马法，但不少民法制度经历了演变，也产生了不少年轻的制度（比如法人制度和知识产权制度）。民法整个制度体系演变的背后，有经济等物质力量的深刻原因，也隐藏了一些基本理念的变迁，已如上述。

民法的基本原则，反映支撑民法制度背后的一些基本理念，是民法调整的社会关系及民法制度背后的基本理念的综合反映，贯穿于整个民法体系，是所有民法制度应遵循和体现的基本准则，在民事立法、民事司法及民事主体在进行民事活动中均应得到遵循。民法的基本原则可以说是最抽象、最一般的民事规范，体现民事规范的最一般的价值判断。

民法的基本原则应当是民事立法活动的准则之一。民法是私法，是规范市

---

〔1〕 著者 2018 年 8 月 28 日以"《民法总则》第九条"作为关键词查询中国裁判文书网，有 89 条裁判文书的查询结果。

民社会的法，而社会有其运行特点和规律，民法的基本原则体现市民社会的特点和运行规律，民事立法则应遵循市民社会的运行特点和规律，制定规范市民社会的规范即民法，如果违背其特点和规律，就可能造成一个"病态"的社会。民法的基本原则体现了法律规范社会欲实现的目标和理想，并使民法与其他法律（特别是作为公法的行政法等）明显区别，立法者在制定民事规范时应将民法基本原则通过具体制度予以落实，在解释法律时也应当依据这些基本原则进行解释。

民法的基本原则也是司法者在进行民事裁判、适用民法时应遵循的基本准则。民法的基本原则高度抽象，并不直接体现为对民事活动中各主体的权利义务的确定，但它应作为司法裁判者进行民事裁判时心中的"坐标"，对民法规范作出符合民法基本原则含义的解释和进行适用。如果存在法律漏洞或具体的民事规范模糊，裁判者则应依据民法基本原则对法律漏洞进行补充。

但反过来说，如果在民事司法裁判中大量依据民法基本原则进行裁判，则失去了法典化的意义，至少从某种程度上说明法典的失败——如果要这些抽象的原则就够了，为什么还要那些具体的条文呢？

同时，民事司法裁判中援引抽象的原则进行裁判，也需相应的法律技术予以规范，判例制度是个好的选择，但我国目前的指导性案例制度还仅是个尝试，在案例的选取程序和指导性案例颁布的速度和数量上都有待改进。

二、学理与制定法上的民法基本原则

如前所述，18 世纪法国资产阶级革命提出了"自由""平等""博爱"的口号，这些进步的观念在 1789 年的《人权和公民权宣言》（简称《人权宣言》）中得到体现，并进一步具体体现在 1804 年的《拿破仑法典》中。有学者概括法国民法的三大基本原则，即：所有权神圣、契约自由、过错责任。应该说这些原则尽管有所演进，但仍体现在现代民法之中，构成其基础理念。

国内民法学教科书一般均会论及民法基本原则，具体原则虽大体相同，但仍有差别；有关具体原则在我国民法中的体现，学者也有不同总结。有关民法基本原则在我国实定法中有的直接由文字体现，有的则是学者依据具体制度进行总结。

不过，也有学者质疑我国立法中普遍存在的"基本原则"模式，提出"我国立法普遍规定的'基本原则'在法律中的地位是什么呢？""如果不能转化为人们的行为规范或者裁判规范，那就是实实在在的多余的东西"，并认为"我国未来民法典应坚持规范属性"[1]。

三、民法总则的基本规定

相较我国《民法通则》和《物权法》第一章的"基本原则"、《婚姻法》和《继承法》第一章的"总则"、《合同法》与《侵权责任法》第一章的"一般规定"，我国《民法总则》第一章名为"基本规定"。

《民法总则》第一章"基本规定"体现了学者们提出的民法的"基本原则"，包括独特的并受到争议的"绿色原则"（第9条）。这种"大规模"的基本原则的规定在其他法域的民法典中确实罕见。

我国民法中有关基本原则的条款在司法实践中的引用还算较为经常[2]，但相关适用有待判例制度逐渐完善而予以约束。

1. 民事权利神圣。《民法总则》第 3 条规定："民事主体的人身权利、财产权利以及其他合法权益受法律保护，任何组织或者个人不得侵犯。"

民事权利又称为私权。"所有权神圣"作为《法国民法典》的三大基本原则之一，是基于所有权在整个私权体系中的重要地位，其全面的含义应是私权神圣或民事权利神圣。

民事权利神圣，亦即民事权利神圣不可侵犯，不受任何个人、团体或公权力机关的不法侵害，如受侵害，则受害人有权依法自力保护或请求国家公权力的救济，从而使受损害的权利得以恢复。

我国《宪法》规定公民的人身自由（第 37 条）、人格尊严（第 38 条）、住宅（第 39 条）不受侵犯，"公民的合法的私有财产不受侵犯。国家依照法律规定保护公民的私有财产权和继承权"（第 13 条第 1、2 款），民事权利神圣原则就是这些宪法原则在民事领域的具体体现。

如他人侵害"公民、法人"的民事权利，受害人自可依据民法自力保护或请求国家公权力的保护；如果"国家机关和国家机关工作人员违法行使职权侵

---

〔1〕　李永军："我国未来民法典应坚持规范属性"，载《政法论丛》2016 年第 1 期。

〔2〕　比如，据著者 2018 年 8 月 23 日在中国裁判文书网（http://wenshu.court.gov.cn/）以"公序良俗"查询，有约三万件民事案由的裁决，其中最高人民法院有 27 件民事裁决；以"《民法总则》第八条"为关键词搜索，有约 70 件民事案由的裁决。当然，其中并非全部系法院引用基本原则的规定，也有当事人的主张或法律行为或合同违反公序良俗的表述。

犯公民、法人和其他组织的合法权益造成损害的，受害人有依照《国家赔偿法》取得国家赔偿的权利"（《国家赔偿法》第2条），该规定即源于《民法通则》第121条，即"国家机关或者国家机关工作人员在执行职务，侵犯公民、法人的合法权益造成损害的，应当承担民事责任。"

2. 平等。平等，即"身份平等"或"人格平等"、民事主体法律地位平等。

现实中自然人在性别、年龄、种族、出身、智力、职位、经济状况、国籍、教育水平等方面有差异。无论中西方，古时法律对男女性别差异或因血缘关系不同（嫡出、庶出）等会有区别对待，有时贵族身份可以世袭；奴隶则只能作为他"人"的财产，奴隶本身虽是生物学意义上的人，但在法律上并不被当作人来看待。

梅因说："所有进步社会的运动，到此处为止，是一个'从身份到契约'的运动。"[1]

从近代到现代，各主要文明国家的民法均确立了"身份平等"这一基本原则。身份平等，也可表述为人格平等、权利能力平等、法律地位平等，简称为"平等原则"，即在民法看来，一个人只要在生物学意义被认为是人，就被民法当作一个人，有资格享有权利（即具有权利能力），有资格成为民法上的人（具有人格），从而可以参加民事法律关系，不因上述的性别、年龄、出身、智力、职位、经济状况、国籍、教育水平等方面有差异而在享有民事权利的可能性方面有任何不同。因此，所谓身份平等，又称人格平等或权利能力平等。

而且，该等人格或权利能力，在学理上被认为不得抛弃、转让或贬损，这是身份平等逻辑上的应有之义，否则即会产生现实中不平等的情况。比如我国台湾地区"民法"就规定，"权利能力和行为能力，不得抛弃"（第16条），"自由，不得抛弃"；我国《澳门特别行政区民法典》规定，"任何人不得全部或部分放弃其权利能力"（第66条）。

我国《民法总则》规定，"民事主体在民事活动中的法律地位一律平等"（第4条）、"民事主体的财产权利受法律平等保护"（第113条），就是这一原

---

〔1〕［英］梅因.H.S：《古代法》，沈景一译，商务印书馆1959年版，第97页，原中译本使用的是"身分"的表述。

则的具体表述，也是我国《宪法》规定的"中华人民共和国公民在法律面前一律平等"（第 33 条第 2 款）在民事领域的体现。

有人认为，基于我国《宪法》规定了我国的"社会主义经济制度的基础是生产资料的社会主义公有制"，从而应在民事立法中对国有资产予以特别保护，甚至对民营企业、国有企业在民事立法及民事司法中区别对待，这些看法值得讨论。

最高人民法院在《关于企业或个人欠国家银行贷款逾期两年未还应当适用民法通则规定的诉讼时效问题的批复》（法复〔1993〕1 号）中指出，"国家各专业银行及其他金融机构系实行独立核算的经济实体。它们与借款的企业或公民之间的借贷关系，是平等主体之间的债权债务关系。国家各专业银行及其他金融机构向人民法院请求保护其追偿贷款权利的，应当适用民法通则关于诉讼时效的规定。确已超过诉讼时效期间，并且没有诉讼时效中止、中断或者延长诉讼时效期间情况的，人民法院应当判决驳回其诉讼请求。"

【案例 2-1】上诉人广州钢管厂有限公司与被上诉人广州腾辉实业投资有限公司租赁合同纠纷案[1]

本院认为，……《中华人民共和国民法总则》第四条规定：民事主体在民事活动中的法律地位一律平等。第一百一十三条规定：民事主体的财产权利受法律平等保护。第七条规定：民事主体从事民事活动，应当遵循诚实信用原则，秉持诚实、恪守承诺。第八十六条规定：营利法人从事经营活动，应当遵守商业道德，维护交易安全，接受政府和社会的监督，承担社会责任。

根据《中华人民共和国企业国有资产法》第十六条、第二十一条的规定，**广州钢管厂作为国家出资企业，对其动产、不动产和其他财产依照法律、行政法规以及企业章程享有占有、使用、收益和处分的权利，并应当自觉遵守企业国有资产管理的相关法律规定，履行国有资产保值增值责任，保护国有资产不受侵害。同时，广州钢管厂作为市场经济主体、营利法人，依法享有经营自主权和平等的民事主体地位，从事经营活动应当遵守商业道德和诚实信用原则，恪守承诺，自觉履行依法缔结并生效的合同，维护交易安全。**本案合同除租赁

---

〔1〕　广东省广州市中级人民法院"（2017）粤 01 民终 19673 号"民事判决书。

期限超过 20 年部分无效外，没有证据证实存在其他违反法律强制性规定或恶意串通侵害国有资产等导致合同无效的情形，也无证据证实存在合同可撤销事由，**广州钢管厂不能要求免除或变更其民事合同权利义务。唯有如此，才能维护交易安全和市场秩序，维护国有资产经营的信誉，营造法治化营商环境。**

3. 自愿原则——意思自治。意思自治，又称私法自治、自由、自愿、自主决定。其源于市民社会运行的特点和原理，其含义是指在市民社会领域，民事主体有权对其事务自主决定、自我管理、自负责任，不受国家或他人的不法干涉。

如果把民法典比喻成由各新旧民法制度（建筑）组成的城堡（建筑群），私法自治是民法这座城堡上高树的迎风招展的"大纛"。"私法自治始终还是支撑现代民法的基础，它的经济意义可以上溯至亚当·斯密的国富论，伦理内涵则又源于康德理性哲学中的自由意志。"[1]

意思自治或谓自由，颇具人性基础——人们喜欢自由，不喜欢被强迫或强制；同时具有经济价值——对市场、效率的达成至关重要，也是创新的动力和源泉。因此作为市民社会的运行特点，称其为民法或私法的基本原则。

市民社会中的民事活动，一般由当事人自行协商，国家一般不予干涉，而且赋予当事人自由协商的结果（合同）以相当于法律的效力（即具有法律约束力），未经对方当事人（权利人）的允许，不得单方变化，否则即须承担责任。从这个角度，意思自治、自主决定，又称为私法自治，即当事人自己为自己"立法"。

我国《民法总则》第 5 条的表述是："民事主体从事民事活动，应当遵循自愿原则，按照自己的意思设立、变更、终止民事法律关系。"而该等"按照自己的意思"变动的民事法律关系，就是当事人之间的"法律"，是受法律保护的权利、义务。私法自治主要体现在法律行为制度之上，因为法律行为是最重要的法律活动，其在合同法领域的重要体现则为合同自由或契约自由，在婚姻法领域的体现则为婚姻自由，而合同和婚姻均属法律行为。

民法设计了一系列的制度以保障私法自治的真正实现，比如行为能力制

---

〔1〕 苏永钦：《走入新世纪的私法自治》，中国政法大学出版社 2002 年版，第 3 页。

度，对于智力、意思能力尚未健全的未成年人，其行为要么无效或须经法定代理人追认，要么善意相对人可撤销；在意思表示不健全、不真实的情形下，如欺诈、胁迫、乘人之危、显示公平、重大误解等，使对方在违背真实意思的情况下所为的行为，受损害方有权请求人民法院或者仲裁机构撤销，且申请撤销的权利在当事人，人民法院或仲裁机构不能主动撤销，这些制度设计均是意思自治原则的体现。

4. 公平。公平，具有极高的抽象性。公平是人类社会的崇高理想，也是最基本的法律价值理念之一。民法上的公平原则，指民事主体之间的利益平衡。

《民法总则》第6条规定："民事主体从事民事活动，应当遵循公平原则，合理确定各方的权利和义务。"民事主体进行民事活动，应遵循公平原则，如因某种情况"显失公平"，则当事人一方将可能有权申请人民法院或仲裁机构对有关民事活动予以撤销。《民法总则》第151条规定："一方利用对方处于危困状态、缺乏判断能力等情形，致使民事法律行为成立时显失公平的，受损害方有权请求人民法院或者仲裁机构予以撤销。"

我国《合同法》第114条第2款的规定也是公平原则的体现："约定的违约金低于造成的损失的，当事人可以请求人民法院或者仲裁机构予以增加；约定的违约金过分高于造成的损失的，当事人可以请求人民法院或者仲裁机构予以适当减少。"

又比如我国《侵权责任法》第24条的规定："受害人和行为人对损害的发生都没有过错的，可以根据实际情况，由双方分担损失"也被认为是"公平"责任的体现。

但须注意的是私法自治原则与公平原则的关系，两者具有互补关系，私法自治原则在民法基本原则中具有中心及基础地位，公平原则的修正不能作为对私法自治原则的否定。某些情况下，即使有人认为"显失公平"，但只要当事人没有意见，国家不会、也不应干涉；民事，不告不理，这是个常识。

一般认为"等价有偿"不应作为民法的基本原则，最多可以作为公平原则的具体体现之一体现在民法部分领域。一方面公平的价格难以确定，因为价格具有主观性，同样的东西对于不同的人、在不同的时间、地点效益不同，从而出价不同；另一方面，"如果法律允许法官仅仅因为交换合同中约定的给付互相不等值而宣布合同无效或对合同进行修正，那么会产生一种合同当事人无法忍受的受监护状态，最终会使私法自治徒有其表。"[1]

5. 诚实信用。《民法总则》第 7 条规定："民事主体从事民事活动，应当遵循诚信原则，秉持诚实，恪守承诺。"诚实信用原则，简称诚信原则，由于其高度抽象，就其内容学者也是众说纷纭。

诚实信用原则，要求民事主体在进行民事活动时应当诚实不欺、恪守诺言、讲究信用，善意行使权利，尊重他人和社会的利益。诚信原则不仅是道德规范，也是民事主体进行所有民事活动的法律准则，民事主体在进行民事活动时违反此原则，即可能承担相应的民事责任。

诚信原则也是法律的解释和适用的基本准则，具有填补法律漏洞的功能，且从该原则发展出一些具体的民法制度。

合同是最重要的民事活动，合同法中的诸多具体制度都从诚信原则发展而来。比如我国《合同法》第 42 条规定："当事人在订立合同过程中有下列情形之一，给对方造成损失的，应当承担损害赔偿责任：①假借订立合同，恶意进行磋商；②故意隐瞒与订立合同有关的重要事实或者提供虚假情况；③有其他违背诚实信用原则的行为。"该规定确立的缔约过失责任制度确立了合同当事人的"先合同义务"，即合同成立之前的义务。又如《合同法》第 43 条规定："当事人在订立合同过程中知悉的商业秘密，无论合同是否成立，不得泄露或者不正当地使用。泄露或者不正当地使用该商业秘密给对方造成损失的，应当承担损害赔偿责任。"再如《合同法》第 92 条规定："合同的权利义务终止后，当事人应当遵循诚实信用原则，根据交易习惯履行通知、协助、保密等义务。"

由于诚信原则的高度抽象，需要通过总结判例，使其不断类型化，并总结出具体的制度。

6. 合法与不违背公序良俗。《民法总则》第 8 条规定："民事主体从事民事活动，不得违反法律，不得违背公序良俗。"

合法与不违背公序良俗，主要是体现在法律行为制度，"不违反法律、行政法规的强制性规定，不违背公序良俗"（《民法总则》第 143 条第 3 项）是法律行为有效的一般条件之一。但须注意的是，法律行为不得违反法律，《民法

---

〔1〕〔德〕卡尔·拉伦茨:《德国民法通论》（上册），王晓晔等译，法律出版社 2003 年版，第 61 页。

总则》第 143 条进一步规定为"不违反法律、行政法规的强制性规定"，我国法律、行政法规中不少使用"应当""禁止""不得"等规范词的情形，最高人民法院在《关于当前形势下审理民商事合同纠纷案件若干问题的指导意见》（法发〔2009〕40 号）中指出要"正确适用强制性规定，稳妥认定民商事合同效力"，法院应当"注意区分效力性强制规定和管理性强制规定。违反效力性强制规定的，人民法院应当认定合同无效；违反管理性强制规定的，人民法院应当根据具体情形认定其效力。"

公序良俗原则，意指民事活动不得违反公共秩序、社会公共利益及善良风俗，否则无效。

我国相关法律的表述是，民事活动应当尊重社会公德，不得损害社会公共利益（《民法通则》第 7 条），违反社会公共利益的民事行为无效（《民法通则》第 58 条）或损害社会公共利益的合同无效（《合同法》第 52 条）。而《民法总则》正式采用了公序良俗的表述。

我国台湾地区的"民法"第 72 条则规定："法律行为，有背于公共秩序或善良风俗者，无效。"我国《澳门特别行政区民法典》规定："违反公共秩序或侵犯善良风俗之法律行为无效"（第 273 条），"如法律行为单纯在目的上违反法律或公共秩序，又或侵犯善良风俗，则仅双方当事人之目的相同时，该法律行为方为无效"（第 274 条），"附违反法律、公共秩序或侵犯善良风俗之条件之法律行为无效"（第 264 条）。

由于社会在不断发展变化，人们对公序良俗的内涵的理解也会发生变化；由于历史、文化及观念传统的不同，不同司法区域对公序良俗的理解也会有差异。同时由于其抽象性，也需要判例不断总结并予以类型化，不断创新发展，与时俱进，同时完善我国的判例制度，也至关重要。因此，如何完善公序良俗在司法实践中的作用，是个课题。比如，"泸州遗赠案"〔1〕以善良风俗否定作为法律行为的遗嘱的效力，就曾引起不小的争议。

【案例 2-2】赵家挚与庞占辉、刘文才等委托合同纠纷上诉案〔2〕

---

〔1〕　四川省泸州市中级人民法院"（2001）泸民一终字第 621 号"民事判决书。
〔2〕　辽宁省葫芦岛市中级人民法院"（2018）辽 14 民终 20 号"民事判决书。

本院认为，《中华人民共和国民法通则》第五条规定，公民、法人的合法的民事权益受法律保护，任何组织和个人不得侵犯。同时，《中华人民共和国民法总则》第八条规定，民事主体从事民事活动，不得违反法律，不得违背公序良俗。

本案中，庞占辉花钱请刘文才托人为其子安排工作，此种权钱交易的行为有违公序良俗，属非法请托行为。依照上述规定，庞占辉、刘文才之间形成的违背公序良俗的自然债务欠缺诉请执行力，不具有正当性和受法律保护的必要性。社会的良性运行和协调发展需要公平、有序的竞争环境，否则就会出现劣币驱逐良币这一逆淘汰现象，阻碍社会的发展和进步。诚然，当今社会存在权钱交易等潜规则现象，但从法律上说，存在并不意味着应受法律保护，法律越是在这种社会背景下，越应承担起激浊扬清，促进公正的社会责任。试想，如果类似权钱交易的请托行为所请托事项不能成功，委托人还可以通过法律手段将款项返还，则委托人无论成功与否，均没有任何财产风险，此举无异于鼓励权钱交易这种非法请托行为，长此以往，破坏的是公正的社会竞争环境，这必须成为法律在裁判过程中所应考量的重要因素之一。关于刘文才托赵家挚为庞占辉之子安排工作，尚有 50 000.00 元在赵家挚手中未予返还的问题。因该50 000.00 元含在庞占辉给付刘文才的上述 200 000.00 元之中，且赵家挚与刘文才虽然约定以培训费的形式收取的费用，但该笔费用实则为人情费，同理，亦不应受法律保护。

综上，对赵家挚的上诉请求予以支持。原审判决适用法律错误，应予纠正。……驳回庞占辉的诉讼请求。

【案例 2-3】上诉人吴明倩与上诉人靖心胜、被上诉人王金城合同纠纷上诉案[1]

本院认为：《中华人民共和国民法通则》第七条规定："民事活动应当尊重社会公德，不得损害社会公共利益，破坏国家经济计划，扰乱社会经济秩序。"《中华人民共和国民法总则》第八条规定："民事主体从事民事活动，不得违反法律，不得违背公序良俗。"《中华人民共和国合同法》第五十二条规定："有

---

〔1〕 山东省济南市中级人民法院"（2017）鲁 01 民终 8741 号"民事判决书。

下列情形之一的，合同无效：（一）一方以欺诈、胁迫的手段订立合同，损害国家利益；（二）恶意串通，损害国家、集体或者第三人利益；（三）以合法形式掩盖非法目的；（四）损害社会公共利益；（五）违反法律、行政法规的强制性规定。"**本案中，靖心胜在既无培训机构、招聘单位的授权，亦非中介机构的合法代表人的情况下，其以"培训费"为名收取吴明倩的巨额资金后，利用其所掌握的社会关系为吴明倩安排就业的行为，的确与现行的法律规定相悖，有损社会公共利益，原审法院依照前述规定认定吴明倩委托王金城与靖心胜所签订的《协议》无效并无不当。**鉴于吴明倩知道或应当知道靖心胜既无培训机构、招聘单位的授权，亦非中介机构的合法代表人的情况下，仍委托王金城与靖心胜签订《协议》，任由靖心胜为其办理安排工作的相关事宜，亦负有一定过错。原审法院结合吴明倩在应聘后工作（实习）期间确有一定的劳动收入以及靖心胜为吴明倩安排工作期间亦有一定的合理支出，而《协议》无效的结果，客观上亦给靖心胜造成了一定经济损失等情形综合分析，酌定由靖心胜返还吴明倩7万元亦无不当。因吴明倩要求靖心胜支付利息的请求缺乏事实及法律依据，原审法院对其请求不予支持正确。吴明倩及靖心胜对其上诉的请求事项，均未提交有效的证据予以佐证，故对其上诉请求本院不予支持。

综上，吴明倩及靖心胜的上诉理由均不能成立，对吴明倩及靖心胜的上诉请求本院不予支持。

7. "绿色原则"——有利于节约资源、保护生态环境。《民法总则》第9条规定："民事主体从事民事活动，应当有利于节约资源、保护生态环境。"此即所谓"绿色原则"。

该条在《民法总则》颁布时曾遭调侃，说"买了大排量豪车不知道是该砸了还是继续开"。应该说在民法典中直接规定所谓"绿色原则"，在各国民法典中确实独树一帜。

保护环境，在民法的具体制度中确实有所体现。比如《侵权责任法》中污染者对环境污染承担无过错责任以及《合同法》关于实际履行的规则等。又比如，我国台湾地区现行"民法"关于房屋越界的处理规则[1]，也可以说体现了"绿色原则"。

但抛开具体制度，直接依据"绿色原则"进行裁判，如果没有判例制度予以约束，必然造成司法实践混乱。

【案例2-4】上诉人顾群力、金梅亚、顾春晖与被上诉人常熟市华鑫房地产开发有限公司商品房销售合同纠纷上诉案[2]

本案中，顾群力、金梅亚、顾春晖主张华鑫公司对涉案房屋外墙保温材料依据商品房买卖合同约定更换重做，一审法院认为，首先，涉案房屋工程规划已经验收合格，也就是说作为建筑节能措施中的房屋外墙保温工程规划是符合国家和地方建筑节能标准的，且涉案房屋工程及消防工程均经竣工验收合格，涉案房屋整体具备合格的使用功能，顾群力、金梅亚、顾春晖签订商品房买卖合同的根本目的已实现；其次，**若强制对涉案房屋的外墙保温材料进行更换重做，不但造成资源的大量浪费，有违民法总则中关于民事活动应当利于节约资源、保护生态环境的基本精神，也可能导致墙面开裂、渗水等影响居住安全问题的产生。故，顾群力、金梅亚、顾春晖要求华鑫公司对涉案房屋外墙保温材料进行更换重做的主张，一审法院不予支持。**依据《中华人民共和国民法总则》第九条、《中华人民共和国合同法》第一百一十条规定，判决：驳回顾群力、金梅亚、顾春晖的诉讼请求。……

本院认为：华鑫公司在涉案房屋上使用的外墙保温材料与合同约定不符，其认为合同约定属书面瑕疵、并非其真实意思没有依据，应认定华鑫公司履行合同义务不符合约定。根据合同法规定，当事人一方履行合同义务不符合约定的，应当承担继续履行、采取补救措施或者赔偿损失等违约责任。**当事人一方**

---

[1] 我国台湾地区现行"民法"第796条规定："土地所有人建筑房屋非因故意或重大过失逾越地界者，邻地所有人如知其越界而不即提出异议，不得请求移去或变更其房屋。但土地所有人对于邻地因此所受之损害，应支付偿金。前项情形，邻地所有人得请求土地所有人，以相当之价额购买越界部分之土地及因此形成之畸零地，其价额由当事人协议定之；不能协议者，得请求法院以判决定之。"第796-1条规定："土地所有人建筑房屋逾越地界，邻地所有人请求移去或变更时，法院得斟酌公共利益及当事人利益，免为全部或一部之移去或变更。但土地所有人故意逾越地界者，不适用之。前条第一项但书及第二项规定，于前项情形准用之。"

[2] 江苏省苏州市中级人民法院"（2018）苏05民终3119号"民事判决书。

不履行非金钱债务或履行非金钱债务不符合约定，但是债务标的不适于强制履行或者履行费用过高的，对方不可要求履行。顾群力、金梅亚、顾春晖请求对外墙保温采取更换重做。但是，首先，涉案房屋工程经过规划验收合格并经竣工验收合格，证明房屋具备合格的保温功能，顾群力、金梅亚、顾春晖签订合同的根本目的已实现。其次，如强制对涉案房屋的外墙保温材料进行更换重做，除了要投入更换费用、耗费资源外，还可能导致保温材料交界处开裂、墙面渗水、墙面色差等问题，影响居住安全以及房屋整体外墙的美观度，增加的投入及潜在的不利后果已超过了更换材料所能给顾群力、金梅亚、顾春晖带来的益处。因此，本院认为顾群力、金梅亚、顾春晖请求更换温保材料属不适于强制履行的债务标的，对其诉讼请求应予驳回。顾群力、金梅亚、顾春晖在一审中没有变更诉讼请求为要求华鑫公司给予经济赔偿，其可另行主张权利。

综上，顾群力、金梅亚、顾春晖的上诉请求均不能成立，应予驳回；一审判决认定事实清楚，适用法律正确，应予维持。

【案例 2-5】上诉人陈志强与被上诉人汤丽红物权保护纠纷上诉案[1]

本院认为：……从本案证据及当事人的陈述可知，汤丽红未与陈志强等邻居协商一致，擅自改动共用水管、电线街码和电表箱的位置，其行为确实不妥。根据《中华人民共和国民法通则》第八十三条规定："不动产的相邻各方，应当按照有利生产、方便生活、团结互助、公平合理的精神，正确处理截水、排水、通行、通风、采光等方面的相邻关系。给相邻方造成妨碍或者损失的，应当停止侵害，排除妨碍，赔偿损失。"因本案陈志强未能证明汤丽红的上述行为对其造成了妨碍或损失，亦无证据证明汤丽红改动水管所钻的洞确有危及大楼安全，故，根据《中华人民共和国民法总则》第九条关于"民事主体从事民事活动，应当有利于节约资源、保护生态环境"的规定，一审法院认为若再将改动的位置恢复原状有违节约资源的原则，对陈志强所有诉讼请求，不予支持并无不妥，本院予以维持。

---

〔1〕　广东省广州市中级人民法院"（2018）粤 01 民终 8612 号"民事判决书。

【案例 2-6】上诉人河南宏江房地产开发有限责任公司（以下简称宏江公司）与被上诉人苏香穗房屋买卖合同纠纷上诉案[1]

一审法院认为：苏香穗、宏江公司双方签订的《商品房买卖合同》系双方真实意思表示，内容不违反法律或行政法规强制性规定，合法有效，宏江公司没有证据证明其逾期交房行为存在法定或约定的免责事由，应当依法承担违约责任。参考逾期交房违约行为对买受人不能如期占有使用房屋的影响，苏香穗、宏江公司双方约定的逾期交房违约金标准，相较苏香穗已交房款的金额及宏江公司售房对价利益的全部实现时间，双方约定的逾期交房违约金标准不存在约定过高的情形。综上所述，苏香穗的诉讼请求于法有据，该院予以支持。**针对宏江公司免责主张，根据《中华人民共和国民法总则》第九条之规定，"民事主体从事民事活动，应当有利于节约资源、保护生态环境。"该条被称为我国民法中的绿色原则。保护环境是我国长期坚持的基本国策，任何民事主体在从事民事活动中均应遵守。宏江公司在从事房地产开发及销售过程中应当全面关注开发地域季节气候规律与开发施工状态的关系，合理安排开发进度、理性确定售房合同所涉及的履行期间和期日；若确存在不可抗力或其他法定、约定逾期免责之情形，则应当从系统管理角度，依照法定程序或约定条件及时固定相关证据，及时履行通知等避免损失扩大的防护义务，避免纠纷的产生。**

......

本院认为，上诉人与被上诉人签订的《商品房买卖合同》，系双方当事人真实意思表示，内容不违反法律或行政法规的强制性规定，合法有效。由于被上诉人已依约向上诉人支付了全部购房款，但上诉人未按约定向被上诉人按时交房，上诉人逾期交房的行为已构成违约，所以，上诉人应承担相应的违约责任。本案中，**上诉人、被上诉人双方的房屋买卖合同签订后，涉案的工程项目在施工过程中，因郑州市多次启动重污染天气Ⅳ、Ⅲ、Ⅱ、Ⅰ级响应，工程项目暂时停止施工的情况客观存在，对延期交房有一定的影响，而工程项目因天气原因停止施工并非上诉人的过错所造成，因此，应适当减轻上诉人的违约赔偿责任。**根据交房时间及双方的约定，违约金应为 4633.3 元，综合考虑天气

---

[1] 河南省郑州市中级人民法院"（2018）豫01民终8703号"民事判决书。但有趣的是，对于类似案件，同样是河南省郑州市中级人民法院，在上诉人宏江公司与被上诉人刘红阳房屋买卖合同纠纷上诉案［（2018）豫01民终8032号民事判决］中，却全部驳回了宏江公司的全部上诉请求。

原因、合同履行情况、当事人的过错程度，本院酌定上诉人应承担 80% 的违约赔偿责任，故上诉人应向被上诉人支付 3707 元（4633.3 元×80% = 3707 元）的违约金。原审法院对此处理不妥，应予纠正。

思考题：

1. 近代民法从何时开端？近代民法有哪些基本理念基础？

2. 与近代民法相比，现代民法理念有什么变化？

3. 请谈谈民法基本原则的意义和功能。

4. 你怎么看我国民法总则中的基本规定？

第三章

导论 3：民法与民法学

第一节　民法与相关法律的关系

一、民法与宪法

基于国家与社会的二分，可以说"宪法规定的是国家的基本理念和构造，而民法规定的是社会的基本理念和构造"，已如前述。宪法规定公民与国家的关系，规定公民的基本权利，国家的组织建构及其权力，并对公权力予以规范。宪法只是对公民权利及规范公权力在组成及运行方面予以原则规定，公民权利的具体化及其保护、公权力的具体化及运作细节，还需其他部门法依照宪法规定的原则具体地规定。"宪法的任务是保障立法对公民所规定的限制无论如何不能侵犯宪法对公民所平等保障的自由"。"宪法不仅是法，而且是'更高的法'（higher law），因为它比普通法律具有更高的效力，并控制着普通法律的意义和解释。法律是衡量公民行为和官员行为合法性的标尺，宪法是衡量法律或立法行为合宪性的标尺。违反法律的行政行为是'违法'（illegal 或 unlawful）的，并因此无效而应被撤销，违反宪法的法律是'违宪'（unconstitutional）的，也同样因此无效而应被撤销。在宪政国家里，只有'合宪'（constitutional）的法律才被允许存在并发生效力"，"宪法是'法律的法律'，是衡量所有其他法律的法律标准"[1]。

---

〔1〕　参见张千帆：《宪法学导论：原理与应用》，法律出版社 2014 年版，第 8~11 页。

我国《宪法》规定了"公民的合法的私有财产不受侵犯""国家依照法律规定保护公民的私有财产权和继承权"，公民的人身自由、人格尊严不受侵犯，等等，但具体的一个人有哪些人身权、可以拥有哪些财产、如何保护其人身财产，其权利如何保障、实现，则由《民法》《刑法》等部门法组成的法律体系去具体完成。公民的权利当然有其边界，国家会通过立法及行政立法对公民的权利进行限制，但该等限制本身是否"合法"（合宪），则宪法应当成为其是否合宪的标尺。对立法及行政立法（包括制定的行政规范）的司法审查或合宪性审查，有欧洲大陆专门的宪法法院模式和美国普通法院的司法审查模式。我国法院目前尚不能对相关立法和行政法规、规章进行司法审查（合宪性审查），学界存在设立宪法法院的呼声。没有司法审查或违宪审查制度，宪法无法"活"起来。

王泽鉴教授认为，宪法不是民法的渊源，从而不能直接适用以处理民事问题。但宪法上的基本权利，不仅是一种对抗"政府"的权利，确保人民的自由与财产免于受到"政府"的侵犯，使人民享有不受"政府"干预的自由空间；基本权利更是一种客观的价值秩序，系立法、行政、司法机关行使职权所应遵循的客观规范，以保障人民免于遭受公权力或其他人（第三人）的不法侵害[1]。

可喜的是，党的十八届三中全会提出要"完善以宪法为核心的中国特色社会主义法律体系，加强宪法实施"[2]，更是在十九大报告中提出"加强宪法实施和监督，推进合宪性审查工作，维护宪法权威"[3]。学界也有不少建立违宪审查或合宪性审查制度的呼声和研究。

域外的违宪审查实践可资参考。

---

〔1〕　参见王泽鉴：《民法总则》，北京大学出版社 2009 年版，第 39 页。另就宪法与民法的关系，参见王泽鉴：《法律思维与民法实例：请求权基础理论体系》，中国政法大学出版社 2001 年版，第 192～198 页。

〔2〕　中共中央委员会："中共中央关于全面推进依法治国若干重大问题的决定"，载《人民日报》2014 年 10 月 29 日，第 1 版。

〔3〕　习近平："决胜全面建成小康社会 夺取新时代中国特色社会主义伟大胜利——在中国共产党第十九次全国代表大会上的报告"，载新华网，http://www.xinhuanet.com/politics/19cpcnc/2017-10/27/c_1121867529.htm，2018 年 7 月 4 日访问。

【案例 3-1】 美国同性婚姻案：Obergefell v. Hodges （576 U. S. ［2015］ ）

【案件背景】

2015 年 6 月 26 日美国联邦最高法院就 Obergefell v. Hodges 案作出裁决：认为基于美国联邦宪法第 14 修正案的"正当程序条款"（Due Process Clause）和"平等保护条款"（Equal Protection Clause），作为基本权利的婚姻权，同样也适用于同性的组合。该裁决要求美国 50 个州应像对待异性婚姻那样对待同性婚姻，即同性婚姻的各方享有或负担异性婚姻各方同样的权利和义务。该裁决要求所有的州必须为同性婚姻颁发证书并且承认其他司法区域登记的同性婚姻，美国所有领地（主要位于加勒比海、北太平洋和西太平洋，如波多黎各、关岛、美属维尔京群岛等）也适用该规则。

这是一个里程碑式的民权案件，而在 Obergefell v. Hodges 案之前，美国的 36 个州、华盛顿特区及美国领地的关岛已经承认同性婚姻。在 Obergefell v. Hodges 案之前的 2014 年 11 月，美国联邦第 4、7、9、10 等巡回法院已经裁定相关州对同性婚姻的禁令因违宪而无效，但随后美国联邦第 6 巡回法院裁定相关州的同性婚姻并不违宪，是有效的，这一分歧判决导致美国联邦最高法院不得不受理 Obergefell v. Hodges 案，并作出最终裁决。

Obergefell v. Hodges 案实际上并非一个案件，而是由密歇根州、俄亥俄州、肯塔基州及田纳西州四个州的 6 个案件合并而成。[1]

美国联邦最高法院现有九名大法官，就 Obergefell v. Hodges 案所作出的裁决，系由 5∶4 的比例作出，显示该裁决争议激烈。其中首席大法官罗伯茨（Roberts, C. J.） 的异议意见 ［为斯卡利亚（Scalia）大法官和托马斯（Thomas）大法官协同］同样值得关注。另外，反对该案判决的斯卡利亚（Scalia）大法官于 2016 年 2 月 13 日去世；宣读该案判决摘要及起草该案判决意见的肯尼迪（Kennedy）大法官 2018 年 6 月 27 日宣布于 2018 年 7 月 31 日退休。

---

　〔1〕 案件背景参阅了"Obergefell v. Hodges"词条以及"Territories of the United States"词条的内容，载维基百科，www. en. wikipedia. org，2018 年 7 月 2 日访问。

【判决摘要】[1]

OBERGEFELL et al. v. HODGES, DIRECTOR, OHIO DEPARTMENT OF HEALTH, et al.

certiorari to the united states court of appeals for the sixth circuit

No. 14-556. Argued April 28, 2015—Decided June 26, 2015

Michigan, Kentucky, Ohio, and Tennessee define marriage as a union between one man and one woman. The petitioners, 14 same-sex couples and two men whose same-sex partners are deceased, filed suits in Federal District Courts in their home States, claiming that respondent state officials violate the Fourteenth Amendment by denying them the right to marry or to have marriages lawfully performed in another State given full recognition. Each District Court ruled in petitioners' favor, but the Sixth Circuit consolidated the cases and reversed.

Held: The Fourteenth Amendment requires a State to license a marriage between two people of the same sex and to recognize a marriage between two people of the same sex when their marriage was lawfully licensed and performed out-of-State.

(a) Before turning to the governing principles and precedents, it is appropriate to note the history of the subject now before the Court.

…

(b) The Fourteenth Amendment requires a State to license a marriage between two people of the same sex.

(1) The fundamental liberties protected by the Fourteenth Amendment's Due Process Clause extend to certain personal choices central to individual dignity and autonomy, including intimate choices defining personal identity and beliefs. See, e. g. , Eisenstadt v. Baird, 405 U. S. 438 ; Griswold v. Connecticut, 381 U. S. 479 – 486. Courts must exercise reasoned judgment in identifying interests of the person so fundamental that the State must accord them its respect. History and tradition guide

---

[1] 该判决由判决摘要（syllabus）和法庭意见（opinion）两部分组成，该案判决摘要由肯尼迪大法官宣读，多数意见形成的判决意见由肯尼迪大法官执笔，反对该判决意见的四位大法官（包括首席大法官罗伯茨）均提交了异议意见。以下内容摘自该判决的判决摘要。黑体字系本书作者所加。这里摘取部分判决摘要，以助于了解美国联邦最高法院判决的形成及说理习惯。

and discipline the inquiry but do not set its outer boundaries. When new insight reveals discord between the Constitution's central protections and a received legal stricture, a claim to liberty must be addressed.

...

(2) Four principles and traditions demonstrate that the reasons marriage is fundamental under the Constitution apply with equal force to same-sex couples. The first premise of this Court's relevant precedents is that the right to personal choice regarding marriage is inherent in the concept of individual autonomy. This abiding connection between marriage and liberty is why Loving invalidated interracial marriage bans under the Due Process Clause. See 388 U. S. , at 12. Decisions about marriage are among the most intimate that an individual can make. See Lawrence, supra, at 574. This is true for all persons, whatever their sexual orientation.

A second principle in this Court's jurisprudence is that the right to marry is fundamental because it supports a two-person union unlike any other in its importance to the committed individuals. The intimate association protected by this right was central to Griswold v. Connecticut, which held the Constitution protects the right of married couples to use contraception, 381 U. S. , at 485, and was acknowledged in Turner, supra, at 95. Same-sex couples have the same right as opposite-sex couples to enjoy intimate association, a right extending beyond mere freedom from laws making same-sex intimacy a criminal offense. See Lawrence, supra, at 567.

A third basis for protecting the right to marry is that it safeguards children and families and thus draws meaning from related rights of childrearing, procreation, and education...

Finally, this Court's cases and the Nation's traditions make clear that marriage is a keystone of the Nation's social order. See Maynard v. Hill, 125 U. S. 190 . States have contributed to the fundamental character of marriage by placing it at the center of many facets of the legal and social order. There is no difference between same- and opposite-sex couples with respect to this principle, yet same-sex couples are denied the constellation of benefits that the States have linked to marriage and are consigned to an instability many opposite-sex couples would find intolerable. It is demeaning to lock same-sex couples out of a central institution of the Nation's society, for they too may aspire to the transcendent purposes of marriage.

The limitation of marriage to opposite-sex couples may long have seemed natural and just, but its inconsistency with the central meaning of the fundamental right to marry is now manifest.

(3) The right of same-sex couples to marry is also derived from the Fourteenth Amendment's guarantee of equal protection. The Due Process Clause and the Equal Protection Clause are connected in a profound way. Rights implicit in liberty and rights secured by equal protection may rest on different precepts and are not always co-extensive, yet each may be instructive as to the meaning and reach of the other. This dynamic is reflected in Loving, where the Court invoked both the Equal Protection Clause and the Due Process Clause; and in Zablocki v. Redhail, 434 U. S. 374, where the Court invalidated a law barring fathers delinquent on child-support payments from marrying...

(4) The right to marry is a fundamental right inherent in the liberty of the person, and under the Due Process and Equal Protection Clauses of the Fourteenth Amendment couples of the same-sex may not be deprived of that right and that liberty. Same-sex couples may exercise the fundamental right to marry. Baker v. Nelson is overruled. The State laws challenged by the petitioners in these cases are held invalid to the extent they exclude same-sex couples from civil marriage on the same terms and conditions as opposite-sex couples.

(5) There may be an initial inclination to await further legislation, litigation, and debate, but referenda, legislative debates, and grassroots campaigns; studies and other writings; and extensive litigation in state and federal courts have led to an enhanced understanding of the issue. While the Constitution contemplates that democracy is the appropriate process for change, individuals who are harmed need not await legislative action before asserting a fundamental right...

(c) The Fourteenth Amendment requires States to recognize same-sex marriages validly performed out of State. Since same-sex couples may now exercise the fundamental right to marry in all States, there is no lawful basis for a State to refuse to recognize a lawful same-sex marriage performed in another State on the ground of its same-sex character. pp. 27~28.

772 F. 3d 388, reversed.

Kennedy, J., delivered the opinion of the Court, in which Ginsburg, Breyer, Sotomayor, and Kagan, JJ., joined. Roberts, C. J., filed a dissenting opinion, in which Scalia and Thomas, JJ., joined. Scalia, J., filed a dissenting opinion, in which Thomas, J., joined. Thomas, J., filed a dissenting opinion, in which Scalia, J., joined. Alito, J., filed a dissenting opinion, in which Scalia and Thomas, JJ., joined.

该案于 2015 年 4 月 28 日进行了口头辩论，2015 年 6 月 26 日作出裁决。

密歇根州、肯塔基州、俄亥俄州及田纳西州将婚姻定义为一个男人与一个女人的结合。该案原告，即 14 对同性伴侣以及失去了同性伴侣的两位男性，向他们所在州的联邦地区法院提起了针对各相应州的相关政府官员的违宪诉讼，认为这些州的政府官员违反了美国联邦宪法第十四修正案，不承认他们有缔结婚姻的权利或是对在其他州已合法缔结的同性婚姻未予完全的承认。每个联邦地区法院都支持了这些原告的请求，但联邦第六巡回法院合并了这些案件并推翻了联邦地区法院的该等判决。

美国联邦最高法院最终判决：根据美国联邦宪法第十四修正案，有关各州应当对同性缔结的婚姻予以许可，并对同性的两人在该州之外合法缔结的婚姻予以承认。

主要理由如下：

1、联邦宪法第十四修正案的**正当程序**条款所保障之基本自由，应当扩展至个人尊严和至关重要的一些个人选择方面，其中应包括事关个人人格及信仰的一些私密关系的选择。

2、历史及先例支持婚姻系宪法规定之基本权利，而且对同性婚姻亦应适用。

3、同性伴侣之婚姻亦为宪法第十四修正案之**平等保护**条款所保障。

4、结婚权系作为人之固有的基本权利，基于正当程序及平等保护条款，同性伴侣不应被剥夺该等权利及自由。

5、尽管依据宪法，民主程序系改变该等对同性歧视的适当途径，但不应坐等政治及立法的改变，而让这些基本权利已经受到侵害的个人继续受到伤害。

第十四修正案要求各州承认该等同性婚姻在州外亦为有效，鉴于各州均应承认同性伴侣之作为基本权利的结婚权，一州基于该等婚姻之同性特质而否认在他州缔结之婚姻就没有任何法律基础。

巡回法院认为相应州拒绝同性婚姻并不违反联邦宪法之判决被推翻。

本判决的法庭意见由肯尼迪大法官提交，金斯伯格、布雷耶、索托梅耶及卡根四位大法官支持了该判决的法庭意见。首席大法官罗伯茨提交了异议意见，斯卡里亚、托马斯两位大法官支持该异议意见。斯卡里亚大法官另外提交了异议意见，托马斯大法官支持该异议意见。托马斯大法官亦提交了异议意见，斯卡里亚大法官支持该异议意见。阿利托大法官也提交了异议意见，斯卡里亚和托马斯大法官支持该异议意见。

二、民法与商法、知识产权法

民法有广义的民法和狭义的民法之分。广义的民法即私法，是规范整个市民社会全部生活的法，包括狭义的民法（即传统民法或一般民法）以及商法，因此也可称为民商法。

市民社会中，经济生活本就是其重要组成部分。由于历史的前进、技术不断革新，经济活动在市民社会中的地位越发重要，商业团体的力量也越来越大，交易金额、交易数量以及交易的频次也非之前农耕时期可比，渐渐地，此前规范市民社会的传统"民法"无法适应日益发展的经济活动的需要，历史上，曾有商人自行组成团体（行会）并自创规则、自行解决纠纷。近现代以来，世界主要各国亦就商主体（商人）及商行为（商人从事的各种专门营利活动）专门立法予以规范，遂产生商法。在大陆法系国家中，有的国家在民法典之外专门制定了商法典（所谓民商分立，如法、德、日）；有的则不在民法典之外另立商法典，而仅是在民法的基础上另外制定一些商事单行法，有些商行为如行纪、仓储、运输、承揽、建设工程等仍归入民法债编或合同法（所谓民商合一，比如瑞士）。

因此，私法（广义的民法）包括传统民法及商法，传统民法仍规范传统市民社会，并仍是其基本法并且是私法的核心部分；只是经济贸易等营利活动由于其金额大、交易频次快，甚至交易形式及产品形式日益多样，须特别予以规范，遂有商法。在没有商法典而仅有商事单行法的国家，商法是作为一门学科而存在的。

一般认为商法主要有：①商主体法，主要规定商主体的种类、设立、组织机构及解散、清算；②商行为法，主要就专门的商行为作出规范。在我国，主流观点认为应采民商合一的立法模式，即不单立商法典，在商主体方面，有公司法、合伙企业法、个人独资企业法、商业银行法等，商行为法方面则有保险法、票据法、海商法、证券法、企业破产法等，当然商主体法中也有一些行为的规定，而在商行为法中（比如《保险法》《证券法》）也有商主体（如保险公司、证券公司及其他证券从业机构）的特别规定。

知识产权无疑是一种民事权利，知识产权的取得、变更、消灭仍适用民事权利变动的基本原理，其大部分内容准用物权变动的相关规定，但由于该民事权利种类复杂，技术发展日新月异且有较多行政管理色彩（比如专利及商标的授予、维持等），知识产权法是私法（广义民法）的一个较为独立的领域，虽然对知识产权法是否应列入中国未来的民法典有争议的声音，据目前的情况看，知识产权法整体列入民法典的可能性较小。但我国《民法总则》在第五章"民事权利"中第 123 条规定了作为一种民事权利的知识产权："民事主体依法享有知识产权。知识产权是权利人依法就下列客体享有的专有的权利：①作品；②发明、实用新型、外观设计；③商标；④地理标志；⑤商业秘密；⑥集成电路布图设计；⑦植物新品种；⑧法律规定的其他客体。"

三、民法与经济法

民法作为规范市民社会的法，属于私法。经济法的出现与 20 世纪的有关经济学说有关，传统经济学认为市场是万能的和自足的，政府只要维持好秩序、做好"守夜人"即可，无需也不应对市场进行过多干涉；但由于 20 世纪初开始不断有经济危机及垄断现象出现，遂有学说指出，市场不是万能的，存在"市场失灵"的情况，市场需要政府的补足和干预，遂有经济法的产生。其最初主要是反不正当竞争法和反垄断法，但随着时间的推移，政府对市场的管制可以说触及方方面面，比如对价格的管制、最低工资的管制、最长工时的管制、劳动合同的管制、各种市场准入的管制等。美国"新政"时期，受凯恩斯经济学影响，罗斯福总统与联邦最高法院分别代表"政府"与"市场"进行博弈的过程很能体现这一变化[1]。

简而言之，经济法是规范国家如何干预市场的法即经济行政法，并作为一个学科存在。与具有上千年历史的民法不同，学界对于经济法的研究对象和规范领域不无争论。

四、民法与劳动法、消费者权益保护法

劳动法规范劳动者与用人单位之间的关系；消费者权益保护法规范消费者与商家或厂家（产品销售者与产品制造者）之间的关系。这两类关系本属市民社会中平等主体之间的关系，由民法进行规范（即一般的雇佣合同和买卖合同）；但现实中，劳动者与用人单位，消费者与商家、厂家，无论是经济实力还是信息资源都无法相提并论，不是一个数量级，为追求实质上的平等和自主决定，平衡双方力量，劳动法和消费者权益保护法特别向劳动者和消费者一方在制度上作一定的利益倾斜，因此，也有人将劳动法、消费者权益保护法称为公法、私法之外的"社会法"。

但就其实质，劳动法与消费者权益保护法调整的仍为私法关系，属于私法范畴，但国家进行较多干预，主要目的系对劳动者和消费者特别保护，以实质平衡相关利益。我国专门颁布有《劳动法》《劳动合同法》及《消费者权益保护法》。

【案例 3-2】陈海燕与南通建工集团股份有限公司等外人执行异议之诉上诉案[2]

根据 2002 年 6 月 20 日最高人民法院发布的《最高人民法院关于建设工程价款优先受偿权问题的批复》第二条："消费者交付购买商品房的全部或者大部分款项后，承包人就该商品房享有的工程价款优先受偿权不得对抗买受人"之规定，陈海燕支付全额购房款后对所购房产享有的权益能否对抗南通公司享有的工程价款优先受偿权取决于陈海燕作为案涉房产的买受人是否符合《中华人民共和国消费者权益保护法》规定的"消费者"身份。根据《中华人民共和国消费者权益保护法》第二条："消费者为生活消费需要购买、使用商品或者

---

〔1〕 有关内容可以参阅翟新辉：《中国合同法理论与实践》，北京大学出版社 2018 年版，第 27~30 页。

〔2〕 最高人民法院"（2017）最高法民终 514 号"民事裁定书。

接受服务，其权益受本法保护；本法未作规定的，受其他有关法律、法规保护”之规定，**结合本案购房情况，"消费者"应理解为：为了单纯用于消费居住而购买房屋的房屋买受人**。在执行程序中，**陈海燕已明确表示其购买案涉房产的用途系为了投资，故本案中陈海燕作为房屋买受者不符合《中华人民共和国消费者权益保护法》规定的"消费者"身份**，其对案涉房产享有的权益不能对抗南通公司对案涉项目享有的工程价款优先受偿权。

五、民法与国际私法

民法是私法，但它仅是某国的国内法，而不同国家的国内法规定不同，比如就成年的年龄、结婚年龄，不同的国家（或司法区域）的规定就不同，比如有的地方将同性婚姻合法化；中国、德国、美国就人身权的种类和内容的规定就不同。由于不同国家或司法区域国内法的不同，就涉及不同司法区域的人在不同的地方适用何司法区域的民商事法律的问题（由于主权原因，程序法一般是属地原则）。比如一个中国人和一个美国人在法国结婚，该如何适用法律（实体法）的问题，就是一个国际私法问题。

有关涉外民事法律关系的适用，各国规定有"冲突规范"，属于该国国内私法，所有这些"冲突规范"则组成所谓国际私法。因此，国际私法不是国际社会共同的法或国际法，它只是各国的国内法。

第二节　民法的历史沿革和体系

一、罗马法

罗马法作为"第一个世界性法律"，对后世各国法律产生了深远影响。根据周枏先生的观点，罗马法的研究对象是公元前450年的《十二表法》开始到公元565年期间的罗马法律制度。其内容丰富、法理精深，世所罕见。它的一些法学名词和术语，如公法、私法、民法（市民法）、人格、住所、条件、善意、恶意、役权、不当得利、无因管理等以及许多制度和原则，如对公共财产和胎儿利益的特别保护、新法优于旧法、一事不再理、行使权利不得以损害他人为目的、过失责任原则、甚至对有意毁损抛弃他人财物而不需负责的海商法中的"共同海损"以及成年、失踪宣告、信托等制度的规定，仍为当代各国民法所沿袭。[1]

二、大陆法系与普通法系、成文法系与判例法系

当今世界影响较大的主要为大陆法系和普通法系。

大陆法系又称罗马法系、法典法系、民法法系，其特点是法律为成文法或制定法，主要包括欧洲大陆国家如法国、德国、意大利、瑞士、葡萄牙等国以及南美洲诸国、亚洲的韩国、日本等，均制定有民法典。由于法律移植及继受方便，我国也属于大陆法系国家，如前所述，我国目前正在编纂民法典。

普通法系，又称英美法系、判例法系，其特点是较少成文法或制定法及法典，法官判案以"遵循先例"为原则，主要以以前的判例为依据，属于普通法系的司法区域主要是讲英语的国家和地区，包括英国本土及英国的前殖民地，如美国、新加坡、澳大利亚、加拿大、我国香港特别行政区[2]等。英美法系国家虽不一定有民法典，但仍有公法、私法的划分，其私法或民法部分也包括财产法、合同法、侵权法、家庭法等私法或民法的基本制度[3]。

两大法系的不同，源于其历史、文化及哲学的差异，但均受罗马法的深远影响。近些年两大法系则有互相影响、互相取长补短的趋势。

英美诸国制定法日益增多，如美国，由于其民商事立法权在州，甚至有"统一州法委员会"（National Conference of Commissioners on Uniform State Laws）、美国法律学会、美国律师协会等机构起草诸如"统一商法典""示范合伙法""示范公司法"等供各州采用，而且也确实有不少州采用，但判例在实际审判中仍起决定性作用，比如在财产法、合同法、侵权法等领域，普通法（判例法）仍为主流。

大陆法系诸国日渐重视判例的作用，我国也是如此。

"为总结审判经验，统一法律适用，提高审判质量，维护司法公正"，我国最高人民法院于 2010 年印发了《关于案例指导工作的规定》（法发［2010］51号），根据该规定第 7 条，"最高人民法院发布的指导性案例，各级人民法院审判类似案例时应当参照"。

---

〔1〕 周枏：《罗马法原论》，商务印书馆 1994 年版，第 2 页。

〔2〕 美国的路易斯安那州、加拿大魁北克省由于曾是法国殖民地，因此受法典法系影响较大，有民法典。我国香港特别行政区由于曾属英国殖民地，所以也具有判例法传统。

〔3〕 如美国，相对称的概念是公法与私法（public and private）、刑法与民法（criminal and civil）。

我国最高人民法院自 2011 年起开始陆续发布"指导性案例"，截至 2018 年 6 月 20 日，最高人民法院已发布 18 批含民事、刑事、行政等共 96 件指导性案例[1]。

我国的案例指导制度有待完善，比如指导性案例选取程序可以改进，颁布数量也过少。最高人民法院本身的判例不能构成指导性案例，上级法院的判例不能约束下级法院，同一个法院的判例不构成对此后该院判例的约束，这一方面有损法院权威，另一方面也会让人民无所适从。随着我国司法裁判的逐步透明并且越做越好[2]，相信我国之后的指导性案例制度会进一步完善，也相信判例制度在中国的法治建设中的作用会越来越重要。

三、1804 年的法国民法典——《拿破仑法典》[3]

1804 年 3 月 21 日通过的《法国民法典》，也称《拿破仑法典》，是西方国家的第一部民法典，确立了"自由平等""所有权神圣""契约自由"三原则，经过一些修正后，现在仍施行于法国，并对各大陆法系国家民法典的制定产生了深远影响，德国、瑞士、意大利、西班牙、葡萄牙、丹麦、希腊以及南美洲的智利、阿根廷、巴西，以至日本等国民法典，均在形式和内容方面受到《法国民法典》的不同影响。

《法国民法典》于 1800 年开始起草，拿破仑本人也是罗马法的爱好者，甚至其本人也积极参与制定并对该法典的胜利草成起了决定性的作用，拿破仑曾自夸，"我的光荣不在于打胜利四十个战役，滑铁卢会摧毁这么多胜利……但不会被任何东西摧毁的，会永远存在的，是我的民法典。"

《法国民法典》共 2281 条，包括：

总则 法律的公布、效力及其适用

第一编　人

第二编　财产及对于所有权的各种限制

第三编　取得财产的各种方法

---

〔1〕　中国法院网，https://www.chinacourt.org/article/detail/2018/06/id/3373079.shtml，2018 年 7 月 4 日访问。

〔2〕　据中国裁判文书网（http://wenshu.court.gov.cn）2018 年 7 月 4 日显示，截至该日，公布之文书总量超过 4 千 8 百万，访问总量超过 173 亿次。

〔3〕　参见李浩培等译：《法国民法典（拿破仑法典）》，商务印书馆 1979 年版，译者序等内容。

四、德国民法典[1]

另一对大陆法系民法典立法产生重大影响、特别是对中国民事立法产生重大影响的，是《德国民法典》。瑞士、日本等也深受其影响。

《德国民法典》的制定费时超过 22 年（1874-1896），最终于 1896 年通过，于 1900 年 1 月 1 日施行。

（一）德国民法典的体系

与《法国民法典》仅三编、2281 条不同，《德国民法典》按照潘德克吞法学的学说安排结构和划分章节，分为五编，约 2385 条（因为其后有增加或废止），依次为：总则编、债务关系法编、物权法编、亲属法编、继承法编。

与《法国民法典》仅 6 条的总则编不同，《德国民法典》约 240 条的总则编规定了：自然人、社团法人与财团法人、物、权利能力与行为能力、意思表示与法律行为、代理、期间与期日、消灭时效、权利的行使、担保的提供等一般规定，这些规定原则上也适用于其他四编。

（二）德国民法典的语言风格

与德国人理论思辨能力超强及偏好的特点相适应，《德国民法典》在法律条文的措辞方面选择了一种抽象、思辨风格，刻意与口语的"自然语言"拉开距离，而较多使用了"人工语言"，即只有通过民法学科训练的专业人士才能理解的术语。

"在这一点上，《德国民法典》不同于比它早 100 年左右问世的、容易理解和贴近民众得多的《法国民法典》。对非法律家来说，《德国民法典》的措辞在很大程度上是不可理喻的。"

诸如意思表示、法律行为等制度，无不体现概念构成的高度抽象的特点。整部民法典是由抽象的一般概念和形式逻辑的范畴构成的体系。"在这一问题上，训练有素的法律家十分重视概念术语的学科上的精确性。《德国民法典》从来就没有被理解成大众的民法典，而向来被理解成专家之法。从来没有人为了照顾作为法律服从者的普通市民而力图使它变得一目了然和通俗易懂，因为人们信赖作为专业人士受过严格训练的法律家。"

---

〔1〕　参见陈卫佐译注：《德国民法典》，法律出版社 2006 年版，米夏埃尔·马丁内克就该书撰写的导言，"德国民法典与中国对它的继受"。

《德国民法典》的语言风格，是其概念精准、体系严谨的外在表现。

五、民法的体系

《法国民法典》及《德国民法典》的诞生，放在文艺复兴、启蒙运动及理性主义兴起并于 19 世纪达到巅峰的欧洲思想史背景下看，并不偶然——当时的欧洲哲学家醉心于构筑宏大的哲学体系。《法国民法典》和《德国民法典》这样的鸿篇巨制，是欧洲近代理性主义巅峰时期的作品。而以经验主义传统为基础的英国，则走出了与大陆法典法系不同的判例法路径。

而 20 世纪的欧洲从各种路径对近代理性主义进行解构和反思，对人类理性的有限性有了更深入的认识，又由于英美在二战中的现实影响，现代欧洲以致世界范围出现"去法典化"或法典的分解现象或呼声[1]，以及普通法系国家对判例作用的日益重视，也不难理解。

但由于私法或民法规范市民社会，而市民社会主体众多、生活纷繁多彩，必然导致民法内容庞大繁杂、理论博大精深。就学理而言，为学习研究方便，必须予以体系化；就实定法而言，为学习、"找法"及适用法律方便也必须予以体系化。就大陆法系而言，继承思辨及演绎的思维方法，与英美判例法缘袭的经验主义哲学及其归纳方法不同，对体系化及其方法尤其重视[2]。

大陆法系如法、德、瑞士、日本等国的民法典有一两千条，为保持法典的稳定，方便找法及法律适用，在概念的抽象、基本原则及杜绝法律漏洞等方面都对民法的体系化提出很高的要求。

第三节　我国民法

一、1949 年前的中国民法

中国古代"诸法合体，民刑不分"，并无传统的私法理念和单独的民法。清末中国积弱，拟"变法图强"，清王朝曾组织起草《大清民律草案》，随着

---

〔1〕　参见张礼洪："民法典分解现象和中国民事立法模式思考"，载《"转型时期的民法典编纂学术研讨会"论文集》，2016 年 4 月；张礼洪："民法典的分解现象和中国民法典的制定"，载《法学》2006 年第 5 期。

〔2〕　有关民法的体系化，可参见黄茂荣：《法学方法与现代民法》，中国政法大学出版社 2001 年版，第 7 部分有关"法律体系"的论述，以及参见张俊浩主编：《民法学原理》，中国政法大学出版社 1997 年版，第二章，"法学方法与民法"。

清王朝被推翻，该草案未经公布实施即中途夭折。

民国成立后，1927 年当时的国民政府设都南京，于 1928 年成立立法院，积极编制民法典，1929 年始，共 1225 条的《中华民国民法典》各编陆续颁布：

（1）总则编：1929 年 5 月 23 日公布，全文 152 条；自 1929 年 10 月 10 日施行；

（2）债编：1929 年 11 月 22 日公布，全文 604 条；自 1930 年 5 月 5 日施行；

（3）物权编：1929 年 11 月 30 日公布，全文 210 条；自 1930 年 5 月 5 日施行；

（4）亲属编：1930 年 12 月 26 日公布，全文 171 条；并自 1931 年 5 月 5 日施行；

（5）继承编：继承编全文 88 条，与亲属编同时公布、施行。

《中华民国民法典》作为我国历史上第一部民法典，大体采自《德国民法典》，并吸收日本及瑞士民法成果，语言隽秀典雅、概念精当准确、体系完备严谨，"可谓采各国立法之长，堪称完善"[1]。谢怀栻先生亦对该部法典评价极高："这部民法典即在当时，与同时代的各国民法，也可并肩而立。至于它在改革中国数千年的法制方面，在中国开创私法制度与私法文化方面，较之《法国民法典（拿破仑法典）》犹有过之。这是中华民族可以引以自豪的一部民法典。"[2]

但当时中国战乱不断，实际上该法典在当时的中国并未起到重大作用。后来，该法典在我国台湾地区适用至今，期间也曾多次修改。比较重要的分别是 1981 年对总则编的修正，1999 年对债编的修正，2007 年、2009 年及 2010 年对物权编的修正，2009 年对继承编的修正。

二、1949 年之后的中国民法

（一）中华人民共和国的民事立法概况

1949 年中华人民共和国成立，废除了民国政府的《六法全书》（包括民法典）。

---

[1] 王泽鉴：《民法总则》，北京大学出版社 2009 年版，第 15 页。
[2] 谢怀栻：《大陆法国家民法典研究》，中国法制出版社 2004 年版，第 124 页。

后中国实行"计划经济"模式，市民社会空间被极度压缩，私法极不发达；且当时"极左"思潮横行，以"平等""自由""自治"为原则的民法自是难以发展甚至立足。1978年改革开放前，民商事法律方面仅颁布有《婚姻法》（1950年4月13日公布实施）。

1978年后，中国开始改革开放，确立了以经济建设为中心的国策，逐步由"计划经济"过渡至"有计划的商品经济"，并最终确立实行"社会主义市场经济"。改革四十年来国家经济取得显著成果，国民生活水平也大幅提高，市民社会得以逐步培育，期间有关重要民事法律（如《民法通则》等）先后颁布，民商法研究也开始兴盛、发达，至近年的《物权法》《侵权责任法》《涉外民事法律关系适用法》等的颁布，我国民商事法律体系可说基本建立，但远未完善。1978年后颁布的重要民商事法律（含知识产权法）如下（表3-1）：

表3-1 重要法律名称表

颁布年代	法律名称
1979年	《中外合资经营企业法》（1990年、2001年及2016年分别修正）
1980年	《婚姻法》（2001年修正）
1981年	《经济合同法》（已废止）
1982年	《商标法》（1993年、2001年、2013年、2019年分别修正）
1984年	《专利法》（1992年、2000年及2008年分别修正）
1985年	《继承法》《涉外经济合同法》（已废止）
1986年	《民法通则》（2009年修正）、《外资企业法》（2000年及2016年分别修正）
1987年	《技术合同法》（已废止）
1988年	《中外合作经营企业法》（2000年、2016年及2017年分别修正）
1990年	《著作权法》（2001年及2010年分别修正）
1992年	《海商法》
1993年	《公司法》（1999年及2004年分别修正、2005年修订、2013年及2018年分别修正）

续表

颁布年代	法律名称
1995 年	《担保法》《票据法》（2004 年修正）、《保险法》（2002 年修正、2009 年修订、2014 年及 2015 年分别修正）
1997 年	《合伙企业法》（2006 年修订）
1998 年	《证券法》（2004 年修正、2005 年修订、2013 年及 2014 年修正）
1999 年	《个人独资企业法》《合同法》
2003 年	《证券投资基金法》（2012 年修订、2015 年修正）
2006 年	《企业破产法》
2007 年	《物权法》
2009 年	《侵权责任法》
2010 年	《涉外民事关系法律适用法》
2017 年	《民法总则》

（二）未来的中国民法典

变法图强一直是一个多世纪以来中国的梦想。为继受及移植西方法律方便，中国历史性地选择了大陆法系的立法模式。

英美判例法的经验、务实、灵活、强调法律的自然生长和改良式演进，确有其优势。英美判例法遵循先例的原则可以稳定司法，但又不拘泥于先例，普通法可以通过判例的点滴演进变革社会结构，从而避免了社会的剧烈动荡[1]。"相反，大陆法由于法典化，适合'革命'，似乎可以随时重来一套"[2]。

舍弃民法典，"另外一种选择是更彻底的解构，直接就个别规范领域去整合，把公私法规范，包括组织、程序和实体的规范都包在一部法律里，分别建构体系，等于舍民法典而用一个一个部门化的单行法去替代，成熟一个制定一

---

〔1〕 参见 Frederick G Kempin，*Historical Introduction to Anglo-American Law*，法律出版社 2001 年版，作者的第三版序。其原文为："The history of our law is a history of change. Without the need for violent social revolution, the common law has adapted to changes in our social and economic structure from feudalism through mercantilism to a modern capitalism society."

〔2〕 翟新辉：《中国物权法的过去、现在与未来》，中国政法大学出版社 2016 年版，第 16～19 页。

个。这种重构方式对已经有民法典的国家也许变动成本太大，但对从计划经济转型到市场经济的国家，却不失为民法典以外的另一种理性选择"[1]。也有人慨叹，中国"作为后发国家，原本我们有着'满手的好牌'"，"未必只有编纂民法典这一条路"，现在却走上了"独木桥"，"可惜了"[2]。

这些声音提醒我们，需要对民法典编纂在完善我国民事法制中的作用和局限有清醒的认识。

但鉴于判例法制度的难于移植，鉴于自《大清民律草案》《中华民国民法典》以来中国民法学研究及教育方面德、日民法典对中国民法传统的影响，再考虑我国各法域间的融合，以及"最能代表大陆法系体系思维的民法典，在这股解构的风潮"中仍展现出的"强韧的抗压性"[3]，我国编纂一部延续德国民法基因的民法典，也未尝不可。

如前所述，中国清末即曾起草《大清民律草案》，民国时期终于颁布《中华民国民法典》并一直在我国台湾地区适用。1949 年中华人民共和国成立后也曾多次试图起草、制定民法典，但均因理论及现实社会环境影响、限制无法出台。

1986 年《民法通则》的颁布是我国民事立法划时代的里程碑事件，它基本终结了民法、经济法之规范领域及理论研究领域的争论。但《民法通则》仅156 条，与其他成熟的上千条甚至两千多条的民法典不能同日而语，因此它注定只是一个阶段性的法律；随后《担保法》《物权法》《侵权责任法》等一系列民商事法律相继颁布实施，虽说我国的民商事法律体系基本建立，但法律漏洞及体系之间的矛盾不少，亟待体系化和合理化——法典化。

编纂民法典，是中国不少民法学者的梦想。现《民法总则》已经于 2017 年 3 月 15 日颁布并已于 2017 年 10 月 1 日开始实施。民法典各分编也在紧张起草之中，并"于 2018 年整体提请全国人大常委会审议，经全国人大常委会分阶段审议后，争取于 2020 年将民法典各分编一并提请全国人民代表大会会议

---

[1] 苏永钦：《寻找新民法（增订版）》，北京大学出版社 2014 年版，第 531 页。
[2] 张谷："对当前民法典编纂的反思"，载《华东政法大学学报》2016 年第 1 期。
[3] 苏永钦：《寻找新民法（增订版）》，北京大学出版社 2014 年版，第 531 页。

审议通过，从而形成统一的民法典"〔1〕。

目前看来，"民法典将由总则编和各分编组成，目前考虑分为物权编、合同编、侵权责任编、婚姻家庭编和继承编等"〔2〕。其中人格权是否独立成为未来中国民法典的一编，尚有争议，不过这不妨碍国内学界对人格权规则的热议〔3〕。

第四节　民法的渊源

法律渊源一词，有不同的含义，有指法律的效力来源，有指法律的产生原因，有指法律的表现形式或存在形式。这里，民法的渊源指民法规范的表现形式或存在形式，其应具有这一特征，即可以作为法院或仲裁庭进行民事裁判的依据，因此，这里所说的民法的渊源即民事规范的载体或在哪里可以找到民法规范〔4〕。《民法总则》第 10 条规定："处理民事纠纷，应当依照法律；法律没有规定的，可以适用习惯，但是不得违背公序良俗。"结合法理及我国情况，民法的渊源包括：

一、制定法

制定法，即成文法。最高人民法院《关于裁判文书引用法律、法规等规范性法律文件的规定 》（法释［2009］14 号）规定，"民事裁判文书应当引用法

---

〔1〕 "关于《中华人民共和国民法总则（草案）》的说明"，载中国人大网，http：//www. npc. gov. cn，2019 年 8 月 5 日访问。

〔2〕 "关于《中华人民共和国民法总则（草案）》的说明"，载中国人大网，http：//www. npc. gov. cn，2016 年 7 月 5 日访问；"关于《中华人民共和国民法总则（草案）》的说明"，载中国人大网，http：//www. npc. gov. cn，2017 年 3 月 15 日访问。

〔3〕 国内以中国人民大学王利明、杨立新等为代表的学者支持人格权法独立成为民法典的一编，而以中国社会科学院的梁慧星、孙宪忠为代表的学者则坚决反对人格权法独立成为民法典的一编，认为有民法总则的规定并加强侵权法中有关侵犯人格权的相关救济规则即可。其中，梁慧星最新的反对人格权独立成编的雄文 "民法典编纂中的重大争论——兼评全国人大常委会法工委两个民法典人格权编草案"，载《甘肃政法学院学报》2018 年第 3 期；孙宪忠："关于在民法典侵权责任编中加强人格权保护条文的议案"，载中国法学网，http：//www. iolaw. org. cn/showNews. aspx? id = 64142，2018 年 8 月 28 日访问。

〔4〕 另参见我国台湾地区适用之 "民法" 第 1 条名称为 "法源"，规定了法律、习惯、法理为民事之法源；我国澳门特别行政区《民法典》第一章为 "法之渊源"，分别规定法律（包括适用于澳门特别行政区的国际协约）、法律认可之习惯及衡平原则为法之渊源。

律、法律解释或者司法解释。对于应当适用的行政法规、地方性法规或者自治条例和单行条例，可以直接引用"（第4条），"并列引用多个规范性法律文件的，引用顺序如下：法律及法律解释、行政法规、地方性法规、自治条例或者单行条例、司法解释。同时引用两部以上法律的，应当先引用基本法律，后引用其他法律。引用包括实体法和程序法的，先引用实体法，后引用程序法"（第2条）。《民法总则》第10条所说的"法律"，有待解释。

因此，在我国大陆[1]，民法的制定法渊源主要包括：

（一）由全国人民代表大会及其常务委员会制定的民事法律

比如前述表格3-1所述的《民法总则》《民法通则》《物权法》《合同法》《侵权责任法》《婚姻法》《继承法》等。依据我国《立法法》（2000年颁布，2015年最新修正）第8条，"民事基本制度"只能制定"法律"——而只有全国人民代表大会及其常务委员会才有权制定法律。

【讨论】齐玉苓案——宪法的司法化？

就"齐玉苓与陈晓琪、陈克政、山东省济宁市商业学校、山东省滕州市第八中学、山东省滕州市教育委员会姓名权纠纷一案"（下称"齐玉苓案"），最高人民法院在2001年曾专门回函山东省高级人民法院："经研究，我们认为，根据本案事实，陈晓琪等以侵犯姓名权的手段，侵犯了齐玉苓依据宪法规定所享有的受教育的基本权利，并造成了具体的损害后果，应承担相应的民事责任。"[《最高人民法院关于以侵犯姓名权的手段侵犯宪法保护的公民受教育的基本权利是否应承担民事责任的批复》（2001年6月28日最高人民法院审判委员会第1183次会议通过，法释〔2001〕25号）]此即所谓的"齐玉苓案"，并被誉为"中国宪法司法化第一案"。但最高人民法院在《关于废止2007年底以前发布的有关司法解释（第七批）的决定》（法释〔2008〕15号）又废止了关于齐玉苓案于2001年的"法释〔2001〕25号"解释。

就齐玉苓案是否是"宪法司法化"，以及宪法是否可以作为民法的渊源，

---

〔1〕 如前所述，我国各法域有不同的民商事法律。依据香港特别行政区、澳门特别行政区各自的《基本法》，有关民事立法方面的全国性法律并不在该两特别行政区施行。香港特别行政区、澳门特别行政区及我国台湾地区的民事法律在该等地区适用无疑；但涉及区际法律关系，则会涉及区际法律冲突，即适用何地区民商事法律规范的问题。

在民事审判中适用宪法，值得讨论。

如前所述，宪法并非民法的渊源，也就是说宪法并不可以在民事审判中作为民事审判的依据。最高人民法院《关于裁判文书引用法律、法规等规范性法律文件的规定》（法释〔2009〕14号）第4条规定："民事裁判文书应当引用法律、法律解释或者司法解释。对于应当适用的行政法规、地方性法规或者自治条例和单行条例，可以直接引用。"宪法并未被列入民事裁判文书应当引用的范围。

由于我国尚未建立司法审查制度（或谓"违宪审查制度""合宪性审查制度"），因此难谓宪法司法化。宪法司法化，是宪法应用于宪法事件，衡量具有宪法职责的公权力机关行为（主要是相关具有普遍约束力的立法行为或命令等）的合宪性，而一般的个人（没有公权力特征和宪法职责）不会成为违宪的主体，因此，民事诉讼中平等主体之间的纠纷，没有宪法的适用。合宪性审查或司法审查，主要是以宪法为依据衡量其他法律或规范性文件是否合乎宪法（行政机关的具体行政行为的违法可以通过行政诉讼解决[1]），这体现了宪法是所有其他法的"法"，是一个国家最高的"法"和根本大法的特点。目前，中国法院在行政诉讼中可以审查行政规章的合法性并可以决定不予适用[2]。但十九大报告提出"加强宪法实施和监督，推进合宪性审查工作，维护宪法权威"[3]，相信随着中国合宪性审查制度的建立，宪法真正的司法化可以实现。

（二）国务院制定的行政法规

依据《立法法》第9条，"本法第8条规定的事项尚未制定法律的，全国人民代表大会及其常务委员会有权作出决定，授权国务院可以根据实际需要，对其中的部分事项先制定行政法规，但是有关犯罪和刑罚、对公民政治权利的

---

〔1〕 依据我国现行《行政诉讼法》第13条，对于"行政法规、规章或者行政机关制定、发布的具有普遍约束力的决定、命令"提起的行政诉讼，法院不予受理。即中国法院不受理就抽象行政行为提起的行政诉讼。

〔2〕 参见最高人民法院指导性案例第5号："鲁潍（福建）盐业进出口有限公司苏州分公司诉江苏省苏州市盐务管理局盐业行政处罚案"。地方政府规章违反法律规定设定许可、处罚的，人民法院在行政审判中不予适用。

〔3〕 习近平："决胜全面建成小康社会 夺取新时代中国特色社会主义伟大胜利——在中国共产党第十九次全国代表大会上的报告"，载新华网，http://www.xinhuanet.com/politics/19cpcnc/2017-10/27/c_1121867529.htm，2018年7月4日访问。

剥夺和限制人身自由的强制措施和处罚、司法制度等事项除外。"因此，国务院可以根据授权制定行政法规，并涉及民事事项。依据最高人民法院《合同法解释（一）》（法释〔1999〕19号），"合同法实施以后，人民法院确认合同无效，应当以全国人大及其常委会制定的法律和国务院制定的行政法规为依据，不得以地方性法规、行政规章为依据。"因此，行政法规可以作为民事审判的依据并影响民事法律行为（特别是合同）的效力。

但是同时，《立法法》对授权立法进行了一定的限制。《立法法》第10条规定："授权决定应当明确授权的目的、事项、范围、期限以及被授权机关实施授权决定应当遵循的原则等。授权的期限不得超过5年，但是授权决定另有规定的除外。被授权机关应当在授权期限届满的6个月以前，向授权机关报告授权决定实施的情况，并提出是否需要制定有关法律的意见；需要继续授权的，可以提出相关意见，由全国人民代表大会及其常务委员会决定。"《立法法》第11条规定："授权立法事项，经过实践检验，制定法律的条件成熟时，由全国人民代表大会及其常务委员会及时制定法律。法律制定后，相应立法事项的授权终止。"《立法法》第12条规定："被授权机关应当严格按照授权决定行使被授予的权力。被授权机关不得将被授予的权力转授给其他机关。"

比如，根据《全国人民代表大会常务委员会关于授权国务院在北京市大兴区等三十三个试点县（市、区）行政区域暂时调整实施有关法律规定的决定》（2015年2月27日第十二届全国人民代表大会常务委员会第十三次会议通过）的规定，为了改革完善农村土地制度，为推进中国特色农业现代化和新型城镇化提供实践经验，第十二届全国人民代表大会常务委员会第十三次会议决定：授权国务院在北京市大兴区等三十三个试点县（市、区）行政区域，暂时调整实施《中华人民共和国土地管理法》《中华人民共和国城市房地产管理法》关于农村土地征收、集体经营性建设用地入市、宅基地管理制度的有关规定。授权国务院在试点区域暂时调整实施集体建设用地使用权不得出让等的规定。在符合规划、用途管制和依法取得的前提下，允许存量农村集体经营性建设用地使用权出让、租赁、入股，实行与国有建设用地使用权同等入市、同权同价。"上述调整在2017年12月31日前试行"。

又比如，2015年12月27日通过的全国人民代表大会常务委员会授权国务院在实施股票发行注册制改革中调整适用《中华人民共和国证券法》有关规定[1]。

【讨论】行政法规对民事活动的影响及行政法规中的民事规范

依据《立法法》，民事基本制度只能制定法律（《立法法》第8条）。《立法法》第65条规定："国务院根据宪法和法律，制定行政法规。行政法规可以就下列事项作出规定：①为执行法律的规定需要制定行政法规的事项；②宪法第89条规定的国务院行政管理职权的事项。

应当由全国人民代表大会及其常务委员会制定法律的事项，国务院根据全国人民代表大会及其常务委员会的授权决定先制定的行政法规，经过实践检验，制定法律的条件成熟时，国务院应当及时提请全国人民代表大会及其常务委员会制定法律。"依据《立法法》的精神，国务院作为行政机关，并不能直接就民事主体之间的民事权利义务作出安排，尽管依据《立法法》授权立法的规定，国务院也罕见地通过行政法规直接就民事权利义务作出规定。

由此可见，行政法规主要是对执行法律及行政管理事项作出规定。比较常见的是行政法规中的部分强制性规定在民商事司法实践中会影响合同的效力[2]。比如上述《证券法》第10条对证券发行核准制的规定，违反国务院关于证券发行的规定，证券发行行为应该当然无效。此外，国务院的行政法规还会对民事主体的民事权利、某些民事活动的准入施加影响或限制。

尽管比较罕见，但行政法规中确实存在对民事权利义务直接作出安排的情形。比如，《船舶登记条例》（1994年颁布，2014年修订）第5条第1款规定："**船舶所有权的取得、转让和消灭，应当向船舶登记机关登记；未经登记的，**

---

[1]　2015年12月27日通过《全国人民代表大会常务委员会关于授权国务院在实施股票发行注册制改革中调整适用〈中华人民共和国证券法〉有关规定的决定》，2018年2月24日通过《全国人大常委会关于延长授权国务院在实施股票发行注册制改革中调整适用〈中华人民共和国证券法〉有关规定期限的决定》。依据《证券法》第10条第1款："公开发行证券，必须符合法律、行政法规规定的条件，并依法报经国务院证券监督管理机构或者国务院授权的部门核准；未经依法核准，任何单位和个人不得公开发行证券。"全国人大常委会授权国务院进行证券发行的注册制改革，是中国进一步市场化改革的一部分。如果由目前的"核准制"改为"注册制"的话，国务院的行政法规，不可避免地对"证券发行"这一民事法律行为造成影响。

[2]　参见翟新辉：《中国合同法理论与实践》，北京大学出版社2018年版，第65~67页，第69~70页。

不得对抗第三人。"

而依据最高人民法院《关于裁判文书引用法律、法规等规范性法律文件的规定》（法释〔2009〕14号），国务院的行政法规在民商事审判中会得到适用。

（三）地方性法规、自治条例和单行条例及经济特区法规

（1）地方性法规。依据《立法法》第72条第1款，"省、自治区、直辖市的人民代表大会及其常务委员会根据本行政区域的具体情况和实际需要，在不同宪法、法律、行政法规相抵触的前提下，可以制定地方性法规。"2015年新修订的《立法法》扩大了地方性法规的立法主体范围，依据《立法法》第72条第2款，"设区的市的人民代表大会及其常务委员会根据本市的具体情况和实际需要，在不同宪法、法律、行政法规和本省、自治区的地方性法规相抵触的前提下，可以对城乡建设与管理、环境保护、历史文化保护等方面的事项制定地方性法规，法律对设区的市制定地方性法规的事项另有规定的，从其规定。设区的市的地方性法规须报省、自治区的人民代表大会常务委员会批准后施行。省、自治区的人民代表大会常务委员会对报请批准的地方性法规，应当对其合法性进行审查，同宪法、法律、行政法规和本省、自治区的地方性法规不抵触的，应当在4个月内予以批准。"

但各地方性法规的立法事项不同。根据《立法法》第73条第2款的规定，"除本法第8条规定的事项外，其他事项国家尚未制定法律或者行政法规的，省、自治区、直辖市和设区的市、自治州根据本地方的具体情况和实际需要，可以先制定地方性法规。在国家制定的法律或者行政法规生效后，地方性法规同法律或者行政法规相抵触的规定无效，制定机关应当及时予以修改或者废止。"但《立法法》第73条第3款规定，"设区的市、自治州根据本条第1款、第2款制定地方性法规，限于本法第72条第2款规定的事项。"也就是说，"设区的市、自治州"制定的地方性法规限于"城乡建设与管理、环境保护、历史文化保护等方面的事项"。

因此，地方性法规应可就民事事项作出规定。比如，以下地方性法规中就

牵涉部分民事事项：《上海市房屋租赁条例》（1999 年发布，2010 年最新修正)〔1〕、《江苏省城市房地产交易管理条例》（2002 年发布，2018 年最新修正)〔2〕、《江苏省高速公路条例》（2002 年发布，2014 年最新修订)〔3〕等，该等地方性法规也被不少民事裁判文书引用。

（2）自治条例和单行条例。依据《立法法》第 75 条，"民族自治地方的人民代表大会有权依照当地民族的政治、经济和文化的特点，制定自治条例和单行条例。自治区的自治条例和单行条例，报全国人民代表大会常务委员会批准后生效。自治州、自治县的自治条例和单行条例，报省、自治区、直辖市的人民代表大会常务委员会批准后生效。自治条例和单行条例可以依照当地民族的特点，对法律和行政法规的规定作出变通规定，但不得违背法律或者行政法规的基本原则，不得对宪法和民族区域自治法的规定以及其他有关法律、行政法规专门就民族自治地方所作的规定作出变通规定。"《立法法》第 90 条，"自治条例和单行条例依法对法律、行政法规、地方性法规作变通规定的，在本自治地方适用自治条例和单行条例的规定。"

《民法通则》第 151 条也规定："民族自治地方的人民代表大会可以根据本法规定的原则，结合当地民族的特点，制定变通的或者补充的单行条例或者规定……"《民法总则》没有该规定，但未来的民法典附则或施行法应该会有考虑，而且《民法通则》的该规定目前仍然适用。

（3）经济特区法规。依据《立法法》第 74 条："经济特区所在地的省、市的人民代表大会及其常务委员会根据全国人民代表大会的授权决定，制定法规，在经济特区范围内实施。"《立法法》第 90 条第 2 款规定："经济特区法规

〔1〕 比如该条例第15条规定："房屋租赁合同及其变更合同由租赁当事人到房屋所在地的区、县房地产登记机构办理登记备案手续。房屋租赁合同未经登记备案的，不得对抗第三人。"该条规定在国内实属领先，值得称赞，但稍显僵硬。参见翟新辉："论租赁权相关法律漏洞的补充——兼谈我国合同法及物权法相关条款的修改"，载《学术交流》2011年第7期。

〔2〕 比如该条例第20条第2、3款规定："合法拥有的房地产、在建工程以及预购的商品房，可以设定抵押权。以在建工程、预购的商品房设定抵押权，所担保的债权仅限于建造该工程、购买该商品房的贷款。但已以自有资金付清该工程全部建造款、该商品房全部购房款的不在此限。"又比如，第22条第2款规定："房地产抵押合同，自抵押物登记之日起生效。"

〔3〕 比如该条例第46条第2款规定："因未开足收费道口而造成平均10台以上车辆待交费，或者开足收费道口待交费车辆排队均超过200米的，高速公路经营管理单位应当免费放行，待交费车辆有权拒绝交费。"

根据授权对法律、行政法规、地方性法规作变通规定的,在本经济特区适用经济特区法规的规定。"就有关法律、法规在裁判文书中的引用,《最高人民法院关于裁判文书引用法律、法规等规范性法律文件的规定》(法释〔2009〕14号)规定:"人民法院的裁判文书应当依法引用相关法律、法规等规范性法律文件作为裁判依据。引用时应当准确完整写明规范性法律文件的名称、条款序号,需要引用具体条文的,应当整条引用。"(第1条)"并列引用多个规范性法律文件的,引用顺序如下:法律及法律解释、行政法规、地方性法规、自治条例或者单行条例、司法解释。同时引用两部以上法律的,应当先引用基本法律,后引用其他法律。引用包括实体法和程序法的,先引用实体法,后引用程序法。"(第2条)"民事裁判文书应当引用法律、法律解释或者司法解释。对于应当适用的行政法规、地方性法规或者自治条例和单行条例,可以直接引用。"(第4条)

(四)法律解释及司法解释

依据《宪法》第67条,全国人民代表大会常务委员会的部分职权即为"解释宪法,监督宪法的实施"以及"解释法律";《立法法》第45条重申,"法律解释权属于全国人民代表大会常务委员会"。

同时,依据《人民法院组织法》第18条,"最高人民法院可以对属于审判工作中具体应用法律的问题进行解释。"实践中,我国最高人民法院就民商事法律适用已经作出大量司法解释,并且在民事审判实践中起着重要的作用,比如最高人民法院就《民法通则》《合同法》《物权法》《婚姻法》《继承法》《公司法》《保险法》《企业破产法》等均作出重要司法解释。

依据《最高人民法院关于裁判文书引用法律、法规等规范性法律文件的规定》(法释〔2009〕14号),"民事裁判文书应当引用法律、法律解释或者司法解释"。

就立法解释而言,全国人大常委会曾在2014年11月1日发布《关于〈中华人民共和国民法通则〉第九十九条第一款、〈中华人民共和国婚姻法〉第二十二条的解释》,就姓氏的选取作出立法解释。

(五)中国缔结或参加的国际条约

《民法通则》第142条规定,"涉外民事关系的法律适用,依照本章的规定确定。中华人民共和国缔结或者参加的国际条约同中华人民共和国的民事法律有不同规定的，适用国际条约的规定，但中华人民共和国声明保留的条款除外。中华人民共和国法律和中华人民共和国缔结或者参加的国际条约没有规定的，可以适用国际惯例。"

比如《联合国国际货物销售合同公约》，1981 年 9 月 30 日我国政府代表签署该公约，1986 年 12 月 11 日交存核准书，核准书载明，中国不受第 1 条第 1 款（b）、第 11 条及与第 11 条内容有关的规定的约束。该公约于 1988 年 1 月 1 日对中国生效。又比如，在最高人民法院颁布的指导案例第 51 号"阿卜杜勒·瓦希德诉中国东方航空股份有限公司航空旅客运输合同纠纷案"中，适用了《经 1955 年海牙议定书修订的 1929 年华沙统一国际航空运输一些规则的公约》和《统一非立约承运人所作国际航空运输的某些规则以补充华沙公约的公约》。

【讨论】行政规章在民事审判中的地位

1. 首先，行政规章无权规定民事事项，即无权就民事主体之间的民事权利、义务作出安排[1]。

在我国《立法法》颁布之前，存在行政规章越权规定民事事项的情形。比如，我国原建设部（已撤销）《建设工程质量管理办法》（建设部第 29 号令，1993 年 11 月 16 日发布，现已失效）第 45 条规定："因建设工程质量存在缺陷造成损害要求赔偿的诉讼时效期限为 1 年，自当事人知道或应当知道其权益受到损害时起计算。"但我国《立法法》于 2000 年通过后，原建设部（已撤销）已作出《建设部关于废止〈建设工程质量管理办法〉等部令的决定》（2001 年 10 月 26 日建设部令第 106 号）废止了《建设工程质量管理办法》，实际上国务院于 2000 年 1 月 10 日通过的《建设工程质量管理条例》（国务院令第 279 号，根据 2017 年 10 月 7 日国务院令第 687 号《国务院关于修改部分行政法规的决定》第一次修正；根据 2019 年 4 月 23 日《国务院关于修改部分行政法规的决定》第二次修正）早已取代原建设部（已撤销）的该规章。而作为行政法规的《建设工程质量管理条例》并无时效的规定。

---

〔1〕 参见翟新辉："论行政规章的制定与行政机关的'立法'权限——评《上海市房地产抵押办法》（1999）"，载《上海市政法管理干部学院学报》2002 年第 3 期。

规章包括部门行政规章和地方行政规章。"国务院各部、委员会、中国人民银行、审计署和具有行政管理职能的直属机构，可以根据法律和国务院的行政法规、决定、命令，在本部门的权限范围内，制定规章。部门规章规定的事项应当属于执行法律或者国务院的行政法规、决定、命令的事项。没有法律或者国务院的行政法规、决定、命令的依据，部门规章不得设定减损公民、法人和其他组织权利或者增加其义务的规范，不得增加本部门的权力或者减少本部门的法定职责。"（《立法法》第80条）

"省、自治区、直辖市和设区的市、自治州的人民政府，可以根据法律、行政法规和本省、自治区、直辖市的地方性法规，制定规章。地方政府规章可以就下列事项作出规定：①为执行法律、行政法规、地方性法规的规定需要制定规章的事项；②属于本行政区域的具体行政管理事项。"（《立法法》第82条第1、2款）而且，"没有法律、行政法规、地方性法规的依据，地方政府规章不得设定减损公民、法人和其他组织权利或者增加其义务的规范。"（《立法法》第82条第6款）

2. 尽管会存在规章以下的行政机关的规范性文件会有民事事项的规定，但这些规定不能成为民商事审判的依据。

最高人民法院《关于裁判文书引用法律、法规等规范性法律文件的规定》（法释〔2009〕14号）规定，"民事裁判文书应当引用法律、法律解释或者司法解释。对于应当适用的行政法规、地方性法规或者自治条例和单行条例，可以直接引用"（第4条），"并列引用多个规范性法律文件的，引用顺序如下：法律及法律解释、行政法规、地方性法规、自治条例或者单行条例、司法解释。同时引用两部以上法律的，应当先引用基本法律，后引用其他法律。引用包括实体法和程序法的，先引用实体法，后引用程序法"（第2条）。**最高人民法院并未将规章作为可以引用的规范性法律文件。**

最高人民法院《关于适用〈中华人民共和国合同法〉若干问题的解释（一）》第4条规定："合同法实施以后，人民法院确认合同无效，应当以全国人大及其常委会制定的法律和国务院制定的行政法规为依据，不得以地方性法规、行政规章为依据。"特别强调行政规章不得作为确认合同无效的依据。

3. 然而，虽然行政规章不得作为确认合同效力的依据，但其在各种标准的适用、鉴定、损失计算等方面，仍会被法院引用参考，行政规章甚至其他行政机关的规范性文件，在民事审判中仍然有重要影响。

【案例3-3】行政规章在民事诉讼中的作用：北京相互科技有限公司与山东省药用玻璃有限公司、相容正、郑瑞芳产品质量纠纷再审案[1]

该院二审认为：（一）关于安装在总厂的节电设备，虽然双方签署的《工程效果检测与验收报告》记载抽查的三台设备平均节电率为12.6%，但是根据该《工程效果检测与验收报告》记载的相关前置数据，由鉴定中心的专家进行计算，其结果是节电率为-24%、-30%和-44%，即节电器不但不节电，反而每台设备分别多耗电24%、30%和44%。**该鉴定报告是由法院委托鉴定中心作出的，即使鉴定报告由两名专家签名，不符合国家技术监督局关于"组织三名以上单数专家进行鉴定"的规定，但因该规定不属于法律法规，因此不导致鉴定报告无效，不能推翻鉴定报告的证据效力**……

……

本院认为，本案再审的争议焦点为：1. 鉴定书证审查意见书和司法鉴定检验报告书（以下统一简称鉴定报告）能否作为证据采信。2. 相互公司是否应当承担违约责任。

（一）关于鉴定报告能否作为证据采信的问题。1. **鉴定程序不符合相关规定**。鉴定报告显示鉴定人员由两名专家组成，**根据国家技术监督局《产品质量仲裁检验和产品质量鉴定管理办法》第二十二条规定，质量鉴定组织单位组织三名以上单数专家组成质量鉴定专家组**，具体实施质量鉴定工作。该办法虽然是部门规章，但在国家没有其他法律就司法鉴定人员的数额作出规定的情况下，产品质量鉴定部门亦不应违反上述规章的规定。本院《中华人民共和国合同法》若干问题的解释（一）第四条规定，合同法实施以后，人民法院确认合同无效，应当以全国人大及其常委会制定的法律和国务院制定的行政法规为依据，不得以地方性法规、行政规章为依据。但本案各方依据的并非合同效力认定问题，原二审判决认定上述部门规章不具备相应司法拘束力，依据不足，应当予以纠正。2. 鉴定报告的检验依据不当。……综上，因鉴定程序不符合国家规定，检验依据不当，节电率的计算方法缺乏权威性，该鉴定结论应不予采

---

[1] 最高人民法院"（2011）民提字第10号"民事判决书。

信。

【案例 3-4】行政规章在民事诉讼中的作用：邢宝清与长江文艺出版社有限公司侵犯著作权纠纷再审案[1]

本院认为，……2001 年修改后的著作权法第四十八条（即 2010 年修改后的现行著作权法第四十九条）第一款规定："侵犯著作权或者与著作权有关的权利的，侵权人应当按照权利人的实际损失给予赔偿；实际损失难以计算的，可以按照侵权人的违法所得给予赔偿。赔偿数额还应当包括权利人为制止侵权行为所支付的合理开支。"该条第二款规定："权利人的实际损失或者侵权人的违法所得不能确定的，由人民法院根据侵权行为的情节，判决给予五十万元以下的赔偿。"**本案是因出版涉案图书使用文字作品引起的侵犯著作权纠纷，由于行政规章对使用文字作品的稿酬标准有比较明确的规定，因此涉案图书出版发行时文字作品的合理许可使用费可以作为确定邢宝清的实际损失的参考。原审法院判决长江文艺出版社向邢宝清支付 2 万元的侵权赔偿，已经足以补偿邢宝清因侵权所受的损失。**邢宝清主张的长江文艺出版社的侵权所得的计算办法，是对法律的错误理解，原审法院不采用按照侵权人的违法所得的办法确定侵权赔偿额，不属于遗漏当事人的诉讼请求的情况。邢宝清主张按照侵权所得额的三倍赔偿、并按照十八年计算侵权赔偿额的滞付费，明显没有法律依据，本院不予支持。

【案例 3-5】行政规章在民事诉讼中的作用：福建伟杰投资有限公司、福州天策实业有限公司营业信托纠纷上诉案[2]

（二）关于天策公司、伟杰公司之间的《信托持股协议》效力应如何认定，天策公司要求将讼争 4 亿股股份过户至其名下的诉讼请求能否得到支持。

本院认为，**天策公司、伟杰公司签订的《信托持股协议》内容，明显违反中国保险监督管理委员会制定的《保险公司股权管理办法》第八条关于"任何单位或者个人不得委托他人或者接受他人委托持有保险公司的股权"的规定，**

---

〔1〕 最高人民法院"（2012）民申字第 1197 号"民事裁定书。
〔2〕 最高人民法院"（2017）最高法民终 529 号"民事裁定书。

对该《信托持股协议》的效力审查，应从《保险公司股权管理办法》禁止代持保险公司股权规定的规范目的、内容实质，以及实践中允许代持保险公司股权可能出现的危害后果进行综合分析认定。首先，从《保险公司股权管理办法》禁止代持保险公司股权的制定依据和目的来看，尽管《保险公司股权管理办法》在法律规范的效力位阶上属于部门规章，并非法律、行政法规，但中国保险监督管理委员会是依据《中华人民共和国保险法》第一百三十四条关于"国务院保险监督管理机构依照法律、行政法规制定并发布有关保险业监督管理的规章"的明确授权，为保持保险公司经营稳定，保护投资人和被保险人的合法权益，加强保险公司股权监管而制定。据此可以看出，该管理办法关于禁止代持保险公司股权的规定与《中华人民共和国保险法》的立法目的一致，都是为了加强对保险业的监督管理，维护社会经济秩序和社会公共利益，促进保险事业的健康发展。其次，从《保险公司股权管理办法》禁止代持保险公司股权规定的内容来看，该规定系中国保险监督管理委员会在本部门的职责权限范围内，根据加强保险业监督管理的实际需要具体制定，该内容不与更高层级的相关法律、行政法规的规定相抵触，也未与具有同层级效力的其他规范相冲突，同时其制定和发布亦未违反法定程序，因此《保险公司股权管理办法》关于禁止代持保险公司股权的规定具有实质上的正当性与合法性。再次，从代持保险公司股权的危害后果来看，允许隐名持有保险公司股权，将使得真正的保险公司投资人游离于国家有关职能部门的监管之外，如此势必加大保险公司的经营风险，妨害保险行业的健康有序发展。加之由于保险行业涉及众多不特定被保险人的切身利益，保险公司这种潜在的经营风险在一定情况下还将危及金融秩序和社会稳定，进而直接损害社会公共利益。综上可见，违反中国保险监督管理委员会《保险公司股权管理办法》有关禁止代持保险公司股权规定的行为，在一定程度上具有与直接违反《中华人民共和国保险法》等法律、行政法规一样的法律后果，同时还将出现破坏国家金融管理秩序、损害包括众多保险法律关系主体在内的社会公共利益的危害后果。《中华人民共和国合同法》第五十二条规定，"有下列情形之一的，合同无效：（一）一方以欺诈、胁迫的手段订立合同，损害国家利益；（二）恶意串通，损害国家、集体或者第三人利益；（三）以合法形式掩盖非法目的；（四）损害社会公共利益；（五）违反法律、行政法规的强制性规定。"故依照《中华人民共和国合同法》第五十二条第四项等规定，**本案天策公司、伟杰公司之间签订的《信托持股协议》应认定为无效。天策公司依据该《信托持股协议》要求将讼争 4 亿股股份过户至其名下的诉讼请求依法不能得到支持。**

二、法律认可的习惯及国际惯例

《民法总则》第 10 条规定："处理民事纠纷，应当依照法律；法律没有规定的，可以适用习惯，但是不得违背公序良俗。"除在涉外民事关系的法律适用中可能适用国际惯例。又比如，我国《物权法》第 85 条规定，"法律、法规对处理相邻关系有规定的，依照其规定；法律、法规没有规定的，可以按照当地习惯。"

此外，"交易习惯"在处理合同争议时有重要作用。比如有关买卖合同，《合同法》第 136 条规定："出卖人应当按照约定或者交易习惯向买受人交付提取标的物单证以外的有关单证和资料。"同时，最高人民法院《合同法解释（二）》（法释〔2009〕5 号）第 7 条规定："下列情形，不违反法律、行政法规强制性规定的，人民法院可以认定为合同法所称'交易习惯'：①在交易行为当地或者某一领域、某一行业通常采用并为交易对方订立合同时所知道或者应当知道的做法；②当事人双方经常使用的习惯做法。对于交易习惯，由提出主张的一方当事人承担举证责任。"

比如，在指导性案例第 51 号"阿卜杜勒·瓦希德诉中国东方航空股份有限公司航空旅客运输合同纠纷案"中，法院适用了我国作为缔约国的《经 1955 年海牙议定书修订的 1929 年华沙统一国际航空运输一些规则的公约》和 1961 年《统一非立约承运人所作国际航空运输的某些规则以补充华沙公约的公约》。

三、最高人民法院发布的"指导性案例"

"为总结审判经验，统一法律适用，提高审判质量，维护司法公正"，我国最高人民法院于 2010 年印发了《关于案例指导工作的规定》（法发〔2010〕51 号），根据该规定，"最高人民法院发布的指导性案例，各级人民法院审判类似案例时应当参照"（第 7 条）。鉴于指导性案例对法院以后的判决有约束力（各级法院应当参照），因此，指导性案例可以作为民法的渊源。

最高人民法院的这一"指导性案例"制度，对于统一全国司法、保障同案同判、促进中国的法治水平具有积极作用；而且指导性案例比司法解释更为具体和具有针对性，长此以往，其在司法实践中会起到巨大的作用。现实中，不少法院开始在判决书中引用指导性案例作为判案的依据。

需要注意的是，最高人民法院本身的判例并不当然是指导性案例；最高人民法院公报公布的案例也不当然是指导性案例[1]。指导性案例的选取和公布有其特定的程序，须经"最高人民法院审判委员会讨论决定"，并统一在《最高人民法院公报》、最高人民法院网站、《人民法院报》上以公告的形式发布。

截至 2018 年 6 月 20 日，最高人民法院已发布 18 批含民事、刑事、行政等共 96 件指导性案例[2]。研究表明，"截至 2017 年 12 月 31 日，最高人民法院共发布了 31 例民商事指导性案例。其中，已被应用的指导性案例 27 例，应用率高达到 87%。未被应用的指导性案例有 4 例，总占比 13%"，"从个案来看，指导案例 24 号应用案例最多"[3]。

四、比较法上的其他民法的渊源

（一）判例

如前所述，在普通法系或判例法系，法官在司法裁判时须"遵循先例"，因此在普通法系国家或司法区域，判例作为民法的渊源对民事裁判具有拘束力。

大陆法系国家或地区也逐渐开始重视判例的作用。试想，基本相同的事实，在一个统一的司法区域，若由于不同法官对法律的理解不同而出现不同的裁判结果，人民将无所适从。强调判例的作用将有助于司法的统一性，结束"同案不同判"的现象。

在我国，随着指导性案例制度的逐步实施和完善，相信在不久的将来，判

---

〔1〕　最高人民法院本身的判例不构成指导性案例，有损最高人民法院权威，值得讨论。另外，据最高人民法院"（2014）民申字第 441 号""李艺东、李宝华、四川鑫顺达融资担保有限公司、四川中南明大置业投资集团有限公司、厦门明大置业投资集团有限公司、厦门水晶之约投资管理有限公司、厦门市今丰商贸有限公司、中国工商银行股份有限公司厦门前埔支行与黄木兴一般借款合同纠纷申请再审民事裁定书"，最高人民法院在该裁定中称"本院公报案例并非是本院根据《关于案例指导工作的规定》发布的指导性案例，其主张本案应参照该案例处理没有依据"，因此最高人民法院公报公布的案例也不构成指导性案例，法院可以不"参照"。

〔2〕　载中国法院网，https：//www.chinacourt.org/article/detail/2018/06/id/3373079.shtml，2018 年 7 月 4 日访问。

〔3〕　北大法宝《最高人民法院民商事指导性案例 2017 年度司法应用报告》（2018 年第 2 期，法宝总第 13 期）。载北大法宝网，http：//weekly.pkulaw.cn/Admin/Content/Static/16e34616 - 961f - 4c31 - b303 - fc7c47a17a15.html，2018 年 7 月 5 日访问。

例在我国会有越来越重要的作用。

（二）法理

法理，即依据民法基本原则所应有的原理。在我国，法理并无拘束力。但我国台湾地区适用的"民法"第1条即规定："民事，法律所未规定者，依习惯；无习惯者，依法理。"

第五节　民法与民法学

如前所述，民法作为私法，规定社会的理念和构造，公法以《宪法》为主，规定国家的理念和构造。国家对社会的重要管理手段即通过建立法律体系进行管理，在这样的法律体系中，民事法律或者说私法是一个重要的法律部门，公法则包括《宪法》、宪法性法律、《刑法》、《行政法》等。因此，《民法》指一个国家的国内法、实定法。

而民法学作为一门学科则属于社会科学。科学大体可以分为自然科学和社会科学。自然科学，如数学、物理学、天文学、化学、生物学等；社会科学，如哲学、社会学、政治学、历史学、法学等。其中法学又可分为理论法学和应用法学（或实践法学、实用法学），应用法学则如宪法学、民法学、商法学、经济法学、刑法学、国际法学等。

一、民法学的主要内容

国内民法学的教材一般按照德国民法典的体系，分为民法学总论和民法学分论。民法学总论（或称民法总论）主要研究民法总则部分的内容，包括民法规范的对象，民法的沿革、历史，民法的渊源，民法的基本原则，法律关系与法律事实，民事权利的体系，民事主体制度，法律行为制度，时效制度，代理制度等；民法学分论（或称民法分论）部分则主要研究民法典的物权、债权（主要为债法总论及合同法、侵权责任法）、婚姻家庭法及继承法。

当然，就民法学的研究，也会从纵向的历史的角度研究民法的历史发展，从横向的不同司法区域或者说比较法的角度研究不同司法区域的不同民法制度，也会从哲学、经济学甚至政治学、社会学等角度研究民法的理念、哲学基础、制度背景及其合理性、立法目的、现实效果等。

二、民法的学习及研究方法：实定法·观念法·自然法

就民法的学习和研究，首先是了解和掌握一个国家的实定法，即该国的民事法律制度现实中具体如何规定，深入的层次，比如了解其他国家或司法区域同样制度的不同具体规定，又比如从历史的角度了解有关具体民法制度的演变，等等；其次，则需通过各法学家的著作，了解各法学家对有关民法制度的不同见解，各法学家可能从历史的角度、比较法的角度、哲学或经济学、政治学甚至社会学的角度等，对具体民法制度的演变、目的、合理性、社会效果等提出自己的见解，可以说法学家的研究和论述构成观念法的层次；最后则是对自然法的追求，自然法概念来自亚里士多德，它指理想的法，最合理、最正义的法[1]，与制定法或实定法相对，因为实定法有"恶法""善法"之分，每个人可以通过自己的研究去追求和发现。

三、民法学的背景知识储备：民法学与哲学、经济学

研习民法，当然必须具备一定的生活阅历和生活经验，就年轻的初学者而言，更需广泛参与社会生活及社会实践；就理论方面而言，则需要具备一定的其他社会科学的知识背景，比如哲学、经济学甚至历史学、政治学、社会学等知识储备。

就哲学而言，比如了解西方哲学史上欧洲大陆理性主义的哲学传统（如笛卡尔、莱布尼茨、康德、黑格尔等人的思想）和英国经验主义哲学传统（如贝克莱、洛克、休谟、霍布斯等人的思想），就有助于了解大陆法系与英美法系区别的背景原因和方法的不同；逻辑学的学习、思维方法的学习和训练，对于研习法律者准确把握概念、定义，提高抽象思维能力，尤其重要；对理性有限性的认识（如哈耶克等人的思想）、市民社会理论、国家理论等的了解，则会有助于理解民法的精神、民法基本原则的功能；等等。

经济学的学习，对于研习民法也非常必要。经济学中有关资源有限性及经济人（或理性人）的假定，在民法中有非常具体的体现，对于理解民事主体的行为能力制度及物权制度就非常有帮助；了解市场的功能及其缺陷，对于理解国家与社会的界限、公法与私法的区别非常有帮助；罗纳德·哈理·科斯开创的制度主义经济学或产权学派有关社会成本（交易成本）、企业的性质等理论，

---

[1]　参见周枏：《罗马法原论》，商务印书馆 1994 年版，第 87 页。

对法学的影响方面产生法律的经济分析学派[1]，成为法学研究的重要方法之一，对于理解民法各具体制度的合理性极有帮助。

思考题：

1. 民法与宪法是什么关系？

2. 民法与商法、知识产权法是什么关系？

3. 请谈谈民法与经济法的关系。

4. 罗马法与近代民法有什么关系？

5. 大陆法系与普通法系有什么不同？

6.《拿破仑法典》于哪一年颁布？有哪些编？

7. 谈谈德国民法典对我国民法的影响。

8. 请谈谈我国民法典编纂的思路和体系。

9. 什么是民法的渊源？宪法是否是民法的渊源？为什么？

---

[1] 国内已翻译出版的［美］罗纳德·哈理·科斯：《论生产的制度结构》（盛洪、陈郁译校，上海三联书店 1994 年版）；［美］波斯纳：《法律的经济分析》（蒋兆康译，中国大百科全书出版社 1997 年版）；［美］罗伯特·考特、托马斯·尤伦：《法和经济学》（张军等译，上海三联书店、上海人民出版社 1994 年版）等均为非常有影响的著作。

第四章

民事法律关系与民事法律事实

第一节　民事法律关系

如前所述，民法作为私法，规范市民社会中平等主体之间的人身关系和财产关系。

在市民社会中，各民事主体之间每时每刻都在发生或者消灭着各种各样的关系，但其中部分关系或者说最重要、最基础的关系——人身关系与财产关系，才具有民法意义，成为民法的规范对象。民事法律关系是民法规范和调整的对象，是民事主体之间的民事权利及义务关系。为法律秩序计，民法需完全规范民事主体之间所有的民事法律关系，即为所有民事法律关系的发生、变更、消灭（简称为"变动"）设置规则予以规范，为此，我们需研究民事法律关系。

一、民事法律关系的特征

（一）民事法律关系是民法调整的平等主体之间的有关人身与财产的权利义务关系

市民社会中各主体的特点是平等，谁也不比谁更高贵或具有意思优越力，每个人都有权决定自己的事务，因此身份平等、意思自治是民法的基本原则。但对于那些意思能力有缺陷的主体（比如未成年人或精神有障碍者），民法则设计监护制度，由监护人补足他们的意思能力。

市民社会中各民事主体会发生各种关系。有些关系，比如朋友关系、同学关系、恋人关系，如果与人身和财产无关，民法则忽视这些关系不予规范，因此它们也不是民事法律关系，不具民法意义；而人身关系和财产关系在一个人的生命、生活中具有重要地位和基础地位，从而成为民法规范的对象，具有民法意义，称为民事法律关系。

民法须将全部的民事法律关系纳入规范范围，不能有遗漏，否则构成法律漏洞；而民事法律关系形形色色、数量巨大，所以民法理论将其抽象为人身关系和财产关系两类[1]。

（二）民事法律关系基于民事法律事实而形成

民事法律关系并非凭空变动（或为发生，或为变更，或为消灭），其总是基于一定的事实（即民事法律事实）而变动。如某对男女因为结婚行为这个民事法律事实而具有了"婚姻"这一民事法律关系；再如甲作为买方与乙作为卖方因签订商品房买卖合同这个民事法律事实而具有买卖的民事法律关系；甲因付清房款、乙因交付房屋并办理房屋产权过户手续（统称为清偿行为）而消灭了他们之间的民事法律关系；某新生儿因为出生这个法律事实而与其父母产生父母与子女的民事法律关系；等等。

民法需在所有的民事法律关系及其所基于发生的民事法律事实之间建立规范联系，或者说，对于现实生活中的任何事实，均须分析其民法意义，是否变动了任何民事法律关系，是否在任何民事主体之间引起了民事权利义务的变化，不能有遗漏，否则即构成法律漏洞。又因为市民社会中主体众多，关系复杂而且民事法律关系形形色色、种类繁多，所以一般的民法典都是一千条以上甚至两千多条（比如《德国民法典》及《法国民法典》）。即便如此，如前所述，由于成文法的局限，可能仍需民法基本原则在法律解释及补充方面发挥作用，还需习惯及判例甚至学理等发挥作用。

（三）民事法律关系的内容是民事权利义务

民事法律关系的内容是民事法律关系主体之间的权利义务，即关系之主体各自有什么样的权利和义务，因此，民事法律关系有时也称为民事权利义务关系。民事权利非常广泛，也有其体系，依据不同标准有不同的分类。

---

〔1〕 此分类系依据民事法律关系的内容即权利义务所作的基本划分，也因此，民事权利有最基础的人身权与财产权的划分。但本书实际上认同将民事权利分为人身权、财产权、知识产权及社员权四大类，关于此种四分法与人身权、财产权这种两分法的关系详见后面有关民事权利的体系章节。

而违反民事义务，就会产生民事责任，因此民事法律关系也包括民事责任的内容。

二、民事法律关系的要素：主体、客体、内容

民事法律关系的要素包括主体、客体及内容。主体要素，即是谁与谁之间的关系，即关系中的人；内容，即民事主体之间什么样的关系，即各关系主体之间互有什么权利及义务；客体，即民事主体关于什么东西之间的关系，或权利义务指向的对象。

所有民事法律关系均包括这三个要素，掌握民事法律关系的主体、客体、内容的要素，对于掌握民事法律关系的成立、变更、终止，对某一民事法律关系的性质及效力的认定，有重要意义。

如前所述，目前我国民法学研究及教科书一般参照德国民法典的体系，即总则、物权、债权、亲属、继承的体系。民法总则或民法学总论，即围绕民事法律关系及其变动展开，分别规范及研究民事权利论（民事权利的体系及其分类）、法律事实的体系、民事主体论（包括自然人、法人、非法人团体）、民事权利变动论（主要包括最重要的法律事实——法律行为以及代理、时效等）；民法分则或民法学分论，则具体规范或研究各具体民事权利义务关系的变动，包括属于财产关系的物权关系及债权关系，属于人身权关系的婚姻家庭关系及继承关系（其中也包含财产内容），即分别规范和研究什么样的法律事实在民事主体之间会引起物权、债权、婚姻、继承等法律关系如何的变动。

可以说，在民法中，民事法律关系的变动主要归结于民事权利的变动。

三、民事法律关系的变动

民事法律关系的变动，即民事法律关系的产生、消灭或内容的变更。产生，即原无法律关系，出现了一个法律关系；消灭，即存在一个法律关系，归于消灭；变更，即存在一个法律关系，其要素如主体、内容（权利义务）或客体有变化。

权利作为法律关系的要素，在法律关系中至少存在一个权利。因此，法律关系的变动也可以归结为民事权利的变动，即民事权利的产生、变更、消灭。

从权利的变动角度，可分为下图（图 4-1)[1]：

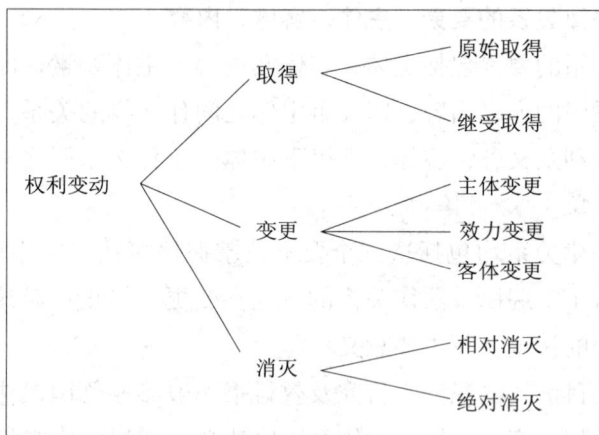

图 4-1 民事权利变动示意图

就权利的取得：权利的原始取得，又称权利的绝对发生，指不基于他人既存的权利，而独立取得一个新权利，如通过善意取得、无主物先占、建造房屋等事实行为取得权利；继受取得，又称权利的相对发生，即基于他人既存的权利而取得权利，如基于买卖、赠与、互易等而取得权利，均系基于原权利人的意思而取得，一般来说，继受取得均为基于法律行为的法律事实取得。

就权利的变更：主体变更，即权利主体的变更，亦即权利的移转；权利客体的变更，则如债务部分清偿而使债权范围缩小；权利内容的变更，如债权人对抵押人汽车之抵押权因登记而取得对抗第三人的效力；等等。

就权利的消灭：绝对消灭即权利客观上失去存在，如对一个面包的所有权，因面包被吃掉而不再存在；相对消灭即权利主体的变更，也即权利的移转。

对法律关系或权利的变动进行这种逻辑上的分类，有助于提纲挈领，值得注意。

---

〔1〕 参见王泽鉴：《民法总则》，北京大学出版社 2009 年版，第 189～193 页，这也可以说是法律关系变动的一种分类方法。

【案例4-1】 杨涛诉惠凤艳等案外人执行异议之诉[1]

……

本院认为：依照法律规定，人民法院只能执行被执行人的责任财产，如果被执行财产不属于被执行人，或者案外人在被执行人的财产之上拥有足以排除执行的实体权利，则人民法院应当停止对该财产的执行。本案即系惠凤艳申请执行城乡建设公司一案中，因案外人杨涛对人民法院查封的登记在被执行人城乡建设公司名下的房屋主张所有权所引起的纠纷。所以，本案的焦点问题在于，杨涛对人民法院查封的案涉房屋是否享有足以排除执行的所有权或者物权期待权。分析如下：

一、关于杨涛对案涉房屋是否享有所有权的问题

杨涛主张其系从惠凤艳处因买卖而受让物权。需要指出，**所有权作为物权的一种，其取得的方式分为继受取得和原始取得，买卖即为继受取得的原因之一。对于不动产的物权继受取得而言，买卖合同的成立和有效仅仅意味着债权人对合同相对人的债权请求权成立，如欲使其取得具有排他效力的物权，应当履行法定的公示程序。也就是说，要将自己在不动产之上的物权按照法定的方式对不特定的第三人进行昭示。**对此，《物权法》第九条规定："不动产物权的设立、变更、转让和消灭，经依法登记，发生效力；未经登记，不发生效力，但法律另有规定的除外。"第十四条规定："不动产物权的设立、变更、转让和消灭，依照法律规定应当登记的，自记载于不动产登记簿时发生效力。"可见，依据前述法律规定，**不动产所有权的取得，除了法律另有规定的情形外，只有在不动产登记簿上记载之后，其方能取得包括所有权在内的所有不动产物权。**而从本案查明的事实看，案涉房屋登记在被执行人城乡建设公司名下，在不动产登记没有变更的情况下，杨涛要求确认对案涉房屋享有所有权的诉求，依法不予支持。

……

四、民事法律关系的分类

分类是研究某一对象的重要逻辑方法，分类须依据一定的标准。掌握依据

---

〔1〕 最高人民法院"（2015）民申字第1885号"民事裁定书。

不同标准对研究对象的分类，是掌握、理解研究对象的重要手段。

下面介绍民事法律关系的两类重要分类。此后，我们还会不断地运用分类的方法，对法律事实、民事主体、民事权利进行分类；也会对法律行为、具体的民事权利如物权、人身权等进一步再分类。

（一）人身关系与财产关系

依据民事法律关系的内容，即权利义务的不同，或者说依据民法所调整、规范的对象的不同，可将民事法律关系划分为人身（权）法律关系以及财产（权）法律关系。

财产法律关系，包括对财产的归属、利用及流转关系。主要包括物权法律关系和债权法律关系。物权法律关系又包括所有权、用益物权（包括土地承包经营权、建设用地使用权、地役权及宅基地使用权等）、担保物权（包括抵押权、质权、留置权等）等法律关系；债权法律关系又包括合同法律关系、侵权法律关系、无因管理法律关系、不当得利法律关系、缔约过失法律关系等；合同法律关系又包括买卖、供用水、电、气及热力、赠与、借贷、租赁、融资租赁、加工承揽、运输、建设工程、技术、保管、仓储、委托、行纪、居间等法律关系，其中运输又包括陆路、水路及航空及海洋（近海及远洋）运输，旅客与货物运输，技术合同又包括技术开发、转让、咨询或者服务合同等。我国《民法总则》还规定了"数据、网络虚拟财产"（《民法总则》第127条）、知识产权（《民法总则》第123条）、股权及其他投资性权利（《民法总则》第125条）。

人身法律关系，包括人格权关系和身份权关系。人格权关系又包括一般人格权、生命权、健康权、身体权、人身自由权、姓名权或名称权、名誉权、荣誉权、隐私权、肖像权、性自主权（贞操）等人格权关系，身份权关系则主要是基于婚姻家庭产生的亲属权、抚养权、赡养权、继承权等身份权关系。但因为在现代，继承权内容仅为财产继承，也有人认为继承权是纯粹的财产权或介于人身权和财产权之间的一种权利。我国《民法总则》第124条规定了继承权，其顺序明显列入财产权益类，有别于一般的人身权。

区分这两类法律关系的实益，在于：①两种法律关系的性质不同，分别构成民法的人身法及财产法两大领域，财产法律关系权利主体一般可自由转让其权利，而人身法律关系的权利主体一般不可转让其权利，除非该权利转化为财产性质，比如生命权、健康权、身体权、人身自由权、姓名权或名称权、名誉权、荣誉权、隐私权、肖像权、性自主权（贞操）不可转让，但许可他人有偿使用名称、肖像是可行的，而且对名称、肖像等的有偿使用权在一定条件下也可以转让。②两种法律关系的保护方法有一定的区别，比如对财产关系的保护主要是赔偿填补损失，而人身法律关系受到侵害，除了实际的财产损失的赔偿，还可能有精神损害赔偿，还可能有消除影响、恢复名誉、赔礼道歉等责任方式。

（二）相对法律关系与绝对法律关系

依据法律关系的主体是一对一的关系还是一对多的关系，可以分为相对法律关系和绝对法律关系。

相对法律关系，其主体一般为一对一，或者说是特定的主体与特定的主体（每一方也可能是两个以上，但均为特定，即可以确定具体是谁）之间的关系。"参与这种法律关系的人往往只是一些特定的人，大多数情况里只有两个人；这种法律关系首先是债权债务关系"。比如甲作为买方与乙作为卖方签订房屋买卖合同，但也可能是甲及甲的妻子共同作为买方与乙及乙的妻子共同作为卖方签订房屋买卖合同。"这种法律关系是一种特殊的法律关系，形象地说，是一种法律上的'纽带'，这种纽带仅仅存在于参与者之间。出于这种联系之外的第三人则与之无关。"〔1〕

绝对法律关系，其主体是一对多的关系，或者说是特定的主体与其他所有不特定的主体（甚至可以说是世界上其他所有主体，或者说是整个世界）之间的关系。比如人格权关系和所有权关系，"它提供给一个人对于所有其他人的权利"，也可以说，"它是法律提供给一个特定人的自由空间，在这里这个特定的人可以排除所有其他的人。所有其他的人都有尊重这种权利、不侵犯这种权利的义务。这种义务最初只是很一般的，不能给予权利人对某一特定人的具体的权利的功能。一旦某人违反了这个义务或以违反义务相威胁，权利人就对这个人产生了一定的'请求权'。这种请求权就是，要求排除妨害，停止继续侵

〔1〕［德］卡尔·拉伦茨：《德国民法通论》（上册），王晓晔等译，法律出版社2003年版，第256页。

害，依情况还可以要求损害赔偿"[1]。

所有权关系是典型的绝对法律关系，是所有权人对所有其他人之间的关系，当然，在共有的情况，所有权可能由两个以上的人分享，但所有权人总是特定的即我们知道具体是谁的人。所有权关系看起来似乎是一种所有权人对其所有物之间的关系，但"法律关系总是法律规定**的人与人之间的关系**，它可以存在于两个或多数的特定的人之间，也可以存在于一个人同所有否定这种关系、不尊重这个人的权利的其余的人之间"[2]。

相对法律关系和绝对法律关系在特定情况有可能发生转化。比如人格权关系和所有权关系是典型的绝对法律关系，权利相对人（即义务人）的义务一般是消极的、不作为的、尊重权利人权利的义务，但如果某人侵害人格权和所有权，则会在权利人和侵害权利的人之间产生一个相对法律关系，权利人会产生排除妨害、停止侵害、损害赔偿等相对法律关系。在法律明确规定的情况下，某些相对法律关系可能会对关系之外的第三人产生影响，比如租赁关系、《海商法》中的船舶优先权、民用航空器的优先权关系等[3]。

相对法律关系与绝对法律关系的区分，实益在于民法对不同法律关系的制度设计有不同的考虑。就绝对法律关系而言，为节省交易成本，需考虑对绝对法律关系的权利类型以及权利的效力、内容及变动予以法定化，需考虑公示公信制度，特别如物权法律关系；而相对法律关系，仅是特定人之间的关系，一般与他人无涉，而且实践中相对法律关系形形色色、种类多样、内容广泛，故一般由当事人自治，无需法定权利类型和公示，特别如债权法律关系。

一般地，物权关系是绝对法律关系，债权关系是相对法律关系。因此理解绝对法律关系与相对法律关系的区别与联系，对于"打通"财产法（主要是物权法和债权法）的"任督二脉"至关重要。

---

〔1〕〔德〕卡尔·拉伦茨：《德国民法通论》（上册），王晓晔等译，法律出版社 2003 年版，第 256~257 页。

〔2〕〔德〕卡尔·拉伦茨：《德国民法通论》（上册），王晓晔等译，法律出版社 2003 年版，第 256~257 页。

〔3〕参见翟新辉："我国立法应明确不动产租赁登记的效力——兼论物权化之债权及其公示"，载《学术交流》2008 年第 7 期；翟新辉："租赁权公示是取得物权对抗效力的要件"，载《法律适用》2007 年第 9 期。

第二节　民事法律事实

一、民事法律事实的概念及意义

民事法律事实，即可以引起民事法律关系或民事权利变动的事实，亦即可以引起民事法律关系或民事权利产生、变更、消灭的事实。

现实生活中，每时每刻都在发生大量的、各种各样的生活事实，其中有的具有民法意义，能够引起民事法律关系的变动，从而构成民事法律事实；有的则不具法律意义，不能引起民事法律关系的变动。

为求法律秩序，民法即是在现实生活中具有民法意义的生活事实与其所引起变动的民事法律关系之间建立联系规则。前面我们简要介绍了民事法律关系的要素及分类，后面将继续深入对民事主体、民事权利的研究，在民法学分论部分，将具体对物权、债权、亲属权、继承权等法律关系的变动作更加深入的具体研究，民法分则则是对这些法律关系的具体规范。

但是，什么样的事实能够引起民事法律关系的变动，需要对民事法律事实进行梳理和归纳。

掌握民事法律事实的体系，需要对现实中所有可能引起民事法律关系变动的事实进行梳理和归纳，而且要做到不能遗漏，需要做到高度抽象和逻辑严密。

二、民事法律事实的体系

民事法律事实，也是一个高度抽象的概念，它涵盖了现实生活中所有可能引起民事法律关系变动的生活事实，对其进行科学的分类，对于掌握民事法律事实，掌握民事法律关系的变动规律，具有提纲挈领的作用。有人说，掌握了民事法律事实的体系，掌握其科学的分类，民法就掌握了一半，颇有道理。比如，有人就分析了汶川地震的法律影响[1]。

民事法律事实的体系如下（图4-2）[2]：

---

〔1〕 杨立新：“汶川大地震应急民法思考”，载中国民商法律网，http：//www.civillaw.com.cn/article/default.asp? id=39350，2010年9月18日访问。

〔2〕 参见张俊浩主编：《民法学原理（修订版）》，中国政法大学出版社1997年版，第44页；朱庆育：《民法总论》，北京大学出版社2016年版，第75~88页。

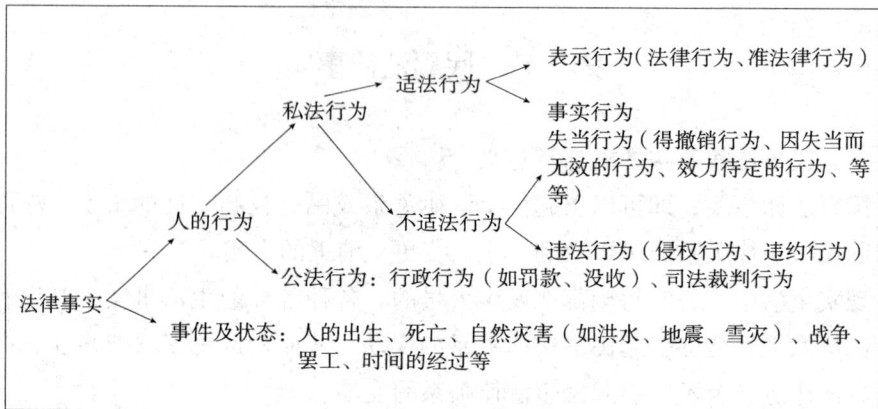

图 4-2　民事法律事实体系图

由上图可知，民事法律事实非常广泛，民法需要没有遗漏地规范所有法律事实所引起的所有的民事法律关系的变动。

事件和状态，是那些人力不能控制、特别是当事人不能控制的法律事实。但在法律事实中，最重要的法律事实当然是人的行为，大部分的法律关系是人有意识的行为构建的。

而在人的行为中，民法主要规范私法行为的法律影响。公法行为，即公权力机关行使公权力的行为。公法行为会有私法后果，但公法行为主要由公法规范，公权力的运行须受公法（如宪法、刑法、行政法等）及诉讼法及其他程序法的约束，民法会关注公法行为的私法效果（引起的民事权利义务的变动）。作为法律事实的公法行为主要包括行政行为（如罚款、没收、征收等）与司法裁判行为，比如《物权法》第 28 条就规定了公法行为（包括行政行为和司法裁判行为引起的物权变动）。

私法行为中，不适法行为得到法律的否定性评价，从而不能产生行为人期待产生的法律后果，但对这些行为如何引起以及引起什么样的民事权利义务的变动仍是民法的重要内容。

适法行为，特别是其中的表示行为是最重要的法律事实。事实行为作为适法行为会产生法律关系的变动，但其发生的法律效果是基于法律的规定，与当事人的意志无关，或者说法律不考察行为人的意思（比如一个人吃掉了自己的面包，无主物先占，善意取得，等等）；而表示行为，包括法律行为和准法律行为。特别是前者，即法律行为，是基于行为人的意思而发生法律效果的，是当事人想发生某种法律效果的意思表示，法律若确认确是当事人之所欲，并且不强制性违反法律规范，就依当事人的意思发生法律效力，这是行为人主动构建法律关系的重要手段。现实生活中，人们主要通过法律行为去主动地构建法律关系，法律行为是最重要的法律事实，比如买卖、委托、甚至结婚等。关于法律行为与事实行为的区别，详见后述"法律行为"一章中的"法律行为的概念"。应该说，就私法行为的分类，特别是事实行为的概念，有不同的理解和分类，也有将私法行为直接分为表示行为（即法律行为）和非表示行为的分类，并基于行为的法律效果与行为人的意思无关，将侵权行为、违约行为亦归入事实行为的分类方法。

上述法律事实的体系是对生活事实的理论总结，体现了大陆法系的思维方法。初习民法者掌握这一体系，再用这一概念体系去观照生活事实可以起到事半功倍的作用，而且有利于理解大陆法系体系化了的民法。

【讨论】法律行为、准法律行为、事实行为与侵权行为

法律事实中的表示行为分为法律行为和准法律行为，其共同点是均包含意思表示，但法律行为系基于意思表示发生法律效果、法律效果与意思表示内容一致，准法律行为虽包含意思表示但其法律效果系基于法律规定而发生，可能并不与行为人意思表示的内容一致，或者说行为人也可能并未意识到其行为的法律后果或者意欲发生该效果。法律行为详见后述。准法律行为主要包括意思通知与事实通知。意思通知，如《合同法》第47条规定之相对人对限制行为能力人之法定代理人之催告，《合同法》第48条第2款规定之相对人对无权代理情形下被代理人之催告；事实通知，如《合同法》第80条第1款规定的债权让与之通知，因该通知而使债权之转让对债务人生效[1]。

事实行为则不问行为人之意思，纯粹基于法律规定发生法律效果，如你吃掉一个包子、画了一幅画、建造或拆除房屋等。

国内有论者将侵权行为也归于事实行为之一种。就基于法律规定产生法律

---

[1]　朱庆育：《民法总论》，北京大学出版社2016年版，第75~88页。

效果（权利变动）而言，事实行为与侵权行为确实均具有这一特点。但侵权行为天然具有违法性，违法性系侵权行为的要件之一[1]；而事实行为却为一种"中性"的事实。比如，你吃掉一个包子，是事实行为，会消灭一个所有权（法律关系），可如果你未经他人允许而吃掉了他人的包子，则同时构成侵权行为；又比如盖房子系事实行为，但违反城乡规划法和建筑法未取得规划许可证和施工许可证就盖了房子，你会取得房屋所有权，但却因违反行政管理方面（规划及建筑方面）的法规，无法取得房产证，盖房子这个行为本身又是个行政违法行为，而你如果又是在别人有权利的土地上未经他人允许盖的房子，则又构成侵权行为。这说明，同样一个行为，可能会有不同法律效果（规范效果），如上述未取得规划许可证及施工许可证在他人土地上未经他人允许盖了房子，会分别有公法（行政法）上的效果和私法（物权法及侵权法）方面的多重效果[2]。之所以出现这种概念上划分的难题，系规范的复杂化所致。如果硬要把侵权行为归于事实行为，势必也要对事实行为（而此事实行为已非本书所述之事实行为）进行再分类，比如也可以将私法行为干脆简单划分为表示行为和非表示行为，并对非表示行为进一步进行分类。

思考题：

1. 什么是民法？如何用民事法律关系来界定民法？

2. 民事法律关系有哪些要素？如何理解民事权利的变动与民事法律关系的变动？

3. 如何对民事法律关系进行分类？

4. 什么是法律事实？法律事实如何分类？

5. 如何理解法律行为在法律事实体系中的地位？

6. 法律关系、法律事实的分类与民法典的编纂及民法的体系有什么关系？

---

〔1〕 就侵权行为之要件，国内学者亦有争议，但一般认为侵权行为或者具有违法性，或者没有违法阻却事由。比如医生经患者确认对患者截肢、公权力机关依法限制公民的人身自由或没收财产或执行死刑，虽具有损害、因果关系均系故意，但均因不具违法性而不构成侵权。

〔2〕 朱庆育：《民法总论》，北京大学出版社 2016 年版，第 83~84 页。

民事主体篇

自然人

第一节 自然人概述

一、何谓自然人

自然人，即依自然造化所产生的人，亦即生物学意义上的人，是地球上的高智慧生命。民法意义上的自然人，当然是有生命的生物学意义上的人，而且自然人生命的开始（即"出生"）以及生命的结束（即"死亡"）均属法律事实，会引起权利的变动即民事法律关系的变动，详见后述。

之前提到，民法是"人法"，自然人系整个民法体系的原点，整个民法体系各制度的设计均以保障人的福祉及发展为目的，这个"人"，就是指自然人。当然，民法上的"人"，与民事主体同义，除自然人外，尚包括法人及非法人组织，但涉及自然人之外的其他民事主体的制度设计目的，仍然是自然人的权利保护。

自然人之自然，意味着生物学意义上的人的产生有其自然规律。正常的自然人的出生系精子与卵子的结合，受精卵在母体子宫内正常成长后经分娩而出生，成为自然人。由于辅助生殖或生育技术的发展，出现了人工授精或试管婴儿及代孕技术。虽因此产生一定的伦理及法律问题[1]，但依据这些技术出生

---

〔1〕 中国有《人类辅助生殖技术管理办法》（中华人民共和国卫生部令第 14 号），违反该办法开展人类辅助生殖技术（其中之一为实施代孕技术，代孕技术属该办法禁止之列），会有行政处罚，见该《办法》第 21、22 条。

之人，系民法上的自然人，当属无疑。

随着克隆技术的发展，联合国于2005年3月8日通过不具约束力的《联合国关于人的克隆的宣言（United Nations Declaration on Human Cloning）》[1]，该宣言称"深信必须紧急防止人的克隆可能对人类尊严造成的危险"，"会员国应当考虑禁止违背人类尊严和对人的生命的保护的一切形式的人的克隆"。就中国而言，"中国政府将积极支持尽早制定《禁止生殖性克隆人国际公约》"[2]。

二、国民、公民与自然人

国民并非法律术语。公民，指具有某国国籍的自然人，中国公民即具有中华人民共和国国籍的自然人，"凡具有中华人民共和国国籍的人都是中华人民共和国公民"（《宪法》第33条），"中华人民共和国不承认中国公民具有双重国籍"（《国籍法》第3条），"定居外国的中国公民，自愿加入或取得外国国籍的，即自动丧失中国国籍"（《国籍法》第9条）。香港特别行政区和澳门特别行政区，有法律解释处理相关国籍问题[3]。"公民"这一概念主要出自宪法。

受苏联的影响，我国《民法通则》第二章以"公民（自然人）"为章名，并使用"公民"这一术语，受到不少学者批评，我国《合同法》第2条就直接使用"自然人"术语，不再使用"公民"的表述，《民法总则》作为中国民法典的开篇之作，不再使用"公民"概念，而使用"自然人"这一正宗民法术语，可值称道。

在中华人民共和国领域内的具有外国国籍的或无国籍的自然人，仍为（中

---

〔1〕 该宣言官方中文版，见联合国官方网站，http：//www.un.org/zh/documents/treaty/files/A-RES-59-280.shtml，2018年9月3日访问。

〔2〕 中国医学科学院协和医科大学生命伦理中心："中国政府积极支持尽早制定《禁止生殖性克隆人国际公约》"，载《中国医学伦理学》2002年第3期。

〔3〕 全国人民代表大会常务委员会《关于〈中华人民共和国国籍法〉在香港特别行政区实施的几个问题的解释》和《全国人民代表大会常务委员会关于〈中华人民共和国国籍法〉在澳门特别行政区实施的几个问题的解释》。比如就香港特别行政区，"所有香港中国同胞，不论其是否持有'英国属土公民护照'或者'英国国民（海外）护照'，都是中国公民。自1997年7月1日起，上述中国公民可继续使用英国政府签发的有效旅行证件去其他国家或地区旅行，但在香港特别行政区和中华人民共和国其他地区不得因持有上述英国旅行证件而享有英国的领事保护的权利"。"任何在香港的中国公民，因英国政府的'居英权计划'而获得的英国公民身份，根据《中华人民共和国国籍法》不予承认。这类人仍为中国公民，在香港特别行政区和中华人民共和国其他地区不得享有英国的领事保护的权利"。

国）民法上的自然人，虽在就业、投资以及购买住房等方面受到一定限制，但其人身权及财产权仍受中国的民法保护。

【案例5-1】迈克尔·杰弗里·乔丹与国家工商行政管理总局商标评审委员会、乔丹体育股份有限公司商标争议行政纠纷再审案[1]

本院再审认为，本案争议焦点为争议商标的注册是否损害了再审申请人就"乔丹"主张的姓名权，违反《商标法》第三十二条关于"申请商标注册不得损害他人现有的在先权利"的规定。

该争议焦点分为以下八个具体问题：第一，再审申请人主张保护姓名权的法律依据是什么？第二，再审申请人主张的姓名权所保护的具体内容是什么？第三，再审申请人在我国具有何种程度和范围的知名度？第四，再审申请人及其授权的耐克公司是否主动使用"乔丹"，其是否主动使用的事实对于再审申请人在本案中主张的姓名权有何影响？第五，争议商标的具体情形是否会使相关公众误认为与再审申请人具有关联？第六，乔丹公司对于争议商标的注册是否存在明显的主观恶意？第七，乔丹公司的经营状况，以及乔丹公司对其企业名称、有关商标的宣传、使用、获奖、被保护等情况，对本案具有何种影响？第八，再审申请人是否具有怠于保护其主张的姓名权的情形，该情形对本案有何影响？围绕上述八个具体问题，本院逐一评述并认定如下：

（一）关于再审申请人主张保护姓名权的法律依据

……

综上，依照《民法通则》第九十九条、《侵权责任法》第二条的规定，自然人依法享有姓名权。未经许可擅自将他人享有在先姓名权的姓名注册为商标，容易导致相关公众误认为标记有该商标的商品或者服务与该自然人存在代言、许可等特定联系的，应当认定该商标的注册损害他人的在先姓名权，违反《商标法》第三十二条的规定。

（二）关于再审申请人主张的姓名权所保护的具体内容

关于再审申请人在本案中主张的姓名权所保护的具体内容，其实质是再审申请人能否就"乔丹"享有姓名权。**因"乔丹"系再审申请人英文姓名"Mi-**

---

[1] 最高人民法院"（2016）最高法行再26号"行政判决书。

chael Jeffrey Jordan"中"Jordan"的中文译名，故本案涉及再审申请人能否就其外文姓名的部分中文译名享有姓名权的问题。本院认为，根据自然人姓名权保护的条件，再审申请人就"乔丹"享有姓名权。具体理由如下：

第一，自然人依据《商标法》第三十一条的规定，就特定名称主张姓名权保护时，应当满足必要的条件。……

……

综上，**本院认为，在适用《商标法》第三十二条关于"不得损害他人现有的在先权利"的规定时，自然人就特定名称主张姓名权保护的，该特定名称应当符合以下三项条件：其一，该特定名称在我国具有一定的知名度、为相关公众所知悉；其二，相关公众使用该特定名称指代该自然人；其三，该特定名称已经与该自然人之间建立了稳定的对应关系。**

第二，关于外国人能否就其外文姓名的部分中文译名主张姓名权保护的问题。本院认为，由于语言和文化等方面的差异以及为了便于称呼，**我国相关公众通常习惯于以外国人外文姓名的部分中文译名来指代、称呼该外国人，而不会使用其完整姓名的中文译名，有时甚至对其完整姓名的中文译名不了解、不熟悉。因此，在判断外国人能否就其外文姓名的部分中文译名主张姓名权保护时，需要考虑我国相关公众对外国人的称谓习惯。**本案中，不论是再审申请人主张的"乔丹"，抑或是商标评审委员会被诉裁定中错误认定为再审申请人全名的"迈克尔·乔丹"，实质上都是再审申请人完整英文姓名"Michael Jeffrey Jordan"的部分中文译名，但都被相关公众用于称呼和指代再审申请人。综上，**再审申请人主张的"乔丹"如符合本院阐明的前述三项条件，可以依法主张姓名权的保护。对于乔丹公司有关"单纯'姓氏'或其翻译不能成为姓名权的客体"的主张，本院不予支持。**

第三，本案证据可以证明再审申请人主张的"乔丹"符合本院阐明的前述三项条件，再审申请人对"乔丹"享有姓名权。具体理由如下：

……

综上，因本案现有证据足以证明"乔丹"在我国具有较高的知名度、为相关公众所知悉，我国相关公众通常以"乔丹"指代再审申请人，并且"乔丹"已经与再审申请人之间形成了稳定的对应关系，故再审申请人就"乔丹"享有姓名权。……

第二节 自然人的能力

一、自然人的人格与权利能力

1. 意义。人格，即成为人的资格。民法上的人格，即成为民法上的人的资格，亦即成为民事主体的资格。

权利能力，即享有民事权利的能力或资格。作为民事主体，有能力或有资格享有民事权利，即须有民法上的人格或民事权利能力；也可以说，具有了民法上的人格或民事权利能力，就成为了民事主体，有资格、有能力享有权利。

历史上，无论中国还是外国，都曾经存在人奴役人的时期。当时，被奴役之人，虽为生物学意义上的人，但却不是民法上的人，不具有民法上的人格，不具有权利能力，没有资格享有民事权利，而只是权利的客体，如同其他动物一样。自由民即使具有人格，是民法上的人，也可能因为某种情形自愿或被迫失去人格，成为奴隶，比如卖身为奴、因战争被俘获或因犯罪而被迫失去人格[1]。

近代以来，受理性主义及天赋人权思想的影响，人们更多认为自然人天生具有民法上的人格或权利能力。现代文明国家无不接受这一理念，中国亦同。而且，自然人的人格（法律上的人格，亦即民事权利能力）与生俱来，不受剥夺、不可转让并不得抛弃，为维护人类尊严之必要。比如我国台湾地区"民法"第16条规定："权利能力及行为能力，不得抛弃。"我国《澳门特别行政区民法典》第66条规定："任何人不得全部或部分放弃其权利能力。"

自然人的人格权系自然人人格的要素，人格权的具体内容见民事权利章。

2. 权利能力的始终。《民法总则》第13条规定："自然人从出生时起到死亡时止，具有民事权利能力，依法享有民事权利，承担民事义务。"《民法总则》第14条规定："自然人的民事权利能力一律平等。"

就自然人的出生与死亡时间，《民法总则》第15条规定："自然人的出生时间和死亡时间，以出生证明、死亡证明记载的时间为准；没有出生证明、死亡证明的，以户籍登记或者其他有效身份登记记载的时间为准。有其他证据足

---

[1] 参见周枏：《罗马法原论》上册，商务印书馆1994年版，第97~117页。

以推翻以上记载时间的，以该证据证明的时间为准。"

【案例 5-2】济源市第二人民医院、张冲医疗损害责任纠纷上诉案[1]

本院认为，1. **济源第二人民医院病历显示，患者商婉洁"以面先露娩一活女婴"，说明商婉洁之女出生时为活体，已经具备自然人资格**，根据《中华人民共和国民法总则》第十三条"自然人从出生时起到死亡时止，具有民事权利能力，依法享有民事权利，承担民事义务"的规定，**新生儿商婉洁之女从出生时起即具有民事权利能力，依法享有民事权利，其权利受到侵害时应当受到平等的保护，故原审法院判令济源第二人民医院赔偿死亡赔偿金、丧葬费、精神抚慰金等费用，并无不当。**济源第二人民医院上诉称，该胎儿不具备自然人主体资格，不应计算死亡赔偿金、丧葬费、精神抚慰金等费用，并且张冲、商婉洁花去的鉴定费、住宿费、交通费、复印费也不应由济源第二人民医院承担，**理由不能成立，**本院对该上诉理由不予采纳。

……

3. 死者的人格利益保护。依据《民法总则》第 13 条，自然人的民事权利能力始于出生，终于死亡，也就是说，自然人死亡后则丧失民事主体资格，不能享有民事权利，但侵害死者的"姓名、肖像、名誉、荣誉，损害社会公共利益的，应当承担民事责任"[2]。

---

〔1〕 河南省济源中级人民法院"（2018）豫 96 民终 319 号"民事判决书。

〔2〕 最高人民法院曾于 1989 年有《关于死亡人的名誉权应受法律保护的函》（［1988］民他字第 52 号），称"吉文贞（艺名荷花女）死亡后，其名誉权应依法保护，其母陈秀琴亦有权向人民法院提起诉讼"，但该函为最高人民法院《关于废止 1980 年 1 月 1 日至 1997 年 6 月 30 日期间发布的部分司法解释和司法解释性质文件（第九批）的决定》（法释［2013］2 号）所废止。而依据最高人民法院《关于确定民事侵权精神损害赔偿责任若干问题的解释》（法释［2001］7 号）第 3 条，自然人死亡后，其近亲属因特定侵权行为遭受精神痛苦，向人民法院起诉请求赔偿精神损害的，人民法院应当依法予以受理，其中包括非法侵害死者姓名、肖像、名誉、荣誉、隐私、遗体、遗骨等。《民法总则》第 185 条更是特别规定"侵害英雄烈士等的姓名、肖像、名誉、荣誉，损害社会公共利益的，应当承担民事责任。"但民法是否应特别挑出"英雄烈士"予以区别对待、应当如何确定英雄烈士等问题，均值得讨论。值得一提的是，我国《澳门特别行政区民法典》第 68 条（对已死之人之侵犯）却规定"人格权在权利人死亡后亦受保护"。

【案例5-3】西安华奥物业管理服务有限公司与刘宗英、党翠珍物业服务合同纠纷上诉案[1]

本院二审期间，党翠珍于2017年12月12日前来法院，提交其与刘宗英的户口簿及刘宗英的《死亡诊断证明书》，证明其与刘宗英原系夫妻关系，刘宗英已于2008年5月12日在陕西省肿瘤医院因病去世。

本院认为，《中华人民共和国民法总则》第十三条规定："自然人从出生时起到死亡时止，具有民事权利能力，依法享有民事权利，承担民事义务。"**本案中，刘宗英于一审立案日期之前已去世，其不具备民事诉讼主体资格，不享有民事权利，亦不能承担民事义务**。基于本案二审期间新发现之事实，一审判决应予撤销。

4. 胎儿的权利能力。就胎儿的权利能力，《民法总则》第16条规定："涉及遗产继承、接受赠与等胎儿利益保护的，胎儿视为具有民事权利能力。但是胎儿娩出时为死体的，其民事权利能力自始不存在。"

【案例5-4】中国人寿财产保险股份有限公司朔州市平鲁区支公司与尹举科、王占龙等机动车交通事故责任纠纷上诉案[2]

本院认为，本案二审双方争议的焦点为：1. 尹举科伤残赔偿金按照城镇居民可支配收入计算是否适当；2. 认定尹某属于被抚养人是否有法律依据，且按照城镇居民人均消费性支出计算被抚养人生活费是否适当。首先，关于尹举科伤残赔偿金标准问题。尹举科户籍虽为农业家庭户口，但于2012年4月15日至今居住于井坪街道馨苑社区X小区室，并有其在此居住期间产生的水、电费佐证，故原判按照城镇居民人均可支配收入标准计算伤残赔偿金正确。其次，认定尹某属于被抚养人是否有法律依据，且按照城镇居民人均消费性支出计算被抚养人生活费是否适当。**尹某出生时间虽然晚于事故发生日，但本起交通事故是尹某在胎儿期间发生的。因被抚养人生活费是涉及尹某在胎儿期间纯获利益保护的**。根据《中华人民共和国民法总则》第十六条规定："涉及遗产继承、

[1] 陕西省西安市中级人民法院"（2017）陕01民终14510号"民事裁定书。
[2] 山西省朔州市中级人民法院"（2018）晋06民终102号"民事判决书。

接受赠与等胎儿利益保护的，胎儿视为具有民事权利能力。"故应视为尹某在胎儿时（事故发生时）具有民事权利能力，属于法律规定的被抚养人对象。

另，由于尹某的父亲尹举科伤残赔偿金应当按照城镇居民人均可支配收入标准计算。故参照最高人民法院八民会议纪要精神，按照城镇居民人均消费性支出计算尹某被抚养人生活费，并不违反法律规定。因此，原审对尹某被抚养人生活费认定合法、准确。

尽管当代民法理念有所发展，《德国民法典》甚至规定"动物不是物"，但未见有赋予动物权利能力的立法例。同时，随着人工智能的发展，在可见的未来有可能出现高智能的机器人，其人格或权利能力值得讨论。

二、自然人的行为能力

1. 意义。民事行为能力，即民事主体可以独立实施法律行为的能力或资格。

民事行为能力制度与法律行为制度紧密相连，也是近代理性主义的体现：有理性的人，有权不受他人支配地独立实施法律行为，并自负其责。但人的理性能力的健全有一个过程，其间的权利能力也不可一概而论。自然人民事行为能力一般依据年龄进行分类，这个制度设计应该说是出于节省交易成本的考虑，即超过一定年龄的自然人，理性健全，可以独立实施法律行为；低于该年龄界限，理性不够健全，或者认定其不能独立实施法律行为，或者限制其实施法律行为的范围。同时，对于精神障碍者，也会根据其精神状况，或限制其行为能力，或认定其无行为能力。

限制行为能力及无行为能力制度，是对理性不健全者的一种"家长式"的保护，即他们可以说话不算话，并非由本人独立决定所有事宜，而由其法定代理人或监护人代其作出决定。理性健全之人则具有完全行为能力，可以而且应当自己决定，自己负责。

认定公民无民事行为能力、限制民事行为能力案件系民事案件，包括四类（见《民事案由规定》三十三之第 379~382 类），依据《民事诉讼法》第 177条和第 178 条，"认定公民无民事行为能力或者限制民事行为能力案件"适用特别程序，并且一审终审，一般由审判员独任审理。

2. 种类。具有完全民事行为能力的自然人，则可以独立实施法律行为[1]；限制民事行为能力人，"实施民事法律行为由其法定代理人代理或者经其法定代理人同意、追认，但是可以独立实施纯获利益的民事法律行为或者与其年龄、智力相适应的民事法律行为"（《民法总则》第19条），即仅具有实施法律限定的法律行为的资格；无民事行为能力，"由其法定代理人代理实施民事法律行为"（《民法总则》第20条），不能独立实施法律行为。

完全民事行为能力人的认定依据《民法总则》第17条及第18条，"18周岁以上的自然人为成年人。不满18周岁的自然人为未成年人"。成年人为完全民事行为能力人，可以独立实施民事法律行为，但"16周岁以上的未成年人，以自己的劳动收入为主要生活来源的，视为完全民事行为能力人"。可以说延续了我国《民法通则》的规范。

相比《民法通则》，《民法总则》降低了无民事行为能力人的年龄，从《民法通则》规定的10周岁，降低为8周岁。

对于限制民事行为能力，《民法总则》认为8周岁以上的未成年人（即不满18周岁的自然人）为限制民事行为能力人。但是，"不能完全辨认自己行为的成年人为限制民事行为能力人，实施民事法律行为由其法定代理人代理或者经其法定代理人同意、追认，但是可以独立实施纯获利益的民事法律行为或者与其智力、精神健康状况相适应的民事法律行为"。（《民法总则》第22条）

对于无民事行为能力人的认定，《民法总则》规定：不满8周岁的未成年人为无民事行为能力人，由其法定代理人代理实施民事法律行为。同时，"不能辨认自己行为的成年人为无民事行为能力人，由其法定代理人代理实施民事法律行为"。（《民法总则》第21条）

对于限制行为能力人及无行为能力者，监护及法定代理制度的设计是为补足其意思表示能力，从而保护其利益。"无民事行为能力人、限制民事行为能

---

[1] 虽然依据《民法总则》第17条及第18条，18周岁以上的自然人为成年人，具有完全民事行为能力，但依据《婚姻法》第6条，"结婚年龄，男不得早于22周岁，女不得早于20周岁。晚婚晚育应予鼓励"。结婚虽属法律行为，不符合《婚姻法》年龄规定的成年人仍不具备结婚能力。但需说明的是，《婚姻法》目前规定的结婚年龄与其他司法区域相比较高，比如我国澳门特别行政区为16岁（《澳门特别行政区民法典》第1479条）、我国台湾地区则是"男未满18岁，女未满16岁者，不得结婚"（台湾地区"民法"第980条），随着中国计划生育政策的退出、中国逐步进入老龄化社会以及鼓励生育政策的推出，可以预期的是未来中国法定结婚年龄会降低。

力人的监护人是其法定代理人"。(《民法总则》第 23 条)

3. 自然人精神状况的认定。依据《民法总则》第 24 条,"不能辨认或者不能完全辨认自己行为的成年人,其利害关系人或者有关组织,可以向人民法院申请认定该成年人为无民事行为能力人或者限制民事行为能力人"。"被人民法院认定为无民事行为能力人或者限制民事行为能力人的,经本人、利害关系人或者有关组织申请,人民法院可以根据其智力、精神健康恢复的状况,认定该成年人恢复为限制民事行为能力人或者完全民事行为能力人。"这些"有关组织包括:居民委员会、村民委员会、学校、医疗机构、妇女联合会、残疾人联合会、依法设立的老年人组织、民政部门等"。

【案例 5-5】葛极芬、中国建设银行股份有限公司成都天府新城支行借记卡纠纷、金融借款合同纠纷上诉案[1]

一审法院认为,因本案诉讼请求系请求法院判令被告配合葛极芬的法定代理人梁玉涛办理原告所持银行卡 62×××61 的密码重置、存取款等相关事宜。因此,上述诉讼请求能否得到支持的前提是认定梁玉涛是否是葛极芬的法定代理人。一审法院认为,葛极芬为成年人。根据《中华人民共和国民法通则》第十七条第一款规定:"无民事行为能力或者限制民事行为能力的精神病人,由下列人员担任监护人:(一)配偶;……"及十四条:"无民事行为能力人、限制民事行为能力人的监护人是他的法定代理人"之规定,**认定葛极芬的配偶梁玉涛为其监护人的前提是认定葛极芬为无民事行为能力人。而关于本案能否直接认定葛极芬为无民事行为能力人并确认其监护人的问题**,一审法院认为,根据《中华人民共和国民事诉讼法》……,**认定葛极芬为无民事行为能力人应由葛极芬的近亲属或者其他利害关系人向葛极芬住所地的基层人民法院提出,并应适用特别程序由人民法院判决。本案不能在诉讼程序中直接认定葛极芬为无民事行为能力人并确认其监护人。**庭审中杨海斌提出"其向法庭提交的四川求实司法鉴定所出具的《司法鉴定意见书》载明:'葛极芬因外伤致植物人状态,评定为一级伤残'。本院即可依据上述鉴定意见书认定葛极芬为无民事行为能力人,而无需由葛极芬住所地的基层人民法院认定"的意见。一审法院认为,

---

[1] 四川省成都市中级人民法院""(2017)川 01 民终 14693 号"民事裁定书。

杨海斌的上述意见不符合《中华人民共和国民事诉讼法》第一百八十七条及第一百八十九条的规定，一审法院对杨海斌的上述意见不予支持。

本院认为，根据《中华人民共和国民法总则》第二十四条"不能辨认或者不能完全辨认自己行为的成年人，其利害关系人或者有关组织，可以向人民法院申请认定该成年人为无民事行为能力人或者限制民事行为能力人"之规定，法律赋予不能辨认或者不能完全辨认自己行为的成年人的利害关系人或者有关组织向人民法院申请认定该成年人为无民事行为能力人或者限制民事行为能力人的权利。同时根据《中华人民共和国民事诉讼法》第一百七十七条、第一百八十七条、第一百八十九条之规定，向人民法院申请认定成年人为无民事行为能力人应当经过《中华人民共和国民事诉讼法》规定的特别程序并由人民法院对此作出判决。一审中葛极芬的配偶梁玉涛聘请的委托诉讼代理人杨海斌提出本案一审法院有权在审理借记卡纠纷案件中直接对葛极芬属于无民事行为能力人及梁玉涛为葛极芬法定代理人的事实作出认定的主张没有法律依据，其上诉意见不能成立，本院不予支持。一审法院认定事实清楚，适用法律正确，应予维持。

【案例 5-6】梁玉涛、葛极芬申请宣告公民无民事行为能力案[1]

申请人梁玉涛向本院提出的诉讼请求：认定被申请人葛极芬无民事行为能力人，并指定申请人梁玉涛为监护人。事实及理由：申请人梁玉涛与被申请人葛极芬系配偶关系，被申请人葛极芬于 2016 年 2 月 2 日下午在成都市东客站地下通道处意外摔伤，于当日 19 时 23 分许因"摔伤后意识不清 40+分钟"被送往四川友谊医院急救治疗，经该院诊断：1. 特重型颅脑损伤；2. 吸入性肺炎；3. 电解质紊乱；4. 中度贫血；5. 低蛋白血症；6. 肝功能异常。四川蓉城司法鉴定中心于 2016 年 5 月 23 日出具司法鉴定意见书显示被申请人为一级伤残。由于被申请人葛极芬已丧失全部民事行为能力，生活不能自理，申请向人民法院宣告葛极芬为无民事行为能力人。

本院经审查认为，**人民法院受理申请后，必要时应当对被请求认定为无民事行为能力或者限制民事行为能力的公民进行鉴定。申请人已提供鉴定意见**

---

〔1〕 四川省资阳市雁江区法院"（2018）川 2002 民特 12 号"民事判决书。

的，应当对鉴定意见进行审查。申请人虽然提出 2016 年 2 月 2 日四川友谊医院病情诊断证明及成都蓉城司法鉴定中心 2016 年 5 月 23 日出具的残疾鉴定意见书，但距本次诉讼时间过长，葛极芬目前之状态无法确定，是否存在恢复的情形无法认定，本院依法委托成都蓉城司法鉴定中心对被申请人葛极芬之民事行为能力进行鉴定，鉴定机构向梁玉涛作出限期到鉴定中心进行鉴定的通知，申请人逾期未履行义务，鉴定中心作出终止鉴定的情况说明并予以退回，致使本案无法客观认定葛极芬的民事行为能力。

……

本判决为终审判决。

三、自然人的住所

1. 住所的确定。《民法总则》第 25 条规定："自然人以户籍登记或者其他有效身份登记记载的居所为住所；经常居所与住所不一致的，经常居所视为住所。"

我国《民法总则》关于住所的规定稍显粗糙。以我国台湾地区"民法"为例："依一定事实，足认以久住之意思，住于一定之地域者，即为设定其住所于该地。一人同时不得有两住所。"（第 20 条）；"无行为能力人及限制行为能力人，以其法定代理人之住所为住所"（第 21 条）。另有住所废止及视为住所的情形规则（第 22~24 条）。我国《澳门特别行政区民法典》第 83~88 条对住所（包括一般意定住所、职业住所、住所选定、未成年人及禁治产人之法定住所、公职人员及外交人员住所等）也有较详细的规定。

我国《民法总则》中多次提到"未成年人住所地""被监护人住所地"，但均未提到该等限制或无民事行为能力人住所地如何确定，是否也按《民法总则》第 25 条确定，还是依法定代理人或监护人的意思确定。此问题还需要司法解释或指导性案例补充。

2. 法律意义。就实体法而言：①就宣告失踪、宣告死亡程序中"下落不明"的确定，《民通意见》第 26 条规定："下落不明是指公民离开最后居住地后没有音讯的状况。对于在台湾或者在国外，无法正常通讯联系的，不得以下落不明宣告死亡。"②有关合同履行地点的确定（《合同法》第 62 条）。③依据《婚姻登记条例》第 4 条及第 6 条，结婚及离婚登记应当到一方当事人"常住户口所在地的婚姻登记机关"办理。④依据《涉外民事关系法律适用法》，"经常居所地"是确定准据法的依据之一。比如依据该法第11~13条，自然人的民事权利能力、行为能力、宣告失踪和宣告死亡，均适用经常居所地法律。

就程序法（《民事诉讼法》）而言，住所为民事诉讼地域管辖的标准。如《民事诉讼法》第21条规定："对公民提起的民事诉讼，由被告住所地人民法院管辖；被告住所地与经常居住地不一致的，由经常居住地人民法院管辖。对法人或者其他组织提起的民事诉讼，由被告住所地人民法院管辖。同一诉讼的几个被告住所地、经常居住地在两个以上人民法院辖区的，各该人民法院都有管辖权。"

【案例 5-7】李志等与刘建军民间借贷纠纷上诉案[1]

本院经审查认为：本案的争议焦点是北京市昌平区能否构成刘建军的经常居住地。该问题包括以下四个方面的内容：

第一、证明刘建军经常居住地的时间标准。……

第二、证明责任。根据《中华人民共和国民法总则》第二十五条的规定："自然人以户籍登记或者其他有效身份登记记载的居所为住所，经常居所与住所不一致的，经常居所视为住所。"《最高人民法院关于适用〈中华人民共和国民事诉讼法〉的解释》第三条第一款也规定，公民的住所地是指公民的户籍所在地。从上述法律及司法解释的规定可知，**户籍所在地作为公民的住所地是原则，且不以是否实际居住作为确定住所地的事实条件，而经常居住地作为公民的住所地是例外，必须有在法定期间内居住的事实行为。**既然刘建军在本案中主张自己存在经常居住地且位于北京市昌平区，那么，对于此例外事实，根据《最高人民法院关于适用〈中华人民共和国民事诉讼法〉的解释》第九十条第一款的规定，刘建军应当就此事实的存在承担证明责任。

第三、刘建军提交的证据能否足以证明自己的经常居住地位于北京市昌平区。刘建军就此提交的证据有二：（一）在一审程序中提交的西崔村委会 2017 年 8 月 7 日出具的《租住证明》，证明刘建军自 2015 年 11 月起租住于北京市昌平区崔村镇西崔村。因该《租住证明》未有西崔村委会负责人及经办人的签

---

〔1〕 北京市第一中级人民法院"（2018）京 01 民辖终 130 号"民事裁定书。

字，违反了《最高人民法院关于适用〈中华人民共和国民事诉讼法〉的解释》（法释〔2015〕5号）第一百一十五条第一款关于单位向法院出具证明材料的形式要件之规定，故该证据属于无效证据，不具有证明力。（二）在二审程序中提交的西崔村委会于2017年8月15日出具的《居住证明》，证明刘建军自2015年11月至2017年8月15日居住于北京市昌平区崔村镇西崔村。**鉴于村民委员会作为村民自治组织，属于社会团体的范畴，其依职权作出的公文书证，根据《最高人民法院关于民事诉讼证据的若干规定》（法释〔2001〕33号）第七十七条第一项的规定，具有较强的证明力。因此，如果李志和盛势宏达公司提交的反证不足以否定该证据的证明力，本院将依据该证据认定北京市昌平区构成刘建军的经常居住地。**

第四、李志和盛势宏达公司提交的证据能否足以证明北京市昌平区不构成刘建军的经常居住地。……据此，李志和盛势宏达公司提交的证据不足以否定西崔村委会于2017年8月15日出具的《居住证明》之证明力，故李志和盛势宏达公司关于北京市昌平区不构成刘建军经常居住地的上诉理由，本院不予采信。

另：一、至于李志和盛势宏达公司上诉所称派人核实刘建军位于北京市昌平区的住处，连续三天未见其人的问题。**所谓自然人的经常居住地，是指该自然人在法定期限内以该地作为其生活和居住的中心，并非是指自然人每天都必须在此居住。因此，无论李志和盛势宏达公司此陈述是否属实，均不能作为本院认定刘建军经常居住地的事实因素。**二、关于刘建军曾经就职于一审法院的问题。该问题不构成管辖权争议的法定事实，故本院不予审理。

综上，李志和盛势宏达公司的上诉请求本院不予支持。一审法院对本案管辖权的处理结果正确。

第三节 监护

一、监护制度的意义

监护制度对无民事行为能力和限制民事行为能力人有重要意义。一方面这个制度可为他们提供保护，规定监护人须保护被监护人的利益；另一方面也起到监督的作用，使被监护人不致对他人和社会造成危害。

监护制度，包括监护人的确定、监护人的职责、监护人资格的撤销和恢复及监护关系的终止。

监护权纠纷系民事案件案由第 22 类（见《民事案由规定》）。实践中监护纠纷有适用特别程序的情形，系一审终审并且一般是审判员独任审理（《民事诉讼法》第 177 及第 178 条)[1]。

二、监护的种类

依据监护人确定的依据，可以将监护作一定种类的划分。

1. 法定监护。对未成年人的监护。依据《民法总则》第 27 条，父母是未成年子女的监护人。未成年人的父母已经死亡或者没有监护能力的，由下列有监护能力的人按顺序担任监护人：①祖父母、外祖父母；②兄、姐；③其他愿意担任监护人的个人或者组织，但是须经未成年人住所地的居民委员会、村民委员会或者民政部门同意。

对无民事行为能力或限制民事行为能力的成年人的监护。依据《民法总则》第 28 条，无民事行为能力或者限制民事行为能力的成年人，由下列有监护能力的人按顺序担任监护人：①配偶；②父母、子女；③其他近亲属；④其他愿意担任监护人的个人或者组织，但是须经被监护人住所地的居民委员会、村民委员会或者民政部门同意。

民政部门及居民委员会、村民委员会担任监护人。依据《民法总则》第 32 条，没有依法具有监护资格的人的，监护人由民政部门担任，也可以由具备履行监护职责条件的被监护人住所地的居民委员会、村民委员会担任。

【案例 5-8】谢纪常与田菊芬所有权纠纷案[2]

原告谢纪常诉被告田菊芬确认所有权纠纷一案，本院于 2016 年 1 月 14 日立案受理后，依法适用普通程序公开开庭进行了审理。原告谢纪常及其委托诉讼代理人谢劲到庭参加了诉讼，被告田菊芬的法定代理人绵阳市涪城区民政局

---

〔1〕 依据《民事诉讼法》第 177 条，"人民法院审理选民资格案件、宣告失踪或者宣告死亡案件、认定公民无民事行为能力或者限制民事行为能力案件、认定财产无主案件、确认调解协议案件和实现担保物权案件"，适用特别程序，但司法实践中部分监护纠纷案件因牵涉无民事行为能力或限制民事行为能力的民事主体，有适用特别程序的情形，见本章部分案例。

〔2〕 四川省绵阳市涪城区法院" (2016) 川 0703 民初 314 号"民事判决书。

经本院传票传唤，逾期未到庭参加诉讼，本院依法进行了缺席审理。本案现已审理终结。

……

经本院依法审查核实，认定如下事（实）：**被告田菊芬患有脑萎缩、老年痴呆症未愈，现下落不明，且没有依法具有监护资格的监护人，本院依照《中华人民共和国民法总则》第三十二条之规定，确认绵阳市涪城区民政局为其监护人，并依法送达了起诉状副本、应诉通知书等法律文书和开庭传票，通知绵阳市涪城区民政局作为被告田菊芬法定代理人参加本案诉讼，绵阳市涪城区民政局逾期未到庭参加本案诉讼。**

2. 遗嘱监护。依据《民法总则》第 29 条，被监护人的父母担任监护人的，可以通过遗嘱指定监护人。

【案例 5-9】黄西敏、陈德杰、危兆琼申请确定监护人纠纷案[1]

本院认为，申请人陈德杰、危兆琼虽然否认黄大敏遗嘱的真实性，但其未能提供有效的证据予以反驳。经本院释明后，申请人陈德杰、危兆琼未申请对遗嘱真实性进行司法鉴定，故本院对遗嘱的真实性予以认定。由于遗嘱中涉及的财产分割问题与本案监护权的争议无关，所以本院对遗嘱中遗产分割的合法性不进行审查认定，当事人对于遗产的分配问题可以另案诉讼。依照《中华人民共和国民法总则》第二十九条"被监护人的父母担任监护人的，可以通过遗嘱指定监护人。"之规定，**遗嘱指定监护人应当满足两个条件，一是立遗嘱人是被监护人的父母，二是立遗嘱人担任被监护人的监护人。本案中，黄大敏在去世前指定黄西敏作为江某乙的监护人符合遗嘱指定监护的相关规定，本院予以确认。申请人陈德杰、危兆琼虽然是江某乙的祖父母，但是请求确定其为江某乙的监护人，无法律依据，本院不予支持。**

3. 协议监护。依据《民法总则》第 30 条，依法具有监护资格的人之间可以协议确定监护人。协议确定监护人应当尊重被监护人的真实意愿。

––––––––––––––

〔1〕 四川省武胜县人民法院"（2018）川 1622 号民特 6 号"民事判决书。

【案例 5-10】 吴涛等与曲礼忱等确认合同效力纠纷上诉案[1]

本院认为，本案二审期间的争议焦点是：1. 曲涛是否具备曲勇法定代理人的资格。2. 吴涛与被上诉人曲勇签订的交通事故赔偿协议书是否合法有效。

关于第一个焦点问题，上诉人安达公司提出曲涛取得曲勇监护人资格未经人民法院判决，不符合相关法律规定的意见，根据《中华人民共和国民法总则》第二十八条规定："无民事行为能力或者限制民事行为能力的成年人，由下列有监护能力的人按顺序担任监护人：（一）配偶；（二）父母、子女；（三）其他近亲属；……。"第三十条规定："依法具有监护资格的人之间可以协议确定监护人。……。"**本案中，曲涛是曲勇的亲弟弟，其二人均系原监护人曲礼忱的儿子，属于被监护人的其他近亲属，因曲礼忱年势（事）已高，身体不便，曲勇的近亲属协议确定由曲涛作为曲勇的监护人并不违反上述法律规定，其具备作为曲勇的法定代理人的资格，此种监护人的变更亦无需人民法院确认而自然生效，因此上诉人安达公司提出的这一意见系对法律条文理解有误，本院不予支持。**

4. 指定监护。依据《民法总则》第 31 条，对监护人的确定有争议的，由被监护人住所地的居民委员会、村民委员会或者民政部门指定监护人，有关当事人对指定不服的，可以向人民法院申请指定监护人；有关当事人也可以直接向人民法院申请指定监护人。居民委员会、村民委员会、民政部门或者人民法院应当尊重被监护人的真实意愿，按照最有利于被监护人的原则在依法具有监护资格的人中指定监护人。依照前述规定指定监护人前，被监护人的人身权利、财产权利以及其他合法权益处于无人保护状态的，由被监护人住所地的居民委员会、村民委员会、法律规定的有关组织或者民政部门担任临时监护人。监护人被指定后，不得擅自变更；擅自变更的，不免除被指定的监护人的责任。

【案例 5-11】 李万敏、李秋华等行政撤销上诉案[2]

---

〔1〕 辽宁省丹东市中级人民法院"（2018）辽 06 民终 448 号"民事判决书。
〔2〕 辽宁省大连市中级人民法院"（2018）辽 02 行终 261 号"行政裁定书。

本院认为,《中华人民共和国行政诉讼法》第二条规定,"公民、法人或者其他组织认为行政机关和行政机关工作人员的行政行为侵犯其合法权益,有权依照本法向人民法院提起诉讼。前款所称行政行为,包括法律、法规、规章授权的组织作出的行政行为"。据此,公民、法人或者其他组织若认为行政机关或者法律、法规、规章授权的组织基于行政管理职权而实施的行政作为或者不作为侵犯其合法权益,有权对此提起行政诉讼。《中华人民共和国民法总则》第三十一条规定,"对监护人的确定有争议的,由被监护人住所地的居民委员会、村民委员会或者民政部门指定监护人,有关当事人对指定不服的,可以向人民法院申请指定监护人;有关当事人也可以直接向人民法院申请指定监护人"。**本案中,居民委员会对监护人的指令是基于民事法律关系而作出的民事行为,非基于履行行政管理职权而实施的行政行为,其依法不属于人民法院行政诉讼受理范围,故不具有可诉性,且民法总则亦有相关规定。综上,原审法院裁定不予立案,适用法律正确**,本院予以维持。上诉人上诉请求及理由无法律依据,本院不予支持。

5. 意定监护。依据《民法总则》第 33 条,具有完全民事行为能力的成年人,可以与其近亲属、其他愿意担任监护人的个人或者组织事先协商,以书面形式确定自己的监护人。协商确定的监护人在该成年人丧失或者部分丧失民事行为能力时,履行监护职责。

我国《民法通则》并未规定意定监护制度,但我国《老年人权益保障法》(2018 年最新修正) 第 26 条规定:"具备完全民事行为能力的老年人,可以在近亲属或者其他与自己关系密切、愿意承担监护责任的个人、组织中协商确定自己的监护人。监护人在老年人丧失或者部分丧失民事行为能力时,依法承担监护责任。老年人未事先确定监护人的,其丧失或者部分丧失民事行为能力时,依照有关法律的规定确定监护人。"我国《民法总则》可以说在民法典中确立了意定监护制度。

公证并非意定监护协议的生效要件,但意定监护协议经公证可以增强其证据的证明效力，司法部曾发公证指导性案例 1 号[1]，并说明相关公证要点。

三、监护职责与法定抚养人的义务

依据《民法总则》第 34 条，监护人的职责是代理被监护人实施民事法律行为，保护被监护人的人身权利、财产权利以及其他合法权益等。监护人依法履行监护职责产生的权利，受法律保护。监护人不履行监护职责或者侵害被监护人合法权益的，应当承担法律责任。

《民法总则》第 35 条规定了履行监护职责须遵循的原则：监护人应当按照最有利于被监护人的原则履行监护职责。监护人除为维护被监护人利益外，不得处分被监护人的财产。未成年人的监护人履行监护职责，在作出与被监护人利益有关的决定时，应当根据被监护人的年龄和智力状况，尊重被监护人的真实意愿。成年人的监护人履行监护职责，应当最大程度地尊重被监护人的真实意愿，保障并协助被监护人实施与其智力、精神健康状况相适应的民事法律行为。对被监护人有能力独立处理的事务，监护人不得干涉。

监护人不履行监护职责或者违反履行监护职责须遵循的原则，应对被监护人承担法律责任。

依据《民法总则》第 37 条，其他依法须负担被监护人抚养费、赡养费、扶养费的父母、子女、配偶等，被人民法院撤销监护人资格后，应当继续履行负担的义务。

四、监护人资格的撤销与恢复

1. 监护人资格的撤销。《民法总则》第 36 条规定了撤销监护人资格的情形："监护人有下列情形之一的，人民法院根据有关个人或者组织的申请，撤销其监护人资格，安排必要的临时监护措施，并按照最有利于被监护人的原则依法指定监护人：①实施严重损害被监护人身心健康行为的；②怠于履行监护职责，或者无法履行监护职责并且拒绝将监护职责部分或者全部委托给他人，导致被监护人处于危困状态的；③实施严重侵害被监护人合法权益的其他行为的。

本条规定的有关个人和组织包括：其他依法具有监护资格的人，居民委员

---

[1]　"司法部发布 3 个公证指导性案例"，其中公证指导性案例 1 号——"老年人意定监护协议公证"，包括了该种公证的公证要点。见司法部官方网站，http：//www. moj. gov. cn/news/content/2017-12/25/lsgz_ 11138. html，2018 年 9 月 7 日访问。

会、村民委员会、学校、医疗机构、妇女联合会、残疾人联合会、未成年人保护组织、依法设立的老年人组织、民政部门等。

前款规定的个人和民政部门以外的组织未及时向人民法院申请撤销监护人资格的,民政部门应当向人民法院申请。"

【案例 5-12】 上海市儿童临时看护中心与王晓勇申请撤销监护人资格特别程序案[1]

申请人上海市儿童临时看护中心与被申请人王晓勇申请撤销监护人资格一案,本院于 2018 年 4 月 25 日立案后进行了审理。现已审理终结。

……

第三人上海市儿童福利院同意申请人的诉讼请求,愿意担任王某某的监护人。

经审理查明:被申请人王晓勇与王玉婷于 2016 年 3 月 4 日生育一女名王某某。……2016 年 4 月 28 日,王玉婷死亡。江湾医院多次联系王晓勇接回女儿未果,后失联。2016 年 6 月 7 日,江湾医院向上海市公安局虹口区江湾派出所报案。2017 年 1 月 22 日,王某某被送至上海市儿童临时看护中心看护。2017 年 12 月 15 日王晓勇被公安机关抓获。2018 年 5 月 22 日,上海市虹口区人民法院一审以遗弃罪判处被申请人王晓勇有期徒刑一年。

……

本院认为:父母是未成年子女的监护人,负有抚养、教育和保护未成年子女的义务。父母应当创造良好、和睦的家庭环境,依法履行对未成年人的监护职责和抚养义务。**被申请人遗弃王某某,严重损害未成年人身心健康,且被申请人有吸毒恶习,无法正确履行监护职责,又因服刑难以履行监护职责。王某某出生后 5 天至今二年多来,被申请人丝毫未尽到作为父亲的监护义务,为能更好的保护王某某身心健康,保障其合法权益,促进其在品德、智力、体质等方面全面发展,依法准许申请人请求撤销被申请人的监护资格,明确第三人作为监护人。**

---

〔1〕 上海市虹口区法院 "(2018)沪 0109 民特 139 号"民事判决书。

2. 监护人资格的恢复。依据《民法总则》第 38 条，被监护人的父母或者子女被人民法院撤销监护人资格后，除对被监护人实施故意犯罪的外，确有悔改表现的，经其申请，人民法院可以在尊重被监护人真实意愿的前提下，视情况恢复其监护人资格，人民法院指定的监护人与被监护人的监护关系同时终止。

五、监护关系的终止

依据《民法总则》第 39 条，有下列情形之一则监护关系终止：①被监护人取得或者恢复完全民事行为能力；②监护人丧失监护能力；③被监护人或者监护人死亡；④人民法院认定监护关系终止的其他情形。

监护关系终止后，被监护人仍然需要监护的，应当依法另行确定监护人。

【案例 5-13】 申请人陈梁与被申请人付学芝申请指定监护人案[1]

经审理查明，付学芝与陈富强系夫妻，育有一子陈梁。因陈富强的申请，本院于 2014 年 10 月 23 日以（2014）鄂三峡民特字第 00012 号民事判决书判决：付学芝为无民事行为能力人；陈富强为付学芝的监护人。陈富强于 2018 年 2 月 22 日因病去世。另，付学芝的父母均已去世。

……

本院认为，根据《中华人民共和国民法总则》第三十九条的规定，有下列情形之一的，监护关系终止：……（三）被监护人或者监护人死亡……监护关系终止后，被监护人仍然需要监护的，应当依法另行确定监护人；该法第二十八条规定，无民事行为能力的成年人，由下列有监护能力的人按顺序担任监护人：（一）配偶；（二）父母、子女；（三）其他近亲属……**付学芝的配偶陈富强去世后，双方的监护关系终止，按照法定监护顺序，付学芝的儿子陈梁成为其监护人。**

第四节 宣告失踪和宣告死亡

一个人自出生起，就开始与他人发生各种人身与财产法律关系，随着其不

---

〔1〕 宜昌市三峡坝区法院"（2018）鄂 0591 民特 4 号"民事判决书。

断成长，更是不断参与进各种复杂的民事法律关系。

而一旦该人长期下落不明，与其相关的各种民事法律关系将陷于停滞，并不可避免地对他人造成影响，这些人一方面包括与失踪人有财产利害关系的人，另一方面还包括与其存在身份关系的人。

宣告失踪与宣告死亡制度，就是为了解决失踪人和死亡的人的财产关系与人身关系，使因人失踪或死亡而导致的关系停滞归于秩序。

宣告失踪、宣告死亡案件系民事案件案由（《民事案由规定》第三十二之 372~378），依据《民事诉讼法》第 177、178 条，适用特别程序，一审终审，并且一般由审判员一人独任审理。

一、宣告失踪

宣告失踪制度，系为了解决失踪人的财产关系停滞问题。宣告失踪案件，如果失踪人被宣告失踪，判决一般会同时指定财产代管人。

1. 申请宣告失踪的条件。依据《民法总则》第 40 条，自然人下落不明满 2 年的，利害关系人可以向人民法院申请宣告该自然人为失踪人。依据《民法总则》第 41 条，自然人下落不明的时间从其失去音讯之日起计算。战争期间下落不明的，下落不明的时间自战争结束之日或者有关机关确定的下落不明之日起计算。

其中，何谓下落不明、何谓利害关系人，均需解释。

根据《民通意见》的解释（其中仍使用了"公民"的表述，应为"自然人"）：下落不明，"是指公民离开最后居住地后没有音讯的状况"（《民通意见》第 26 条）；就起算时间而言，"下落不明的起算时间，从公民音讯消失之次日起算"（《民通意见》第 28 条）；就申请宣告失踪的利害关系人而言，依据《民通意见》第 24 条，"包括被申请宣告失踪人的配偶、父母、子女、兄弟姐妹、祖父母、外祖父母、孙子女、外孙子女以及其他与被申请人有民事权利义务关系的人"。

【案例 5-14】 申请人李蓓蓓申请宣告被申请人申香素公民失踪案[1]

经审理查明，被申请人申香素系申请人李蓓蓓之母，申请人于 2018 年 3 月

---

[1] 河南省濮阳县法院"（2018）豫 0928 民特 19 号"民事判决书。

15 日起诉至我院，称自 2005 年 12 月份，其父李成旺被害后，被申请人不堪精神打击于 2006 年 9 月离家出走，至今杳无音讯，下落不明已满两年，申请宣告被申请人为失踪人。

另查明，**本院依职权从公安机关调取的被申请人常住人口登记表显示，申香素再婚**，2017 年 5 月 16 日，因夫妻投靠户籍由濮阳县子岸乡杨寨村迁入至濮阳市华龙区昆吾路办事处胡王合村，户主姓名胡元喜，与户主关系：儿媳，申报人为申香素。被申请人申香素哥哥申自安家庭常住人口登记卡亦显示，被申请人户籍于 2017 年 5 月 16 日迁昆吾。

本院认为，《中华人民共和国民法总则》第四十条规定，自然人下落不明满二年的，利害关系人可以向人民法院申请宣告该自然人为失踪人。本案中，被申请人现已再婚，其本人已于 2017 年 5 月 16 日将户籍迁入濮阳市华龙区昆吾路办事处胡王合村，**被申请人不符合下落不明满二年的法定要件，故申请人李蓓蓓申请被申请人申香素为失踪人的请求，本院不予支持。**

2. 宣告失踪的法律效果。如果被宣告失踪，法院会指定财产代管人代管失踪人的财产。"失踪人的财产由其配偶、成年子女、父母或者其他愿意担任财产代管人的人代管。代管有争议，没有前款规定的人，或者前款规定的人无代管能力的，由人民法院指定的人代管。"（《民法总则》第 42 条）

依据《民法总则》第 43 条，财产代管人有"妥善"管理失踪人财产的职责，应当维护失踪人的财产利益。失踪人所欠税款、债务和应付的其他费用，由财产代管人从失踪人的财产中支付。财产代管人因故意或者重大过失造成失踪人财产损失的，应当承担赔偿责任。

如果财产代管人不履行代管职责、侵害失踪人财产权益或者丧失代管能力的，失踪人的利害关系人可以向人民法院申请变更财产代管人。财产代管人有正当理由的，也可以向人民法院申请变更财产代管人。如果法院变更了财产代管人，变更后的财产代管人有权要求原代管人"及时"移交有关财产并报告财产代管情况（《民法总则》第 44 条）。

3. 宣告失踪的撤销。失踪人重新出现，其本人或利害关系人可以向法院申请撤销失踪宣告。重新出现的失踪人，有权要求财产代管人及时移交代管财产并报告财产代管情况（《民法总则》第 45 条）。

二、宣告死亡

宣告死亡制度，不单解决失踪人的财产关系，对失踪人的人身关系（主要是婚姻家庭关系）也会产生一定的法律效果。

1. 申请宣告死亡的条件。依据《民法总则》第46条，申请宣告死亡须存在下列情形之一：①下落不明满四年；②因意外事件下落不明满2年；③因意外事件下落不明，经有关机关证明该自然人不可能生存的，申请宣告死亡不受2年时间的限制。

申请宣告死亡的利害关系人，依据《民通意见》第25条，其顺序为：①配偶；②父母、子女；③兄弟姐妹、祖父母、外祖父母、孙子女、外孙子女；④其他有民事权利义务关系的人。需注意的是，依据该解释，顺序在先的利害关系人不申请宣告失踪人死亡，顺序在后的利害关系人不得申请。

另外，依据《民法总则》第47条，"对同一自然人，有的利害关系人申请宣告死亡，有的利害关系人申请宣告失踪，符合本法规定的宣告死亡条件的，人民法院应当宣告死亡"。该条规定似乎否定了上述《民通意见》关于申请宣告死亡的有关利害关系人顺序的规定。

【案例5-15】梁添喜申请宣告公民死亡案[1]

经审理查明：下落不明人陈转花，……系申请人梁添喜的配偶。**陈转花落水失踪后，中华人民共和国广州沙角海事处出具了推定陈转花生还可能性不大的证明**，该证明记载其失踪日期为2016年6月12日，失踪地点为广州港52#浮附近水域，并载明据事故发生当时的天气、海况以及人员失踪的时间判断，陈转花生还的可能性不大。

……

本院认为，陈转花因意外事故下落不明，有关机关出具了其不可能生存的书面证明，申请人梁添喜作为陈转花的配偶，系本案的利害关系人，有权依照《中华人民共和国民事诉讼法》第一百八十四条第一款、《中华人民共和国海事诉讼特别程序法》第九条的规定，向本院申请宣告陈转花死亡。本院立案受理后进行公告查寻，现法定公告期间届满，陈转花并未向本院申报其具体地址及

---

[1] 广州海事法院"（2017）粤72民特29号"民事判决书。

其联系方式，也无知悉其生存现状的人向本院报告，已符合法律规定宣告死亡的条件。依照《中华人民共和国民法总则》第四十八条、《中华人民共和国民事诉讼法》第一百八十五条的规定，判决如下：

宣告陈转花于 2016 年 6 月 12 日死亡。

本判决为终审判决。

2. 宣告死亡的法律效果。宣告死亡，带来的财产方面的法律效果是继承的开始；在人身方面的法律效果是婚姻关系的消灭，被宣告死亡的自然人之配偶，可以再婚。

依据《民法总则》第 48 条，"被宣告死亡的人，人民法院宣告死亡的判决作出之日视为其死亡的日期；因意外事件下落不明宣告死亡的，意外事件发生之日视为其死亡的日期"。

3. 宣告死亡与自然死亡日期不一致。虽然失踪人被宣告死亡，但也有可能其并未真正死亡，如果失踪人仍然生存，其所实施的法律行为仍然发生效力。"自然人被宣告死亡但是并未死亡的，不影响该自然人在被宣告死亡期间实施的民事法律行为的效力。"（《民法总则》第 49 条）

【案例 5 - 16】孙美与张玉辉、李春美等提供劳务者受害责任纠纷上诉案[1]

一审法院认为，……宣告死亡是指人民法院经利害关系人申请依审判程序宣告下落不明满一定期限的自然人为死亡的法律制度。宣告死亡的目的在于保护利害关系人的合法权益，稳定社会经济关系，使因自然人长期下落不明导致的不稳定的社会关系处于稳定状态。然而，**宣告死亡仅仅是对长期下落不明的人的死亡的推定，并不意味着该公民实际上已经死亡。王新成因从灌南县新安镇辉美生猪养殖场出走、下落不明被宣告死亡，只是一种推定，并不意味着王新成已经死亡，也并非是在发生意外事件中被宣告死亡的，故一审法院对孙美要求给付死亡赔偿金的诉求不予支持。王新成失踪并经宣告死亡，给孙美精神带来严重伤害，对孙美要求给付精神抚慰金，一审法院酌定为 20 000 元。**

---

〔1〕 江苏省连云港市中级人民法院"（2018）苏 07 民终 1056 号"民事判决书。

......

本院认为，宣告死亡是指自然人离开住所，下落不明达到法定期限，经利害关系人申请，由人民法院宣告其死亡的法律制度。**宣告死亡制度旨在解决被宣告死亡人整个民事法律关系状态问题，立法本意重在保护被宣告死亡人的利害关系人之利益，宣告死亡产生与自然死亡同样的法律后果。**本案中，孙美作为王新成的监护人，在王新成是智力残疾的情况下，仍然同意李春美带王新成至张玉辉经营的原灌南县新安镇辉美生猪养殖场打工，导致王新成失踪并被宣告死亡的后果，其自身存在明显过错，应承担70%责任。被上诉人李春美经朱兆霞介绍，在明知王新成智力残疾的情况下，仍将王新成带至原灌南县新安镇辉美生猪养殖场做工，作为原灌南县新安镇辉美生猪养殖场的经营者张玉辉对此知情并认可，应由张玉辉承担相应的责任，本院根据本案事实认定张玉辉对王新成被宣告死亡的后果承担30%的责任。……以上费用共计415 039.5元，由孙美承担70%的责任，即自负290 527.65元的损失，由张玉辉承担30%的责任，即赔偿孙美124 511.85元的损失。对孙美上诉理由的合理部分，本院予以支持。

4. 宣告死亡的撤销。"被宣告死亡的人重新出现，经本人或者利害关系人申请，人民法院应当撤销死亡宣告"（《民法总则》第50条）。如果宣告死亡被撤销，相应的财产关系及人身关系需要得到处理。

就财产关系，"被撤销死亡宣告的人有权请求依照继承法取得其财产的民事主体返还财产。无法返还的，应当给予适当补偿。利害关系人隐瞒真实情况，致使他人被宣告死亡取得其财产的，除应当返还财产外，还应当对由此造成的损失承担赔偿责任"（《民法总则》第53条）。

就婚姻关系，鉴于自宣告死亡之日婚姻关系消灭，其配偶可以再婚，处理规则相对复杂。依据《民法总则》第51条，撤销死亡宣告后，如果其配偶已经再婚，则其原婚姻关系消灭并不恢复；如果其配偶没有再婚，则婚姻关系自撤销死亡宣告之日自行恢复，但被宣告死亡之人的配偶向婚姻登记机关书面声明不愿意恢复的，婚姻关系仍然消灭，此规定与之前《民法通则》相关规定相比，有所改变。

就死亡宣告后收养关系的处理，《民法总则》第52条规定："被宣告死亡的人在被宣告死亡期间，其子女被他人依法收养的，在死亡宣告被撤销后，不得以未经本人同意为由主张收养关系无效。"

第五节　个体工商户与农村承包经营户

个体工商户和农村承包经营户是中国自20世纪70年代末的改革产物，并曾在中国经济发展及居民就业中起到不容忽视的作用。自1986年《民法通则》颁布，民事法律正式确定这种民事主体的地位，其是中国特有的民事主体形式。《民法总则》起草过程中，有意见认为可以取消这两种民事主体形式，但颁布之《民法总则》予以保留。

一、个体工商户

1. 个体工商户的登记。自然人可以通过工商登记为个体工商户，从事工商业经营。"自然人从事工商业经营，经依法登记，为个体工商户。个体工商户可以起字号"（《民法总则》第54条）。

依据《个体工商户条例》第8条，"申请登记为个体工商户，应当向经营场所所在地登记机关申请注册登记。申请人应当提交登记申请书、身份证明和经营场所证明。个体工商户登记事项包括经营者姓名和住所、组成形式、经营范围、经营场所。个体工商户使用名称的，名称作为登记事项。"

2. 个体工商户与个人独资企业。个体工商户制度是中国特有的制度，而个人独资企业则是世界多国普遍适用的一种企业形式。我国《个人独资企业法》颁布于1999年。在中国，两者都是自然人投资小型企业的选择之一，除了个体工商户可能由家庭财产承担无限责任之外（如果不是个人经营，而是家庭经营的话），两种企业形式区别不大，而且与合伙企业一样，无需缴纳企业所得税，仅需缴纳个人所得税[1]。

---

〔1〕 依据《国务院关于个人独资企业和合伙企业征收所得税问题的通知》（国发〔2000〕16号），"为公平税负，支持和鼓励个人投资兴办企业，促进国民经济持续、快速、健康发展，国务院决定，自2000年1月1日起，对个人独资企业和合伙企业停止征收企业所得税，其投资者的生产经营所得，比照个体工商户的生产、经营所得征收个人所得税。具体税收政策和征税办法由国家财税主管部门另行制定"。另依据《个体工商户个人所得税计税办法》（国家税务总局2014年公布，2018年最新修正）第4条，"个体工商户以业主为个人所得税纳税义务人"。另据《企业所得税法》（2017最新修正）第1条第2款，"个人独资企业、合伙企业不适用本法"。

外国人在中国投资，除了可以参与投资中外合资经营企业、中外合作经营企业、合伙企业[1]，还可以依据《外资企业法》设立外商独资的企业，而非依据《个人独资企业法》设立个人独资企业[2]。但随着未来《外商投资法》于 2020 年 1 月 1 日实施，这一局面会有所改变，"外商投资准入负面清单以外的领域，按照内外资一致的原则实施管理"。（《外商投资法》第 28 条）

依据《个体工商户条例》第 27 条，"香港特别行政区、澳门特别行政区永久性居民中的中国公民，台湾地区居民可以按照国家有关规定，申请登记为个体工商户。"

2007 年中国大陆开始允许台湾地区农民在部分地区申办个体工商户[3]；自 2012 年 1 月 1 日起，台湾居民依照国家有关法律、法规和规章，在北京、上海、江苏、浙江、福建、湖北、广东、重庆、四川等省市可无需经过外资审批，申请登记为个体工商户。"台湾居民个体工商户可以申请登记的经营范围包括餐饮业和零售业，不包括特许经营。从业人员不超过 8 人，营业面积不超过 300 平方米。自 2012 年 4 月 1 日起，从业人员不超过 10 人，营业面积不超过 500 平方米。"[4] 而自"自 2016 年 1 月 1 日起，台湾居民依照国家有关法律、法规和规章，在既有 9 省市基础上，在天津、河北、山西、辽宁、吉林、安徽、江西、山东、河南、湖南、海南、贵州、陕西全省（直辖市）及黑龙江、广西、云南、宁夏等省（自治区）的设区市可直接申请登记为个体工商户，无需经过外资审批，不包括特许经营"。台湾居民申办个体工商户经营范

---

[1]《外国企业或者个人在中国境内设立合伙企业管理办法》，2009 年 11 月 25 日发布。

[2]《个人独资企业法》第 47 条："外商独资企业不适用本法。"但中国《外商投资法》于 2019 年 3 月 15 日颁布，并拟于 2020 年 1 月 1 日起实施，"《中华人民共和国中外合资经营企业法》《中华人民共和国外资企业法》《中华人民共和国中外合作经营企业法》同时废止"（《外商投资法》第 42 条），"外商投资准入负面清单以外的领域，按照内外资一致的原则实施管理"。（《外商投资法》第 28 条）

[3]《台湾农民在海峡两岸农业合作试验区和台湾农民创业园申办个体工商户登记管理工作的若干意见》，2007 年 11 月 16 日发布。

[4] 国务院台湾事务办公室、国家工商行政管理总局（现已撤销）、公安部、人力资源和社会保障部、商务部《关于开放台湾居民申请设立个体工商户的通知》，2011 年 12 月 27 日发布。

围有限制，但取消了对从业人员人数和营业面积的限制[1]。

就香港、澳门永久性居民中的中国公民（以下简称"港澳居民"）到内地投资创业申办个体工商户，"自 2016 年 6 月 1 日起，港澳居民在内地各省、自治区、直辖市申请设立个体工商户，无需经过外资审批（不包括特许经营）"，其组织形式为个人经营，而在此之前港澳居民仅可在个别行业申办个体工商户[2]。

3. 个体工商户的责任形式。依据《民法总则》第 56 条，个体工商户的债务，个人经营的，以个人财产承担；家庭经营的，以家庭财产承担；无法区分的，以家庭财产承担。

现实中个体工商户多为个人经营。

【案例 5-17】　田大庆、蔺建涛买卖合同纠纷再审审查与审判监督案[3]

本院经审查认为，天开采石厂是经工商行政机关登记注册的个体工商户，经营者为钟鸣。2011 年 1 月 9 日，天开采石厂与华县柳枝铁牛石料厂（以下简称铁牛石料厂）签订合同及延续合同，约定铁牛石料厂承包经营天开采石厂。在其承包期间所有的债权债务由铁牛石料厂负责，天开采石厂不承担任何责任。

……

综上，可证实**田大庆、蔺建涛明知张铁牛系天开采石厂实际经营者**，田大庆、蔺建涛再审中主张在一审诉讼前其二人不知张铁牛为天开采石厂的实际经营者的再审理由，与客观事实及证据所证明的事实相悖，其此项再审理由不能成立。田大庆、蔺建涛主张签订合同及实际履行合同的主体是天开采石厂，应

---

　　[1]　国务院台湾事务办公室、中国共产党中央委员会宣传部、国家发展和改革委员会、科学技术部、工业和信息化部、公安部、民政部、司法部、人力资源和社会保障部、环境保护部（现已撤销）、交通运输部、商务部、文化部（现已撤销）、国家工商行政管理总局（现已撤销）、国家新闻出版广电总局（现已撤销）、国家体育总局、国家食品药品监督管理总局（现已撤销）、国家邮政局、国家文物局、国家外汇管理局《关于扩大开放台湾居民在大陆申请设立个体工商户的通知》（国台发〔2015〕3 号）。另见国家工商行政管理总局（现已撤销）《关于扩大开放台湾居民在大陆申办个体工商户登记管理工作的意见》（工商个字〔2015〕224 号）。

　　[2]　国家工商行政管理总局（现已撤销）《关于扩大开放港澳居民在内地申办个体工商户登记管理工作的意见》（工商个字〔2016〕99 号）。

　　[3]　最高人民法院"（2018）最高法民申 2390 号"民事裁定书。

由天开采石厂、钟鸣承担责任的再审请求，根据《民法总则》第五十六条规定"个体工商户的债务，个人经营的，以个人财产承担；家庭经营的，以家庭财产承担；无法区分的，以家庭财产承担。"**本案中天开采石厂是经过合法登记的个体工商户，其没有独立的财产，其财产与经营者的财产高度混同，财产在自然人名下，字号不具备法律上的拟制人格，不能作为独立承担民事责任的主体，加之田大庆、蔺建涛明知张铁牛是天开采石厂的实际经营者，故张铁牛作为实际经营者应承担天开采石厂与田大庆、蔺建涛之间买卖合同的民事责任。**一审判决认定钟鸣不应承担责任正确，原判决改判天开采石厂不承担责任亦无不妥，故原判决据此认定天开采石厂不应承担张铁牛承包经营期间产生的债权债务责任，不存在缺乏证据证明和适用法律错误的情形。

【案例 5-18】长沙市芙蓉区协雅医疗美容门诊部、美莱医学美容医院有限公司著作权权属、侵权纠纷、商业贿赂不正当竞争纠纷上诉案[1]

本院认为，**法律赋予了个体工商户的经营资格，在生产经营中业主仍是以自然人的法律身份对外承担责任，个体工商户营业执照仅仅是该登记业主（自然人）对外经营的资格证明，以及对该自然人民事行为能力及其经营范围的限制。**《中华人民共和国民法总则》第五十六条第一款规定"个体工商户的债务，个人经营的，以个人财产承担；家庭经营的，以家庭财产承担；无法区分的，以家庭财产承担。"可见，**经营者对个体工商户的债务应当承担无限责任。因此，即使长沙市芙蓉区协雅医疗美容门诊部作为个体工商户已于 2016 年 2 月注销，但刘益作为经营者，仍然应当对长沙市芙蓉区协雅医疗美容门诊部注销前的侵权行为承担民事责任。**

二、农村承包经营户

1. 农村土地的主要承包方式。农村承包经营是 20 世纪 70 年代末中国改革开放发端的起始，并被宪法确立为我国农村集体经济组织的一项基本制度（《宪法》第 8 条）。

《民法总则》第 55 条规定，农村集体经济组织的成员，依法取得农村土地

---

〔1〕 四川省高级人民法院"（2017）川民终 1187 号"民事裁定书。

承包经营权，从事家庭承包经营的，为农村承包经营户。

依据《农村土地承包法》（2002 颁布，2009 年最新修正）第 3 条，"国家实行农村土地承包经营制度。农村土地承包采取农村集体经济组织内部的家庭承包方式，不宜采取家庭承包方式的荒山、荒沟、荒丘、荒滩等农村土地，可以采取招标、拍卖、公开协商等方式承包"。

农村土地除了部分不宜采取家庭承包的土地，其余均为家庭承包方式。而家庭承包，指以血缘或婚姻关系形成的"户"作为承包主体。

2. 农村承包经营户的责任形式。依据《民法总则》第 56 条，农村承包经营户的债务，以从事农村土地承包经营的农户财产承担；事实上由农户部分成员经营的，以该部分成员的财产承担。

【案例 5-19】邱亚飞、邹飞排除妨害纠纷、恢复原状纠纷上诉案[1]

双方均为思南县青杠坡镇大塘社区居民。第一轮农村土地承包到户时，邹飞家庭以其父亲邹圣贤为户名承包了位于该村地名为"石牛塘"的荒山，思南县人民政府于 1984 年颁发了土地承包证，……

……

本院认为，本案二审的争议焦点是：一、原审是否遗漏必须参加诉讼的当事人；二、案涉争议地是否处于权属不明的状态。

关于焦点一，《中华人民共和国民法总则》第五十六条第二款规定，农村承包经营户的债务，以从事农村土地承包经营的农户财产承担；事实上由农户部分成员经营的，以该部分成员的财产承担。从该条文表述可知，农村承包经营户的债务，由农户财产承担。本案邹飞认为邱亚飞侵犯其权益，要求邱亚飞排除妨害、恢复原状，不存在债务承担的问题。只要邹飞作为权利人之一，可以单独提起诉讼。同时，事实上由部分农户成员经营的，该部分成员的财产承担相应的债务。邱亚飞认为邹飞的母亲、妹妹是必须参加诉讼的当事人，原审判决属于程序违法，应当发回重审的理由不成立。

---

[1] 贵州省铜仁市中级人民法院"（2018）黔 06 民终 482 号"民事判决书。

思考题：

1. 国民、公民、自然人，这些概念有什么不同？

2. 什么是权利能力与行为能力？

3. 行为能力与法律行为有什么关系？

4. 谈谈自然人住所的法律意义。

5. 监护有哪些种类？

6. 民法总则对监护人资格的撤销及恢复是如何规定的？

7. 监护关系终止的情形有哪些？

8. 简述宣告失踪与宣告死亡制度的不同。

9. 简述个体工商户与农村承包经营户的法律地位。

法人

第一节　法人概述

一、法人制度的历史

法人是自然人以外的另一类民事主体，能够享有民事权利，即具有民事权利能力。但与自然人基于出生这一自然事实取得民事权利能力不同，在现代，法人需依据特定法律，由发起人依法定程序设立，满足法定条件，且一般需经登记才能被法律赋予权利能力。

从历史上看，法人的设立经历了自由设立、特许设立，演变为今天的准则设立。

【资料6.1】方流芳：中西公司法律地位历史考察

在现代，"公司"一词已经成为营利性法人的专用名词。在大陆法系国家，"公司（Handelsgesellschaft，Société Commercial，会社）"一词的通常定义是，以从事商行为或以营利为目的的，依照公司法组建、成立的社团法人。据此，法人身份与营利性质是"公司"的基本内涵；除了自然人、财团法人、公益性社团法人、合作社之外，一切私法主体都属于公司的外延。在普通法系国家，"Corporation"一词专指法人社团。它大致有四种意义，即市政当局、独体法人、具有法人资格的非营利性公司和具有法人资格的商业性公司。其中，与大陆法系"公司"概念相对应的部分，仅仅是具有法人资格的商人公司，即那种

135

以获得经济利益为目标，其收益在公司成员之间进行分配的法人社团。

......

罗马法始终不存在"法人"概念，从而也就不存在法人社团与非法人社团的区别。一切社团基于自由设立原则而成为事实上的存在，并因此而有法律上的人格。法人学说则强调：社团依国家许可原则设立，社团人格依法律存在。这是罗马社团与法人的一个显著区别。罗马法没有出现民法和商法的分立，也没有从民法中衍生出专门适用于营利性社团的特别法，因此，社团的法律地位、权利义务并不因为它有无营利性质而有所不同。鉴于公司的法人身份和营利性质都是近代立法给它添加的内涵，且公司一词在罗马社会还不是营利性社团法人的专用术语，那么，我们不妨把当时那些表述团体概念的术语统称为"公司"。

......

公司并不是一开始就具有"依法设立"的属性，相反，自由设立状态却延续了相当长的时间。由此可见，那种认为罗马时代就存在法人制度的说法，是不能成立的。事实上，罗马公司的起落与自由设立原则的兴废有显著联系，而自由设立原则又是罗马城市自治制度的产物。

......

总之，在国家权力高度膨胀之前，立法者并没有把公司设立程序视为他们必须占据的领域。公司在混沌朦胧的自然状态之下，存在了相当长的时间，人们为了营利或公益目的成立了形形色色的公司。所谓"公司的人格"，并不是在全部法律关系中一律将公司与成员区别开来，只是承认那些在事实上已经存在的公司可以用自己的名义受领和转让财产。这与其说是受某种深思熟虑的理论支配，不如说是为便利社会生活而在法律上所作的灵活变通。没有任何证据表明公司在自由设立时期就有法人属性。

......

公司是在从自由设立到特许设立的过程中转变为法人的，导致这种转变的原动力是对行政性垄断（即凭借国家权力形成的垄断）的追求。正如霍尔维茨指出的那样："最初，法人社团之所以被国王和商人双方重视，并不是因为借此可以产生一个与成员相分离的拟制人，而是因为借此可以产生一个得以受领某些政府权力与贸易特权的实体，估量法人公司的价值，其出发点与其说是团体成员的利益，不如说是行会组织与国家对外政策的利益；与其说是商法，不如说是公共利益。"尽管法人制度后来成为民法的一个组成部分，它的起源却是与"私法自治"观念格格不入的：西方商业社团之所以争取法人地位，正是求助于国家权力的加入，以形成私人力量难以单独实现的行业垄断；国家之所以确认商业社团的法人地位——一种以团体名义受领、行使和持有行业垄断权的资格，正是将商业社团改造成推行公共政策的工具。……（摘自方流芳："中西公司法律地位历史考察"，载《中国社会科学》1992年第4期）

二、法人的特征

《民法总则》第57条规定，"法人是具有民事权利能力和民事行为能力，依法独立享有民事权利和承担民事义务的组织。"

1. 法人须依法设立。在现代国家，一般来说，法人类型法定。各种法人的设立必须按照该种法人所依据的法律，而且须按照特定法律规定的条件和程序方可设立。"法人应当依法成立"，一般来说法人的设立采取准则主义（即符合法律、行政法规规定的条件即可设立），但部分法人须经许可方可设立（《民法总则》第58条）。

2. 法人具有民事权利能力和行为能力。法人经法定程序设立，一般情况下经登记，取得法人资格，成为自然人以外的一类民事主体，就具有了权利能力和行为能力。"法人的民事权利能力和民事行为能力，从法人成立时产生，到法人终止时消灭"（《民法总则》第59条）。当然，基于法人的特点，其权利能力范围与自然人当然有别，如自然人的人格权（如生命、健康、人格尊严等权利）以及婚姻家庭、继承方面的权利义务，法人当然无法享有；此外，清算中的法人以及破产程序中的法人，其行为能力会受到各种限制。

3. 法人的财产独立。因为法人具有权利能力和行为能力，而且具备独立的财产是法人成立的条件之一，法人成立后，法人的财产与其发起人或成员（如社员或股东）的财产各自区分、界限分明，各自以各自的财产独立承担责任。"法人以其全部财产独立承担民事责任"（《民法总则》第60条）。

公司是典型的营利法人，公司的成员即股东，仅以其承诺的出资为限对公司债务承担有限责任，而公司以公司的财产对公司的债务承担无限责任。但特定情况下，公司股东会对法人的债务承担连带责任。"公司股东滥用公司法人独立地位和股东有限责任，逃避债务，严重损害公司债权人利益的，应当对公司债务承担连带责任"（《公司法》第20条），此即"法人人格否认制度"。

【案例6-1】徐工集团工程机械股份有限公司与四川瑞路建设工程有限公司、成都川交工程机械有限责任公司等买卖合同纠纷上诉案[1]

本院认为：川交工贸公司与瑞路公司、川交机械公司人格混同，瑞路公司、川交机械公司应对川交工贸公司的债务承担连带清偿责任。

一、川交工贸公司、川交机械公司、瑞路公司人员混同。

1. 川交机械公司与瑞路公司的股东相同，均为王永礼等人。川交工贸公司虽股东与之不同，但拥有90%股份的控股股东张家蓉系王永礼之妻。此外，川交工贸公司的其他股东均为川交机械公司的高级管理人员。

2. 川交机械公司从1994年4月成立至2007年10月期间，法定代表人为王永礼。瑞路公司从2004年9月成立至今，法定代表人亦为王永礼。川交工贸公司的法定代表人吴帆是川交机械公司的综合部行政经理。

3. 三公司的财务负责人均为凌欣，出纳会计均为卢鑫，工商手续经办人均为张梦。

4. 根据公司章程，三公司行使主持生产经营管理工作等职权的均为经理，且三公司聘任的经理均为王永礼。

    ……

综上，三公司的股东、法定代表人或相同或具有密切关联，三公司主持生产经营管理的经理均为王永礼，在人事任免上存在统一调配使用的情形，其他高级管理人员存在交叉任职，且重要部门任职人员相同，构成人员混同。

二、川交工贸公司、川交机械公司、瑞路公司业务混同。

（一）川交工贸公司、川交机械公司、瑞路公司的经营范围基本重合。

    ……

（二）川交工贸公司、瑞路公司、川交机械公司在对外进行宣传时信息混同、未作区分。

---

〔1〕 江苏省高级人民法院"（2011）苏商终字第0107号"民事判决书，最高人民法院指导性案例第15号。

……

（三）川交工贸公司、川交机械公司、瑞路公司在工程机械销售等业务中不分彼此。

……

三、川交工贸公司、川交机械公司、瑞路公司财务混同。

1. 川交工贸公司、川交机械公司、瑞路公司使用共同的账户。根据川交工贸公司与瑞路公司共用的《销售部业务手册》、三公司共同的财务管理人员卢鑫、凌欣个人银行账户的往来情况以及卢鑫、凌欣在公安部门向其调查时所作的陈述，三公司均使用卢鑫、凌欣的个人银行账户，往来资金额巨大，其中凌欣的个人账户资金往来达 1300 余万元，卢鑫的个人账户资金往来高达 8800 余万元。

2. 川交工贸公司、川交机械公司、瑞路公司未提供证据证明对共同使用的银行账户中相关资金的支配进行了区分。根据卢鑫向公安部门进行的陈述，川交工贸公司、川交机械公司、瑞路公司高达 8800 余万元的款项在进入其个人银行账户后，具体用款的依据仅是三公司经理王永礼的签字，资金走向中包括瑞路公司，亦包括对外支付工程保证金、施工材料款等。在原审法院明确要求瑞路公司、川交工贸公司、川交机械公司进一步举证的情况下，三公司并未提供充分证据证明三公司共同的财务人员对三公司共同使用的账户中的资金进行了必要的区分并有相应的记载。

3. 根据 2005 年 8 月 15 日的《说明》（注：判决书原文为要求三公司所负的债务统一由川交工贸公司承担的说明）及 2006 年 12 月 7 日的《申请》（注：判决书原文为《关于"成都川交工贸有限责任公司、四川瑞路实业有限公司"2006 年度徐工产品销售划分的申请》），三公司与徐工科技公司之间的债权债务、业绩、账务均计算至川交工贸公司名下。

4. 三公司与徐工科技公司之间业务往来的返利均统计在川交工贸公司账户内尚未分配，且对返利的分配未做约定，即对相关业务的收益未加区分。

综上，**川交工贸公司、川交机械公司、瑞路公司在经营中无视各自的独立人格，随意混淆业务、财务、资金，相互之间界线模糊，无法严格区分，使得交易相对人难以区分准确的交易对象。在均与徐工科技公司有业务往来的情况下，三公司还刻意安排将业务统计于川交工贸公司的名下，客观上削弱了川交**

工贸公司的偿债能力，有滥用公司独立人格以逃废债务之嫌。三公司虽在工商登记部门登记为彼此独立的企业法人，但实际上人员混同、业务混同、财务混同，已构成人格混同，损害了债权人的利益，违背了法人制度设立的宗旨，其危害性与《中华人民共和国公司法》第二十条规定的股东滥用公司法人独立地位和股东有限责任的情形相当。为保护债权人的合法利益，规范公司行为，参照《中华人民共和国公司法》第二十条的规定，川交机械公司、瑞路公司应当对川交工贸公司的债务承担连带清偿责任。上诉人川交机械公司、瑞路公司关于川交工贸公司、川交机械公司、瑞路公司为各自独立的法人，应各自承担责任的理由不能成立。

【案例6-2】朱孔文与临沂市源丰物资回收有限公司、临沂市昆和物资有限公司买卖合同纠纷申诉案[1]

（二）关于昆和公司与源丰公司是否存在法人人格混同的问题

《公司法》第二十条第三款规定："公司股东滥用公司法人独立地位和股东有限责任，逃避债务，严重损害公司债权人利益的，应当对公司债务承担连带责任。"上述规定为否认法人独立人格提供了法律依据。但**法人人格独立是公司法的基本原则，对法人人格否认应予慎重适用。**参照《最高人民法院关于发布第四批指导性案例的通知（法〔2013〕24号）》指导性案例15号"徐工集团工程机械股份有限公司诉成都川交工贸有限责任公司等买卖合同纠纷案"，**判断公司法人人格混同通常适用三个标准，即人员混同、业务混同、财产混同。对于不存在持股关系的关联公司而言，认定人格混同、要求关联公司承担连带责任，更需有证据证实公司之间表征人格的因素（人员、业务、财务等）高度混同，导致各自财产无法区分，已丧失独立人格，构成人格混同，而且这种混同状态给债权人带来债务主体辨认上的困难，使关联公司逃避巨额债务，最终危害到债权人的利益。**本案中，朱孔文主张昆和公司与源丰公司人格混同，导致各自财产无法区分，请求判令昆和公司对源丰公司的债务共同承担连带偿付责任。朱孔文的再审主张能否成立，不仅需判断昆和公司与源丰公司是否在人员、业务、财产方面构成混同，而且需判断昆和公司、源丰公司是否藉

---

〔1〕 最高人民法院"（2016）最高法民申3168号"民事裁定书。

此逃避债务、损害朱孔文的债权利益。

4. 法人是组织体。与自然人根据自然规律有生老病死不同，法人是组织体，理论上可以一直存在，不因其成员的更换或经营管理人员的更迭而失去其存在。"合同生效后，当事人不得因姓名、名称的变更或者法定代表人、负责人、承办人的变动而不履行合同义务。"（《合同法》第76条）

三、法人产生的经济学解释

罗纳德·哈里·科斯（Ronald H. Coase）通过"企业的性质"和"社会成本问题"两篇论文，为企业这种组织的产生给出了有趣的经济学解释，开创了新制度主义经济学，并对法学有重要影响，开创了经济分析法学或法律的经济分析方法的先河。

【资料6.2】科斯：企业的性质

建立企业有利可图的主要原因似乎是，利用价格机制是有成本的，通过价格机制"组织"生产的最明显的成本就是所有发现相对价格的工和。随着出卖这类信息的专门人员的出现，这种成本有可能减少，但不可能消除。市场上发生的每一笔交易的谈判和签约的费用也必须考虑在内。再者，在某些市场中（如农产品交易）可以设计出一种技术使契约的成本最小化，但不可能消除这种成本。确实，当存在企业时，签约不会被取消，但却大大减少了。某一生产要素（或它的所有者）不必与企业内部同他合作的一些生产要素签订一系列的契约。当然，如果这种合作社价格机制起作用的一个直接结果，一系列的契约就是必需的。一系列的契约被一个契约替代了……

市场的运行是有成本的，通过形成一个组织，并允许某个权威（一个"企业家"）来支配资源，就能节约某些市场运行成本。……（摘自［美］罗纳德·哈里·科斯：《论生产的制度结构》，盛洪、陈郁等译校，三联书店上海分店1994年版，第5~7页。）

波斯纳（Posner, R. A.）运用法律的经济分析方法对公司这种最主要的法人进行了分析。

【资料6.3】 波斯纳：作为一种标准契约的公司

我们可以对比一下组织生产的两种方法。第一种方法是，企业家与某人订立供给零部件的契约，又与另一人订立装配其零部件的契约，再与第三人订立销售其成品的契约。第二种方法是，企业家雇佣这些人在他的指导下完成这些任务，这些人就成了他的雇员。第一种组织生产的方法存在于契约法的传统领域中；第二种组织生产的方法却存在于雇主-雇员法（master-servant law）之下。第一种方法的本质是，企业家要分别与三个生产者就价格、数量、质量、交货日期、信用条件和承揽人履约保证等规定进行谈判并达成协议。第二种方法的本质是，企业家向生产者支付薪金——这不是购买特定履约的价格而是购买指导他们完成任务的权利的价格。

当然，这两种组织生产的方法都是需要成本的。第一种方法，即契约（contract）方法，要求在订立契约时对供给者履约的细节问题作出详尽的说明。这种方法可能需要长时间的谈判或复杂的投标程序，而且当情势变迁要求对达成协议的条款进行修正时，就必须对协议进行重新谈判。第二种方法，即企业（firm）方法，需要激励、信息和通信成本。……总之，组织经济活动的契约方法遇到了交易成本很高的问题，而通过企业组织经济活动的方法要解决的是丧失控制的问题。限制企业有效率规模的问题是控制问题，或有时它被称作代理成本（agency cost，主要是取得其代理人诚实、有效履行的成本）问题，而不是限制有效率的企业规模的报酬递减律问题。……

公司这一经济活动的组织形式是从商事和法律实践中发展而来的，它被正式用以解决上一节所讨论的问题。公司存在的永久性消除了达成限制解除合伙和退伙的特殊协议的必要性……（摘自［美］波斯纳：《法律的经济分析》，蒋兆康译，中国大百科全书出版社1997年版，第513~516页。）

第二节 法人的分类

一、民法总则的分类

我国民法总则规定的法人分为营利法人、非营利法人与特别法人。这种法人分类的主要依据为是否营利，而且各类法人设立所依据的法律规范不同。详见下图：

```
        ┌──► 营利法人：公司及其他企业法人
        │
        │
法人 ───┼──► 非营利法人：事业单位、社会团体、基金会、社会服务机构、宗
        │              教活动场所等
        │
        └──► 特别法人：机关法人、农村集体经济组织法人、城镇农村的合
                       作经济组织法人、基层群众性自治组织法人
```

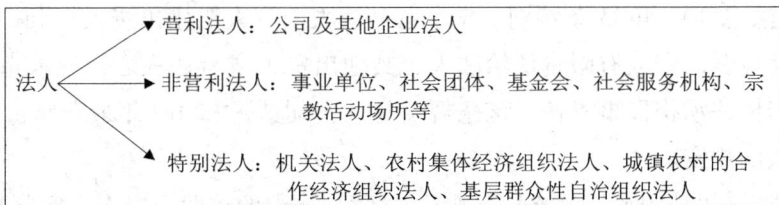

图 6-1　民法总则关于法人的分类

二、营利法人

依据《民法总则》第 76 条，以取得利润并分配给股东等出资人为目的成立的法人，为营利法人。营利法人包括有限责任公司、股份有限公司和其他企业法人等。根据《民法总则》的定义，"营利"即取得利润并分配给出资人。公司（包括有限责任公司和股份有限公司）是典型的营利性法人。有的法人虽有业务所得，但依法不得向出资人、设立人或者会员分配所取得利润，则不属于营利法人。中国的证券交易所，是否营利性法人，似乎存有争议[1]。

依据上述《民法总则》第 76 条，营利法人主要是企业法人。除了公司这种典型的企业法人以外，还有其他类型的企业法人。现实中，自 1993 年 12 月 29 日《公司法》颁布后，原有公司依照《公司法》进行规范重新登记[2]，而之后设立的企业也绝大多数以公司形式存在。但仍存在依据其他特别法设立的非《公司法》规定的"公司"的企业法人类型，比如依据《全民所有制工业企业法》（2009 年最新修正）、《乡镇企业法》以及《中外合作经营企业法》

---

〔1〕　依据《证券法》（2014 年最新修订），"证券交易所是为证券集中交易提供场所和设施，组织和监督证券交易，实行自律管理的法人"（第 102 条）；"证券交易所可以自行支配的各项费用收入，应当首先用于保证其证券交易场所和设施的正常运行并逐步改善。实行会员制的证券交易所的财产积累归会员所有，其权益由会员共同享有，在其存续期间，不得将其财产积累分配给会员"（第 105 条）。依据《上海证券交易所章程》（2018 年最新修订）第 3 条以及《深圳证券交易所章程》第 3 条，两交易所均规定"本所是为证券集中交易提供场所和设施，组织和监督证券交易，实行自律管理的会员制法人"。依据前述《证券法》第 105 条，虽然证券交易所在存续期间不得进行分配，但如果证券交易所解散，财产积累最终似乎又可以分配给会员。有学者对证券交易所的法律性质提出质疑，并指出域外不少证券交易所已经开始采取商业公司模式。参见方流芳："证券交易所的法律地位——反思'与国际惯例接轨'"，载《政法论坛》2007 年第 1 期。

〔2〕　国务院《关于原有有限责任公司和股份有限公司依照〈中华人民共和国公司法〉进行规范的通知》（国发〔1995〕17 号）1995 年 7 月 3 日发布，现已失效。

《外资企业法》〔1〕等设立的企业法人。

《民法总则》第 83 条特别规定了营利法人出资人滥用出资人权利、滥用法人独立地位及出资人有限责任给法人、其他出资人或者法人之债权人造成损害的，应当依法承担民事责任。该条规定与《公司法》（2018 年最新修正）第 20 条系一致的规定。

同时，《民法总则》第 84 条规定："营利法人的控股出资人、实际控制人、董事、监事、高级管理人员不得利用其关联关系损害法人的利益。利用关联关系给法人造成损失的，应当承担赔偿责任。"该条规定与《公司法》第 21 条的规定一致。

应当说，《民法总则》第 83、84 条以及《公司法》第 20、21 条的规则，仍需通过判例予以进一步的明晰。

三、非营利法人

依据《民法总则》第 87 条，为公益目的或者其他非营利目的成立，不向出资人、设立人或者会员分配所取得利润的法人，为非营利法人。非营利法人包括事业单位、社会团体、基金会、社会服务机构等。而其中，出于公益目的以捐助财产设立的基金会、社会服务机构以及宗教场所，具备法人条件的，经依法登记取得捐助法人资格（《民法总则》第 92 条）。

中国目前的非营利法人体系仍处于变革之中，比如事业单位法人、社会服务机构等。也因此，目前的事业单位法人与其他类型的法人在性质及范围上有重叠或模糊之处〔2〕。

1. 事业单位法人。中国的事业单位是颇具中国特色并包涵丰富历史信息的词汇，并处于改革变动之中。

---

〔1〕《外资企业法》（2016 年最新修订）第 8 条："外资企业符合中国法律关于法人条件的规定的，依法取得中国法人资格。"而《中外合资经营企业法》（2016 年最新修订）第 4 条规定："合营企业的形式为有限责任公司。"《中外合作经营企业法》（2017 年最新修订）第 2 条第 2 款："合作企业符合中国法律关于法人条件的规定的，依法取得中国法人资格。"现实中多见三资企业（即中外合资、中外合作及外资企业）以公司形式存在。

〔2〕 比如学校在下述目前的改革相关指导文件中列为事业单位，比如公益一类的承担义务教育的学校和承担公共卫生及基层基本医疗服务的医疗机构，以及属于公益二类的高等院校；而在《民政部关于进一步加强和改进社会服务机构登记管理工作的实施意见》（民发〔2018〕129 号）中，又将"学校、医疗机构、博物馆"称为"社会服务机构"。又比如，部分社会团体亦参照事业单位进行管理，详见下述。

依据《关于分类推进事业单位改革的指导意见》，"对未按规定设立或原承担特定任务已完成的，予以撤销。对布局结构不合理、设置过于分散、工作任务严重不足或职责相同相近的，予以整合"。"在清理规范基础上，按照社会功能将现有事业单位划分为承担行政职能、从事生产经营活动和从事公益服务三个类别。对承担行政职能的，逐步将其行政职能划归行政机构或转为行政机构；对从事生产经营活动的，逐步将其转为企业；对从事公益服务的，继续将其保留在事业单位序列、强化其公益属性。今后，不再批准设立承担行政职能的事业单位和从事生产经营活动的事业单位"。同时将会"细分从事公益服务的事业单位。根据职责任务、服务对象和资源配置方式等情况，将从事公益服务的事业单位细分为两类：承担义务教育、基础性科研、公共文化、公共卫生及基层的基本医疗服务等基本公益服务，不能或不宜由市场配置资源的，划入公益一类；承担高等教育、非营利医疗等公益服务，可部分由市场配置资源的，划入公益二类。具体由各地结合实际研究确定"。同时推进其承担行政职能、从事生产经营活动和从事公益服务的事业单位改革。

依据《关于印发分类推进事业单位改革配套文件的通知》中《关于事业单位分类的意见》：

"按照社会功能，将现有事业单位划分为承担行政职能、从事生产经营活动和从事公益服务三个类别。①承担行政职能的事业单位。即承担行政决策、行政执行、行政监督等职能的事业单位。认定行政职能的主要依据是国家有关法律法规和中央有关政策规定。这类单位逐步将行政职能划归行政机构，或转为行政机构。今后，不再批准设立承担行政职能的事业单位。②从事生产经营活动的事业单位。即所提供的产品或服务可以由市场配置资源、不承担公益服务职责的事业单位。这类单位要逐步转为企业或撤销。今后，不再批准设立从事生产经营活动的事业单位。③从事公益服务的事业单位。即面向社会提供公益服务和为机关行使职能提供支持保障的事业单位。改革后，只有这类单位继续保留在事业单位序列。根据职责任务、服务对象和资源配置方式等情况，将从事公益服务的事业单位细分为两类。

公益一类事业单位。即承担义务教育、基础性科研、公共文化、公共卫生及基层的基本医疗服务等基本公益服务，不能或不宜由市场配置资源的事业单位。这类单位不得从事经营活动，其宗旨、业务范围和服务规范由国家确定。

公益二类事业单位。即承担高等教育、非营利医疗等公益服务，可部分由市场配置资源的事业单位。这类单位按照国家确定的公益目标和相关标准开展活动，在确保公益目标的前提下，可依据相关法律法规提供与主业相关的服务，收益的使用按国家有关规定执行。

在划分从事公益服务事业单位类型时，对完全符合某一类型条件的，直接确定其类型；对基本符合某一类型条件的，经过相应调整后确定其类型；对兼有不同类型特征的事业单位，可按主要职责任务和发展方向确定其类型。"

而根据上述通知中的《关于分类推进事业单位改革中财政有关政策的意见》，"已认定为承担行政职能、但尚未调整到位的事业单位，其履行行政职能依法收取的费用以及通过向社会提供其他服务取得的收入，全部纳入财政预算管理，收支彻底脱钩，各项经费由同级财政预算予以安排"。"已认定为从事公益服务的事业单位，按照国家有关政策和以事定费的原则，结合不同类型事业单位的具体特点和财力可能，科学合理制定经费标准并予以动态调整。对公益一类事业单位，财政根据正常业务需要提供相应经费保障；对公益二类事业单位，财政根据单位业务特点和财务收支状况等，给予经费补助，并通过政府购买服务等方式予以支持。对事业单位利用国家资源、国有资产等提供特定公共服务取得的政府非税收入，要严格按照'收支两条线'规定的要求，上缴国库或财政专户。对事业单位向社会提供经营服务取得的收入，要全额纳入单位预算，统一核算、统一管理，主要用于公益事业发展"。"已认定为从事生产经营活动的事业单位转制为企业后，财政部门不供给经费，其取得的收入依法纳税、自主安排使用。为了支持这类事业单位转企改制，在过渡期内，财政部门可以对其继续拨付原有的正常事业费，主要用于解决转制前已经离退休人员的社会保障问题"。

目前中国的事业单位一般仍属部门或行业管理，比如最高人民检察院管理的直属事业单位国家检察官学院、检察日报社、检察理论研究所。事业单位的登记程序比较混乱，上述通知中《关于创新事业单位机构编制管理的意见》指出，要"逐步取消事业单位行政级别"，"完善事业单位登记管理制度"，"事业单位应当进行法人登记。指导事业单位制定章程并依法核准，加强对事业单位履行章程情况的监管。改革和完善事业单位年度报告制度，建立相关信息公开制度。按照方便事业单位和节约效能原则，推进网上登记管理"。又比如学校、医院、证券交易所、仲裁机构等均属不同部门管理及登记。

比如仲裁机构[1]，"中国国际经济贸易仲裁委员会上海分会（简称'上海贸仲'）是经上海市政府于1988年批准设立的隶属于中国国际贸易促进委员会上海市分会管理的仲裁机构，是由上海市机构编制管理机关依法登记的事业单位法人，并由司法行政主管部门依法进行了仲裁机构司法登记，依照《中华人民共和国仲裁法》和当事人的约定，独立履行仲裁职能"。"华南国际经济贸易仲裁委员会又名深圳国际仲裁院，简称'华南国仲'，是深圳市人民政府在其组建的中国国际经济贸易仲裁委员会华南分会的基础上，经依法更名的仲裁机构，成立于1983年，由深圳市机构编制管理机关依法登记为独立的事业单位法人，并由司法行政主管部门依法进行了仲裁机构司法登记，依照深圳市人民政府制定的政府规章《深圳国际仲裁院管理规定（试行）》（深圳市政府令第245号）进行管理和运作，依照《中华人民共和国仲裁法》和当事人的约定，独立履行仲裁职能。"[2] "仲裁委员会的登记机关是省、自治区、直辖市的司法行政部门。"[3] 截至2016年6月，"全国经司法行政机关登记的仲裁机构255家"[4]。

2. 社会团体法人。依据《社会团体登记管理条例》第2条，"本条例所称社会团体，是指中国公民自愿组成，为实现会员共同意愿，按照其章程开展活

---

〔1〕 1995年7月28日国务院发布《重新组建仲裁机构方案》第4条称"仲裁委员会设立初期，其所在地的市人民政府应当参照有关事业单位的规定，解决仲裁委员会的人员编制、经费、用房等。仲裁委员会应当逐步做到自收自支"。

〔2〕 《中国国际经济贸易仲裁委员会上海分会、华南国际经济贸易仲裁委员会联合公告》，中国国际经济贸易仲裁委员会上海分会、华南国际经济贸易仲裁委员会，2013年1月21日，法宝引证码CLI.12.801777。另，因中国国际经济贸易仲裁委员会（以下简称中国贸仲）于2012年5月1日施行修订后的仲裁规则以及原中国国际经济贸易仲裁委员会华南分会（现已更名为华南国际经济贸易仲裁委员会，同时使用深圳国际仲裁院的名称，以下简称华南贸仲）、原中国国际经济贸易仲裁委员会上海分会（现已更名为上海国际经济贸易仲裁委员会，同时使用上海国际仲裁中心的名称，以下简称上海贸仲）变更名称并施行新的仲裁规则，致使部分当事人对相关仲裁协议的效力以及上述各仲裁机构受理仲裁案件的权限、仲裁的管辖、仲裁的执行等问题产生争议，最高人民法院作出《关于对上海市高级人民法院等就涉及中国国际经济贸易仲裁委员会及其原分会等仲裁机构所作仲裁裁决司法审查案件请示问题的批复》（2015年6月23日最高人民法院审判委员会第1655次会议通过，法释〔2015〕15号），就相关仲裁机构更名前后的管辖权进行了规定。

〔3〕 《仲裁委员会登记暂行办法》（国办发〔1995〕44号）第2条。

〔4〕 司法部2016年6月14日，《关于规范和加强仲裁机构登记管理的意见》，载司法部官方网站，http://www.moj.gov.cn/organization/content/2016-09/23/fzssjxw_4175.html，2018年10月14日访问。

动的非营利性社会组织。国家机关以外的组织可以作为单位会员加入社会团体"。

社会团体法人需经审查同意后设立。《社会团体登记管理条例》第3条规定："成立社会团体，应当经其业务主管单位审查同意，并依照本条例的规定进行登记。社会团体应当具备法人条件。下列团体不属于本条例规定登记的范围：①参加中国人民政治协商会议的人民团体；②由国务院机构编制管理机关核定，并经国务院批准免于登记的团体；③机关、团体、企业事业单位内部经本单位批准成立、在本单位内部活动的团体。"

《社会团体登记管理条例》第15条规定："依照法律规定，自批准成立之日起即具有法人资格的社会团体，应当自批准成立之日起60日内向登记管理机关提交批准文件，申领《社会团体法人登记证书》。登记管理机关自收到文件之日起30日内发给《社会团体法人登记证书》。"

社会团体法人有业务主管单位和登记管理部门。民政部门是社会团体的登记管理部门，负责登记及年度检查等职责（《社会团体登记管理条例》第24条），业务主管单位履行登记前的审查及其他监督管理职责（《社会团体登记管理条例》第25条）。而业务主管单位为县级以上行政机关、法院、检察院、人大及中国共产党县级以上党委相应部门以及它们授权的组织[1]。"全国性社会团体专职工作人员，其档案管理、档案工资、社会保险、职称评定、住房公积金、婚姻状况证明、出国政审证明等人事管理工作，参照国家对事业单位的有关规定执行"[2]。民主党派不能作为社会团体的业务主管单位[3]。比如，中国法学会本身作为社会团体，亦被国务院授权作为社会团体业务主管单位，"中国法学会已组建并开展活动的研究会应当依法到民政部注册登记"[4]。又比如，原交通部曾作为社会团体业务主管单位颁布《交通部（现已撤销）社会

---

〔1〕《民政部关于重新确认社会团体业务主管单位的通知》（民发〔2000〕41号）。

〔2〕《民政部、人事部（现已撤销）关于全国性社会团体专职工作人员人事管理问题的通知》（民发〔2000〕263号，2000年12月7日）。

〔3〕民政部办公厅《关于民主党派能否作为社会团体业务主管单位问题的复函》（民办函〔2000〕150号，2000年8月24日）称，"鉴于《通知》〔作者注：即该复函前文所引之《民政部关于重新确认社会团体业务主管单位的通知》（民发〔2000〕41号）〕未授权民主党派作为全国性社会团体的业务主管单位，各地也不宜授权民主党派作为社会团体的业务主管单位。"

〔4〕《民政部关于国务院授权中国法学会作为社会团体业务主管单位的通知》（民发〔2007〕43号，2007年3月22日发布）。

团体管理办法》[1]，"为规范交通部部管社会团体（以下简称"社团"）管理，促进社团发展，维护社团合法权益，发挥社团在交通事业中的作用，根据国务院颁布的《社会团体登记管理条例》（以下简称《条例》）及有关规定，制定本办法"（《交通部（现已撤销）社会团体管理办法》第 1 条）；"本办法所称社团，是指在交通行业中依据《条例》成立的具有社会团体法人资格，并由交通部（现已撤销）作为业务主管单位或挂靠单位的全国性协会、学会、研究会、基金会等社会团体"（《交通部（现已撤销）社会团体管理办法》第 2 条）。

此外各地方有大量行政规章或地方法规，就社会团体登记进行规范管理，如《河北省社会团体登记管理办法》（河北省人民政府令［2016］第 1 号）、《河北省卫生类社会团体登记管理办法（试行）》（冀卫科教［2009］2 号）、《湖北省社会团体登记管理办法》（省政府令第 217 号）、《洛阳市社会团体登记管理办法》等。

3. 基金会。依据《基金会管理条例》（国务院令（第 400 号），2004 年通过）第 2 条，"本条例所称基金会，是指利用自然人、法人或者其他组织捐赠的财产，以从事公益事业为目的，按照本条例的规定成立的非营利性法人"。

基金会分为面向公众募捐的基金会（以下简称"公募基金会"）和不得面向公众募捐的基金会（以下简称"非公募基金会"）。公募基金会按照募捐的地域范围，分为全国性公募基金会和地方性公募基金会（《基金会管理条例》第 3 条）。

基金会作为非营利法人亦有业务主管单位和登记管理机关。"国务院有关部门或者国务院授权的组织，是国务院民政部门登记的基金会、境外基金会代表机构的业务主管单位。省、自治区、直辖市人民政府有关部门或者省、自治区、直辖市人民政府授权的组织，是省、自治区、直辖市人民政府民政部门登记的基金会的业务主管单位"（《基金会管理条例》第 7 条）。民政行政机关是基金会的登记管理部门。

"业务主管单位同意设立的文件"是申请设立基金会应当提交的文件之一

---

〔1〕《交通部（现已撤销）关于印发交通部社会团体管理办法的通知》（交人劳发［2007］714 号，2007 年 12 月 7 日发布）。

（《基金会管理条例》第 9 条），因此，基金会的设立亦为审批设立，准予登记后，发给《基金会法人登记证书》。

依据《慈善法》（2016 年通过并施行），"本法所称慈善组织，是指依法成立、符合本法规定，以面向社会开展慈善活动为宗旨的非营利性组织。慈善组织可以采取基金会、社会团体、社会服务机构等组织形式。"（《慈善法》第 8 条）就基金会名称，民政部有《基金会名称管理规定》（民政部令第 26 号）进行规定。

而依据《民法总则》第 92 条，基金会可经依法登记成立，取得捐助法人资格。

4. 社会服务机构。据民政部《2017 年社会服务发展统计公报》[1]，"截至 2017 年底，全国共有社会服务机构和设施 182.1 万个"。截至 2017 年底，全国注册登记的提供住宿的各类社会服务 机构 3.2 万个，其中注册登记为事业单位的机构 1.8 万个，注册登记为民办非企业单位的机构 1.3 万个，包括养老服务机构、智障与精神疾病服务机构、儿童收养救助服务机构、老年人、残疾人服务机构等。

依据《民办非企业单位登记管理暂行条例》（国务院令第 251 号），民政行政部门系民办非企业单位登记管理机关，国务院有关部门和县级以上地方各级人民政府的有关部门、国务院或者县级以上地方各级人民政府授权的组织，是有关行业、业务范围内民办非企业单位的业务主管单位（《民办非企业单位登记管理暂行条例》第 5 条）。

业务主管单位的批准文件系举办人申请登记应当向登记机关提交的文件之一（《民办非企业单位登记管理暂行条例》第 9 条），因此，"民办非企业单位"亦属批准设立。"准予登记的民办非企业单位，由登记管理机关登记民办非企业单位的名称、住所、宗旨和业务范围、法定代表人或者负责人、开办资金、业务主管单位，并根据其依法承担民事责任的不同方式，分别发给《民办非企业单位（法人）登记证书》《民办非企业单位（合伙）登记证书》《民办非企业单位（个体）登记证书》"（《民办非企业单位登记管理暂行条例》第

---

〔1〕 见民政部官方网站，http：//www.mca.gov.cn/article/sj/tjgb/2017/201708021607.pdf，2018 年 10 月 14 日访问。

12条）。但"民办非企业单位不得设立分支机构"。（《民办非企业单位登记管理暂行条例》第13条）

依据《民法总则》第92条，社会服务机构可经依法登记成立，取得捐助法人资格。

5. 宗教活动场所。依据《民法总则》第92条，"依法设立的宗教活动场所，具备法人条件的，可以申请法人登记，取得捐助法人资格。法律、行政法规对宗教活动场所有规定的，依照其规定"。

而根据《宗教事务条例》（2004年颁布，2017年最新修订）第21条，"筹备设立宗教活动场所，由宗教团体向拟设立的宗教活动场所所在地的县级人民政府宗教事务部门提出申请"。最后由省级人民政府部门作出批准或不予批准筹备设立宗教活动场所的申请。"宗教活动场所的设立申请获批准后，方可办理该宗教活动场所的筹建事项"。

根据《宗教事务条例》第22条"宗教活动场所经批准筹备并建设完工后，应当向所在地的县级人民政府宗教事务部门申请登记"。县级政府宗教事务部门对符合条件的宗教活动场所予以登记，发给《宗教活动场所登记证》。

而宗教活动场所的法人登记机关则为民政部门，但前置条件是须经所在地宗教团体同意并报县级人民政府宗教事务部门审查同意（《宗教事务条例》第23条）。

【案例6-3】 何就娣与紫金县佛教协会名誉权纠纷再审案[1]

本院经审查认为，何就娣以紫金县佛教协会免去其万寿寺法定代表人职务，侵害其名誉权为由，请求判令停止侵权，恢复名誉，赔偿精神损失费。因此，本案系名誉权纠纷。**紫金县佛教协会系依法成立，领取了《社会团体法人登记证书》的宗教团体**，因此，紫金县佛教协会免去何就娣万寿寺法定代表人职务，重组万寿寺管理班子，符合《宗教事务条例》第二十八条"宗教教职人员担任或者离任宗教活动场所主要教职，经本宗教的宗教团体同意后，报县级以上人民政府宗教事务部门备案"的规定，系紫金县佛教协会作为宗教团体对其管理人员作出的决定。根据《最高人民法院关于审理名誉权案件若干问题的

---

〔1〕 广东省高级人民法院"（2016）粤民申6141号"民事裁定书。该案适用2017年修订之前的《宗教事务条例》。

解释》第四条"国家机关、社会团体、企事业单位等部门对其管理的人员作出的结论或者处理决定，当事人以其侵害名誉权向人民法院提起诉讼的，人民法院不予受理"的规定，对何就娣以紫金县佛教协会侵害其名誉权为由提起的诉讼，人民法院应不予受理。一审法院受理本案并作出判决错误，二审法院撤销一审判决并裁定驳回何就娣的起诉正确。**万寿寺系紫金县佛教协会申请设立的宗教活动场所，并非社会团体。因此，何就娣认为万寿寺是宗教团体，与紫金县佛教协会之间是平等主体，紫金县佛教协会无权任命和干预万寿寺主要教职的任命，与其不存在管理关系，故本案属于人民法院民事诉讼受理案件范围的再审申请理由没有事实依据**，应予驳回。

四、特别法人

依据《民法总则》第96条，机关法人、农村集体经济组织法人、城镇农村的合作经济组织法人、基层群众性自治组织法人，为特别法人。

1. 机关法人。依据《民法总则》第97条，有独立经费的机关和承担行政职能的法定机构从成立之日起，具有机关法人资格，可以从事为履行职能所需要的民事活动。

就机关法人被撤销时责任的承担，《民法总则》第98条规定："机关法人被撤销的，法人终止，其民事权利和义务由继任的机关法人享有和承担；没有继任的机关法人的，由作出撤销决定的机关法人享有和承担。"

机关法人的设立、撤销、更名及其他变更均需经批准或备案。

国务院依据《宪法》、《地方各级人民代表大会和地方各级人民政府组织法》《民族区域自治法》制定有《行政区划管理条例》（2018年颁布，2019年1月1日实施）。依据该条例，"省、自治区、直辖市的设立、撤销、更名，报全国人民代表大会批准"（《行政区划管理条例》第6条）；"自治州、县、自治县、市、市辖区的设立、撤销、更名和隶属关系的变更以及自治州、自治县、设区的市人民政府驻地的迁移"以及行政区域界线的变更均需国务院及各级政府的审批（《行政区划管理条例》第7、8、9条）。

依据《地方各级人民代表大会和地方各级人民政府组织法》（1979年颁布，2015年最新修正），"省、自治区、直辖市、自治州、县、自治县、市、市辖区、乡、民族乡、镇设立人民代表大会和人民政府"（《地方各级人民代表大会和地方各级人民政府组织法》第 1 条）；"省、自治区、直辖市的人民政府的厅、局、委员会等工作部门的设立、增加、减少或者合并，由本级人民政府报请国务院批准，并报本级人民代表大会常务委员会备案"，"自治州、县、自治县、市、市辖区的人民政府的局、科等工作部门的设立、增加、减少或者合并，由本级人民政府报请上一级人民政府批准，并报本级人民代表大会常务委员会备案"。

就法院与检察院，则有《人民法院组织法》（2018 最新修订）和《人民检察院组织法》（2018 年最新修订）。

【案例 6-4】湖南众森房地产开发有限公司与辰溪县辰阳镇人民政府、辰溪县人民政府合同纠纷案[1]

原告向本院提出诉讼请求：……原城郊乡政府受被告辰溪县政府委托与原告签订 BT 模式建设协议；原告依法完成了合同义务，向被告移交了工程项目，原城郊乡政府未能全部履行付款义务，原城郊乡政府并入辰阳镇政府后，辰阳镇政府应当继续履行；被告辰溪县政府是本项目 BT 模式的审批人及出资承诺人，依约应向原告移交的项目承担付款义务；辰阳镇政府没有独立的财政权，土地开发、平整、征收、出让、收益城市基础设施建设都属于被告辰溪县政府职能，上述项目建设被告辰溪县政府都安排辰阳镇政府出面组织，辰阳镇工程项目建设发生的资金债务，依法应由被告辰溪县政府承担，事实上，原城郊乡镇政府，辰阳镇政府支付的 1489.5 万元工程款都是辰溪县政府支付。

辰溪县政府答辩称：一、辰阳镇人民政府是机关法人，具备对外独立承担民事责任能力。1. 辰阳镇人民政府有独立的经费。2. 辰阳镇人民政府有民事权利能力与民事行为能力。根据《民法通则》第 37 条规定，辰阳镇人民政府具备法人的四个条件（依法成立、有必要的财产或者经费、有自己的名称、组织机构和场所、能够独立承担民事责任），是一级机关法人，其民事权利能力和民事行为能力，从成立时产生，到终止时消灭。另据《民法总则》第 97 条规定："有独立经费的机关和承担行政职能的法定机构从成立之日起，具有机关法人资格，可以从事为履行职能所需要的民事活动"。……

---

〔1〕 湖南省怀化市中级人民法院"（2017）湘 12 民初 111 号"民事判决书。

经审理查明，2011 年 12 月 18 日，洪江市华泰房地产开发有限公司（乙方，以下简称华泰公司）与原辰溪县城郊乡人民政府（甲方，以下简称城郊乡政府），签订一份《城郊乡政府办公大院整体建设协议》，2012 年 6 月 10 日，签订《城郊乡派出所办公楼整体建设协议》。协议约定城郊乡政府及派出所均采用 BT 模式委托乙方代建；项目分为办公区、商住区和施工挖填区；新征土地地价以实际支付额为准，包括征地三费和土地报批规费；建设项目造价以财政评审为准；甲方依法按时办理新征土地手续，取得土地使用权证，按时办理规划和报建手续等，如有违约，由违约方承担 100 万元违约金。

......

本院认为，本案的焦点有二：被告已付的工程款如何核定本息？辰溪县政府是否是本案的义务主体？

......

关于本案的义务主体的问题，本院认为，**乡政府办公楼和乡派出所的项目虽系乡政府所签订的合同，但整个项目从规划设计、资金投入、土地报批、项目立项、资产出让等相关问题均经县政府专题会议纪要讨论，说明项目的实施县政府是知情且许可的，应当视为县政府对乡政府的授权，辰溪县政府应当对以上工程款承担责任。**

......判决如下：

一、由辰溪县人民政府和辰溪县辰阳镇人民政府支付湖南众森房地产开发有限公司工程款 2261.40793 万元，垫付的农民征地"三费"548.2588 万元，以上二项共计 2809.66673 万元；

......

2. 农村集体经济组织法人与城镇农村的合作经济组织法人。中国的农村集体经济组织及城镇农村的合作经济组织制度仍处于改革探索阶段。

《民法总则》第 99 条规定，"农村集体经济组织依法取得法人资格。法律、行政法规对农村集体经济组织有规定的，依照其规定"。但同时，依据《民法总则》第 101 条，"未设立村集体经济组织的，村民委员会可以依法代行村集体经济组织的职能"。

尽管依据《民法总则》上述条文，农村集体经济组织与村民委员会并非等同，但由于"未设立村集体经济组织的，村民委员会可以依法代行村集体经济组织的职能"，实践中有法院在民事判决中直接将村民委员会作为"集体经济组织"的情况[1]。农村集体经济组织登记证，"原则上由县级人民政府农业农村行政管理部门负责发放并加盖印章，具体工作由农村经营管理机构承担"[2]。

中国的农村集体经济组织产权制度正处于改革之中，"在清产核资基础上，把农村集体资产的所有权确权到不同层级的农村集体经济组织成员集体，并依法由农村集体经济组织代表集体行使所有权。属于村农民集体所有的，由村集体经济组织代表集体行使所有权，未成立集体经济组织的由村民委员会代表集体行使所有权；分别属于村内两个以上农民集体所有的，由村内各该集体经济组织代表集体行使所有权，未成立集体经济组织的由村民小组代表集体行使所有权；属于乡镇农民集体所有的，由乡镇集体经济组织代表集体行使所有权。有集体统一经营资产的村（组），特别是城中村、城郊村、经济发达村等，应建立健全农村集体经济组织，并在村党组织的领导和村民委员会的支持下，按照法律法规行使集体资产所有权。集体资产所有权确权要严格按照产权归属进行，不能打乱原集体所有的界限"。[3]

而城镇农村的合作经济组织法人，主要是指全国供销合作社系统的各级供销合作社系统，而其总社为"中华全国供销合作总社"，各级合作社既承担一定的政府职能——有行政级别、财政拨款、人员参照公务员管理，也有确定为

---

[1] 见"黑龙江省哈尔滨市呼兰区莲花镇蟠龙村村民委员会、黑龙江省哈尔滨市人民政府再审查与审判监督行政裁决书"，最高人民法院"（2018）最高法行申1318号"行政裁定书。

[2] 《农业农村部办公厅关于启用农村集体经济组织登记证有关事项的通知》（农办政改〔2018〕3号），2018年9月30日发布并施行。

[3] 《中共中央、国务院关于稳步推进农村集体产权制度改革的意见》，2016年12月26日发布。依据该《意见》，农村集体的资产产权将进一步明晰到具体的集体经济组织名下，与村民委员会的职能及性质不同。

事业单位或者企业单位完全自收自支的情况[1]。

值得说明的是，"农民农业专业合作社"与该等供销合作社不同。依据《农民农业专业合作社法》（2017年最新修订）设立的农民农业专业合作社及其联合社，系一种"互助性经济组织"，其依据《农民专业合作社登记管理条例》（2014年最新修订）向工商行政管理局管理部门进行登记，领取"农民专业合作社法人营业执照"。

【案例6-5】中山市小榄镇西区股份合作经济联合社、广东电网有限责任公司中山供电局供用电合同纠纷案[2]

《中华人民共和国担保法》第七条规定具有代为清偿能力的法人、其他组织或者公民可以作为保证人。《中华人民共和国民法总则》第九十九条第一款规定农村集体经济组织依法取得法人资格，即小榄西区经联社是具有独立民事行为能力的法人，且《中华人民共和国担保法》未禁止农村集体经济组织作为保证人，故本院认为小榄西区经联社在涉案担保合同的签名合法有效，双方均应恪守履行，小榄西区经联社依法应承担连带保证清偿责任。中山供电小榄分局虽然是中山供电局下设的分支机构，不具备独立的法人资格。但根据《中华

---

〔1〕 中华全国供销合作总社官方网站"中国供销合作网"，http://www.chinacoop.gov.cn/，2018年11月29日访问。同时据该官方网站，"2017年全年实现销售总额54 218.1亿元"；"截至2017年底，全系统有县及县以上供销合作社机关2777个，其中，省（区、市）供销合作社（以下简称省社）32个，省辖市（地、盟、州）供销合作社（以下简称省辖市社）342个，县（区、市、旗）供销合作社（以下简称县社）2402个。明确事业单位性质的2660个，占95.8%。实行企业化管理的78个，占2.8%，其他39个，占1.4%。参照公务员法管理的事业单位2159个，占77.7%。其中省社机关29个，省辖市社机关319个，县社机关1810个。财政全额拨款的2409个，占86.7%。其中，省社机关29个，省辖市社机关315个，县社机关2064个。差额拨款的142个，占5.1%，其中，省辖市社机关8个，县社机关134个。财政定额补贴的68个，占2.4%。其中，省社机关1个，省辖市社机关6个，县社机关61个。实行自收自支的158个，占5.7%，其中，省社机关2个，省辖市社机关13个，县社机关143个。全系统县及县以上供销合作社机关人员编制5.1万个。其中，参照公务员法管理的人员编制3.7万个，占总人员编制数的72.8%。""截至2017年底，全系统有基层社30 281个，比上年增加1265个。其中：集体企业19 883个，有限责任公司2649个，股份有限公司725个，股份合作公司1442个，农民合作社2790个，其他2792个"。"截至2017年底，全系统组织农民兴办的各类专业合作社185 934个，比上年增加16 038个；入社农户1582万户。其中，农民合作社联合社7608个。"另关于供销合作社的职能，参见《中共中央、国务院关于深化供销合作社综合改革的决定》（2015年3月23日中发［2015］11号）。

〔2〕 广东省中山市中级人民法院"（2017）粤20民终3811号"民事判决书。

人民共和国民法总则》第七十四条第二款的规定，分支机构以自己的名义从事民事活动，产生的民事责任由法人即中山供电局承担。

3. 基层群众自治性组织法人。依据《民法总则》第 101 条，居民委员会、村民委员会具有基层群众性自治组织法人资格，可以从事为履行职能所需要的民事活动。

依据《居民委员会组织法》（2018 最新修正）第 2 条，"居民委员会是居民自我管理、自我教育、自我服务的基层群众性自治组织。不设区的市、市辖区的人民政府或者它的派出机关对居民委员会的工作给予指导、支持和帮助。居民委员会协助不设区的市、市辖区的人民政府或者它的派出机关开展工作"。《居民委员会组织法》第 6 条规定，"居民委员会根据居民居住状况，按照便于居民自治的原则，一般在一百户至七百户的范围内设立。居民委员会的设立、撤销、规模调整，由不设区的市、市辖区的人民政府决定"。根据《居民委员会组织法》第 17 条，居民委员会的工作经费及委员会成员的生活补贴费的范围、标准和来源，由政府拨付或经居民会议同意，从居民委员会的经济收入中给予适当补助。居民委员会的办公用房，由当地政府统筹解决。

《村民委员会组织法》（2018 年最新修正）第 2 条规定，"村民委员会是村民自我管理、自我教育、自我服务的基层群众性自治组织，实行民主选举、民主决策、民主管理、民主监督。村民委员会办理本村的公共事务和公益事业，调解民间纠纷，协助维护社会治安，向人民政府反映村民的意见、要求和提出建议。村民委员会向村民会议、村民代表会议负责并报告工作"。依据《村民委员会组织法》第 3 条，"村民委员会的设立、撤销、范围调整，由乡、民族乡、镇的人民政府提出，经村民会议讨论同意，报县级人民政府批准。村民委员会可以根据村民居住状况、集体土地所有权关系等分设若干村民小组"。

【案例 6-6】王树有与承德县高寺台镇唐杖子村第二村民小组土地承包经营权纠纷再审案[1]

本院认为，本案再审审查的主要问题是：二审裁定驳回王树有的起诉适用

---

〔1〕 最高人民法院"（2016）最高法民申 1178 号"民事裁定书。

法律是否有误。

《中华人民共和国土地管理法》第四十七条规定："征收土地的，按照被征收土地的原用途给予补偿。征收耕地的补偿费用包括土地补偿费、安置补助费以及地上附着物和青苗的补偿费……"《中华人民共和国土地管理法实施条例》第二十六条第一款规定："土地补偿费归农村集体经济组织所有；地上附着物及青苗补偿费归地上附着物及青苗的所有者所有"。《最高人民法院关于审理涉及农村土地承包纠纷案件适用法律问题的解释》第二十四条规定："农村集体经济组织或者村民委员会、村民小组，可以依照法律规定的民主议定程序，决定在本集体经济组织内部分配已经收到的土地补偿费。征地补偿安置方案确定时已经具有本集体经济组织成员资格的人，请求支付相应份额的，应予支持。但已报全国人大常委会、国务院备案的地方性法规、自治条例和单行条例、地方政府规章对土地补偿费在农村集体经济组织内部的分配办法另有规定的除外"。本案中，王树有的核心诉求是请求对案涉被征收土地补偿费进行分配，但**基于上述法律、行政法规及司法解释的规定，土地补偿费的所有权人是农村集体经济组织，而非该集体经济组织的成员或者实际的土地承包人；土地补偿费可经由农村集体经济组织或者村民委员会、村民小组，依照法律规定的民主议定程序，决定向内部成员进行分配，在分配方案确定之后，集体经济组织成员可就相应的份额请求支付**。案涉林地承包属于其他形式的农村土地承包合同，根据河北省人民政府《关于实行征地片价的通知》【冀政（2008）132号】规定："被征土地没有土地使用权人和集体经济组织未发包以及实行其他方式承包土地，土地补偿费全部归集体经济组织，由村集体经济组织依法分配或者使用"。依照《中华人民共和国村民委员会组织法》第二十四条规定，土地补偿费的使用、分配作为涉及村民利益的事项，须经村民会议或者村民代表会议讨论决定方可办理，依法属于村民自治的范畴。王树有在没有证据证明唐杖子村第二村民小组已经对案涉土地补偿费依法确定具体的分配或者使用方案的情况下，直接提起诉讼请求支付土地补偿费49 036 98元中的80%，缺少事实和法律依据。二审法院据此认定本案不属于人民法院受理案件范围，裁定驳回王树有的起诉，适用法律并无不当。

【案例6-7】 青浦区香花桥街道泾阳村横泾五组与上海牛奶集团香花鲜奶有限公司排除妨害纠纷上诉案[1]

原审法院经审理后认为，**横泾五组在诉前就是否起诉及诉讼代表人的确定召开村民小组会议达成意见，法院在审理过程中也对此进行过确认，故横泾五组具备诉讼主体资格，推选的诉讼代表人亦符合法律规定。** 根据集体土地所有证的记载，涉案土地的所有权属于横泾五组。香花鲜奶公司经政府同意，取得涉案土地的使用权，并在该土地上进行了地上物的投入并取得房屋所有权。在香花鲜奶公司使用土地期间，香花鲜奶公司及联营方按照征地流程办理了相关的征地劳动力及养老等手续，缴纳了补偿款、使用费等费用，故**即使土地的所有权仍归横泾五组所有，但该土地相关的经营使用权应不再归属于横泾五组，土地的使用权与所有权已经进行事实上的分离。** 再者，香花鲜奶公司使用土地91亩，横泾五组诉请面积为23.89亩，其他面积属于其他组织。香花鲜奶公司在土地上建造牛棚、办公楼，饲养奶牛，将属于横泾五组及其他组织的土地作为一个整体不加区分的使用，该使用情况横泾五组也清楚。若现仅因横泾五组不同意香花鲜奶公司使用属于其的小部分土地，就收回所有的香花鲜奶公司投资巨大的土地，不管是从部分与整体利益的关系来看，还是出于经济目的的考量，均有不妥，况且，香花鲜奶公司在使用该土地时，协议约定的使用年限至企业终止。因此，横泾五组要求香花鲜奶公司腾退并要求返还土地的诉讼请求法院不予支持，至于香花鲜奶公司继续使用该土地后续需要办理的事宜不属于本案处理范围。

……

本院认为，根据查明的事实，**香花鲜奶公司经过合法审批，已经获得相应的权利登记，取得了涉案相应土地的合法使用权。** 此外，香花鲜奶公司在使用期间亦按照征地流程办理了相关的征地劳动力及养老等手续，缴纳了补偿款等相应费用。现横泾五组基于其对相应土地所享有的所有权，以原租赁期限到期、香花鲜奶公司构成侵权为由，请求收回涉案土地。如原审法院所述，鉴于香花鲜奶公司已经取得涉案土地的合法使用权，故按照规定收回土地使用权或申请续期均应由土地登记机关进行审核。鉴此，原审法院对横泾五组的诉讼请

---

[1]　上海市第二中级人民法院"（2015）沪二中民二（民）终字第3034号"民事判决书。

求未予支持，判决并无不当，本院予以维持。

【案例6-8】黄新与上海市崇明区庙镇人民政府乡政府履行法定职责纠纷上诉案[1]

本院认为：本案中，上诉人要求履行法定职责作出行政决定，即补给上诉人父子5.22亩的土地承包经营权及补发2005年至2016年期间的土地流转费。本案的争议焦点在于被上诉人庙镇镇政府是否具有相应的法定职责。《农村土地承包法》第十二条规定："农民集体所有的土地依法属于村农民集体所有的，由村集体经济组织或者村民委员会发包；已经分别属于村内两个以上农村集体经济组织的农民集体所有的，由村内各该农村集体经济组织或者村民小组发包。村集体经济组织或者村民委员会发包的，不得改变村内各集体经济组织农民集体所有的土地的所有权。"第十九条规定："土地承包应当按照以下程序进行：（一）本集体经济组织成员的村民会议选举产生承包工作小组；（二）承包工作小组依照法律、法规的规定拟订并公布承包方案；（三）依法召开本集体经济组织成员的村民会议，讨论通过承包方案；（四）公开组织实施承包方案；（五）签订承包合同。"根据以上法律规定，**农民集体所有的土地依法属于村农民集体所有，农村集体经济组织或者村民委员会是农民集体土地的发包方，农民承包集体土地应根据法定程序，与发包方签订承包合同。被上诉人庙镇镇政府不是集体土地的所有人和发包方，并无变更土地承包经营权和发放土地流转费的行政职权。**根据《农村土地承包法》第五十一条的规定，如村民委员会、镇人民政府对土地承包经营纠纷调解不成的，上诉人可以向农村土地承包仲裁机构申请仲裁，或者向人民法院起诉。综上，上诉人的上诉请求及理由缺乏法律依据，本院不予支持。原审判决并无不当。

五、学理上的法人分类

与《民法总则》关于法人的分类不同，学理上对法人另有其他分类。

1. 公法人与私法人。依据设立法律及法人目的的不同，可以将法人分为公法人和私法人。公法人依据公法设立，承担政府职能、依据法律行使一定的公

---

〔1〕 上海市第二中级人民法院"（2017）沪02行终174号"行政判决书。

权力；而私法人则依据私法设立，不能行使公权力。

我国《民法总则》法人分类中特别法人之机关法人，属于典型的公法人。但由于我国事业单位法人及集体经济组织相关法人制度等仍处于改革阶段，部分事业单位法人及特别法人仍然承担一定的政府职能，在人员编制及资金来源方面还存在属于公务员编制和全额财政拨款的情形。

公法人以行使公权力为目的，但也不可避免会作为民事主体和其他民事主体发生民事法律关系，但公法人在设立依据及准则、资金来源、终止等方面均与私法人有所不同。

2. 营利法人、公益法人、中间法人。我国《民法总则》对法人的分类类似于学理上的营利法人、公益法人与中间法人的分类，这种法人分类主要是对私法人中的社团法人进行的分类。但《民法总则》中的非营利法人与学理上的公益法人尚有区别，如上所述，我国的事业单位法人制度正在变革之中，而非营利法人还包括社会团体法人、宗教活动场所法人以及基金会及社会服务机构，其更类似于学理上的公益法人。

学理上的中间法人，如会员制的俱乐部或合作社等法人，其以为特定人群提供服务为目的但也不排除从事一定盈利活动。

3. 社团法人与财团法人。私法人依据其是人的团体还是财产的团体，可以分为社团法人（即人的团体）和财团法人（即财产的团体）。

不过，随着各司法区域对一人公司的承认，社团法人似乎也可以不是由人组成的团体——因为一人公司只有一个成员、股东。而财产的团体之典型是公益目的的基金会。

第三节　法人的设立、登记、变更与终止

一、法人的设立

1. 法人须依法设立。法人须依法设立包括以下含义：

（1）法人类型法定。各种类型的法人需依据该种类型法人的相关法律设立，不能设立法律没有规定的法人类型，或者说法律规定类型之外的团体或组织不能取得法人资格，比如同乡会或同学会。当然，现实中可以通过设立法律允许之法人类型比如公司实现诸如同学会或同乡会等合法目的。

（2）须依据法律规定的条件和程序进行设立。需注意的是，《民法总则》第58条的规定仅系一般规定，"法人应当依法成立。法人应当有自己的名称、组织机构、住所、财产或者经费。法人成立的具体条件和程序，依照法律、行政法规的规定。设立法人，法律、行政法规规定须经有关机关批准的，依照其规定"。而如上所述，《民法总则》规定之各类法人均有其所依据的法律或行政法规，而该等法规均规定了各类法人设立的条件和程序。

2. 法人设立的原则。法人设立的原则，历史上及比较法上有自由设立、特许设立、强制设立、许可设立等原则。

（1）营利法人一般系准则设立，特殊行业或类型须经批准方可设立并须登记。就《民法通则》规定的法人类型中，营利法人一般为准则设立，即满足法律规定之条件，即可设立，如《公司法》规定之公司，但特殊行业的公司则需经批准方可设立。《民法通则》第58条第3款又规定"设立法人，法律、行政法规规定须经有关机关批准的，依照其规定"。《公司法》（2018年最新修正）第6条亦规定，"设立公司，应当依法向公司登记机关申请设立登记。符合本法规定的设立条件的，由公司登记机关分别登记为有限责任公司或者股份有限公司；不符合本法规定的设立条件的，不得登记为有限责任公司或者股份有限公司。法律、行政法规规定设立公司必须报经批准的，应当在公司登记前依法办理批准手续"。

比如，营利法人中，商业银行系依据《商业银行法》及《公司法》设立的企业法人（《商业银行法》2015年最新修正，第2条），但"设立商业银行，应当经国务院银行业监督管理机构审查批准"（《商业银行法》第11条）；保险公司亦同，依据《保险法》（2015年最新修正）第67条，"设立保险公司应当经国务院保险监督管理机构批准"；依据《证券法》（2014年最新修正）第125条，证券公司经营证券业务须经国务院证券监督管理机构批准。

外商投资企业的设立，需经批准。但随着未来《外商投资法》于2020年1月1日的实施，"外商投资准入负面清单以外的领域，按照内外资一致的原则实施管理"。

设立中外合资经营企业，"合营各方签订的合营协议、合同、章程，应报国家对外经济贸易主管部门（以下称审查批准机关）审查批准。审查批准机关应在3个月内决定批准或不批准。合营企业经批准后，向国家工商行政管理主管部门登记，领取营业执照，开始营业"（《中外合资经营企业法》第 3 条）；设立中外合作经营企业，"应当将中外合作者签订的协议、合同、章程等文件报国务院对外经济贸易主管部门或者国务院授权的部门和地方政府（以下简称审查批准机关）审查批准。审查批准机关应当自接到申请之日起四十五天内决定批准或者不批准"（《中外合作经营企业法》第 5 条）；"设立外资企业的申请，由国务院对外经济贸易主管部门或者国务院授权的机关审查批准。审查批准机关应当在接到申请之日起九十天内决定批准或者不批准"（《外资企业法》第 6 条）。需注意的是，《外商投资法》"自 2020 年 1 月 1 日起施行。《中华人民共和国中外合资经营企业法》《中华人民共和国外资企业法》《中华人民共和国中外合作经营企业法》同时废止"（《外商投资法》第 42 条）。

《民法总则》第 78 条规定，依法设立的营利法人，由登记机关发给营利法人营业执照。营业执照签发日期为营利法人的成立日期。

（2）非营利法人一般系批准设立并须登记。依据《民法总则》第 87 条，非营利法人包括事业单位、社会团体、基金会、社会服务机构等。

非营利法人一般需经政府批准设立或由政府参与组建。

比如，中国的仲裁机构，依据《仲裁法》第 10 条，仲裁委员会由设区的市的人民政府组织有关部门和商会统一组建，设立仲裁委员会应当经省、自治区、直辖市的司法行政部门登记；又比如社会团体，《社会团体登记管理条例》第 3 条规定，成立社会团体，应当经其业务主管单位审查同意，并依照该条例的规定在民政部门进行登记；依据《基金会管理条例》（2004 年发布并施行）第 9 条，"业务主管单位同意设立的文件"系申请设立基金会应当向登记管理部门提交的文件之一；就社会服务机构而言，《民办非企业单位登记管理暂行条例》（国务院令第 251 号，1998 年发布）第 8 条规定"经业务主管单位审查同意"系申请登记民办非企业单位应当具备的条件之一[1]；就宗教活动场所法人，依据《宗教事务条例》第21条，其设立须经有权机关批准。

而如上所述，各类非营利法人的登记机关也各不相同。

（3）特别法人一般系批准设立或特许设立。依据《民法总则》第96条，机关法人、农村集体经济组织法人、城镇农村的合作经济组织法人、基层群众性自治组织法人，为特别法人。如上所述，特别法人设立一般须经批准或特许设立。

二、法人设立中的民事责任

《民法总则》第75条规定，设立人为设立法人从事的民事活动，其法律后果由法人承受；法人未成立的，其法律后果由设立人承受，设立人为2人以上的，享有连带债权，承担连带债务。设立人为设立法人以自己的名义从事民事活动产生的民事责任，第三人有权选择请求法人或者设立人承担。

---

[1] 民政部在《关于进一步加强和改进社会服务机构登记管理工作的实施意见》（民发〔2018〕129号）中称，"各级民政部门要依照中共中央办公厅、国务院办公厅《关于改革社会组织管理制度促进社会组织健康有序发展的意见》（以下简称《意见》）和《民办非企业单位登记管理暂行条例》（以下简称《暂行条例》）要求，健全登记工作程序，完善登记审查标准，切实加强社会服务机构名称、宗旨、业务范围、注册资金、活动场所、举办者和拟任负责人的审核把关，严格按照《民办非企业单位（法人）章程示范文本》要求核准社会服务机构章程。对于跨领域、跨行业以及业务范围宽泛、存在争议、不易界定的社会服务机构，要通过听取利益相关方、有关专家和管理部门意见等方式加强科学论证，从严审核把关。对于依照法律、行政法规规定，申请登记前须经有关部门审批取得执业许可证书的学校、医疗机构、博物馆等社会服务机构，要注重加强与前置审批部门的信息沟通与工作衔接，确保设立登记、变更登记、注销登记等工作与前置审批事项变更实现同步联动、一体推进。对于传统民政业务领域的社会服务机构，要以更高的标准和更严的要求履行登记审查职责，切实防止民政部门业务主管社会服务机构登记审查"灯下黑"问题。根据该通知，目前正在"稳妥探索社会服务机构直接登记改革"。但"在《社会组织登记管理条例》出台以及民政部关于直接登记社会组织分类标准和具体办法下发之前，各地要从严从紧把握社会服务机构直接登记申请，稳妥审慎探索。对于已经制定直接登记专门文件但决定暂时停止实施直接登记的地区，要注意做好改革衔接和说明解释工作，确保社会服务机构登记审查工作平稳推进；对于已经制定直接登记专门文件并决定继续探索直接登记的地区，要严格按照《意见》关于社会服务机构直接登记范围要求，从严审慎受理直接登记申请，不得随意扩大社会服务机构直接登记范围；对于尚未制定直接登记专门文件的地区，可以暂时停止受理社会服务机构直接登记申请"。

【案例 6-9】中国音像著作权集体管理协会与吴昌海、葛红星等侵害其他著作财产权纠纷上诉案[1]

本院认为：一、吴昌海、葛红星、王帅诉讼主体适格

根据一审法院查明的事实，吴昌海、葛红星、王帅三人于 2013 年 5 月 3 日即与建兴公司签订了涉案 KTV 经营场所的租赁合同，合同中约定的免租期为 2013 年 6 月 1 日至 2014 年 10 月 15 日，且从 2014 年 10 月 16 日起，年租金是 520000 元且每年递增。同时，从音集协一审提交的（2015）宁秦证经内字第 134 号公证书可知，在 2014 年 12 月 10 日音集协进行公证时，涉案 KTV 场所已经处于正常营业状态。**故本院认为，尽管吴昌海、葛红星、王帅作为股东的麦动娱乐城在 2016 年 6 月 17 日才在工商部门注册登记，但是从现有证据可以认定，2014 年 12 月吴昌海、葛红星、王帅已实际经营涉案 KTV 并对外营业，无论其经营行为是否符合相关行政法规的要求，吴昌海、葛红星、王帅作为实际经营者对相关侵权行为均应承担相应的民事责任。同时，吴昌海、葛红星、王帅作为麦动娱乐城的设立人，一审法院认定音集协可以向其主张侵权责任，亦无不当。故本案吴昌海、葛红星、王帅诉讼主体适格。**

三、法人的登记

如上所述，营利法人及非营利法人一般均需登记。以公司为例，依据《公司登记管理条例》（2016 年最新修正），公司登记包括设立登记、变更登记及注销登记。

1. 登记事项。以公司为例，依据《公司登记管理条例》，公司的登记事项包括：①名称；②住所；③法定代表人姓名；④注册资本；⑤公司类型；⑥经营范围；⑦营业期限；⑧有限责任公司股东或者股份有限公司发起人的姓名或者名称。

《民法总则》第 64 条规定，法人存续期间登记事项发生变化的，应当依法向登记机关申请变更登记。

2. 登记事项具有公信力。《民法总则》第 65 条规定，法人的实际情况与登记的事项不一致的，不得对抗善意相对人。

---

〔1〕 江苏省高级人民法院"（2017）苏民终 1845 号"民事判决书。

【案例 6-10】 中禧伟业（北京）投资有限公司与沥鼎联（北京）工程咨询有限公司服务合同纠纷上诉案[1]

本案争议的焦点为：涉案甲方中禧伟业公司住所地为北京市通州区还是北京市朝阳区？

本院认为，依据《民法总则》第六十三条、第六十四条、第六十五条之规定：法人以其主要办事机构所在地为住所。依法需要办理法人登记的，应当将主要办事机构所在地登记为住所。法人存续期间登记事项发生变化的，应当依法向登记机关申请变更登记。法人的实际情况与登记的事项不一致的，不得对抗善意相对人。**本案中，中禧伟业公司称其主要办事机构所在地在双方当事人合同履行期间发生变化，依据相关法律规定，中禧伟业公司依法应当向登记机关申请变更。因中禧伟业公司未办理变更登记，故中禧伟业公司注册地址与其主要办事机构所在地不一致，不能对抗沥鼎联公司。因沥鼎联公司并不知晓亦不认可中禧伟业公司主要办事机构所在地位于北京市朝阳区，故根据相关法律规定，中禧伟业公司的注册登记地应为其住所地。因中禧伟业公司注册登记地位于北京市通州区，根据双方当事人在涉案合同中的约定，北京市通州区人民法院对本案有管辖权。中禧伟业公司的上诉理由不成立，其上诉请求应予驳回。**

【案例 6-11】 海南热带花卉发展有限公司与陈淑汝、史贻鸿股东出资纠纷上诉案[2]

本院认为，本案系因股东是否履行法定出资义务引发的纠纷，故本院认定本案案由为股东出资纠纷。一审判决认定本案为房屋租赁合同纠纷错误，本院予以纠正。本案二审争议的焦点问题是：陈淑汝、史贻鸿是否已按公司章程的规定履行了出资义务。**根据陈淑汝提交的海南佳颐会计师事务所的验资报告、银行进账单、现金缴款单等证据显示，陈淑汝、史贻鸿已于 2015 年 9 月 10 日履行了 3000000 元的出资义务。花卉公司虽对上述证据提出异议，但未能提供反驳证据。在我国现已对有限责任公司实行注册资本认缴制的情况下，花卉公**

---

〔1〕 北京市第三中级人民法院 " （2018）京 03 民辖终 152 号" 民事裁定书。
〔2〕 海南省海口市中级人民法院 " （2017）琼 01 民终 3129 号" 民事判决书。

司以椰达公司企业机读档案登记资料中登记陈淑汝、史贻鸿实缴资本为 0 为由，主张陈淑汝、史贻鸿未履行出资义务的上诉理由，**没有事实和法律依据，本院不予采纳。**依据二审查明的事实，陈淑汝、史贻鸿向椰达公司投入的 3000000 元注册资本金已用于椰达公司的实际经营，故花卉公司主张陈淑汝、史贻鸿存在抽逃注册资本的情况的上诉理由，没有证据予以证实，本院不予采纳。根据《最高人民法院关于适用〈中华人民共和国公司法〉若干问题的规定（三）》第十三条第二款关于"公司债权人请求未履行或者未全面履行出资义务的股东在未出资本息范围内对公司债务不能清偿的部分承担补充赔偿责任的，人民法院应予支持"的规定，**陈淑汝、史贻鸿的出资时间晚于公司章程规定的 2014 年 12 月 3 日，该迟延出资的行为属于未全面履行出资义务的情形。虽陈淑汝、史贻鸿于 2015 年 9 月 10 日履行了出资义务，但椰达公司拖欠花卉公司债务的起始时间为 2015 年 1 月 12 日，陈淑汝、史贻鸿迟延履行出资义务的行为客观上降低了椰达公司向花卉公司如期清偿债务的能力，故花卉公司主张陈淑汝、史贻鸿在迟延出资期间的利息范围内对椰达公司的债务承担补充赔偿责任的上诉理由，具有法律依据，本院予以采纳。**陈淑汝应在其迟延出资的 2400000 元的利息范围内对椰达公司不能清偿花卉公司债务的部分承担补充赔偿责任（计算方法：以 2400000 元为本金，按照中国人民银行同期一年期流动资金贷款基准利率从 2014 年 12 月 3 日计算至 2015 年 9 月 10 日止），史贻鸿应在其迟延出资的 600000 元的利息范围内对椰达公司不能清偿花卉公司债务的部分承担补充赔偿责任（计算方法：以 600000 元为本金，按照中国人民银行同期一年期流动资金贷款基准利率从 2014 年 12 月 3 日计算至 2015 年 9 月 10 日止）。**一审判决认定陈淑汝、史贻鸿已全面履行出资义务错误，本院予以纠正。对花卉公司的上诉请求中超出以上数额的部分，本院不予支持。**

四、法人的变更

1. 法人登记事项的变更及变更登记。法人登记事项的变更，如名称、住所、法定代表人、注册资本、发起人等的变更，应当进行变更登记，公司章程、高级管理人员变更则应向原登记机关备案（《公司登记管理条例》第 36、37 条），此类变更一般不影响法人之前对他人民事责任的承担。就公司注册资本的减少，因事涉公司债权人利益，申请变更登记应当提交"公司在报纸上登载公司减少注册资本公告的有关证明和公司债务清偿或者债务担保情况的说明"（《公司登记管理条例》第31条）。

2. 法人的合并与分立。就法人合并或分立后的权利、义务的享有及承担，《民法总则》第67条规定，法人合并的，其权利和义务由合并后的法人享有和承担。法人分立的，其权利和义务由分立后的法人享有连带债权，承担连带债务，但是债权人和债务人另有约定的除外。

法人之合并，可能为新设合并——如A、B法人合并为C法人、AB两法人解散，也可能为吸收合并——如A、B两法人合并为A法人、B法人解散；法人之分立，可能原法人名称继续保留——如A法人分立为A、B两法人，也可能原法人名称不再保留——如A法人分立为B、C两法人。

依据《公司登记管理条例》第38条，因合并、分立而存续的公司，其登记事项发生变化的，应当申请变更登记；因合并、分立而解散的公司，应当申请注销登记；因合并、分立而新设立的公司，应当申请设立登记。同时，因公司之合并、分立事关公司债权人利益，该条还规定"公司合并、分立的，应当自公告之日起45日后申请登记，提交合并协议和合并、分立决议或者决定以及公司在报纸上登载公司合并、分立公告的有关证明和债务清偿或者债务担保情况的说明。法律、行政法规或者国务院决定规定公司合并、分立必须报经批准的，还应当提交有关批准文件"。

【案例6-12】张安安与中国邮政储蓄银行股份有限公司蓝田县支行、中国邮政集团公司陕西省蓝田县分公司储蓄存款合同纠纷上诉案[1]

原审法院认为：本案的争议焦点在如下四个方面：1. 20000元被取走是否系伪卡交易；2. 对于密码泄露的举证责任如何分配；3. 本案承担责任的主体是谁；4. 本案是否应当中止审理。对于第一个争议焦点：张安安在其卡上的钱被取走后及时挂失、报警，公安机关亦以刑事案件立案侦查，张安安的卡未丢失，且取走卡上资金的人身份不明，取款人持有的卡一面为绿色，张安安在被告处办理的卡颜色为白底金面，两张卡在外观上有明显不同。综上，可以认定张安安卡上的钱被取属伪卡交易。

---

〔1〕 陕西省西安市中级人民法院"（2018）陕01民终91号"民事判决书。

......

本院认为：张安安在原蓝田县邮政局下属的前卫支局开设账户，办理储蓄卡。后**因邮政体制改革，蓝田县邮政局更名为邮政集团蓝田分公司，原蓝田县邮政局的金融业务由邮政银行蓝田支行所承接，邮政集团蓝田分公司前卫支局在代理邮政银行蓝田支行的银行业务时对外使用的名称为邮政银行蓝田县前卫营业所，基于上述理由，原审判令邮政集团蓝田分公司与邮政银行蓝田支行均应承担责任并无不妥。张安安办理储蓄卡后，即与邮政集团蓝田分公司、邮政银行蓝田支行成立起储蓄存款合同关系，邮政集团蓝田分公司、邮政银行蓝田支行有保障张安安银行卡内资金安全的义务。**邮政集团蓝田分公司、邮政银行蓝田亦有义务对 ATM 机进行日常维护、管理，为通过 ATM 机办理交易的储户提供必要的安全、保密环境。根据已查明的事实，张安安的银行卡被他人复制并取现 20 000 元，说明邮政集团蓝田分公司、邮政银行蓝田支行的 ATM 机存在重大安全漏洞。因邮政集团蓝田分公司、邮政银行蓝田支行未能尽到安全、保密义务，致使张安安银行卡资金被他人支取，虽然账户管理协议、绿卡章程等均规定"持卡人应妥善保管绿卡及密码，凡使用密码进行的交易，均视为持卡人本人所为；因持卡人泄露密码而造成的损失，由持卡人承担"，但上述约定应当是指在银行机构为持卡人提供了必要的安全、保密条件的情况下，完全由于持卡人自己的过失使银行卡遗失或密码失密造成的损失或风险由持卡人自行承担，储户大多缺乏专业知识，使用 ATM 机进行交易时难以辨别是否安全、保密，银行机构无权单方面增加储户的义务。本案银行卡资金流失，是邮政集团蓝田分公司、邮政银行蓝田支行未尽到安全、保密义务，其设立的 ATM 机无法识别伪卡交易所致，在真银行卡仍被张安安持有的情况下，犯罪分子的使用伪卡交易的行为并非直接侵害了张安安的财产所有权，而是侵犯了银行机构的财产所有权，**张安安与邮政集团蓝田分公司、邮政银行蓝田支行建立的储蓄存款合同关系合法有效，双方的债权债务关系仍然存在，张安安要求邮政集团蓝田分公司、邮政银行蓝田支行支付其卡内存款 20 000 元，应予支持。综上，邮政银行蓝田支行与邮政集团蓝田分公司的上诉理由均不能成立，其上诉请求本院均不予支持。**原审认定事实清楚，判决并无不当，应予维持。

五、法人的终止

1. 法人终止的原因。依据《民法总则》第 68 条，"法人因解散、被宣告破产或法律规定的其他原因，经依法完成清算并办理注销登记，法人终止"。依据《民法总则》第 72 条，"清算结束并完成法人注销登记时，法人终止；依法不需要办理法人登记的，清算结束时，法人终止"。但依据《民法总则》第 98 条，"机关法人被撤销的，法人终止，其民事权利和义务由继任的机关法人享有和承担；没有继任的机关法人的，由作出撤销决定的机关法人享有和承担"。

2. 法人被宣告破产。就法人之破产，我国目前仅有《企业破产法》（2006 年发布），但其他法律规定企业法人以外的组织的清算，属于破产清算的，参照适用本法规定的程序（《企业破产法》135 条）。

依据《企业破产法》第 2 条及第 7 条，①"企业法人不能清偿到期债务，并且资产不足以清偿全部债务或者明显缺乏清偿能力"，"或者有明显丧失清偿能力可能的"，债务人自己可以向法院提出重整、和解或破产清算申请；②"债务人不能清偿到期债务，债权人可以向人民法院提出对债务人进行重整或者破产清算的申请"；③"企业法人已解散但未清算或者未清算完毕，资产不足以清偿债务的，依法负有清算责任的人应当向人民法院申请破产清算"。

如果法院宣告债务人破产，则进入破产清算。依据《企业破产法》第 121 条，管理人应当自破产程序终结之日起 10 日内，持人民法院终结破产程序的裁定，向破产人的原登记机关办理注销登记。

3. 法人的解散与清算。法人的解散分为自行解散和命令解散。依据《民法总则》第 69 条，自行解散包括法人章程规定的解散事由出现（包括章程规定的解散期间届满）、法人的权力机构决议解散、因法人合并或者分立需要解散[1]；命令解散则包括法人依法被吊销营业执照、登记证书，被责令关闭或者被撤销。

依据《民法总则》第 70 条，除合并或分立的情形外（因为其有适当程序保障法人债权人的利益），法人解散需由清算义务人及时组成清算组进行清算。

---

[1] 因这些情形均属因法人发起人或设立人或成员的意志而解散，因此本书均将其归入自行解散一类。

而一般情况下，法人的董事、理事等执行机构或决策机构的成员为清算义务人。如清算义务人未及时履行清算义务，造成损害的，应当承担民事责任；主管机关或者利害关系人可以申请法院指定有关人员组成清算组进行清算。

就法人之清算程序及清算组的职权，则依各类法人之特别法，若没有规定，则参照《公司法》的相关规定（《民法总则》第71条）。

【案例6-13】北京莲花港物业管理有限公司与庞长利等与企业有关的纠纷上诉案[1]

一审法院审理查明，福华复兴中心于2002年6月经工商登记注册成立，企业经济性质为：集体所有制（股份合作），注册资本3万元，企业股东为庞长利、杨俐，股权种类为职工个人股。……2011年10月9日，北京市工商行政管理局海淀分局依据相关法律法规，对福华复兴中心作出吊销营业执照的行政处罚决定。……

本院对一审法院查明的事实予以确认。

本院认为，福华复兴中心属于集体所有制（股份合作）企业，应依照《民法总则》及《中华人民共和国城镇集体所有制企业条例》的规定进行经营活动，在相关法律法规尚无清算程序和清算组职权法律规定的情况下，可依据《民法总则》第七十一条"法人的清算程序和清算组职权，依照有关法律的规定；没有规定的，参照适用公司法的有关规定"对福华复兴中心进行清算。但《公司法》关于追究清算义务人的相关规定只适用于公司法调整的有限责任公司和股份有限公司，鉴于福华复兴中心为集体所有制企业，非《公司法》调整范围，莲花港物业公司不能依据《公司法》及其相关规定追究清算义务人的民事责任，其可依照《民法总则》第七十条第三款向未及时履行清算义务给其造成损害的清算义务人主张权利。福华复兴中心在其他法院尚有到期债权因被执行人无可执行财产导致无法实现债权，杨俐、庞长利还提供了一系列的账册原件说明福华复兴中心能够进行清算，以上证据可以证明福华复兴中心具备清算条件，且对外尚有债权可向莲花港物业公司履行给付义务。莲花港物业公司未提供证据证明清算义务人不履行清算义务与造成债权人权利的不能实现存在因

---

〔1〕 北京市第二中级人民法院"（2018）京02民终7639号"民事判决书。

果关系，故对其诉讼请求，一审法院不予支持，并无不当，本院予以维持。

【案例6-14】鹰潭点石金良投资有限合伙企业与田英凯等清算责任纠纷案[1]

依据生效判决的认定，点石金良合伙企业对飞跃宏煤炭中心享有特定数额的到期债权，点石金良合伙企业作为飞跃宏煤炭中心的债权人，有权行使债权人的合法权利。依照《中华人民共和国民法总则》第七十条规定：法人解散的，除合并或者分立的情形外，清算义务人应当及时组成清算组进行清算。法人的董事、理事等执行机构或者决策机构的成员为清算义务人。法律、行政法规另有规定的，依照其规定。清算义务人未及时履行清算义务，造成损害的，应当承担民事责任；主管机关或者利害关系人可以申请人民法院指定有关人员组成清算组进行清算。依照《中华人民共和国民法总则》第七十一条规定：法人的清算程序和清算组职权，依照有关法律的规定；没有规定的，参照适用公司法的有关规定。**飞跃宏煤炭中心集体所有制企业，其投资人为清算义务人。本案中，天马兴业公司、周正跃、田英凯、明贵为飞跃宏煤炭中心的投资人，负有及时清算的法定义务，却至今仍未进行过自行清算，且无法提交财产清单、财务账簿等清算文件。**参照《最高人民法院关于适用〈中华人民共和国公司法〉若干问题的规定（二）》第十八条第二款之规定，有限责任公司的股东、股份有限公司的董事和控股股东因怠于履行义务，导致公司主要财产、账册、重要文件等灭失，无法进行清算，债权人主张其对公司债务承担连带清偿责任的，人民法院应依法予以支持。**现天马兴业公司、周正跃、田英凯、明贵怠于履行清算义务，导致飞跃宏煤炭中心重要文件灭失，无法进行清算，应对飞跃宏煤炭中心的债务承担清偿责任。故点石金良合伙企业要求天马兴业公司、周正跃、田英凯、明贵对（2016）京0114民初17951号民事判决书中所确认的飞跃宏煤炭中心所负债务本金及利息承担连带清偿责任的诉讼请求，事实清楚、证据充分，本院依法予以支持。**

---

〔1〕 北京市东城区法院"（2018）京0101民初3117号"民事判决书。

【案例 6-15】北京城建长城建筑装饰工程有限公司与华厦建筑系统有限公司等股东损害公司债权人利益责任纠纷上诉案[1]

（一审）判决：城建公司、华厦公司对德信公司在（2009）海民初字第14905 号民事判决书中所负的债务承担连带清偿责任……

本院认为……二审期间当事人诉争焦点为，城建公司是否应当因"怠于履行清算义务"，而对德信公司的债权人承担侵权责任。……

城建公司主张其并非清算义务人，应按《中华人民共和国中外合资经营企业法实施条例》、《中华人民共和国民法总则》的相关规定确定德信公司董事等为清算义务人。对此本院认为，德信公司为城建公司与华厦公司共同出资设立的合营企业，依照《中华人民共和国中外合资经营企业法》第二条第二款规定，"合营企业的一切活动应遵守中华人民共和国法律、法规的规定"，第四条第一款规定，**"合营企业的形式为有限责任公司"，故《中华人民共和国公司法》及相关司法解释对德信公司适用。**《最高人民法院关于适用〈中华人民共和国公司法〉若干问题的规定（二）》第十八条第二款规定，**"有限责任公司的股东、股份有限公司的董事和控股股东因怠于履行义务，导致公司主要财产、账册、重要文件等灭失，无法进行清算，债权人主张其对公司债务承担连带清偿责任的，人民法院应依法予以支持"**，而《中华人民共和国中外合资经营企业法实施条例》第九十一条所规定的"合营企业应当依法成立清算委员会，由清算委员会负责清算事宜"，是对清算人所做的规定，与清算义务人及其相应责任无涉。《中华人民共和国民法总则》第七十条第二款规定，"法人的董事、理事等执行机构或者决策机构的成员为清算义务人。法律、行政法规另有规定的，依照其规定"，该规定是对所有法人的清算义务人的一般规定，亦指明对于特定类型法人的清算义务人，允许法律、行政法规另行规定。**对于有限责任公司来说，《最高人民法院关于适用〈中华人民共和国公司法〉若干问题的规定（二）》第十八条的规定属特殊规定，应据以认定有限责任公司的清算义务人。**综上，本院对城建公司的该项上诉意见不予支持。

4. 清算中的法人以及清算后剩余财产的处置。依据《民法总则》第72条，

---

〔1〕 北京市第一中级人民法院"（2018）京 01 民终 1166 号"民事判决书。

清算期间法人存续，但是不得从事与清算无关的活动。可见，清算期间法人的行为能力受到限制。

就法人清算后剩余财产的处置，《民法总则》第 72 条规定"根据法人章程的规定或者法人权力机构的决议处理。法律另有规定的，依照其规定"。

就营利法人，如公司，依据《公司法》第 186 条，"公司财产在分别支付清算费用、职工的工资、社会保险费用和法定补偿金，缴纳所欠税款，清偿公司债务后的剩余财产，有限责任公司按照股东的出资比例分配，股份有限公司按照股东持有的股份比例分配"。

就非营利法人，《民法总则》第 95 条规定，为公益目的成立的非营利法人终止时，不得向出资人、设立人或者会员分配剩余财产。剩余财产应当按照法人章程的规定或者权力机构的决议用于公益目的；无法按照法人章程的规定或者权力机构的决议处理的，由主管机关主持转给宗旨相同或者相近的法人，并向社会公告。

如上所述，在中国，证券交易所的地位较为模糊，依据《证券法》第 105 条，"实行会员制的证券交易所的财产积累归会员所有，其权益由会员共同享有，在其存续期间，不得将其财产积累分配给会员"。依据该规定，证券交易所似乎可以归入营利法人。2018 年最新的《上海证券交易所章程》第 63 条及《深圳证券交易所章程》第 60 条均规定："本所作为会员制法人存续期间，财产积累不进行分配，国家另有规定的除外。"

第四节　法人的章程、组织机构与住所

一、法人的章程

依据《民法总则》第 79 条、第 91 条、第 93 条，营利法人、社会团体法人、捐助法人的设立应当制定法人章程。《民法总则》并未规定事业单位法人应当制定章程，但现实中，如证券交易所[1]、仲裁委员会、学校[2]等均制定

---

[1]　当然，如前所述，证券交易所也许应划入营利法人一类。

[2]　依据《教育法》（2015 年最新修正）第 27 条、《高等教育法》（2015 年修正）第 27 条，设立学校，须有章程。教育部颁布有《高等学校章程制定暂行办法》（教育部令第 31 号，2011 年发布）。

有章程[1]。

法人之章程可以说是法人内部治理的"宪法"，对法人、法人之成员、法人各机关均有约束力。法人之章程须经备案，一般系设立时须提交的文件之一。各类法人登记管理法规一般会规定各类法人章程应当载明的事项。

以营利法人为例，不少工商行政管理部门均颁布有各种公司章程示范样本。原国家工商行政管理总局（已撤销）颁布之《企业法人登记管理条例施行细则》（2019年最新修订）第16条规定，企业法人章程包括以下内容：①宗旨；②名称和住所；③经济性质；④注册资金数额及其来源；⑤经营范围和经营方式；⑥组织机构及其职权；⑦法定代表人产生的程序和职权范围；⑧财务管理制度和利润分配形式；⑨劳动用工制度；⑩章程修改程序；⑪终止程序；⑫其他事项。

其他如《基金会管理条例》第10条规定了基金会章程应当载明的事项：①名称及住所；②设立宗旨和公益活动的业务范围；③原始基金数额；④理事会的组成、职权和议事规则，理事的资格、产生程序和任期；⑤法定代表人的职责；⑥监事的职责、资格、产生程序和任期；⑦财务会计报告的编制、审定制度；⑧财产的管理、使用制度；⑨基金会的终止条件、程序和终止后财产的处理。教育部颁布的《高等学校章程制定暂行办法》第7条亦规定了高等院校章程应当载明的内容。

二、法人的组织机构

法人为实现其目的，须有一定组织机构。法人的组织机构，依法人类型的不同，略有不同，但一般有权力机关、执行机关、代表机关及监督机关[2]。法人之各机关系法人之一部分，如自然人之四肢，各有职能；一般权力机关、执行机关及代表机关系法人之必备机关。

---

〔1〕 依据"国务院办公厅关于印发分类推进事业单位改革配套文件的通知"（国办发〔2011〕37号）中《关于建立和完善事业单位法人治理结构的意见》亦指出，"制定事业单位章程。事业单位章程是法人治理结构的制度载体和理事会、管理层的运行规则，也是有关部门对事业单位进行监管的重要依据。事业单位章程应当明确理事会和管理层的关系，包括理事会的职责、构成、会议制度，理事的产生方式和任期，管理层的职责和产生方式等。事业单位章程草案由理事会通过，并经举办单位同意后，报登记管理机关核准备案"。

〔2〕《民法总则》使用的是"机构"一词，而非"机关"，如《民法总则》第80、81条规定营利法人应当设权力机构、执行机构，第82条规定法人可以设监督机构。

1. 权力机关。依据《民法总则》第 80 条，权力机构系营利法人之必备机关，"权力机构行使修改法人章程，选举或者更换执行机构、监督机构成员，以及法人章程规定的其他职权"；依据《民法总则》第 91 条，社会团体法人应当设会员大会或者会员代表大会等权力机构；依据《民法总则》第 93 条，捐助法人应当设理事会、民主管理组织等决策机构；以公司为例，公司之股东会或股东大会为公司之权力机关（《公司法》第 36 条、第 98 条）。依据《证券交易所管理办法》（2017 年发布），证券交易所实行会员制，设会员大会、理事会、总经理和监事会（第 17 条），会员大会为证券交易所的最高权力机构（第 18 条）。如《上海证券交易所章程》第 27 条、《深圳证券交易所章程》第 26 条规定"会员大会由本所全体会员组成，是本所的权力机构"；《基金会管理条例》第 21 条规定，理事会是基金会的决策机构，依法行使章程规定的职权。

2. 执行机关。依据《民法总则》第 81 条，营利法人应当设执行机构。执行机构行使召集权力机构会议，决定法人的经营计划和投资方案，决定法人内部管理机构的设置，以及法人章程规定的其他职权。

公司的执行机关系公司的董事会或执行董事（《公司法》第 44 条、第 50 条、第 108 条）。依据《证券交易所管理办法》（2017 年发布）第 22 条，理事会是证券交易所的决策机构。

依据《民法总则》第 91 条，社会团体法人应当设理事会等执行机构。

3. 代表机关。法人的法定代表人是法人的代表机关。代表机关系法人的必备机关，亦是法人登记事项之一。

《民法总则》第 61 条规定，法人的法定代表人，系依照法律或者法人章程的规定，代表法人从事民事活动的负责人，其以法人名义从事的民事活动，法律后果由法人承受；法人章程或者法人权力机构对法定代表人代表权的限制，不得对抗善意相对人。同时依据《民法总则》第 62 条，"法定代表人因执行职务造成他人损害的，由法人承担民事责任。法人承担民事责任后，依照法律或者法人章程的规定，可以向有过错的法定代表人追偿"。

就营利法人而言，"执行机构为董事会或者执行董事的，董事长、执行董事或者经理按照法人章程的规定担任法定代表人；未设董事会或者执行董事的，法人章程规定的主要负责人为其执行机构和法定代表人"（《民法总则》第 81 条）；就公司而言，"公司法定代表人依照公司章程的规定，由董事长、执行董事或者经理担任，并依法登记"（《公司法》第 13 条）。可见，营利法人的法定代表人一般由章程确定，但须登记。

就基金会的法定代表人，依据《基金会管理条例》第 20 条，"理事长是基金会的法定代表人"。

需注意法定代表人与代理人不同，法人的法定代表人系法人的机关之一（系法人的一部分），而代理人与被代理人系不同的人（独立的民事主体）。

【案例 6-16】上海亦初文化传播有限公司诉孙伟劳动合同纠纷上诉案[1]

本院认为，本案的主要争议焦点是孙伟的工资标准。双方的劳动合同虽然约定孙伟每月工资为税前 3500 元，但在实际履行时，孙伟除亦初公司通过公司账户每月发放的 3500 元外，另有亦初公司法定代表人周泳通过其个人账户每月发放的固定钱款（其中 2015 年 5 月至 12 月为 2500 元，2016 年 1 月、3 月至 12 月为 3500 元）。根据《中华人民共和国民法总则》第六十一条的规定，法定代表人以法人名义从事的民事活动，其法律后果由法人承受。法人章程或者法人权力机构对法定代表人代表权的限制，不得对抗善意相对人。**周泳作为亦初公司的法定代表人，其在亦初公司与孙伟劳动关系存续期间，通过其个人账户每月发放孙伟固定钱款，孙伟主张该钱款构成工资的组成部分，具有合理性，除非亦初公司有证据证明已告知孙伟该钱款并非工资而是包干交际费。亦初公司的股东会决议在无证据证明已告知孙伟的情况下，亦不产生对抗善意相对人的效力。因此，原审法院认定孙伟主张的工资标准成立，并根据该标准判令亦初公司应支付孙伟相应的工资差额、解除合同补偿金差额，并无不当。**

关于扣款争议，亦初公司虽主张每月发放孙伟的工资中应扣除社保、公积金个人承担部分，但在实际发放工资过程中并未扣除相应的税费，故应认定双方已以实际履行的方式改变了劳动合同的约定，亦初公司实际每月发放孙伟的工资应认定为已扣除社保、公积金个人承担部分的工资，亦初公司在解除劳动关系时再将该社保、公积金个人承担部分从孙伟应得的工资、经济补偿金中予以扣除，缺乏依据，亦初公司关于无需返还孙伟相应扣款的上诉主张，本院不予采纳。

---

〔1〕　上海市第一中级人民法院"（2017）沪 01 民终 11580 号"民事判决书。

三、法人的住所

法人的住所在各种通知、涉外民事法律关系中确定准据法以及民事诉讼法中确定管辖法院等方面具有重要意义。

《民法总则》第 63 条规定，法人以其主要办事机构所在地为住所。依法需要办理法人登记的，应当将主要办事机构所在地登记为住所。但依据《民法总则》第 64 条及第 65 条，如果法人的主要办事机构有变化而为变更登记，则"法人的实际情况与登记的事项不一致的，不得对抗善意相对人"，司法实践中会将法人的注册登记地址作为住所。

思考题：

1. 法人有哪些特征？请从经济学角度谈谈法人制度产生的原因。

2. 我国民法总则对法人如何进行分类？

3. 学理上对法人如何进行分类？

4. 法人如何设立？设立中的法人责任如何承担？

5. 法人终止有哪些情形？

6. 法人章程规定些什么内容？法人一般有怎样的组织机构？

非法人组织

第一节　非法人组织概述

《民法总则》第 102 条将非法人组织定义为"非法人组织是不具有法人资格，但是能够依法以自己的名义从事民事活动的组织"。非法人组织包括个人独资企业、合伙企业、不具有法人资格的专业服务机构等。

法人之分支机构亦不具有法人资格，故本章亦有论及。

一、非法人组织须依法登记

依据《民法总则》第 103 条，非法人组织应当依照法律规定进行登记，如法律、行政法规规定设立非法人组织须经有权机关批准的，则须经批准。就个人独资企业及合伙企业，分别有《个人独资企业法》（1999 年发布）和《合伙企业法》（2006 年最新修订）。

二、非法人组织的出资人或设立人对非法人组织债务的无限责任

依据《民法总则》第 104 条，"非法人组织的财产不足以清偿债务的，其出资人或者设立人承担无限责任。法律另有规定的，依照其规定。"比如有限合伙企业中的有限合伙人则仅以其认缴的出资为限，对该有限合伙企业的债务承担有限责任（《合伙企业法》第 2 条）。

就法人的分支机构，分支机构以自己的名义从事民事活动，产生的民事责任由法人承担；也可以先以该分支机构管理的财产承担，不足以承担的，由法人承担（《民法总则》第 74 条）。又比如，依据《商业银行法》（2015 年最新修正），设立商业银行应经批准（《商业银行法》第 11 条），设立商业银行分支机构亦须经批准取得经营许可证并经登记、取得营业执照（《商业银行法》第 20、21 条），"商业银行分支机构不具有法人资格，在总行授权范围内依法开展业务，其民事责任由总行承担"（《商业银行法》第 22 条）。

需说明的是，尽管个人独资企业、合伙企业、法人的分支机构不具有民法上独立的法人资格，但其却具有民事诉讼的主体资格，可以成为民事诉讼中的被告或原告。

三、非法人组织解散须经清算

尽管非法人组织的民事责任一般由出资人或设立人承担无限责任，但如解散，亦须经清算（《民法总则》第 107 条）。

四、非法人组织除适用特别规定外，参照适用《民法总则》关于法人的一般规定

依据《民法总则》第 108 条，非法人组织除了适用《民法总则》第四章关于非法人组织的特别规定，参照适用《民法总则》第三章第一节关于法人的一般规定。

第二节　个人独资企业

一、个人独资企业概述

个人独资企业、合伙企业、法人企业（主要是公司），是国际上常见的三种企业类型。公司作为法人企业，有独立的法人资格，其股东一般仅以认缴的出资额为限对公司债务承担（有限）责任[1]；而个人独资企业和合伙企业不具有法人资格，一般由出资人或设立人对企业债务承担无限连带责任（当然，有限合伙企业中的有限合伙人除外）。

但由于个人独资企业和合伙企业不具有独立的法人资格，该等企业除了与

---

[1] 我国台湾地区"公司法"（2018 年最新修正）规定公司为"以营利为目的，依照本法组织、登记、成立之社团法人"（台湾地区"公司法"第 1 条）；而其公司又有无限公司、有限公司、两合公司、股份有限公司四种，其中无限公司及两合公司类似于我国大陆合伙企业法之普通合伙企业和有限合伙企业，其无限公司"指 2 人以上股东所组织，对公司债务负连带无限清偿责任之公司"，两合公司"指 1 人以上无限责任股东，与 1 人以上有限责任股东所组织，其无限责任股东对公司债务负连带无限清偿责任；有限责任股东就其出资额为限，对公司负其责任之公司"（台湾地区"公司法"第 2 条）。

公司企业一样需要缴纳流转税（如增值税）外，无需缴纳企业所得税，而仅需由出资人缴纳个人所得税[1]，而法人企业（如公司）则需缴纳企业所得税。

　　另，如前所述，外商独资企业不适用《个人独资企业法》，外国人只能依据《外资企业法》在中国设立"全部资本由外国投资者投资的企业"（《个人独资企业法》第47条规定"外商独资企业不适用本法"）。且我国港澳台居民可以申办个体工商户，但依据《外资企业法实施细则》（2014年最新修订）第80条，"香港、澳门、台湾地区的公司、企业和其他经济组织或者个人以及在国外居住的中国公民在大陆设立全部资本为其所有的企业"参照该细则办理，即不能依据《个人独资企业法》设立个人独资企业，而只能参照《外资企业法》设立"外资企业"[2]。

二、个人独资企业的投资人与个人独资企业

　　由于个人独资企业的责任最终由投资人承担，个人独资企业并无独立的法人资格，只有其投资人有独立的人格。依据《个人独资企业法》第17条，"个人独资企业投资人对本企业的财产依法享有所有权，其有关权利可以依法进行转让或继承"。依据《个人独资企业法》第31条，"个人独资企业财产不足以清偿债务的，投资人应当以其个人的其他财产予以清偿"。个人独资企业财产与其投资人的财产并无明确界限。可见明显与公司不同——"公司是企业法人，有独立的法人财产，享有法人财产权。公司以其全部财产对公司的债务承担责任"（《公司法》第3条），"公司股东依法享有资产收益、参与重大决策和选择管理者等权利"（《公司法》第4条）。

　　须注意的是，"个人独资企业投资人在申请企业设立登记时明确以其家庭

---

　　〔1〕　依据《国务院关于个人独资企业和合伙企业征收所得税问题的通知》（国发〔2000〕16号），"为公平税负，支持和鼓励个人投资兴办企业，促进国民经济持续、快速、健康发展，国务院决定，自2000年1月1日起，对个人独资企业和合伙企业停止征收企业所得税，其投资者的生产经营所得，比照个体工商户的生产、经营所得征收个人所得税。具体税收政策和征收办法由国家财税主管部门另行制定"。另依据《个体工商户个人所得税计税办法》（国家税务总局2014年公布，2018年最新修正），"个体工商户以业主为个人所得税纳税义务人"（第4条）。另据《企业所得税法》（2017修正）第1条第2款，"个人独资企业、合伙企业不适用本法"。

　　〔2〕　如前所述，《外商投资法》将"自2020年1月1日起施行。《中华人民共和国中外合资经营企业法》《中华人民共和国外资企业法》《中华人民共和国中外合作经营企业法》同时废止"。但《外商投资法》第31条规定，"外商投资企业的组织形式、组织机构及其活动准则，适用《中华人民共和国公司法》《中华人民共和国合伙企业法》等法律的规定"。外国人及我国港澳台地区居民是否适用《个人独资企业法》，有待进一步明确。

共有财产作为个人出资的，应当依法以家庭共有财产对企业债务承担无限责任"（《个人独资企业法》第 18 条）。

【案例 7-1】台江县宏发液化气库、刘平买卖合同纠纷上诉案[1]

本院认为，《中华人民共和国个人独资企业法》第二条规定："本法所称个人独资企业，是指依照本法在中国境内设立，由一个自然人投资，财产为投资人个人所有，投资人以其个人财产对企业债务承担无限责任的经营实体"。第十五条规定："个人独资企业存续期间登记事项发生变更的，应当在作出变更决定之日起的十五日内依法向登记机关申请办理变更登记"；第十七条规定："个人独资企业投资人对本企业的财产依法享有所有权，其有关权利可以依法进行转让或继承"。**根据上述法律规定，个人独资企业与其投资人具有不同的法律人格。**个人独资企业因权利转让变更出资人的，根据《个人独资企业登记管理办法》第十三条"个人独资企业变更企业名称、企业住所、经营范围，应当在作出变更决定之日起 15 日内向原登记机关申请变更登记。个人独资企业变更投资人姓名和居所、出资额和出资方式，应当在变更事由发生之日起 15 日内向原登记机关申请变更登记"；第十五条"登记机关应当在收到本办法第十四条规定的全部文件之日起 15 日内，作出核准登记或者不予登记的决定。予以核准的，换发营业执照或者恨给变更登记证书；不予核准的，发给企业登记驳回通知书"；第二十一条"经登记机关注销登记，个人独资企业终止"的规定，应进行变更登记。但变更登记并非注销登记，并不导致个人独资企业终止。因此，**一审裁定认定"只要投资人一旦变化，名称相同而投资人不同的两个企业就不存在法律上的联系"与上述规定不符。**同时，个人独资企业的前出资人转让前的经营行为产生的权利义务因属个人独资企业的行为，仍应通过个人独资企业主张权利。至于前后出资人之间达成的权利转让，因属另一法律关系，当事人可另行通过其他途径解决。结合本案，台江宏发液化气库是个人独资企业，权利转让前丁玮是投资人，被上诉人刘平出具的欠条载明债权人虽为台江县宏发液化气站，但该欠条指向的权利主体为上诉人台江宏发液化气库，同时，丁玮与程水明 2015 年 12 月 15 日签订的《股权转让合同》第二条第四

---

〔1〕 贵州省黔东南苗族侗族自治州中级人民法院 "（2018）黔 26 民终 51 号"民事裁定书。

款约定："气库转让前的所有债权、债务由甲方全权承担"中甲方处加盖台江宏发液化气库印章及丁玮签名，因此，台江宏发液化气库是与本案有直接关系的当事人。一审裁定认定"只能由丁玮来主张权利，后面的投资人程水明没有资格主张"无事实根据，有违《中华人民共和国民事诉讼法》第一百一十九条及上述法律规定，其驳回起诉错误。

三、个人独资企业的解散与清算

个人独资企业解散的原因，包括投资人决定解散（自行解散）、投资人死亡或被宣告死亡而且无继承人或者继承人决定放弃继承（法定解散）、被依法吊销营业执照（命令解散）及法律、行政法规规定的其他情形（《个人独资企业法》第 26 条）。

依据《个人独资企业法》第 28 条，"个人独资企业解散后，原投资人对个人独资企业存续期间的债务仍应承担偿还责任，但债权人在 5 年内未向债务人提出偿债请求的，该责任消灭。"

第三节　合伙企业

一、合伙与合伙企业

合伙系基于合伙人的合伙行为（合伙合同）建立的合伙人之间的法律关系。

依据《合伙企业法》第 2 条，合伙企业系"自然人、法人和其他组织依照本法在中国境内设立的普通合伙企业和有限合伙企业"。包括普通合伙和有限合伙。

普通合伙企业由普通合伙人组成，普通合伙人对合伙企业债务承担无限连带责任。但普通合伙企业中的"特殊的普通合伙企业"则对普通合伙人承担责任的形式有特别规定，需依照其规定。依据《合伙企业法》第 55 条，"以专业知识和专门技能为客户提供有偿服务的专业服务机构，可以设立为特殊的普通合伙企业。"依据《合伙企业法》第 57 条，"一个合伙人或者数个合伙人在执业活动中因故意或者重大过失造成合伙企业债务的，应当承担无限责任或者无限连带责任，其他合伙人以其在合伙企业中的财产份额为限承担责任。合伙人在执业活动中非因故意或者重大过失造成的合伙企业债务以及合伙企业的其他债务，由全体合伙人承担无限连带责任"。特殊的普通合伙企业主要有律师事务所、会计师事务所等专业服务机构，其设立人均须有职业资格[1]。

有限合伙企业由普通合伙人和有限合伙人组成，普通合伙人对合伙企业债务承担无限连带责任，有限合伙人以其认缴的出资额为限对合伙企业债务承担责任。依据《合伙企业法》第61条，"有限合伙企业由2以上50个以下合伙人设立；但是，法律另有规定的除外。有限合伙企业至少应当有一个普通合伙人"。

根据《外国企业或者个人在中国境内设立合伙企业管理办法》，外国人可以在中国境内设立合伙企业或入伙已成立的中国合伙企业。该办法对港澳台居民参照适用。

另外，如上所述，合伙企业不具有独立的法人资格，因此无需缴纳企业所得税而仅由合伙人缴纳个人所得税。

二、合伙人与合伙企业

合伙企业经依法登记、取得营业执照而成立，合伙企业名称中的组织形式后应当标明"普通合伙""特殊普通合伙"或者"有限合伙"字样，否则应承担行政处罚（《合伙企业登记管理办法》第40条）。

普通合伙企业之合伙人均为普通合伙人，除特殊的普通合伙的情形，普通合伙人对合伙企业的债务承担无限连带责任。普通合伙人可以以劳务出资（《合伙企业法》第16条）。退伙人对基于退伙前的原因发生的合伙企业债务，仍然承担无限连带责任（《合伙企业法》第53条）。

有限合伙企业则至少应当由一名普通合伙人组成，对企业债务承担无限连

---

[1] 比如，依据《律师法》（2017年最新修正），律师事务所可以由国家设立或个人设立或合伙设立，其第15条规定"合伙律师事务所可以采用普通合伙或者特殊的普通合伙形式设立"。但《律师事务所管理办法》（司法部令第142号，2018年修正）第10条对设立特殊的普通合伙律师事务所要求"有人民币一千万元以上的资产"。依据《注册会计师法》（2014年最新修正），会计师事务所可以合伙设立（第23条），也可以是负有限责任的法人（第24条）。国家工商行政管理总局在《关于做好合伙企业登记管理工作的通知》（工商个字［2007］108号）称，"依据《合伙企业法》第55条、《合伙企业登记管理办法》第15条的规定，登记机关对经财政部门依《注册会计师法》批准设立的合伙制会计师事务所的合伙人提出的设立特殊的普通合伙企业的申请，应当受理，并依法予以登记。合伙制注册会计师事务所的合伙人申请设立特殊的普通合伙企业，除提交《合伙企业登记管理办法》中规定的文件外，还应当提交各合伙人的注册会计师证书的复印件"。

带责任，并由普通合伙人执行合伙事务；有限合伙人不得以劳务出资（《合伙企业法》第 64 条），不执行合伙事务，不得对外代表合伙企业（《合伙企业法》第 68 条）。

三、合伙企业的解散与清算

合伙企业的解散事由亦包括自行解散、法定解散及命令解散（《合伙企业法》第 85 条）。

合伙企业解散，应当由清算人进行清算。清算人可以由全体合伙人担任，也可以经全体合伙人过半数同意指定部分合伙人或委托第三人担任清算人。如合伙企业解散事由出现之日起 15 日内未确定清算人，则合伙人或其他利害关系人可以申请人民法院指定清算人（《合伙企业法》第 86 条）。

合伙企业注销后，原普通合伙人对合伙企业存续期间的债务仍应承担无限连带责任（《合伙企业法》第 91 条）。

合伙企业不能清偿到期债务，债权人可以向法院申请对该合伙企业进行破产清算，也可以要求普通合伙人清偿，合伙企业被依法宣告破产，普通合伙人对合伙企业债务仍应承担无限连带责任（《合伙企业法》第 92 条）。

第四节　法人的分支机构

一、法人的分支机构概述

依据《民法总则》第 74 条，法人可以依法设立分支机构。一般地，营利法人的分支机构均应依法登记。依据《企业法人登记管理条例》（2016 年修订）第 34 条，企业法人设立不能独立承担民事责任的分支机构，由该企业法人申请登记，经登记主管机关核准，领取《营业执照》，在核准登记的经营范围内从事经营活动。根据国家有关规定，由国家核拨经费的事业单位、科技性的社会团体从事经营活动或者设立不具备法人条件的企业，由该单位申请登记，经登记主管机关核准，领取《营业执照》，在核准登记的经营范围内从事经营活动。

分支机构以自己的名义从事民事活动，产生的民事责任由法人承担；也可以先以该分支机构管理的财产承担，不足以承担的，由法人承担（《民法总则》第 74 条）。

分公司系总公司之分支机构，不具有法人资格；而子公司具有独立的法人资格。《公司法》第 14 条规定，公司可以设立分公司。设立分公司，应当向公司登记机关申请登记，领取营业执照。分公司不具有法人资格，其民事责任由公司承担。公司可以设立子公司，子公司具有法人资格，依法独立承担民事责任。

现实中一些大型的金融机构，如银行、保险公司、证券公司等，多采取总公司、分公司的形式，但也有部分采取母公司、子公司的形式[1]。

需说明的是法人的分支机构与法人内部的职能部门不同，法人的分支机构经登记可以以自己的名义从事民事活动，而法人内部的职能部门则不能以自己的名义对外进行民事活动。

二、法人分支机构的能力

法人之分支机构虽然不具有独立的法人资格，但却可以成为民事诉讼的主体、可以作为民事诉讼中的原告或被告。

【案例 7-2】泸州市第七建筑工程公司第六分公司（再审申请人、一审原告、二审被上诉人）、泸州市第七建筑工程公司（再审被申请人、一审被告、二审被上诉人）与虎晓良（再审被申请人、一审第三人、二是被上诉人）建设工程合同纠纷再审案[2]

本院认为，关于本案诉讼主体是否适格的问题。《中华人民共和国民事诉讼法》第四十八条第一款规定，公民、法人和其他组织可以作为民事诉讼的当事人。《最高人民法院关于适用〈中华人民共和国民事诉讼法〉的解释》第五十二条第五项规定，依法设立并领取营业执照的法人的分支机构，属于民事诉讼法第四十八条规定的其他组织。**泸州七建六公司作为依法设立并领取了营业执照的法人分支机构，具有民事诉讼主体资格。泸州七建与泸州七建六公司之间系总公司与分公司关系，泸州七建六公司在本案中据以主张权利的主要依据是《项目承包经营协议》，该协议从内容上看具有平等、自愿、有偿的性质，**

---

〔1〕 比如中国银行股份有限公司系在中国注册成立的商业银行，其总行在北京市，其上海市分行，则为其分支机构，不具有独立的法人资格；而中国银行（香港）有限责任公司则系香港注册成立的公司，具有独立的法人资格（依据香港特别行政区法律）。

〔2〕 最高人民法院"（2015）民申字第 1009 号"民事裁定书。

属于民事合同范畴。泸州七建六公司提起本案诉讼,符合《中华人民共和国民事诉讼法》第三条的规定。《中华人民共和国公司法》第十四条第一款的规定,系公司设立分公司以及公司与分公司对外承担民事责任的法律依据。**在公司与其分公司之间签订承包经营协议等民事合同的情况下,当事人依据合同向对方主张权利,不应认为违反了上述法律规定。**

就法人分支机构对外提供担保,《担保法》第 10 条规定企业法人的分支机构、职能部门不得为保证人。企业法人的分支机构有法人书面授权的,可以在授权范围内提供保证。该法第 29 条规定,企业法人分支机构未经授权或超出授权范围与债权人独立担保合同无效或超出部分无效,但会根据债权人和企业法人的过错各自承担民事责任;债权人无过错的,由企业法人承担民事责任。

【案例 7-3】刘森林、中国工商银行股份有限公司鹰潭分行保证合同纠纷上诉案[1]

······

2. 关于银行保函的效力问题。根据原审查明的事实,工行鹰潭分行与刘森林所订两份委托贷款代理协议,虽约定委托人自行承担委托贷款风险,不得以任何形式要求受托人承担贷款风险。但在**工行鹰潭分行与刘森林、借款人(鑫华公司、品景公司)签订委托贷款借款合同后,即分别接受借款人请求,就借款人履行贷款约定义务向刘森林作出连带责任保证承诺,承诺在收到符合条件的索赔通知后即按约承担保证责任,且声明该承诺事项不可撤销。该银行保函有工行鹰潭分行原负责人签字并加盖该行公章**,对签字和公章的真实性,工行鹰潭分行并无异议。工行鹰潭分行应鑫华公司和品景公司的请求分别向刘森林出具的银行保函,出具时间均在委托贷款代理协议之后,实质上变更了其不承担任何委托贷款风险之约定。该保函在性质上为融资性担保,其中鑫华公司和品景公司是债务人,工行鹰潭分行为保证人,刘森林为受益人。**本院认为,第一,从担保授权类型看,工行鹰潭分行的担保业务在工商总行的授权范围内,二审中工行鹰潭分行也未举证其每笔保函业务均需取得工商总行的具体授权,应认为工行鹰潭分行已取得工商总行的概括授权。第二,从担保授权性质看,**

---

〔1〕 最高人民法院"(2016)最高法民终 221 号"民事判决书。

商业银行因相关业务需要进行的上级银行书面批准和内部授权，属于银行上下级之间的业务监督和内部授权，本质上是银行内部管理和风险防控，并不影响其对外民事行为的法律效力。《中华人民共和国合同法》第五十条规定，法人或其他组织的法定代表人、负责人超越权限订立的合同，除相对人知道和应该知道其超越权限的以外，该代表行为有效。作为担保受益人，刘森林判断工行鹰潭分行是否具有担保业务范围，只能根据其营业范围，不可能知道其内部是否授权或经过批准，工行鹰潭分行以内部未予审批否定担保合同效力，依法无据。第三，从法律及司法解释规定看，《担保法》第二十九条规定"企业法人的分支机构未经法人书面授权或者超出授权范围与债权人订立保证合同的，该合同无效"。该规定的所谓授权应包括具体授权和概括授权，一审法院认为仅包括具体授权，并据此认定工行鹰潭分行出具的银行保函无效，属适用法律错误。第四，从银行保函的发展趋势看，随着金融业的发展，本案所涉银行保函具有独立担保性质，不仅不为法律和行政法规的强制性规定所禁止，而且已逐渐得到法律及司法解释的认可和支持，也成为商业银行扩展业务的领域之一。据此，本案所涉银行保函依法有效，一审判决认定银行保函无效并据此判决工行鹰潭分行承担50%的赔偿责任，适用法律错误，本院予以纠正。

3. 工行鹰潭分行承担的责任问题。《中华人民共和国合同法》第八条规定，依法成立的合同，对当事人具有法律约束力。工行鹰潭分行出具银行保函后，刘森林按照委托贷款借款合同的约定已向借款人鑫华公司、品景公司在该行开立的账户汇入了款项，鑫华公司、品景公司对款项也已使用。各方的委托贷款借款合同已经实际履行。贷款到期后，鑫华公司、品景公司并未按约还本付息，工行鹰潭分行虽依约作出催款，但贷款本息依然无法收回。据此，刘森林依据工行鹰潭分行出具银行保函的约定条件向该行发出索赔请求，要求其按照11.8银行保函和12.10银行保函约定承担保证责任，符合保函约定的索赔条件，本院予以支持。工行鹰潭分行认为仅应承担银行保函无效后的补充赔偿责任，没有事实和法律依据，本院不予支持。

4. 工行鹰潭分行承担的责任范围及数额问题。根据工行鹰潭分行11.8银行保函及12.10银行保函所作承诺，该行的保证范围为"贷款合同项下贷款本金、利息、违约金和实现债权的费用"，该保证范围属当事人真实意思表示，并无法律禁止性规定，依法应予支持。

思考题：

1. 我国有哪些非法人组织？
2. 非法人组织的责任如何承担？
3. 个人独资企业与其投资人之间是什么关系？各自如何承担责任？
4. 合伙与合伙企业有什么区别？
5. 我国规定有哪些种类合伙企业？合伙人分别承担怎样的责任？
6. 法人的分支机构有哪些能力？

民事权利篇

民事权利

《民法总则》第五章规定了民事权利。

第一节 权利概说

一、权利的本质：自然权利与法律权利

"权利"这一法学术语，同民法一样借鉴自日本[1]。然而，什么是权利？却是法学的重大课题，是一个亘古常新的问题。

一般认为，权利为享受特定利益的法律之力。就权利的功能而言，权利总是包含主体的一定利益内容，是实现其利益的工具；就权利的内容而言，是权利主体在一定范围（法律规定的范围）内的行为自由；就权利的效力而言，权利是法律之力，权利包含的利益的实现、一定范围的行为自由会（而且也应该）受到法律、政府、国家的承认和保护。[2]

然而，有人从自然法的思想出发，认为权利系人在一定范围内的行为自由，但有时候不一定为法律所承认，因此权利可以分为自然权利和法律权利。

自然权利，与人权、"天赋人权"、社会自发权利或社会权利等概念相联系，可以理解为人应有的权利。而法律权利，或称国家法定权利，是被一个国

---

〔1〕 张俊浩主编：《民法学原理》，中国政法大学出版社 1997 年版，第 73 页。
〔2〕 参见张俊浩主编：《民法学原理》，中国政法大学出版社 1997 年版，第 74 页；王泽鉴：《民法总则》，中国政法大学出版社 2001 年版，第 83~84 页。

家的实定法所承认的权利，具有法律之力[1]。我们在这里所说的权利，一般为法律权利或法定权利，具有法律之力、受到法律的保护。

虽然对于权利的本质、自然权利、人权等概念众说纷纭，但自然法的思想仍对我们有所启迪。现实的实定法可能未将某种应该成为权利的"自然权利"纳入法定权利的体系，但是它应当为法律所保护。比如"隐私权""贞操权"（性自主权）等。就隐私权而言，最初我国《民法通则》并未列明这一权利，但学界不少人认为其应成为法律权利，而且实际上此后我国最高人民法院也根据法律精神，不断通过相关司法解释，尝试对隐私权的保护[2]，最终我国2009年颁布的《侵权责任法》在第2条将"隐私权"在实定法上明确为应当保护的法律权利，《民法总则》第110条也将隐私权列明为自然人的人格权之一。

【案例8-1】郭明燕、江苏马会置业有限公司等执行异议之诉上诉案[3]

依据《中华人民共和国仲裁法》第五十八条、六十二条、六十三条《中华人民共和国民事诉讼法》第二百三十七条的规定，对仲裁裁决的效力（应否撤销）、执行（应否执行），我国均采取司法审查主义原则。然而，这一审查程序，仅限于仲裁的双方当事人申请启动。设若双方当事人恶意仲裁，妨碍人民法院的执行工作，损害第三人的利益，自不会申请启动司法审查程序。如何看待这样的仲裁裁决的效力，目前法律没有明文规定。然而，人民法院的执行工作、执行程序、执行秩序，不仅仅关乎申请执行人权利的实现，更关乎司法秩序与威信，关乎法律的威信与尊严。**何谓权利？借助法律之力得以实现之利益也。何谓法律？借助国家之力得以实现之规则也。司法的过程，就是借助国家之力实施、实现法律的过程，就是借助法律之力实现当事人权利的过程。因**此，妨碍执行工作的仲裁裁决，就是妨碍了法律的实施，妨碍了当事人权利的

---

[1] 参见郭道晖："人权·社会权利与法定权利"，载《中国社会科学季刊》总第3期。

[2] 比如我国《民法通则》并未出现"隐私权"一词，但《民通意见》第140条就规定"以书面、口头等形式宣扬他人的隐私，或者捏造事实公然丑化他人人格，以及用侮辱、诽谤等方式损害他人名誉，造成一定影响的，应当认定为侵害公民名誉权的行为。"随后的《精神损害赔偿解释》第1条即规定"违反社会公共利益、社会公德侵害他人隐私或者其他人格利益，受害人以侵权为由向人民法院起诉请求赔偿精神损害的，人民法院应当依法予以受理。"

[3] 江苏省高级人民法院"（2014）苏民终字第203号"民事判决书。

实现。对于这样的仲裁裁决，人民法院不应囿于现行法之疏漏，困惑于审查程序启动之缺位，只要已经进入司法的视野，即可以进行审查，并类推适用《中华人民共和国仲裁法》第五十八条第三款、《中华人民共和国民事诉讼法》第二百三十七条第三款之规定，以该裁决违背社会公共利益（司法秩序即为社会公共利益）为据，不予认定其效力。因此，对涉案仲裁裁决的效力，本院不予认定。

【案例 8-2】印志燕诉上海吉祥航空股份有限公司等侵权责任纠纷案[1]

依《侵权责任法》第二条规定，侵害民事权益，应当依照本法承担侵权责任。本法所称民事权益，包括生命权、健康权、姓名权、名誉权、荣誉权、肖像权、隐私权、婚姻自主权、监护权、所有权、用益物权、担保物权、著作权、专利权、商标专用权、发现权、股权、继承权等人身、财产权益。**该条对明确的民事权利予以法律保护，对此之外的民事利益也予以法律保护。通说认为，民事权益包括民事权利和民事利益。权利是指为保护民事主体的某种利益而赋予的法律上的力，它是利益和法律之力的结合。如所有权、生命权、健康权等。民事利益是指那些虽然受到法律保护但未被确定为权利的利益，包括人身法益和财产法益等。现本案首先需解决原告主张的被侵犯的知情权、人身自由权、健康权、选择权究竟是否属《侵权责任法》所调整的民事权利抑或民事利益，然后才可讨论违约责任与侵权责任是否存在竞合问题。**现结合本案事实，对于原告主张的知情权，原告作为客运合同的相对方，其与被告吉祥航空在履行客运合同过程中当然有权知悉合同履行相关信息，被告吉祥航空也有义务如实向原告告知相关信息，**此系被告吉祥航空按诚实信用原则应当遵循的告知义务，属合同法调整的合同义务的范畴，而非侵权责任法调整的涉及人身权利及人格利益的民事权益。**对于原告主张的人身自由权，人身自由权一般为侵权人存在主观恶意并采取非法强制措施而限制他人的人身自由的行为。本案中，原告等乘客确实滞留该航班三个多小时未能下机，但是否系被被告吉祥航空采取非法措施强制滞留，显然原告并无证据证明。因航空器的特殊性及航空旅客运输的复杂性，航空公司出于飞机及乘客的安全考虑不能打开舱门下客，

---

〔1〕　上海市浦东新区法院"（2014）浦民一（民）初字第 11907 号"民事判决书。

属合理处置，根本无法与原告所称的限制人身自由权相关联，系原告对人身自由权曲解和扩大解释。对于原告主张的健康权，原告等乘客在航班延误后滞留在机场数小时，被告吉祥航空未采取必要措施合理妥善安置乘客，势必会造成乘客心理上一定程度的焦虑、烦躁，乃至因个体本身身体原因会造成身体的不适，但是否构成侵权责任法上健康权的侵害，原告也无证据证明。合同法上违约方因违约行为对守约方同样也会造成心理上一定程度的焦虑、烦躁，显然原告系对健康权存在理解上的泛化。对于原告主张的选择权，本案中，被告吉祥航空已尊重了该航班所有乘客的要求，部分乘客自行离开天津机场去北京目的地，部分乘客由被告吉祥航空安排住宿后于次日乘坐另一航班回京，并未侵犯该航班乘客的选择权。

综上所述，**本院认为现原告主张的权利不符合侵权责任法所调整的民事权利和民事利益，故本案不存在侵权责任与违约责任的竞合问题，现原告经本院释明后放弃违约之诉，系对自己权利自由处分，而原告坚持选择侵权之诉要求两被告共同承担各项侵权责任的诉讼请求，于法无据**，本院均不予支持。

二、公权利与私权利、政治权利与民事权利

如上所述，我们这里所说的权利，均为法律权利。权利依据其所包含的利益的不同，可以划分为公权利和私权利。公权利，即政治权利，主要包括如选举权、被选举权、言论、出版、集会、结社、游行、示威自由等权利，剥夺政治权利可能成为刑罚中的附加刑。

私权利即民事权利，即民事主体在市民社会中为实现其利益而做出的为法律所保护的行为的范围。就此我们可以将权利作如下划分（图 8-1）：

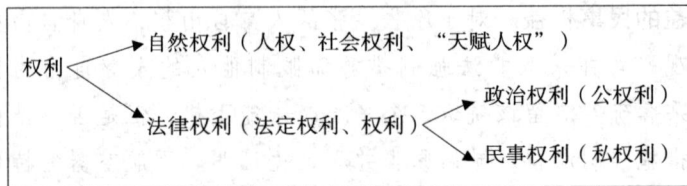

图 8-1　权利类型图

第二节　民事权利的种类

依据不同的标准可以将民事权利划分为不同的种类，了解民事权利的不同分类，掌握民事权利的体系，对了解民事权利有重要意义。以下介绍几种重要的分类。

一、人身权、财产权、知识产权、继承权及社员权[1]

依据民事权利的内容及客体所体现的利益的不同，整理民法总则的相关条文，民事权利可划分为（图8-2）：

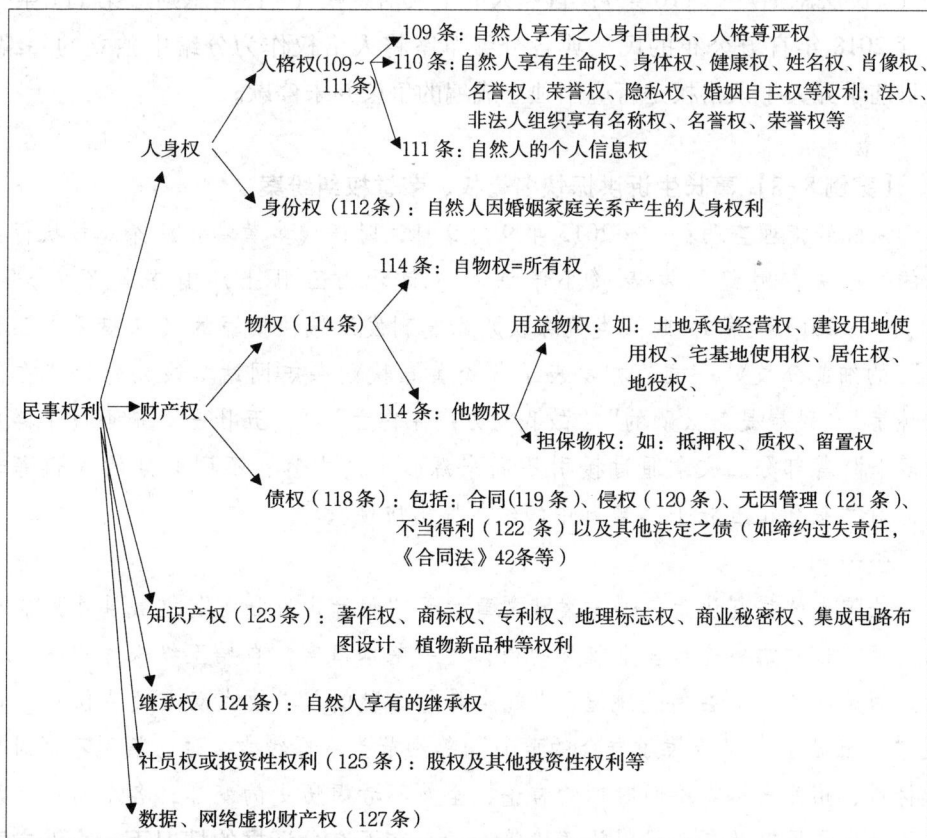

图8-2　《民法总则》规定之民事权利类型图

[1]　参见张俊浩主编：《民法学原理》，中国政法大学出版社1997年版，第76页；参见谢怀栻："论民事权利体系"，载《法学研究》1996年第2期。

依据民事权利的内容及客体对民事权利进行分类，国内学界不无争论。我国《民法总则》中规定的民事权利及法益类型见上图。

1. 人身权即以自然人和法人的人身性要素为客体的权利。人身权可进一步划分为人格权与身份权。依据《民法总则》，人格权包括：自然人享有的人身自由权、人格尊严权（《民法总则》第109条）；自然人享有的生命权、身体权、健康权、姓名权、肖像权、名誉权、荣誉权、隐私权、婚姻自主权等权利（《民法总则》第110条）；法人、非法人组织享有的名称权、名誉权、荣誉权等（《民法总则》第110条）；自然人的个人信息权（《民法总则》第111条）。尽管2018年官方公布的民法典各分编草案将人格权作为分编中独立的一编，但目前学界关于人格权是否应当独立成编的争议并未停歇。

【案例8-3】葛长生诉洪振快名誉权、荣誉权纠纷案[1]

法院经审理查明：……2013年9月9日，时任《炎黄春秋》杂志社执行主编的洪振快在财经网发表《小学课本〈狼牙山五壮士〉有多处不实》一文。……2013年第11期《炎黄春秋》杂志刊发洪振快撰写的《"狼牙山五壮士"的细节分歧》一文，亦发表于《炎黄春秋》杂志网站。该文分为"在何处跳崖""跳崖是怎么跳的""敌我双方战斗伤亡""'五壮士'是否拔了群众的萝卜"等部分。文章通过援引不同来源、不同内容、不同时期的报刊资料等，对"狼牙山五壮士"事迹中的细节提出质疑。

……

法院生效裁判认为：……案涉文章对于"狼牙山五壮士"在战斗中所表现出的英勇抗敌的事迹和舍生取义的精神这一基本事实，自始至终未作出正面评价。而是以考证"在何处跳崖""跳崖是怎么跳的""敌我双方战斗伤亡"以及"'五壮士'是否拔了群众的萝卜"等细节为主要线索，通过援引不同时期的材料、相关当事者不同时期的言论，全然不考虑历史的变迁，各个材料所形成的时代背景以及各个材料的语境等因素。**在无充分证据的情况下，案涉文章多处作出似是而非的推测、质疑乃至评价。因此，尽管案涉文章无明显侮辱性**

---

〔1〕 最高人民法院指导案例99号，2018年12月19日发布。

的语言，但通过强调与基本事实无关或者关联不大的细节，引导读者对"狼牙山五壮士"这一英雄烈士群体英勇抗敌事迹和舍生取义精神产生质疑，从而否定基本事实的真实性，进而降低他们的英勇形象和精神价值。洪振快的行为方式符合以贬损、丑化的方式损害他人名誉和荣誉权益的特征。

案涉文章通过刊物发行和网络传播，在全国范围内产生了较大影响，不仅损害了葛振林的个人名誉和荣誉，损害了葛长生的个人感情，也在一定范围和程度上伤害了社会公众的民族和历史情感。在我国，由于"狼牙山五壮士"的精神价值已经内化为民族精神和社会公共利益的一部分，因此，也损害了社会公共利益。**洪振快作为具有一定研究能力和熟练使用互联网工具的人，应当认识到案涉文章的发表及其传播将会损害到"狼牙山五壮士"的名誉及荣誉，也会对其近亲属造成感情和精神上的伤害，更会损害到社会公共利益。在此情形下，洪振快有能力控制文章所可能产生的损害后果而未控制，仍以既有的状态发表，在主观上显然具有过错。**

【案例 8-4】鲁山县农村信用合作联社、孙伟杰侵权责任纠纷上诉案[1]

一审法院认为，我国《民法总则》第一百一十一条规定，自然人的个人信息受法律保护。任何组织和个人需要获取他人个人信息的，应依法取得并确保信息安全，不得非法收集、使用、加工、传输他人个人信息……。本案中鲁山农信社工作人员违规办理贷款时，冒用孙伟杰个人信息担保贷款，并将孙伟杰征信纳入不良记录，给孙伟杰造成精神上、物质上的损失，鲁山农信社过错明显。故孙伟杰请求鲁山农信社消除其在银行系统不良信用记录，理由正当，予以支持。……判决：一、**鲁山县农村信用合作联社停止对孙伟杰公民个人信息权的侵害，并于本判决生效后三日内为孙伟杰恢复正常的征信系统信用等级。二、鲁山县农村信用合作联社于本判决生效后十日内向孙伟杰赔偿精神物质损失 3 万元。**……

本院认为，鲁山农信社在办理本案所涉贷款业务时，在孙伟杰本人并未签字提供担保的情况下，冒用孙伟杰的名义办理相关担保手续，并因贷款逾期造成孙伟杰个人征信出现不良信用记录。鲁山农信社的行为对孙伟杰构成侵权，

---

〔1〕 河南省平顶山市中级人民法院"（2018）豫 04 民终 727 号"民事判决书。

依法应承担一定的民事责任。 一审法院根据孙伟杰要求消除其在银行系统的不良信用记录、恢复名誉等诉求，判决鲁山农信社为孙伟杰恢复正常的征信系统信用等级等并无不当。且鲁山农信社并未向人民法院提供不良信息删除后，孙伟杰个人征信系统信用等级已不受影响的证据。鲁山农信社作为专业金融机构，在办理贷款业务时不能严格按照相关操作规程依法办理，而是冒用孙伟杰的名义违规办理担保手续，并造成孙伟杰个人征信系统出现不良信用记录，根据鲁山农信社在本案中的过错程度及给孙伟杰本人造成的损失和不利影响等，一审法院酌定鲁山农信社赔偿孙伟杰经济损失 3 万元，数额适当。……

【案例 8-5】刘春泉与中国工商银行股份有限公司上海市分行侵权责任纠纷再审案[1]

本院经审查认为，本案争议焦点是工行上海分行向刘春泉发送短信信息是否构成侵权。首先，**刘春泉与工行上海分行签订的领用合约约定工行上海分行可以通过短信向刘春泉发送与牡丹信用卡有关的信息，故工行上海分行向刘春泉发送相关消费信息及商业信息的行为并无过错。刘春泉以短信方式单方向工行上海分行作出的拒绝接受商业信息的意思表示未得到工行上海分行同意，故工行上海分行继续向其发送与牡丹卡消费相关的信息亦未违反合同约定。** 第二，工行上海分行向刘春泉发送短信文字简短、占用移动设备内存极小，并不足以构成对刘春泉移动设备及其存储空间等财产上的贬损；**且工行上海分行发送的商业信息未违反社会公共利益和社会公德，故工行上海分行的行为尚不足以造成对刘春泉个人信息受保护的权利的损害。** 故刘春泉的申请再审理由不成立，本院不予支持。

2. 财产权是以财产为客体的权利，其客体具有经济价值，可给予经济评价，一般可以转让。财产权又可进一步分为物权和债权。物权和债权的区分是一种重要的区分，源自罗马法对物权与人权的区分。我国《民法总则》对财产权的分类采取了物权与债权的区分，民法典的编纂及体系考虑也沿用了这种区分逻辑。依据《民法总则》第114条，物权是权利人依法对特定的物享有直接

---

〔1〕 上海市高级人民法院"（2016）沪民申 2161 号"民事裁定书。

支配和排他的权利，包括所有权和他物权（即用益物权和担保物权）；依据《民法总则》第118条，债权是因合同、侵权行为、无因管理、不当得利以及法律的其他规定，权利人请求特定义务人为或者不为一定行为的权利。这一规定亦沿用了罗马法意定之债（合同之债）与法定之债（侵权、无因管理、不当得利等法定原因所生之债）的分类逻辑。

3. 知识产权。以人的智力成果为其客体，相对于有悠久历史的财产权与人身权的分类而言，是一种较为年轻的权利。尽管从历史上看财产权与人身权的内容也在不断变迁。也有观点认为虽然知识产权兼具财产权与人身权的内容（比如认为著作权就包括著作人身权与著作财产权），但将知识产权作为一种不同于财产权和人身权的民事权利类型较妥。依据《民法总则》第123条，知识产权包括著作权、商标权、专利权（发明、实用新型、外观设计）以及就地理标志、商业秘密、集成电路布图设计、植物新品种等客体享有的专有权利。

4. 继承权。依据《民法总则》第124条，"自然人依法享有继承权。自然人合法的私有财产，可以依法继承"。关于继承权，之前学理的分类有将其列入人身权中身份权一类的，也有认为其为财产权的观点，也有认为其为独立于人身权与财产权之外的权利类型的观点。《民法总则》将其单独列为一种权利类型，应该说亦无不可。因为，一方面，拥有继承权之继承人为被继承人之亲属，即基于身份关系而取得继承权，因此继承权有一定的人身属性（《继承法》第10、12、16条）；另一方面，仅有财产可以继承，现代文明强调身份平等，"身份"不能继承，继承权的内容仅为财产利益。

5. 社员权或投资性权利。这是民法中的社团的成员（社员）基于其成员的地位与社团发生一定的法律关系，在这个关系中，社员对社团享有的各种权利的总体即社员权，典型如股权[1]。社员权基于社团的成员资格而产生，而社员权体现的利益为对社团的参与利益（共益权）和财产利益（自益权），前

---

〔1〕　我国《物权法》第223条将可以转让的基金份额与股权并列作为可以出质的权利。严格地说，股权是股东作为社团的成员对社团（法人）的权利；而基金份额持有人持有的基金份额，则类似于对财团（法人）的权利，但大陆法系的财团法人并没有社员或成员。大陆法系传统财团法人一般为公益法人（如基金会），而依据我国《证券投资基金法》，证券投资基金财产虽然独立（独立于基金管理人的财产），但每只基金本身并不具有法人地位。投资基金制度与我国引进了英美法独有的信托制度有关。另，我国于2001年颁布《信托法》引进信托制度，而依据《证券投资基金法》第2条，该法"未规定的，适用《中华人民共和国信托法》《中华人民共和国证券法》和其他有关法律、行政法规的规定"。

者包括表决权、监督权、参与决策权，后者则包括盈利分配权和在团体终止时的剩余财产分配权。同知识产权一样，社员权也是相对于财产权和人身权而言比较年轻的一种民事权利类型，其随着法人制度的兴起而逐渐完善、发展，因此，《民法总则》第125条将其单独列出为一类权利类型。

6. 数据、网络虚拟财产权。随着计算机及互联网的飞速发展，有关数据及网络虚拟财产的纠纷大量涌现。《民法总则》第127条规定，"法律对数据、网络虚拟财产的保护有规定的，依照其规定"。数据与网络虚拟财产系新生事物，学界对其性质颇有争议：有认为系物权客体的，甚至民法总则起草过程中试图将其列入物权客体，但最终由于争议，《民法总则》将其单列；有认为系一种债权的；有认为既非物权亦非债权的。就与数据、网络虚拟财产有关的纠纷，实践中常见的是合同纠纷与侵权纠纷两大类，对物权（对世权）与对人权、绝对权与相对权的理论区分应当说对数据、网络虚拟财产的性质认定具有指导意义。《民事案由规定》亦列有网络服务合同纠纷（120-（13））及网络侵权责任纠纷（346），实践中有法院将网络虚拟财产相关纠纷归为"侵权纠纷"。《民法总则》将数据、网络虚拟财产单列为一种民事权益类型，相关法院在司法实践中确认有关网络虚拟财产的侵权纠纷类型，是务实的态度，值得肯定。

【案例8-6】韩潇与腾讯科技（深圳）有限公司侵权责任纠纷案[1]

本院经审查认为，上诉人即原审原告韩潇系在玩网络游戏《地下城与勇士》的过程中与游戏运营商腾讯公司发生纠纷，韩潇主张腾讯公司随意停封其游戏账号的行为，造成其花费大量时间和精力取得的游戏装备、游戏货币被限制使用，侵犯了其对游戏账户及账户内虚拟财产所拥有的权利，遂依照《中华人民共和国侵权责任法》的相关规定提起本案之诉，要求腾讯公司停止侵害、解封账号、赔偿损失并公开道歉等，故本案系网络虚拟财产侵权纠纷。腾讯公司在原审管辖权异议和本案答辩中均提出，即使本案系侵权责任纠纷，也属于财产性权益纠纷，也应依服务合同关系及《腾讯游戏许可及服务协议》中的约定确定管辖法院。**对此本院认为，腾讯公司在游戏用户下载安装及登录《地下城与勇士》网络游戏时提供的《腾讯游戏许可及服务协议》并未被设置成用户**

---

〔1〕 陕西省西安市中级人民法院"（2018）陕01民辖终493号"民事裁定书。

必须阅读的选项，且协议事项内容繁多，有关发生争议确定管辖法院的条款的字体大小、颜色与其他条款并无显著区别，其提醒用户注意的功能明显不足。故此，应认为腾讯公司并未采取合理方式提请消费者注意协议管辖条款，该格式条款应认定为无效，本案仍应依法定管辖来确定管辖法院，即由侵权行为地或者被告住所地人民法院管辖。

【案例8-7】广州要玩娱乐网络技术有限公司等与吴军等计算机网络著作权纠纷上诉案[1]

本院经审查认为，被上诉人吴军对玩网络游戏《屠龙传说》取得的装备和级别等所享有的是网络虚拟财产权，并不是享有网络著作权，因此本案不能适用《最高人民法院关于审理涉及计算机网络著作权纠纷案件适用法律若干问题的解释》第一条来确定地域管辖，在对计算机网络虚拟财产权侵权案件的地域管辖没有专门司法解释的情况下，应当适用《中华人民共和国民事诉讼法》第二十八条"因侵权行为提起的诉讼，由侵权行为地或者被告住所地人民法院管辖"及《最高人民法院关于适用〈中华人民共和国民事诉讼法〉若干问题的意见》第28条"民事诉讼法第二十九条规定的侵权行为地，包括侵权行为实施地、侵权结果发生地"。本案中，上诉人通过其服务器查封了被上诉人吴军的游戏账号，从而使吴军丧失对网络虚拟财产的控制，而被上诉人吴军对这些网络虚拟财产的感知和控制是通过其使用的电脑终端来进行的，网络游戏服务器和用户电脑通过计算机网络连成整体，被上诉人吴军发现游戏账号被封号的计算机终端所在地可以视为侵权结果发生地，故吴军选择向侵权结果发生地的吉州区人民法院起诉，符合《中华人民共和国民事诉讼法》第三十五条的规定，吉州区人民法院依法对本案享有管辖权。原审裁定并无不当，要玩公司和聚力公司的上诉理由不能成立，其上诉请求不予支持。

---

[1] 江西省吉安市中级人民法院"（2014）吉中民立终字第15号"民事裁定书。

【案例 8-8】张戈与北京华清飞扬网络股份有限公司网络侵权责任纠纷再审案[1]

关于张戈请求的赔偿问题。张戈在腾讯 QQ 平台玩华清飞扬网络公司提供的"红警大战"游戏四年有余，作为资深游戏玩家，张戈投入了大量的金钱和时间；同时，张戈在玩游戏的过程中也获得了感官上的满足、精神上的愉悦和虚拟世界中所向披靡、无坚不摧的成就感，这正是网络游戏的魅力所在，也是游戏玩家投入时间和金钱的最大动力。虽然张戈的 ID 在被封停期间其账户数据仅处于封禁状态，充值及充值奖励仍然存在，张戈已投入游戏的财产仍然存在，但网络游戏中的玩家是通过不断参与游戏获得奖励完成升级而达到参与目的的，在张戈主张的 ID 被封停后，其显然不能实现这样的目的。另外，**虽然虚拟财产以数据形式存在，但由于其具有一定价值，虚拟财产的主体可以在一定条件下使用、处分该财产，甚至可以因其所具有的特殊财产属性而在一定情况下因交易行为而给虚拟财产权利主体带来经济利益。本案中，张戈的个人的账号在缺乏明确依据的情况下被网络游戏公司封停长达一年之久，不仅构成网络服务合同的根本违约，更使其财产权益等受到了侵害。二审法院根据查明的案情，纠正了一审法院认定事实错误，认为张戈提出的赔偿请求部分合理，综合考虑网络虚拟财产特有属性、侵权行为性质持续时间、网络游戏账号运行时间与财产投入等因素酌定的赔偿数额适当，依法所作改判结果正确，适用法律无误，**应予维持。

二、人身权与财产权

人身权与财产权，这是依据民事权利的内容及客体对民事权利进行的传统划分。但由于知识产权及社员权、投资性权利、网络虚拟财产等权利类型的出现及逐渐成形、完善，将知识产权、社员权或投资性权利、继承权、数据、网络虚拟财产权等权利类型作为与财产权、人身权并列的民事权利类型，是一种务实的态度。

然而，虽然将民事权利划分为人身权和财产权两大类并不十分精确，但从不是十分较真的角度出发，这一分类对民事权利的理解仍有一定的说明价值。

---

[1] 北京市高级人民法院"（2018）京民申 2813 号"民事裁定书。

由于这些新的权利类型的财产性质极其明显，所以将它们归入财产权而与物权、债权并列，也并非完全不妥。另外，原来对财产权的传统分类逻辑——物权与债权、对物权与对人权、绝对权与相对权等理论对实践仍具指导意义。如果严格地说，民法（私法）可能要定义为调整平等主体之间的人身关系、财产关系、知识产权关系与社员权关系等的法了，而传统上民法（私法）仅包括人法（家庭法）和财产法。

三、支配权、请求权、形成权与抗辩权

依民事权利的作用，可以将民事权利划分为支配权、请求权、形成权与抗辩权。而支配权与请求权的分类更具重要意义。

（一）支配权

支配权是权利人直接支配权利客体并享受其利益的权利。支配权的特点之一是支配性，即权利人仅凭自己的意思即可直接实现其权利的利益，而无需义务人的积极作为予以配合；其另一个特点是义务人的不特定性和对应义务的消极性，即义务人是不特定的，而且其义务是消极的、不作为的，是对权利人的支配权的尊重和不干涉。支配权可以进一步划分为物权、人身权及知识产权中的支配权[1]。支配权的典型是物权中的所有权，即对物的支配权。物权具有一个在时间和空间上存在的"客体"（物），某物归某人所有，意味着法律一般承认所有权人自己的意愿对他所有的物是起决定作用的，所有权人原则上可以实施一切与所有物相关的行为，即可以"随意处分其物"，当然须以不违反法律和侵害第三人的权利为限[2]。权利上也可成立权利，比如我国物权法规定建设用地使用权（一种用益物权）可以成为抵押权（一种担保物权）的客体（《物权法》第180条）、知识产权可以成为质权（一种担保物权）的客体（《物权法》第223条），但权利一般并不作为所有权的客体，所有权的客体一般是有体物。从人可以自由支配其拥有的权利的角度而言，同人自由支配其所有的物是一样的。

---

　〔1〕　人身权中的支配权，不意味着人格或身份可以作为支配权的客体，因为人格不可抛弃、不可转让、不可剥夺已成为人类常识。但人可以依法处分其姓名（如更名或许可他人使用）、肖像、隐私等人格利益。

　〔2〕　参见［德］卡尔·拉伦茨：《德国民法通论》（上册），王晓晔等译，法律出版社2003年版，第284~286页。

（二）请求权

1. 请求权的概念。请求权是请求他人为一定给付的权利。所谓给付，即满足请求权人一定利益的行为。因此请求权人即权利人有权要求义务人作出一定的行为（或不行为）以满足权利人一定利益。

请求权与支配权有明显的不同：其权利利益的实现须通过义务人的给付和积极地配合（作为或不作为）才能实现，而支配权的义务人的义务是消极的，是尊重及不干涉的义务；请求权的义务人总是特定的、具体的，而支配权的义务人是不特定的。

2. 请求权的种类。请求权又可以分为独立请求权和非独立请求权。独立请求权自身就具有一定的意义，它不依赖于之前就已存在的、它为之服务的权利，而是单独地存在，具有独立的经济价值，其本身就属于一种权利，债权就是典型的请求权。非独立请求权则是为实现其他的权利服务的，比如服务于属于绝对权的人身权、知识产权、物权等。非独立请求权具有一种服务功能[1]。

非独立请求权一般作为基础性权利（原权）的派生性、救济性权利出现，当原权（基础性权利）受到侵害或有被侵害之虞时，就会产生救助基础权利的救济权。比如作为支配权、绝对权的所有权，只要所有权人对属于他所有的物的支配没有受到他人的干扰，所有权人对物的占有、使用、收益没有受到他人的侵害，所有权人就无需提出一个针对一个特定的人的请求权。那么所有权就处于静止状态，所有权作为支配权和绝对权是针对所有其他人的。但只要一个没有权利的人对所有权人的支配范围进行了侵犯，并由此使所有权人的权利受到了侵害，情况就发生了变化，所有权就具有了针对特定人的特性，比如有人侵夺所有权人的所有物或损坏其物，所有权人就会有针对这些特定的人的原物返还请求权或损害赔偿请求权。

当然，还可以根据请求权的发生基础分为基于人身权产生的请求权、物权请求权（如原物返还请求权、妨害防止及妨害排除请求权，见《物权法》第

---

〔1〕 参见［德］卡尔·拉伦茨：《德国民法通论》（上册），王晓晔等译，法律出版社 2003 年版，第 325 页。另有认为请求权均为派生性权利，请求权为权利之表现或作用。债权本身并非请求权，请求权仅为其作用；债权请求权原则上随债权成立时，当然随之存在。其他请求权则多于第三人侵害时，始告发生。参见王泽鉴：《民法总则》，中国政法大学出版社 2001 年版，第 75 页；张俊浩主编：《民法学原理》，中国政法大学出版社 1997 年版，第 77 页。

34、35 条）、债权请求权等，但基于对绝对权的侵害而产生的损害赔偿请求权一般认为属于基于侵权而产生的债权请求权。

3. 请求权的地位。在民事权利的体系中，请求权处于枢纽的地位。因为无论何种权利，当它们受到侵害时，均需救济性的请求权来"保驾"。另外，实体法上的请求权（我们这里提到的民法中的请求权是实体法上的请求权）又需经由程序法上的请求权来行使。程序法上的请求权实质上是请求公力救济的权利（诉权），从这个意义上，又可以说请求权是连结民法（实体法）与民事诉讼法（程序法）的纽带[1]。

4. 请求权的聚合与竞合。请求权的聚合，指同一法律事实同时引起多个请求权，其要求给付的内容各不相同，并且可以同时主张。如侵害他人人身权益，除可请求财产损失外（《侵权责任法》第 16 条），如造成他人严重精神损害的，被侵权人还可以请求精神损害赔偿（《侵权责任法》第 22 条）。

请求权的竞合，是指同一法律事实，依据不同的规范基础，会产生以同一给付为目的的数个请求权并存，当事人可以选择行使。当其中一个请求权因目的达到而消灭时，其他请求权也因目的达到而消灭。比如某人手机为他人所盗取，受害人既可依《物权法》要求返还及赔偿损失（《物权法》第 34 及第 37 条），也可依据《侵权责任法》要求返还原物及赔偿损失（《侵权责任法》第 2 条及第 15 条）。就请求权的竞合，当事人可以自行选择在效果、举证责任甚至受诉法院等方面对其最有利的请求权行使，实践中也常有法院对此进行释明[2]。

因合同所生之请求权与基于侵权所生之请求权的竞合较为常见。我国《合同法》第 122 条规定："因当事人一方的违约行为，侵害对方人身、财产权益的，受损害方有权选择依照本法要求其承担违约责任或者依照其他法律要求其承担侵权责任。"《合同法解释（一）》第 30 条规定："债权人依照合同法第 122 条的规定向人民法院起诉时作出选择后，在一审开庭以前又变更诉讼请求的，人民法院应当准许。对方当事人提出管辖权异议，经审查异议成立的，人

---

〔1〕　参见张俊浩主编：《民法学原理》，中国政法大学出版社 1997 年版，第 77 页；王泽鉴：《民法总则》，中国政法大学出版社 2001 年版，第 74 页。

〔2〕　比如【案例 8-2】印志燕诉上海吉祥航空股份有限公司等侵权责任纠纷案，见上海市浦东新区法院"（2014）浦民一（民）初字第 11907 号"民事判决书。

民法院应当驳回起诉。"

5. 请求权基础的思考方法。给付之诉为最重要的民事诉讼。而给付之诉的重中之重则在于找到一方当事人得向对方主张为一定给付（请求）的规范基础，即确认请求的一方有"权"请求对方为一定的给付。而有"权"的一方之所以有权请求对方为一定的给付，必有其依据的法律规范基础，即依据什么法律哪一条赋予该方的何种请求权，亦即请求权的规范基础。

大陆法系法典化的特点，采用演绎的方法，从抽象到具体，用法条、概念将权利类型化。法典化的立法技术固然使民法成为一个层次分明、构造严谨的法典，但亦使法律的适用趋于复杂化和技术化[1]。法典化的立法技术，一方面对立法提出了较高要求（须尽力避免出现法律漏洞），另一方面也使法律的适用更加精细和复杂，比如对同一事实可能会同时涉及物权法规范、合同法规范、侵权法规范甚至公法规范，上述请求权的竞合与聚合即是一例。因此，对法典化的司法区域，请求权基础的思考方法具有重要意义。

（三）形成权

形成权是指依照权利人单方的意思表示即可使既存的法律关系发生变动的权利。比如追认权可使法律关系生效（如《民法总则》第145、171条等，《合同法》第47、48条等）；解除权（如《合同法》第94条等）[2]、撤销权（如《民法总则》第147~150条、《合同法》第47、48、54条等）可使法律关系消灭。法律关系的变动一般需双方当事人合意，但形成权赋予一方当事人（形成权人）有权依其单方意思而形成一定的法律效果，对方当事人（形成权人的对方）须允许这种形成并受其约束。形成权有些直接由法律规定，当事人之间也可依法约定其中一方有某种形成权，比如约定在某种情况下某一方有解除权。依据《民法总则》第199条，形成权中的撤销权、解除权适用除斥期间的规定，存续期间届满，撤销权、解除权等权利消灭。

（四）抗辩权

抗辩权是能够阻止请求权行使的权利，即对请求权的反对权，其目的在于

---

[1] 王泽鉴：《法律思维与民法实例——请求权基础理论体系》，中国政法大学出版社2001年版，第63页。有关请求权基础的思考方法，参见该书。

[2] 此外合同法分则也有大量条文具体规定了解除权，如"买卖合同"一章中的第164~167条；"借款合同"一章中的第203条；"租赁合同"一章中的第219条；等等。

永久地或暂时地阻止请求权的实施或使请求权减弱。比如诉讼时效已过，可以使请求权的相对人取得一个永久阻止请求权人的抗辩权[1]；又如同时履行抗辩权（《合同法》第66条）、先履行抗辩权（《合同法》第67条）、不安抗辩权（《合同法》第68条）、先诉抗辩权（又称检索抗辩权，《担保法》第17条）等。因此，抗辩权又可以分为一时性的抗辩权与永久性的抗辩权。需要说明的是，抗辩权与诉讼中的抗辩有区别，诉讼中的抗辩有法律关系未发生（即权利从未存在）的抗辩及法律关系已消灭（权利已消灭）的抗辩，是否认对方抗辩权利的存在；而主张抗辩权则需证明自己抗辩权的存在及其法律依据。

四、绝对权与相对权、对世权与对人权

绝对权是可以对抗所有其他人的权利，从而每一个他人都对权利人负有义务，不侵犯这种权利，似乎是对整个世界的权利，因此又称为对世权；相对权，是指只针对某个特定的人的权利，仅这个特定的人负有义务或受到某种特定的约束。

物权、人身权、知识产权等属于绝对权，债权及其他请求权属于相对权。这种区分有重要意义。所有权是典型的绝对权，债权是典型的相对权；这一区分直接导致了物权法与债权法的区别，物权变动的规则与债权变动（发生）的规则不同及区分。

【案例8-9】杨涛诉惠凤艳等案外人执行异议之诉案[2]

杨涛主张其系从惠凤艳处因买卖而受让物权。需要指出，所有权作为物权的一种，其取得的方式分为继受取得和原始取得，买卖即为继受取得的原因之一。对于不动产的物权继受取得而言，买卖合同的成立和有效仅仅意味着债权人对合同相对人的债权请求权成立，如欲使其取得具有排他效力的物权，应当履行法定的公示程序。也就是说，要将自己在不动产之上的物权按照法定的方式对不特定的第三人进行昭示。对此，《中华人民共和国物权法》第九条规定：

---

[1] 对诉讼时效（又称消灭时效）的效力，有诉权消灭说、胜诉权消灭说及抗辩权发生说，中国大陆之前曾普遍认为系请求权丧失胜诉。但依最高人民法院《关于审理民事案件适用诉讼时效制度若干问题的规定》第3及第21条，主债务人因诉讼时效已过享有的是"诉讼时效抗辩权"，当事人未提出主张，法院不应对诉讼时效问题释明及主动适用诉讼时效的规定。现在《民法总则》第192及第193条肯认了抗辩权发生说，这种理解更为妥当并有利于保护权利人的权利。

[2] 最高人民法院"（2015）民申字第1885号"民事裁定书。

"不动产物权的设立、变更、转让和消灭，经依法登记，发生效力；未经登记，不发生效力，但法律另有规定的除外。"第十四条规定："不动产物权的设立、变更、转让和消灭，依照法律规定应当登记的，自记载于不动产登记簿时发生效力。"可见，依据前述法律规定，**不动产所有权的取得，除了法律另有规定的情形外，只有在不动产登记簿上记载之后，其方能取得包括所有权在内的所有不动产物权。**而从本案查明的事实看，案涉房屋登记在被执行人城乡建设公司名下，在不动产登记没有变更的情况下，杨涛要求确认对案涉房屋享有所有权的诉求，依法不予支持。

第三节 民事权利的行使、保护及民事责任

一、民事权利的行使

民事权利为具有法律之力的利益。民事主体行使民事权利，是权利主体实现其权利内容的行为或过程；民事权利的实现，则是权利主体行使权利的结果。

权利主体行使民事权利，是个人的私事，一般由权利主体自主决定（如果他有能力自主决定的话），即意思自治；但权利的行使时常会牵涉他人甚至影响社会的共同生活，因此权利总是有其范围，权利的行使须遵循权利不得滥用、公序良俗及诚实信用等民法基本原则。

二、民事权利的保护

民事主体的民事权利随时可能遭到他人，甚至公权力机关的侵害，需要通过法律手段予以保护。

民事权利的保护或者实现是整个法律体系的任务，牵涉程序法（诉讼法及仲裁法），甚至公法（比如行政法、刑法等）。对于民事权利，法律可以通过两类途径进行保护：一是私力救济，即法律许可权利人依靠本身的力量行使救济权以恢复其权利或法律许可他人（非负有法定或约定义务的人）出手救济；二是权利人请求国家专门机关的帮助，即公力救济。

（一）公力救济

民事权利受到侵害，一般情况下权利受侵害的当事人须通过请求国家的帮助来保护其权利。如果一般主体侵害民事权利，权利主体可以通过民事诉讼程

序请求国家的帮助；如果是公权力机关侵害民事权利，则可以通过行政复议或行政诉讼途径要求救济。

（二）私力救济

自力救济是人类早期盛行的自我保护方式，一俟国家权力足够发达，便不再允许该项制度的泛滥。因为自力救济容易滋生暴力，难免当事人恃强凌弱，导致循环复仇[1]。因此，现代文明社会，民事权利的救济以公力救济为原则，自力救济为例外。如前所述，国家与社会也是一对矛盾，国家有为社会提供服务的职能或职责，应权利人的请求保护受侵害的权利即是其重要职能；如果请求公力救济不能或成本过高，又会导致私力救济的泛滥，比如"讨债公司"的出现。

在公力救济不及的情况下，法律一般也会允许私力救济。私力救济一般包括自助行为、自卫行为与"见义勇为"[2]行为。

1. 自助行为。自助行为即权利人为保护自己的权利，在请求公力救济来不及的情况下，自行对加害人的财产予以扣押、毁损或者对其人身自由予以约束的行为。我国民法虽对自助行为没有明确的规定，但现实中会存在。实施自助行为，须：①自己的权利受到不法侵害；②来不及请求国家的帮助，如不实施自助行为会导致权利无法实现或成本过高、有显著困难；③方式及方法适当，不能超过必要的限度；④采取自助行为后应妥善处理或及时请求国家帮助。比如，有人至饭店用餐却拒绝付款，饭店可扣留其必要财产或暂时约束其自由、要求提供担保或身份信息以便讨要欠款，但不能将人捆绑示众。

2. 自卫行为。自卫行为是当权利受到现实的侵害，在来不及请求公力救济的情况下，为防止损害的发生或扩大，权利人采取的适当保护措施。自卫行为包括正当防卫与紧急避险。

（1）正当防卫，是对现实的不法侵害加以反击，以保护自身或他人的权利。《民法总则》第181条规定，"因正当防卫造成损害的，不承担民事责任。

---

〔1〕　参见张俊浩主编：《民法学原理》，中国政法大学出版社1997年版，第89页。

〔2〕　"见义勇为"行为，从行为人与不法侵害人之间的关系，似应适用有关正当防卫制度的相关规则；就行为人受害的受偿，似可适用无因管理制度及侵权法规则。《民法总则》第181条（关于正当防卫的规则）、第182条（关于紧急避险的规则）及第183条（关于"见义勇为"受害人的受偿规则）分别单列了正当防卫、紧急避险及正当防卫受害人的受偿规则，因此本书将"见义勇为"行为单列。

正当防卫超过必要的限度，造成不应有的损害的，正当防卫人应当承担适当的民事责任。"采取正当防卫，须：①权利受到不法侵害；②侵害正在进行，存在现实加害行为；③来不及请求国家的帮助；④反击的方式及方法适当，不能超过必要的限度[1]。

（2）紧急避险，是为了避免自己或他人的权利即将遭遇的急迫危险，为逃避该危险，不得已而实施的加害他人的行为。《民法总则》第182条规定，"因紧急避险造成损害的，由引起险情发生的人承担民事责任。危险由自然原因引起的，紧急避险人不承担民事责任，可以给予适当补偿。紧急避险采取措施不当或者超过必要的限度，造成不应有的损害的，紧急避险人应当承担适当的民事责任。"采取紧急避险，须：①存在急迫的危险，该等危险可能是他人的加害行为也可能是事件；②须为避免自身或他人的生命、身体、自由以及财产上的危险；③避险行为确属必要；④避险行为带来的损害须小于危险可能导致的损害。

3. "见义勇为"行为。《民法总则》第183条规定，"因保护他人民事权益使自己受到损害的，由侵权人承担民事责任，受益人可以给予适当补偿。没有侵权人、侵权人逃逸或者无力承担民事责任，受害人请求补偿的，受益人应当给予适当补偿。"《民法总则》第184条进一步规定，"因自愿实施紧急救助行为造成受助人损害的，救助人不承担民事责任。"[2]

"见义勇为"行为来自中华民族的优秀文化传统，也是现代中国社会提倡的"好人好事"，"见义勇为"者受损要求受益人补偿，其法理基础在于无因管理。而根据最高人民法院指导案例94号，"见义勇为"行为人为制止违法犯罪行为而受到伤害的，属于《工伤保险条例》第15条第1款第2项规定的为维护国家利益、公共利益受到伤害的情形，应当视同工伤[3]。另，根据最高人民法院指导案例98号，"见义勇为"者的追赶行为与不法侵害者逃逸而被火车

---

〔1〕 正当防卫与防卫过当的界限，可以参见最高人民法院指导案例93号，于欢故意伤害案，最高人民法院2018年6月20日发布。

〔2〕 关于紧急救助的救助人致受助人损害之免责，是否要求救助人无过失或无重大过失，《民法总则》第184条似乎对救助人的免责不考察救助人过失（甚至重大过失）存在与否，该条效果值得观察和讨论。

〔3〕 最高人民法院指导案例94号，重庆市涪陵志大物业管理有限公司诉重庆市涪陵区人力资源和社会保障局劳动和社会保障行政确认案。

撞死的后果没有因果关系、见义勇为者的行为不具有违法性、对不法侵害者的死亡亦不具有过错，"见义勇为"者对不法侵害人被火车撞死的后果不承担责任[1]。

三、民事责任

《民法总则》继承了《民法通则》"民事责任"的术语。

关于义务与责任，一般认为责任系违反义务的后果；关于债与责任、侵权行为之债或侵权行为责任、违约责任与合同责任等语词，在理论上有区分的必要，但随着历史文化的变迁，也有一些有意思的变化。

【资料】债抑责任

"自罗马法以来，市民法传统法学鉴于侵权行为的法律效果，是使加害人向受害人实施一定给付，此效果与合同、无因管理和不当得利在形态上并无不同。从而依其效果，将上述诸制度归纳在债的发生根据之下。合同之债为意定之债，而侵权行为、无因管理以及不当得利之债，则为法定之债。法国、德国、日本、俄罗斯民法典，以及我国民国时期制定的民法典，均将侵权行为作为债的根据，而在债的部分加以规定。我国《民法通则》突破了这一格局，将'侵权的民事责任'与'违反合同的民事责任'集中规定，独立为一章'民事责任'。而责任的'承担方式'则增加了'训诫、责令具结悔过、收缴进行非法活动的财物和非法所得''罚款、拘留'（第134条第3款）等附加方式。学说认为，《民法通则》增列的这五种方式，旨在制裁加害人，突出民事责任的制裁意义，因而'侵权的民事责任'与市民法的侵权行为之债不可同日而语，二者不能混为一谈。《民法通则》颁布之后的民法教科书，普遍将侵权行为放在专门的'民事责任'部分加以研讨。本书以为，《民法通则》第134条第1款所规定的民事责任诸形式，均属给付，即使学者视为新样式的形式——（九）'消除影响、恢复名誉'和形式（十）'赔礼道歉'，也不例外。至于给付标的是财产，抑或歉意之类，并不影响其作为给付的性质。就此点而言，侵权行为的民事法律效果仍然是并且也只能是债。至于第134条第3款所规定的附加责任，则已逾越同质救济的界限，因而就体系而言，已不属于民事责任的

---

〔1〕　最高人民法院指导案例98号，张庆福、张殿凯诉朱振彪生命权纠纷案。

范畴，而属于公法责任。尽管《民法通则》为了司法上的便利，而违反体系地作了规定。准此以解，民事责任的概念并不能说明《民法通则》的突破。因而本书坚持体系化方法，认为侵权行为的法律效果仍然是债，因而把它放在债编加以研讨。"（摘自张俊浩主编：《民法学原理》（上册），中国政法大学出版社2000年版，第901~902页）[1]

（一）承担民事责任的方式

依据《民法总则》第179条，承担民事责任的方式主要有：①停止侵害；②排除妨碍；③消除危险；④返还财产；⑤恢复原状；⑥修理、重作、更换；⑦继续履行；⑧赔偿损失；⑨支付违约金；⑩消除影响、恢复名誉；⑪赔礼道歉。对惩罚性赔偿的主张，需有法律明确规定[2]，方会得到支持。

（二）民事责任优先

依据《民法总则》第187条，民事主体因同一行为应当承担民事责任、行政责任和刑事责任的，承担行政责任或者刑事责任不影响承担民事责任；民事主体的财产不足以支付的，优先用于承担民事责任。

思考题：

1. 简述自然权利与法律权利的区别与联系。

---

　　[1] 张俊浩先生对债与责任、侵权行为后果的见解可谓精当。我国《民法总则》仍在第八章规定了"民事责任"，算是延续了《民法通则》的做法，我国亦颁布有《侵权责任法》，未来民法典亦可能会有单独的侵权责任编，侵权行为之法律后果为债或责任的争论可能会继续。不过，我国《民法总则》第八章"民事责任"已去除"训诫、责令具结悔过、收缴进行非法活动的财物和非法所得""罚款、拘留"等所谓附加责任，也算是对所谓的"体系违反"进行更正。本书赞同张俊浩先生关于民事责任的论断，所谓民事责任，在民事效果上与"债"的效果无异。随着《民法总则》的实施，也许诸如最高人民法院《关于审理专利纠纷案件适用法律问题的若干规定》第19条的"民事制裁""民事罚款"等内容可能会消失。《民法总则》之民事责任章的相关规则均可置于债法之中，但因中国未来民法典分编中可能没有债法总则编，但仍会有合同及侵权责任编，相关民事责任的规则亦只能结合合同及侵权法规则才可能适用。又如《民法总则》第185条所谓"英烈条款"，与各司法区域的民法典相较，实属罕见，是否有必要在《民法总则》中列一条，值得讨论。因此，本书并未单列民事责任为一章，而仅在此处简单介绍。

　　[2] 比如《消费者权益保护法》第55条关于经营者欺诈情形下的惩罚性赔偿、《食品安全法》第148条第2款关于生产不符合食品安全标准的食品或者经营明知是不符合食品安全标准的食品情形下的惩罚性赔偿。

2. 如何对权利进行分类?

3. 民事权利有哪些类型?

4. 我国民法总则规定了哪些种类的民事权利?

5. 民事权利类型的划分与民法典的编纂有什么关系?

6. 民事权利的保护有哪些途径?

7. 请谈谈民事责任与债的关系。

民事权利变动篇

矛盾吧[1]。

　　根据《民法总则》的定义并结合学理，法律行为有以下特征：①法律行为是一种法律事实，可以引起民事法律关系或者民事权利的变动；②法律行为属于法律事实中人的行为，即受人的意志控制，从而区别于事件或状态的法律事实；③法律行为属于私法行为，行为人不具公权力性质或其行为不具公权力性质，即行为各方并无法定强制力的使用，从而区别于公权力机关行使公权的行为；④法律行为系民事主体"主动"变动民事权利的行为，其以意思表示为要素，即任一法律行为必包含至少一个意思表示，从而区别于另外一种作为法律事实的行为——事实行为。所谓意思，即行为人内心欲发生一定法律效果的想法，所谓表示，即该想法的外在表达。如上述我国台湾地区学者解释法律行为的立法理由所述，法律行为系"因行为人之所欲而生效力"的行为；而事实行为系"不问是否当事人之所欲亦生效力"的行为。

第二节　法律行为之要素——意思表示

　　作为法律行为的要素，有必要弄清楚意思表示的含义，《民法总则》没有对意思表示直接进行定义，但对意思表示专节进行了规定（第六章第二节）。意思表示即"意思+表示"，即将内心欲发生一定法律效果的想法（意思）表达（表示）出来的行为。

一、意思表示的构造

　　学理上，构成一个意思表示须满足以下要件：

　　1. 就主观方面，首先，表意人内心须有一个欲发生一定法律效果的意思，即效果意思，如不想要一件物品的所有权、欲转让一件物品的所有权等；其

---

　　〔1〕　之前中国学界有认为民事法律行为既为合法行为，何谈无效与可撤销？《民法通则》遂发明"民事行为"一词，有"无效的民事行为"与"可撤销、可变更的民事行为"，以解决无效的法律行为（如果将其定义为合法行为的一种的话）可能的逻辑矛盾；也有认为即使法律行为为合法行为，法律行为与无效的法律行为也类似于"苹果"与"坏苹果"的语言现象，难言逻辑矛盾。不过，就立法技术而言，避免在法律条文中直接定义法律行为，不失为一种明智做法，比如我国台湾地区"民法"及澳门特别行政区《民法典》均未对法律行为进行直接定义。另外，"法律行为"系源自德国人的发明，考察其原意及蕴含之价值理念信息，是一件有意义的事。关于中国法上民事法律行为概念的详细考察，参见朱庆育：《民法总论》，北京大学出版社2016年版，第88~111页。

次，表意人须有表示意识，即表意人完全了解其对意思进行表达的行为在一般人看来意味着什么，他这么做别人能够理解其意思，比如将即将过期的食品抛入垃圾箱、在商店门口显著张贴店内某具体商品的价格；最后，表意人须有行为意思，即行为人自觉自愿、主动实施表示其效果意思的行为，并非受到强制或失去意识所为。意思自治，即为自己的意思自己决定、自己负责。

2. 就客观方面而言，须有将内心的效果意思表达出来的行为。

3. 行为能力要件，即表意人须有行为能力。行为能力系以民事主体的意思能力（对法律效果的理解能力以及表达能力）为依据的，如无行为能力，表意人的意思表示则毫无意义。

二、意思表示与法律行为

意思表示是法律行为的要素，但其并不是法律行为本身，因为虽然所有的法律行为必然包含至少一个意思表示，但大量情况下，仅有意思表示还不构成法律行为，不会产生当事人欲发生的法律效果，亦即，法律行为除意思表示的要素外，还须有其他要素或要件配合，才能作成一个真正的法律行为，发生当事人欲发生的法律效果。

比如结婚，A 说："B，嫁给我，好吗？"，B 说："好的"。此时，双方均有了意思表示，而且一致，但是并未因此在 A 和 B 之间产生婚姻的法律关系，根据我国法律，还要考察 A、B 是否具有结婚能力，两人还要亲自去民政部门完成结婚登记，才会产生两人想要的婚姻法律关系、取得双方想要的夫或妻的权利义务。

意思表示生效也有拘束力，但其拘束力与一个生效的法律行为的效力还是有区别的。比如，依据《合同法》第 16 条规定，要约[1]到达受要约人时生效；第 18 条规定："要约可以撤销。撤销要约的通知应当在受要约人发出承诺通知之前到达受要约人。"而生效的合同（作为法律行为的一种）就是合同双方当事人之间的法律，具有相当于法律的效力。

三、意思表示的类型

1. 依据意思表示是否以对话方式作出，可分为对话方式的意思表示和非对

---

〔1〕《合同法》第 14 条规定："要约是希望和他人订立合同的意思表示，该意思表示应当符合下列规定：①内容具体确定；②表明经受要约人承诺，要约人即受该意思表示约束。"

话方式的意思表示。《民法总则》第 137 条规定："以对话方式作出的意思表示，相对人知道其内容时生效。以非对话方式作出的意思表示，到达相对人时生效。以非对话方式作出的采用数据电文形式的意思表示，相对人指定特定系统接收数据电文的，该数据电文进入该特定系统时生效；未指定特定系统的，相对人知道或者应当知道该数据电文进入其系统时生效。当事人对采用数据电文形式的意思表示的生效时间另有约定的，按照其约定。"需说明的是该条第一款之"生效"为意思表示之生效，并非法律行为之生效，意思表示生效的意义主要体现在合同订立的过程中，而合同订立的过程即要约与承诺的过程，而要约与承诺均为意思表示。

2. 依意思表示有无相对人，又可以分为有相对人的意思表示和无相对人的意思表示。"无相对人的意思表示，表示完成时生效。法律另有规定的，依照其规定"（《民法总则》第 138 条）。而有相对人的表示又可以分为针对特定人的意思表示和针对不特定人的意思表示。针对不特定人的意思表示可以公告方式作出，"以公告方式作出的意思表示，公告发布时生效"（《民法总则》第 139 条）。

3. 依表示行为的样态，意思表示可以分为明示表示与默示表示。明示表示即使用明确的语言表达进行表示，该等语言可包括口头、书面甚至大家一致认可的动作（如点头、摇头、扬招出租车等等）。默示表示，则系特定情况下的沉默，须经推理方能了解沉默者的意思，有时法律也会规定特定沉默的含义，比如我国《继承法》第 25 条规定："继承开始后，继承人放弃继承的，应当在遗产处理前，作出放弃继承的表示。没有表示的，视为接受继承。受遗赠人应当在知道受遗赠后 2 个月内，作出接受或者放弃受遗赠的表示。到期没有表示的，视为放弃受遗赠。"即系对继承开始后继承人及受遗赠人没有表示情况下内心意思的推定。

《民法总则》第 140 条规定，"行为人可以明示或者默示作出意思表示。沉默只有在有法律规定、当事人约定或者符合当事人之间的交易习惯时，才可以视为意思表示"。

4. 依意思表示是否必须以法定或约定的方式作出，可分为要式的意思表示和不要式的意思表示，法定或约定之要式，或为书面，或为公证等。依意思自治原则，意思表示以不要式为原则，要式为例外。

四、意思表示的撤回与解释

1. 意思表示可以撤回，但须满足法律规定的条件。依据《民法总则》第141条，"撤回意思表示的通知应当在意思表示到达相对人前或者与意思表示同时到达相对人"，方可撤回。因为这样才不会对相对人造成实质性的困扰。

2.《民法总则》第142条分别对有相对人和无相对人的意思表示的解释规则作出规定："有相对人的意思表示的解释，应当按照所使用的词句，结合相关条款、行为的性质和目的、习惯以及诚信原则，确定意思表示的含义。无相对人的意思表示的解释，不能完全拘泥于所使用的词句，而应当结合相关条款、行为的性质和目的、习惯以及诚信原则，确定行为人的真实意思。"

【案例 9-1】张默等诉卢和松房屋买卖合同纠纷上诉案[1]

一审法院认为：……本案中，涉案房屋的产权人为张默，2012年5月13日，张默之母郭某作为张默代理人与卢和松签订《北京市存量房屋买卖合同》并收取了卢和松给付的定金及首付款共计60万元，在合同签订后将涉案房屋交付卢和松使用。在本案审理过程中，卢和松和涛顺公司均未能出具张默委托郭某出售涉案房屋的委托代理手续，故在此情况下，应视为郭某没有代理权。……

本院认为，卢和松虽然主张郭某有权代理张默签订房屋买卖合同，但未能提交张默对郭某的委托代理手续，亦未能提供充分证据证明其有理由相信郭某对张默的代理权，故一审法院认定郭某没有代理权正确。本案的争议焦点在于张默是否对于郭某的无权代理行为进行了追认。

首先，依郭某与张默的陈述，《北京市存量房屋买卖合同》签订时张默赴新加坡留学不久，张默于两年后即2014年回国。张默在《北京市存量房屋买卖合同》签订后至本案诉讼前长达五年的时间内一直未对于房屋买卖合同的签订及履行提出异议。尽管张默与郭某均主张张默在国外期间对于房屋买卖一事并不知情，但张默与郭某系母女关系，张默作为成年子女，出国学习并不能阻断其与郭某之间对于房屋买卖等较为重大的事件进行沟通和联系。退言之，即使张默在出国期间对于房屋买卖不知情，但涉案房屋在2012年即交付卢和松

---

[1] 北京市第一中级人民法院"（2018）京01民终1044号"民事判决书。

使用，张默在回国后理应及时发现房屋已经转移占有，张默在此后的近三年中未及时提出异议亦不符合常理。

其次，张默主张其与卢和松之间的微信内容均系为了办理房屋所有权证和落户所作拖延和周旋，并非同意的意思表示。但张默的房屋所有权证系于2016年12月办理，且其主张开发商系逾期办理房屋产权证，即张默在回国后并不确定房屋所有权证何时能够办理完毕。张默在得知自己房屋被出售，且无法确定房屋所有权证何时办理的情况下，选择沉默两年多等待办证而不提出异议，不符合正常的行为方式。

第三，依据张默与卢和松之间的往来微信内容，张默询问付款时间、房屋核验等继续履行合同的流程等问题，表示配合办理房屋核验，并与卢和松协商网签时间。**微信内容可以体现出在房屋产权证办理后，张默表示同意继续履行，没有提出异议。张默虽主张其真实目的在于拖延和周旋，并非真实的同意履行合同。但在存在相对人的民事法律行为中，对于其意思表示的解释，应当按照所使用的词句，结合习惯以及诚信原则，确定意思表示的含义。因此，尽管张默主张其内心意思不同意履行合同，但在其内心与表示不一致的情况下，应当在其表示内容所可能包含的文义范围内作出解释，而不能以其单方对内心意思的解释为准。**即使依照张默所述目的，其在得知郭某构成无权代理且不同意追认的情况下，张默的民事权利依法能够得到保护，其选择作出虚假的表示，以便于办理房屋所有权证并落户，其选择的手段亦与诚实信用原则相悖。

第三节　法律行为的构造与意义

本节讨论法律行为的构造，即如何作成一个真正的法律行为，或者说作成一个真正的法律行为需要满足哪些要件。作成一个真正按当事人的意愿发生法律效力的法律行为，须同时满足成立要件和生效要件。

一、法律行为的成立要件

《民法总则》第134条规定，"民事法律行为可以基于双方或者多方的意思表示一致成立，也可以基于单方的意思表示成立。法人、非法人组织依照法律或者章程规定的议事方式和表决程序作出决议的，该决议行为成立"。

法律行为的成立要件又可分为一般成立要件和特别成立要件。

（一）一般成立要件：当事人的意思表示

法律行为的一般成立要件，即所有法律行为必须具备的成立要件，包括当事人和意思表示。也就是说，只要有当事人和意思表示，即满足一般成立要件。因为有一个具体的意思表示必然有当事人，因此，也可以说有具体的意思表示即满足一般成立要件。

（二）特别成立要件：要式或要物

法律行为的特别成立要件，是特定的法律行为除一般成立要件外的特有要求，比如对于要式行为，须意思表示符合法定或约定的形式如书面、公证等[1]；对于要物行为，须有物之交付方为成立。比如我国《合同法》第367条规定："保管合同自保管物交付时成立，但当事人另有约定的除外。"保管合同系法律行为中双方法律行为的一种，其成立就要求保管物的交付。

如仅满足成立要件而不满足生效要件，则法律行为成立，但未生效。

【案例9-2】湖南康润药业有限公司与加拿大麦迪斯达公司等中外合作经营合同纠纷再审案[2]

本案为中外合作经营合同纠纷，一、二审法院适用我国法律审理本案是正确的。本案争议的焦点问题在于《合作协议》效力的认定。案涉《合作协议》是各方当事人真实意思的一致表示，合同依法成立。""案涉《合作协议》为一份设立合作企业的协议"，而"《中华人民共和国中外合作经营企业法实施细则》第十一条规定：'合作企业协议、合同、章程自审查批准机关颁发批准证书之日起生效。在合作期限内，合作企业协议、合同、章程有重大变更的，须经审查批准机关批准。'本案当事人在签订《合作协议》后，未再就设立合作企业进一步签订合同、章程等，亦未将《合作协议》报审查批准机关审查批准。《中华人民共和国合同法》第四十四条第二款规定：'法律、行政法规规定应当办理批准、登记等手续生效的，依照其规定。'最高人民法院《关于适用<中华人民共和国合同法>若干问题的解释（一）》第九条规定：'依照合同

---

〔1〕 需注意的是，我国《合同法》为促进交易，让合同尽可能地成立和生效，在第36条规定了"法律、行政法规规定或者当事人约定采用书面形式订立合同，当事人未采用书面形式但一方已经履行主要义务，对方接受的，该合同成立"。

〔2〕 最高人民法院"（2013）民提字第239号"民事判决书。

法第四十四条第二款的规定，法律、行政法规规定合同应当办理批准手续，或者办理批准、登记等手续才生效，在一审法庭辩论终结前当事人仍未办理批准手续的，或者仍未办理批准、登记等手续的，人民法院应当认定该合同未生效。'最高人民法院《关于审理外商投资企业纠纷案件若干问题的规定（一）》第一条规定：'当事人在外商投资企业设立、变更等过程中订立的合同，依法律、行政法规的规定应当经外商投资企业审批机关批准后才生效的，自批准之日起生效；未经批准的，人民法院应当认定该合同未生效。当事人请求确认该合同无效的，人民法院不予支持。'由于案涉《合作协议》未经审查批准机关审查批准，依据上述规定，该协议虽成立但未生效。一、二审判决认定该协议有效，属适用法律不当。麦迪斯达公司和康润药业公司均申请解除《合作协议》，且该《合作协议》已无实际履行的可能，一、二审判决解除《合作协议》并无不当，应予维持。

鉴于《合作协议》未生效，麦迪斯达公司和康润药业公司以合同有效为前提，各自要求对方承担违约责任的本诉和反诉请求，均缺乏事实和法律依据，不应予以支持。二审判决关于康润药业公司和景达生物公司赔偿麦迪斯达公司经济损失 50 万元的判项适用法律不当，本院应予纠正。

二、法律行为的生效要件

一个法律行为成立了，只是说具备了一个法律行为的雏形或"胚胎"，它是不是有效，或者说是不是构成一个"真正的"法律行为，是不是能够按照当事人的意思发生法律效力（产生权利义务、建立法律关系），还要考察其是否具备生效要件。

《民法总则》第 136 条规定，民事法律行为自成立时生效，但是法律另有规定或者当事人另有约定的除外。行为人非依法律规定或者未经对方同意，不得擅自变更或者解除民事法律行为。

法律行为的生效要件又可分为一般生效要件与特别生效要件。

（一）一般生效要件

法律行为的一般生效要件，是所有法律行为须满足的生效要件，包括：①行为人须有相应的行为能力；②意思表示须健全、真实、自由，不能存在重大误解、欺诈、胁迫等情形；③标的须确定、可能、合法、妥当。

与《民法通则》第 55 条规定类似，《民法总则》第 143 条规定："具备下列条件的民事法律行为有效：①行为人具有相应的民事行为能力；②意思表示真实；③不违反法律、行政法规的强制性规定，不违背公序良俗。"就标的之合法与妥当而言，合法指不违反法律及行政法规的强制性规定[1]，妥当则指不违反公序良俗。

（二）特殊生效要件

法律行为的特殊生效要件，是部分法律行为所特别要求的，生效须满足的条件：如有些法律行为须经公权力机关的审批、备案、登记方为生效；有些法律行为附有条件或期限等。

上述法律行为生效要件中标的合法的要求以及特殊生效要件中对特定法律行为须经有权机关审批、备案或登记方为生效的要求，类似国家作为公权力对法律行为是否生效的控制闸门，系国家对市民社会生活予以控制和干预的主要手段和通道。如前述不动产物权的变动一般须登记才生效。

三、法律行为的成立与生效

满足法律行为的成立要件，可以说具备了一个法律行为的雏形，但是否构成一个真正的法律行为，发生当事人期待发生的法律效果，还须再衡量生效要件。

一般来说，法律行为的成立要件体现了当事人的意志或者欲望，但是否依照当事人的意思生效（发生法律效力），还须接受法律、国家的评价，而生效要件正是体现了国家的意志。生效要件中对当事人行为能力、意思表示品质的要求，体现着理性主义及人本主义的人类基本理念，保障行为者确有能力理解其行为法律后果的意义以及意志自由，而标的合法，不违反法律、行政法规的强制性规定，体现着国家对市民社会的控制和管理。有些交易，即使当事人双方愿意，但国家认为其有违公共利益或公序良俗，也不会让其发生当事人期待发生的法律效力，比如毒品交易。而国家可以通过各种公法的限制，时而扩大或缩小其对市民社会的控制范围。

应该说这一区分有一定的实益。比如在民事诉讼中，如果通过确定当事人的意思表示认为不满足法律行为的成立要件，则根本不存在一个法律行为，从

---

〔1〕 依我国《合同法》第 52 条，违反法律及行政法规的强制性规定，是合同无效的情形之一；最高人民法院《合同法解释（一）》第 4 条特别解释说，"人民法院确认合同无效，应当以全国人大及其常委会制定的法律和国务院制定的行政法规为依据，不得以地方性法规、行政规章为依据"。

而就没有必要再去讨论生效要件以及是否生效了。未生效的法律行为，可能后来满足了生效要件而转化为生效的法律行为，产生当事人期待产生的权利、义务；而如果法律行为不成立，自无生效的可能。

【资料】苏永钦论法律行为的成立与生效要件

"民法中有时定为'不成立'，有时定为'无效'或'不生效力'，结果都是否定当事人所欲形成的效力，并无二致。故学者对于是否应该区分为两种或三种情形，意见相当分歧。然而任何一个法律行为，最终在法律上既只能得到一个判断——有无法律效力，则纵使构成判断基础的法律规定性质不同，有无必要据此再对最终无效力的结果加以区分，表明为不同的判断——如不成立、不生效力或无效，应端视判断基础的区隔是否够明确，及不同的判断在法律效果上可否作更精致的划分而定，否则就是学者穷极无聊的文字游戏，不玩也罢。"

"一般所谓的成立要件，指的应该是一个法律行为达到可以为效力判断最基础的部分，期待得到法律承认其效力的交易者，必须先完成行为的这一部分，未满足这部分要件，就是行为不成立。"

"然而，若交易双方已经满足了法律对法律行为的基本要求，从私法自治、国家干预越少越好的角度来看，原则上就应该肯定其效力，为什么还要另设效力的要件呢？一个很简单的回答，就是套用本文前面的分析：在通过狭义民法的检验后，还需要从法律秩序整体，也就是广义民法来作检验，看看这个法律行为如果被赋予法律效力，会不会在政策上，或法律价值上，和民法以外的其他法律或社会价值相扞格。这种由内而外的分阶段思考，在法典化的领域其实是相当普遍的模式，……，民法对于'成立'的法律行为，是否违反强制或禁止的规定，是否违反公序良俗，也必须从整体法秩序再作第二道的判断。……此一整体法秩序的第二次判断，具有调和法典和整体法秩序的功能，在民法则有调和自治和管制理念的功能，十分明显。因此若把这个基于不同基础，而从法律行为'以外'的因素去作判断，可直接确定有无效力的要件，称为生效要件，以与先前的成立要件相对立，**我们也可以这样总结：同属强制规定，成立要件是针对行为人可以控制的范畴，就'自治'应具有的行为要素所设的强制规定，只有'符不符合'而'是否生效'的问题；生效要件则是从行为以外整个法律秩序的角度，为贯彻国家的行为'管制'而对私行为加以评价所设的强**

制规定，只有'是否违反'，以致'是否无效'的问题。前者或生效力或不生效力，后者视情形则还会有有效或全部无效、一部无效乃至相对无效的选择，因此，无论就判断基础或效果而言，都不能说是没有意义的区分。"

"一个初步的建议，是把法律行为的成立，依其'共通'的要件和针对某些行为'特别'设定的要件，再分为（狭义）成立要件与特别生效要件，加上成立后法律秩序对该行为所作的第二道判断—称为'阻却生效要件'，共有三种性质不同的法律行为强制规定。其中成立要件与特别生效要件是单纯就行为发生效力所设的最低要求，都是积极的要件；阻却生效要件则是为了排除反社会的行为，阻却生效只是避免民法挖公法的墙角，因此是消极的要件。前者是从落实私法自治考量，后者则是从落实国家管制考量。"

"以基于程序经济考量而规定的'转换'制度而言，未成立的行为既无任何行为存在，即无转换的可能性。无效的行为则因为行为本身具有反社会性而不能见容于法律秩序，也不可能藉转换而继续生效。因此只有因为不具特别生效要件的行为，有转换生效的可能。……但一般认为无效原因如为违反法律或善良风俗，即不容许为转换的解释，故实际上也只有因为欠缺形式或其它特别生效要件者，始得转换。同理，尚未成立的行为，无所谓'补正'或'治愈'的问题，违反强行规范而无效，则因为无效的原因既不在当事人所能控制的范畴，且属于整体法秩序的非难评价，根本无从补正。只有已成立而因欠缺特别生效要件未生效的行为，当该要件可经由当事人、第三人或国家为一定行为而嗣后具备时，有补正的问题。"（摘自苏永钦：《私法自治中的国家强制》，中国法制出版社 2005 年版，第 35~46 页）

四、法律行为的意义

如前所述，法律行为是民法高度抽象的专业术语，是最重要的民事法律事实。法律行为作为民法的重要制度，是民法制度体系中的重要制度设计，承载着实现私法自治、意思自治原则和理念的重任。

法律行为以意思表示为要素和成立要件，国家衡量其不违反社会公共利益及基本社会理念，则会让当事人的意思发生法律效力，一般不加干涉。法律行为制度具有人文价值，是当事人实现自由、自己选择、自我实现的重要手段；同时，法律行为所体现的自己选择、自己决定的理念也有巨大的经济价值，在市场中以看不见的手的形式起着优化资源配置的作用——让资源流向最需要它的人以最大化其效用。

史尚宽先生指出，"法律行为为法律所与人人自由创设法律关系之手段，人人得依其所欲，自由创设法律关系，谓之私法自治（private automomie）。人各尽可能地发挥其知识技能，为法律活动，在社会国家之发展上为可喜之事。"民法"容许各人之私法自治，原则上人各得自由取得其所欲之权利义务，亦称个人意思自治之原则。"当然，民法"非绝对的尊重个人之自由意思，惟于助长或不妨害社会全体发展之范围，而予以容许。"[1]

第四节 法律行为的种类

如前所述，法律行为为民法学高度抽象的专业术语，因其在现实生活中形形色色、频繁发生、数量及种类众多，对法律行为进行类型化研究极其必要。为便于对法律行为的类型有一概括了解，现总列图如下（图9-1）[2]：

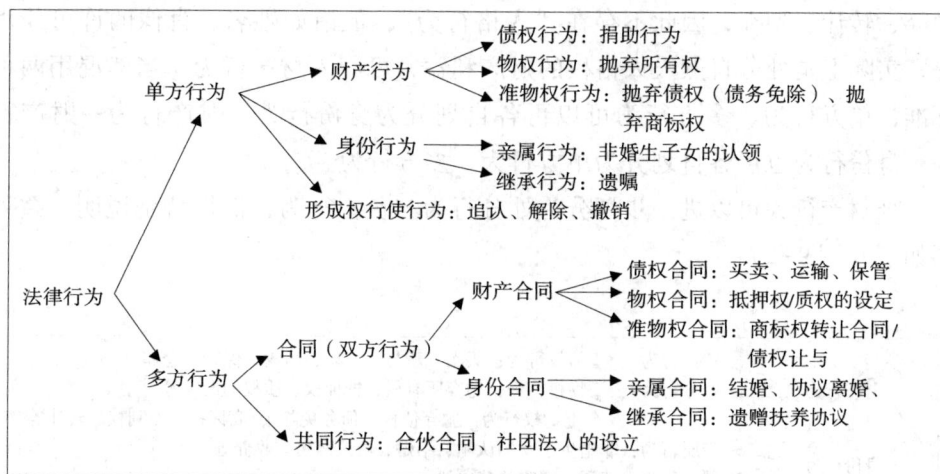

图9-1 法律行为类型图

---

〔1〕 史尚宽：《民法总论》，正大印书馆1980年版，第273页。

〔2〕 参见张俊浩主编：《民法学原理》，中国政法大学出版社1997年版，第214页；王泽鉴：《民法总则》，中国政法大学出版社2001年版，第208页。

一、单方行为与多方行为

依据法律行为是否仅需一方意思表示即可作成，可以分为单方行为与多方行为。

单方行为，又称单独行为，指仅有一方当事人的意思表示即成立的法律行为，如抛弃所有权，遗嘱，非婚生子女的认领，解除权、追认权、撤销权的行使等。

多方行为，即需两方以上的意思表示方能成立的法律行为。如为两方，则为合同（或契约）[1]；如为两方以上，则为共同行为。实际上，现实中将两方以上的均称为合同也较为常见。

二、身份行为与财产行为、处分行为与负担行为

依法律行为的效果（或效力），即该法律行为所变动的权利的不同，可分为身份行为与财产行为。比如我国《合同法》第2条特别规定"婚姻、收养、监护等有关身份关系的协议，适用其他法律的规定"，说明该法仅规范法律行为中的财产行为（主要是债权行为或负担行为）。需说明的是，由于人格不得抛弃、转让、剥夺，因此不存在"人格行为"，但诸如姓名、肖像的许可使用等，实际上是处分自然人人格权的财产利益，可归入财产行为。当然混用两种标准，单方行为、多方行为可以再各自划分为身份行为、财产行为；财产行为、身份行为也可各自划分为单方行为、多方行为。

唯财产行为可以进一步划分为处分行为与负担行为，值得特别说明。兹列图如下（图9-2）：

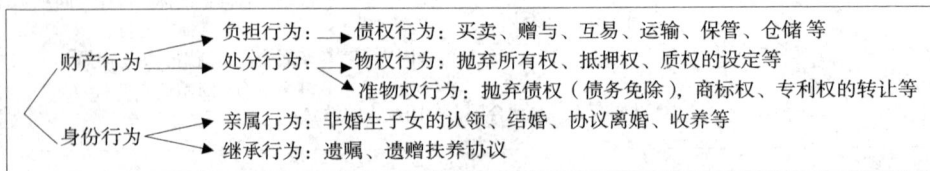

财产行为 ——→ 负担行为：——→ 债权行为：买卖、赠与、互易、运输、保管、仓储 等

处分行为 ——→ 物权行为：抛弃所有权、抵押权、质权的设定等
准物权行为：抛弃债权（债务免除），商标权、专利权的转让等

身份行为 ——→ 亲属行为：非婚生子女的认领、结婚、协议离婚、收养等

继承行为：遗嘱、遗赠扶养协议

图9-2　依据法律效果对法律行为的分类图

---

〔1〕　关于契约与合同词义的有意思的考察，参见贺卫方：《法边馀墨》，法律出版社1998年版，第93页，原文刊载于《法学研究》1992年第2期。

财产行为划分为负担行为与处分行为对于财产法乃至整个民法有重要的意义。王泽鉴先生曾形象地称，我国台湾地区现行"民法""系以'权利'与'法律行为'为核心概念，而建立其体系结构。法律行为上最重要的分类是'负担行为'及'处分行为'，二者贯穿整部民法，可称为民法的任督二脉，必须打通，始能登入民法的殿堂"[1]。

把财产权区分为对世权与对人权，是罗马法就开始的二分法。处分行为与负担行为的区分是物权（作为绝对权、对世权）与债权（作为相对权与对人权）区分的自然逻辑结果。

负担行为使一方负担义务、他方取得请求（Anspruch），（双方的）处分行为则使一方权利丧失或减少、而由他方取得某种权利（Recht）。

负担行为仅为特定人之间"关系"的调整，故行为的后果必然只发生债权债务关系；处分行为则为特定权利与特定人之间"归属"的调整，故在以物权为标的的情形下，处分行为的结果是物权另有归属，在以债权为标的的情形下，又发生债权另有归属的结果（债权的抛弃或转让）。

负担行为只会发生新的债权债务，故又称为债权行为；处分行为则会使"既有"的物权、债权或其他财产性质的权利（比如知识产权）减少或消灭（就处分一方而言），在物权的情形即一般所称物权行为，非物权的情形，有称之为"准物权行为"者。适用于物权的原则，如公示、特定，基本上也适用于动态的物权行为，始称一贯。至于物权行为的形态可为单独行为、合同或共同行为，效果可能为物权移转、设定、变更或消灭[2]。

负担行为与处分行为、债权行为与物权行为的区分，实际上是绝对权与相对权、物权与债权区分的自然逻辑结果；清晰的区分有助于法律对现实生活（特别是现代日趋复杂的交易）进行规范，实际上也是物权法和合同法分立，并且物权法遵循物权法定、公示公信等原则，而合同法则需贯彻契约自由的原则的原因所在。

承认物权与债权的区分，则负担行为与处分行为这一区分具有科学性。有

---

〔1〕 王泽鉴：《法律思维与民法实例——请求权基础理论体系》，中国政法大学出版社2001年版，第323~324页。

〔2〕 参见苏永钦：《私法自治中的经济理性》，中国人民大学出版社2004年版，第123页。

学者认为买卖交易只是一个法律行为——买卖合同成立、生效后物的交付或不动产的过户登记，只是合同的履行行为，但合同的履行行为不是法律行为而是事实行为。这一理解理论上错误并且实务中有害。买卖合同成立、生效后，标的物的交付行为或双方去不动产交易中心变动不动产权利登记的行为，可以从合同法的角度分析其规范意义——具有消灭债的法律效果，也可以从物权法的角度分析其规范意义——是一个变动物权的法律行为。

我国《物权法》明确区分了债权合同与物权变动。《物权法》第15条规定："当事人之间订立有关设立、变更、转让和消灭不动产物权的合同，除法律另有规定或者合同另有约定外，自合同成立时生效；未办理物权登记的，不影响合同效力。"该条所谓"当事人之间订立有关设立、变更、转让和消灭不动产物权的合同"，即是负担行为；之后的"物权登记"是另一个法律行为，它导致不动产物权的变动——"不动产物权的设立、变更、转让和消灭，依照法律规定应当登记的，自记载于不动产登记簿时发生效力。"（《物权法》第14条，另可参见第9条）。

有人认为不动产登记是公法行为，这一看法并不十分合理，若认为其是公法行为，那么要求登记的双方当事人与交易中心之间的法律关系，可以认为是行政法律关系，如果交易中心拒绝登记或登记错误，可以提起行政诉讼。但从民法的角度看，双方当事人之间系民事法律关系，双方去变更不动产权利登记系法律行为——不动产交易中心的登记行为（即将双方变动不动产物权的意思记载于不动产登记簿）实际上是当事人变动不动产物权这一行为的特殊生效要件，没有当事人变动不动产物权的申请的意思表示，房地产交易中心怎么会去变动当事人的物权呢？也有人认为，当事人去办过户登记手续是履行合同的事实行为，但是，去办过户手续的当事人当然要求有行为能力，如果没有行为能力则要求法定代理人或监护人代理，而事实行为的做出是不需要行为能力的。

总之，清楚理解处分行为与负担行为的区别，对于掌握物权法与合同法的不同规范功能、理解中国未来民法典的编纂逻辑，非常重要。

三、要式行为与不要式行为

法律行为依意思表示是否须依一定的形式作出，可分为要式行为与不要式行为。要式行为，要求意思表示必须以一定形式作出，比如须以书面形式作出或须经公证；不要式行为，则对意思表示的形式没有要求。对于要式行为，意思表示不满足形式要求的后果，原则上是法律行为不成立[1]。

【案例9-3】郑少春等与莆田市中医院建设用地使用权纠纷申请案[2]（要式合同）

关于郑少春与中医院之间法律关系的性质与效力问题。《中华人民共和国城镇国有土地使用权出让转让暂行条例》第二十条、《中华人民共和国物权法》第一百四十四条，均规定土地使用权转让应当采用书面形式签订转让合同，从中医院在原审期间关于曾与郑少春就案涉土地转让事宜进行协商，但就转让价格、面积以及四至并未达成协议的陈述可以看出，中医院认可曾与郑少春协商土地转让的事实。……但在本案中据此得出双方当事人之间最终确立的就是土地使用权转让法律关系的结论，并不妥当。本院认为，**土地使用权转让系重大交易，前述法律、行政法规明确规定土地使用权转让应当签订书面转让合同，故该法律行为在性质上属于要式法律行为。书面合同不仅能够体现双方当事人有关土地使用权转让主要内容的合意，对实际履行亦具有重大意义。尽管中医院承认其与郑少春曾经就土地使用权转让进行磋商，且双方当事人也有一定的履行行为，但在中医院明确否认其与郑少春之间最终确立的就是土地使用权转让法律关系的情况下，可以认定双方当事人订立书面合同的可能性已经不存在。如果直接确认双方当事人之间已经确立了土地使用权转让法律关系，则有可能出现通过司法手段强制当事人缔结要式合同的后果。**从法律、行政法规明确规定土地使用权转让应当订立书面合同的立法目的看，在双方当事人对法律关系主要内容的意思一致没有书面合同佐证的情况下，本案适用《中华人民共和国合同法》第六十一条、第六十二条确立的合同解释原则的妥当性并不充分。**审查本案双方当事人实际履行事实，认定双方当事人未就土地使用权转让最终达成一致，双方法律关系实为期限未定的土地有偿使用，即不定期租赁更加符合本案实际情况。**在欠缺法律规定的形式要件，且法律、行政法规对违反特定法律行为应当具备书面合同这一形式要件要求的法律后果未作明确规定的

---

[1] 参见梁慧星：《民法总论》，法律出版社2017年版，第167页。但是《合同法》第36条规定"法律、行政法规规定或者当事人约定采用书面形式订立合同，当事人未采用书面形式但一方已经履行主要义务，对方接受的，该合同成立。"体现了《合同法》促进交易、促进效率的原则。

[2] 最高人民法院"（2014）民提字第125号"审判监督民事判决书。

场合中，通过解释当事人实际履行行为确定其间法律关系的性质，既要综合探究双方履行行为的真实意思，也要充分考量法律、行政法规规定的立法目的，同时还要对当事人违反法律、行政法规规定的法律后果作出准确认定。**如当事人履行行为存在多种解释的可能性和合理性，应当将欠缺法律规定的形式要件的原因作为重要判断因素**，尽量避免解释结果在客观上虚置法律规定的后果发生。

……原判决有关郑少春与中医院之间法律关系性质的认定，缺乏事实和法律依据，本院予以纠正。至于双方当事人之间不定期租赁法律关系的效力，因未违反法律、行政法规的效力性强制性规定，故应认定有效。

四、要物行为（实践行为）与不要物行为（诺成行为）

依法律行为的成立是否在意思表示的要件之外还要求有物之交付，可分为要物行为与不要物行为。要物行为，又称实践行为，即除意思表示外，还须有物之交付方成立的法律行为。比如我国《合同法》第210条关于自然人之间的借款合同的规定、《合同法》第367条对保管合同的规定以及《担保法》第93条关于定金合同的规定。不要物行为，又称诺成行为，即仅需意思表示即告成立，无需现实的物之交付，多数法律行为均为诺成行为，如买卖等。以前民法理论多认为赠与合同为实践合同或要式合同，即赠与人在交付物之前可随时反悔、合同尚未成立；但现在一般认为依我国《合同法》赠与行为为诺成行为，但一般的赠与合同，"赠与人在赠与财产的权利转移之前可以撤销赠与"，但"具有救灾、扶贫等社会公益、道德义务性质的赠与合同或者经过公证的赠与合同，不适用前款规定"（《合同法》第186条）。

五、主行为与从行为

彼此关联的几个法律行为依各自是否具有独立性，可分为主行为与从行为。主行为可以独立存在，从行为须以相关联的主行为的存在为前提，比如担保行为。A向B借款，C作为A的保证人向B提供担保，则A与B的借款行为为主行为；C与A的保证合同为从行为。

六、有因行为（要因行为）与无因行为（不要因行为）

依财产行为与其原因之间的关系，可分为有因行为（要因行为）与无因行为（不要因行为）。要因行为，即该法律行为与其原因不可分离，要因行为必须有合法原因的存在，否则无效；不要因行为，该法律行为与其原因则可以分离，不论是否存在原因及原因是否合法、可能，不要因行为仍然成立、有效。

票据行为是典型的无因行为。比如 A 从 B 处购物，A 向 B 开具商业汇票的票据行为系无因行为。如 A 从 B 处购买的是毒品，则买卖行为无效；但 B 持有的 A 开具的商业汇票并不当然无效，此后 C 拿到 B 背书转让的汇票，付款人不得以 A、B 系买卖毒品、交易无效而拒绝付款。票据采用无因性原则，是为了发挥票据的流通性、保障交易安全，否则票据将流通困难，接受转让的票据之人（被背书人）须考察票据的原因行为是否真实存在且合法，加大交易成本。

债权行为与物权行为的区分导致物权行为是否要因的讨论，在我国学界颇有争议[1]。

第五节　法律行为的附条件与附期限

法律行为可以附条件或附期限，作为该法律行为的特殊生效要件，是法律行为的附款。法律行为的附款制度，也是私法自治或意思自治的体现，使当事人可以进一步控制法律行为的生效与终止生效，但按照法律行为性质不得附条件或期限的除外。

一、附条件的法律行为

（一）条件的含义

条件是当事人将将来发生与否不确定的合法事实作为决定法律行为效力的附款。依此定义：

1. 条件是法律行为的附款。所谓附款，其本身不构成单独的意思表示或法律行为，而是整个相应意思表示的一部分，由当事人自行设定。不属于当事人自行设定的法定条件，则不属于作为法律行为附款的条件。

2. 条件是当事人对法律行为是否生效或终止生效所加的控制，是法律行为的特殊生效要件。

3. 条件须是将来的事实，既成事实不能作为条件。

---

〔1〕　有关物权行为及其无因性的讨论，参见翟新辉：《中国物权法的过去、现在与未来》，中国政法大学出版社 2016 年版，第 108~116 页。

4. 条件须是将来发生与否不确定的事实，确定发生的事实实际上是期限，确定不能发生的事实不能成为条件。

5. 作为条件的事实须属合法事实。

（二）条件的种类

《民法总则》第 158 条将条件依其对法律行为法律效力的控制，分为生效条件与解除条件。

生效条件又可称为"停止条件"，是限制意思表示效果发生的条件，附停止条件的法律行为虽已成立，但未生效，其效力处于停止状态。停止条件，如同录音机的 RESUME（暂停）键，暂时停止意思表示效果的发生；待条件成就，始发生效力。如某教师对其学生承诺，如期末考试全班均在 80 分以上，则请大家每人一支雪糕。"期末考试全班均在 80 分以上"即为停止条件。

解除条件，系法律行为已经成立并生效，一旦条件成就，就使其失效。如甲将 MP3 借给朋友乙使用，并称下次甲出去旅游时乙须归还。则"下次甲出去旅游"为解除条件。

（三）条件的成就与不成就

条件成就，即为作为条件的事实已经实现；条件不成就，则指作为条件的事实确定地不能实现。但我国《合同法》第 45 条规定，"当事人为自己的利益不正当地阻止条件成就的，视为条件已成就；不正当地促成条件成就的，视为条件不成就。"因此，比如上例，某学生为得到教师承诺的雪糕，考试作弊，虽全班成绩均在 80 分以上，教师亦无义务履行承诺；如教师为免去购买雪糕支出，故意将成绩超过 80 分的同学成绩改为低于 80 分，则虽然如此，仍有义务购买雪糕。

二、附期限的法律行为

（一）期限的含义

期限指作为法律行为附款的将来确定发生之合法事实。依此定义：①期限系法律行为的附款；②期限系合法的事实；③期限系将来确定发生的事实。期限之确定，可以是将来确定的一个时点，比如 2050 年 1 月 1 日；也可能是将来确定到达的一个不确知具体日期的时点，比如某人死亡或下次下雨时。期限与条件的重要区别在于，条件是将来发生与否不确定的合法事实；而期限却是将来确定发生的合法事实。

（二）期限的种类

依据《民法总则》第160条，期限依其对法律行为效力的控制，可分为生效期限和终止期限。期限到来，法律行为即为生效，为生效期限；期限到来，法律行为失效，则为终止期限。我国《合同法》第46条亦规定："当事人对合同的效力可以约定附期限。附生效期限的合同，自期限届至时生效。附终止期限的合同，自期限届满时失效。"另外，期限依其是否为将来确定的时点，又可分为确定期限与不确定期限。

第六节　不真正法律行为：法律行为的无效

现实生活中，人们从事大量的行为，期待能够按照其意思发生法律效果，如果能够满足法律行为的生效要件，则构成真正的法律行为；另外还有大量的行为，虽然满足法律行为的成立要件，但由于未满足法律行为的生效要件，则不一定能够产生当事人期待产生的法律效果，这些行为由于满足法律行为的成立要件，貌似"法律行为"，但由于不满足法律行为的生效要件，不能像一个真正的法律行为那样产生当事人期待的法律效果，因此构成"不真正法律行为"。

我国《民法总则》"民事法律行为"一章，"民事法律行为的效力"一节中，规定了无效的、效力待定的以及可撤销的民事法律行为的情形及其处理，《合同法》亦规定了无效、可撤销及效力待定的合同（第47～59条），但《合同法》与《民法总则》规定不一致之处，应适用《民法总则》的规定[1]。

一、民事行为与法律行为

如前所述，法律行为作为最重要的法律事实，系法律事实中以意思表示为要素，并按照意思表示的内容发生法律效果的行为。

在《民法通则》之前的教科书，对于已经成立但欠缺法律行为生效要件的法律行为，普遍使用"无效的法律行为""可撤销的法律行为"等术语[2]，我国台湾地区学者也采用"无效的法律行为""可撤销的法律行为""效力未定

---

〔1〕　原因是"新法优于旧法"，而民法总则与合同法的规定确有区别之处，详见下述。但将来作为民法典分则的合同编颁布后，则应优先适用合同编的规定。

〔2〕　参见张俊浩主编：《民法学原理》，中国政法大学出版社1997年版，第241页。

的法律行为"等术语[1]。

民事行为是《民法通则》的用语,并采用"无效的民事行为"与"民事行为""被撤销"等用语。之所以如此,是有人认为"无效的法律行为""可撤销的法律行为"的用法存在语义矛盾,既然是法律行为、合法行为,怎么可能无效或可撤销呢?

现在《民法总则》去掉了民事法律行为定义中的"合法"修饰语,似乎解决了这一矛盾,可以大胆使用"无效的或者可撤销的民事法律行为"。《民法总则》中未再出现"民事行为"一词的直接使用。可以预见,随着中国民法典编纂的完成,《民法通则》退出历史舞台,"民事行为"一词很可能也会退出中国的民事立法文本。

二、不真正法律行为的种类

满足法律行为的成立要件,但欠缺法律行为生效要件的行为,不能像一个真正的法律行为那样产生当事人期待发生的法律后果,构成不真正法律行为。

不真正法律行为虽不一定像真正的法律行为那样产生当事人期待产生的法律后果,但并不是说不会产生任何法律后果,依其产生的法律效果的不同可以分为以下三类:

(一)无效的法律行为

由于欠缺法律行为的关键生效要件,被法律予以否定性评价,自始、当然、确定地不会产生当事人期待发生的法律效果。但须注意的是,中国目前的司法实践中,有些合同虽然无效,但相关处理却类似于合同有效的处理,或者可能转化为有效的法律行为[2],有关原因详见后述。

(二)可撤销的法律行为

此类行为主要是意思表示存在瑕疵或显失公平,法律赋予一方当事人以撤

---

〔1〕 比如参见王泽鉴:《民法总则》,中国政法大学出版社 2001 年版,第九章"法律行为的效力——无效、得撤销及效力未定"。

〔2〕 比如,《建设工程纠纷解释》第 2 条规定:"建设工程施工合同无效,但建设工程经竣工验收合格,承包人请求参照合同约定支付工程价款的,应予支持。"又比如,《城镇房屋租赁合同解释》第 5 条规定:"房屋租赁合同无效,当事人请求参照合同约定的租金标准支付房屋占有使用费的,人民法院一般应予支持。"又比如《商品房买卖合同解释》第 2 条规定:"出卖人未取得商品房预售许可证明,与买受人订立的商品房预售合同,应当认定无效,但是在起诉前取得商品房预售许可证明的,可以认定有效。"

销权。如果该方当事人自己放弃请求撤销，则可撤销的法律行为就转变成为一个真正的法律行为；如果予以撤销，则溯及性地转变为一个无效的法律行为。

（三）效力待定的法律行为

一般行为的效力取决于第三人的同意，如果经该第三人同意或追认，则确定地成为一个真正的法律行为；如果为第三人拒绝追认，则确定地成为无效的法律行为。

不真正法律行为貌似法律行为，但其效力不同于真正的法律行为。必须具体分析无效的、可撤销的及效力待定的法律行为的各种情形，掌握其效力或法律后果。

三、无效的法律行为

由于欠缺法律行为的根本性生效要件，法律行为自始、当然、确定不能发生当事人期待发生的法律效果，称为无效的法律行为。

（一）无效的法律行为的法律效果

无效的法律行为之"无效"，并不是说这类行为没有任何法律效果，而是指自始、当然、确定不产生当事人期待产生的法律效果。比如贩毒交易，虽然钱及毒品已经易手，但在法律上并不产生钱及毒品的所有权转移的法律效果，但不影响有关的刑事法律效果；又比如7岁幼童将母亲的万元钻戒与他人交换了变形金刚玩具，也不会发生当事人期待的所有权转移的法律效果，但仍然有互相要求返还的法律效果。

所谓自始无效，指自法律行为成立时起就没有法律约束力。"无效的合同或者被撤销的合同自始没有法律约束力"（《合同法》第56条）；"无效的或者被撤销的民事法律行为自始没有法律约束力"（《民法总则》第155条）。

所谓当然无效，指无需任何人宣告、主张或经法院、仲裁机构确认，就当然不会产生当事人期待的法律效果。

所谓确定无效，指无效的行为不会因任何原因而转变为有效的。

（二）全部无效与部分无效

依据无效行为的内容是全部无效还是仅部分无效，法律行为可能全部无效或部分无效。"民事法律行为部分无效，不影响其他部分效力的，其他部分仍然有效"（《民法总则》第156条）。"合同部分无效，不影响其他部分效力的，其他部分仍然有效"（《合同法》第56条）"合同无效、被撤销或者终止的，不影响合同中独立存在的有关解决争议方法的条款的效力"（《合同法》第57条）。如某公司（用人单位）聘请员工（劳动者），却约定社会保险金由员工自行负担或约定之报酬低于法定最低工资，则该部分内容无效，但并不影响其他部分的效力。

（三）无效法律行为的类型

1. 无民事行为能力人实施的民事法律行为无效（《民法总则》第144条）。限制民事行为能力人所为之法律行为可能因为法定代理人的追认而有效（《民法总则》第145条），但无民事行为能力人所为之法律行为，自始、当然、确定无效。

2. 行为人与相对人以虚假的意思表示实施的民事法律行为无效；以虚假的意思表示隐藏的民事法律行为的效力，依照有关法律规定处理（《民法总则》第146条）。

【案例9-4】本溪北方煤化工有限公司与攀海国际有限公司股东出资纠纷上诉案[1]

本院认为：本案为在我国境内设立的中外合资经营企业股东出资纠纷案件。……

……上述情形可以说明，合同及章程签订之前，双方当事人已经对合同及章程签订后再以补充协议形式变更合同及章程的有关内容达成合意。双方之后将载有"以国家进出口商品检验检疫局认定的价格为准"的《合资经营合同》、《合资经营章程》报主管部门审批。获批后，双方又在之前合意的基础上签订《补充协议》，删除了"以国家进出口商品检验检疫局认定的价格为准"的内容。**从上述有关文件的形成过程来看，双方的真实意图在于配合北台钢铁公司、北方煤化工公司做低设备价款，以使增加的进口设备享受国家免税政策。从双方当事人的意思表示考察，双方意图造成"以国家进出口商品检验检疫局认定的价格为准"确认出资数额的表面假象，实际上并不追求上述法律行为之效果的产生。**双方当事人行为当时的法律、行政法规均未对通谋虚伪的行为作出规定，2017年10月1日起施行的《中华人民共和国民法总则》第一百四十

---

〔1〕 最高人民法院"（2016）最高法民终745号"民事判决书。

六条规定:"行为人与相对人以虚假的意思表示实施的民事法律行为无效。以虚假的意思表示隐藏的民事法律行为的效力,依照有关法律规定处理。"根据上述规定,**通谋虚伪的行为指表意人与相对人进行通谋,双方一致对外做出虚假的、非自己真意的意思表示,双方合意造成订立某项法律行为的表面假象,但其真意并非追求有关法律行为的法律效果产生。**本案中,双方的真实意思是"乙方以设备作价出资 12 865 万元",该真实意思被虚假的意思表示所隐藏。双方明知经报批的《合资经营合同》《合资经营章程》中"以国家进出口商品检验检疫局认定的价格为准"的意思表示虚假,其并无追求"以国家进出口商品检验检疫局认定的价格为准"确认出资数额法律效果的真意,对上述虚假意思法律不应予以保护。鉴于双方真实意思并未违反法律、行政法规的强制性规定,双方关于"乙方以设备作价出资 12865 万元"的约定仍为有效。

关于《价值鉴定证书》《验资报告书》的效力问题。《中华人民共和国中外合资经营企业法》第五条规定,合营企业各方可以现金、实物、工业产权等进行投资。上述各项投资应在合营企业的合同和章程中加以规定,其价格(场地除外)由合营各方评议商定。《中华人民共和国中外合资经营企业法实施条例(2001 年修订)》第二十二条规定:"合营者可以用货币出资,也可以用建筑物、厂房、机器设备或者其他物料、工业产权、专有技术、场地使用权等作价出资。以建筑物、厂房、机器设备或者其他物料、工业产权、专有技术作为出资的,其作价由合营各方按照公平合理的原则协商确定,或者聘请合营各方同意的第三者评定"。根据上述法律规定,**攀海公司用以出资的机器设备,其作价经攀海公司与北台钢铁公司按照公平合理的原则协商确定即可,并非必须由第三方进行价值鉴定。**聘请第三方进行评定的前提是取得合资双方的同意,在未征得攀海公司同意的情况下,北方煤化工公司委托沈阳市出入境检验检疫局对案涉设备价值进行鉴定,并委托华丰事务所验资,相关《价值鉴定证书》及《验资报告书》对攀海公司不发生法律效力。本溪市工商行政管理局出具的催缴出资通知书亦不能证明攀海公司未出资到位。北方煤化工公司关于《价值鉴定证书》《验资报告书》《催缴出资通知书》可以证明攀海公司未出资到位的主张不能成立,本院不予支持。

3. 违反法律、行政法规的强制性规定的民事法律行为无效,但是该强制性规定不导致该民事法律行为无效的除外。**违背公序良俗的民事法律行为无效**（《民法总则》第 153 条）。《民法总则》之前的《民法通则》第 58 条及《合同法》第 52 条均使用"社会公共利益"的表述，民法总则则使用了"公序良俗"的表述[1]。

【案例 9-5】刘青华与商巧凤物权确认纠纷上诉案[2]

本院认为，本案的争议焦点为：刘青华与商巧凤之间是否存在借名买房的合意？如若认定存在借名买房的合意，该借名买房协议的效力如何？

关于双方是否存在借名买房合意的问题。……本院认为，仅凭上述录音片段，只能说明既存在刘青华借名买房的可能性，亦存在刘青华出资购买房屋并赠送给商巧凤的可能性，刘青华提交的证据并不能形成一个完整的证据链以证明双方大概率存在借名买房的合意，刘青华对"双方存在借名买房合意"的举证并没有达到高度盖然性的证明标准，其证明力不足以推翻不动产登记簿上的记载。一审法院认定双方不存在借名买房的合意，并无不当。

关于如若认定存在借名买房的合意，该借名买房协议的效力的问题。**限购令作为国家调整房地产的重要措施，应发挥其应有的价值，违反限购令借名买房的协议如若认定有效便否定了国家政策在调整社会政治经济生活中的价值，使政府信用尽失，导致法律规范和国家政策不能有效实施，损害了社会秩序和公共利益。**根据《民法总则》第一百五十三条规定，"…违背公序良俗的民事法律行为无效"、《中华人民共和国合同法》第七条规定"当事人订立、履行合同，应当遵守法律、行政法规，尊重社会公德，不得扰乱社会经济秩序，损害社会公共利益"、《中华人民共和国合同法》第五十二条第（四）项"有下列情形之一的，合同无效：……（四）损害社会公共利益"，故**一审法院认定刘**

---

[1] 关于公序良俗，另参见本书关于基本原则中公序良俗部分的讨论；另参见【案例 2-2】赵家挚与庞占辉等委托合同纠纷上诉案（辽宁省葫芦岛市中级人民法院"（2018）辽 14 民终 20 号"民事判决书）、【案例 2-3】吴明倩等与王金城合同纠纷上诉案（山东省济南市中级人民法院"（2017）鲁 01 民终 8741 号"民事判决书）。

[2] 湖北省武汉市中级人民法院"（2017）鄂 01 民终 7999 号"民事判决书。但据湖北省高级人民法院"（2018）鄂民申 2499 号"民事裁定书，该案为湖北省高级人民法院提审，原判决中止执行，且经湖北省高级人民法院主持调解，当事人自愿达成调解协议，并申请由湖北省高级人民法院制作民事调解书。该案二审判决颇多值得讨论之处。

青华与商巧凤如若存在有效的借名买房协议，亦属无效，并无不妥。

进而言之，即使刘青华与商巧凤之间存在有效的借名买房协议，本案诉争房屋的物权亦不能归刘青华所有。限购令是为了实现国家对房地产市场的宏观调控目的，刘青华如通过违反限购令的借名买房行为获得了房屋的物权，将导致国家政策的架空，无疑有违"民事活动必须遵守法律，法律没有规定的，应当遵守国家政策"的原则。本院认为，即使双方当事人约定了房屋所有权归属于刘青华，但该约定并不发生物权效力，房屋所有权并未因此转移由刘青华享有，只是在刘青华与商巧凤之间产生了以在符合法律规定和合同约定的条件时完成物权变动为主要内容的债权债务关系，即该约定仅具有债权效力，商巧凤因此对刘青华负有相应的协助办理房屋所有权转移登记的义务，刘青华因此而成为这一关系下的债权人。

综上所述，刘青华的上诉理由，缺乏事实和法律依据，本院不予采纳，其上诉请求，本院不予支持。

【讨论】法律行为违反法律、行政法规的强制性规定的后果及相应无效的民事法律行为类型[1]

《民法总则》第153条的该规定，是对我国之前立法技术粗糙的无奈之举。我国法律（包括民商事法律）及行政法规包含大量的"不得""禁止""应当"等规范词，但大多情况下并未在每个规范词的使用后仔细规定违反相应规范的法律后果，特别是民事后果。因此会导致尽管违反相应的"强制性规定"，但并不一定必然导致合同无效。

另一个重要原因是，我国正处于社会转型时期，一方面虽已确立了市场经济取代计划经济及依法治国的国策，但另一方面，之前的立法技术粗糙，各种性质的法律规范混杂在一部法律之中，导致难以区分违反相应强制性规定的民事后果或行政后果，同时，各种法规之中的众多管制规范也有待梳理其合宪性或合法性，而我国目前并无违宪审查制度，法院最多可以在行政诉讼中一并审

---

〔1〕　参见翟新辉：《中国合同法：理论与实践》，北京大学出版社2018年版，65~70页。

查 "规章以下的规范性文件" 的合法性[1]，再加上近年来国务院推行的行政审批制度及权力清单制度改革，国家总的趋势是在放松对市场的管制、规范政府权力、进一步激发市场活力、促进经济发展。

针对这种情况，学界有对法律、行政法规中 "强制性规定" 进行 "效力性强制规定" 和 "管理性强制规定" 的区分——合同违反效力性强制规定才会无效，而违反一般的管理性强制规定，并不导致合同无效的民事后果。因此，才会有《民法总则》第 153 条第 1 款后句的但书。最高人民法院先是解释称：合同法实施以后，人民法院确认合同无效，应当以全国人大及其常委会制定的法律和国务院制定的行政法规为依据，不得以地方性法规、行政规章为依据[2]。随后，最高人民法院在《合同法解释（二）》第 14 条进一步解释："合同法第 52 条第 5 项规定的 '强制性规定'，是指效力性强制性规定。" 而在《民法总则》之前的不少法院判决也依据该解释，将不少强制性规定认定为管理性强制性规定，违反这些强制性规定并不影响合同的民事效力。

最高人民法院在《合同纠纷指导意见》中指出要 "正确适用强制性规定，稳妥认定民商事合同效力"：

"正确理解、识别和适用合同法第 52 条第 5 项中的 '违反法律、行政法规的强制性规定'，关系到民商事合同的效力维护以及市场交易的安全和稳定。人民法院应当注意根据《合同法解释（二）》第 14 条之规定，注意区分效力性强制规定和管理性强制规定。违反效力性强制规定的，人民法院应当认定合同无效；违反管理性强制规定的，人民法院应当根据具体情形认定其效力。"

"人民法院应当综合法律法规的意旨，权衡相互冲突的权益，诸如权益的种类、交易安全以及其所规制的对象等，综合认定强制性规定的类型。如果强制性规范规制的是合同行为本身即只要该合同行为发生即绝对地损害国家利益

---

[1] 《行政诉讼法解释》（2018 年发布）第 68 条；最高法院在其第 5 号指导案例裁判要点指出：地方政府规章违反法律规定设定许可、处罚的，人民法院在行政审判中不予适用。《行政诉讼法》第 53 条规定："公民、法人或者其他组织认为行政行为所依据的国务院部门和地方人民政府及其部门制定的规范性文件不合法，在对行政行为提起诉讼时，可以一并请求对该规范性文件进行审查。前款规定的规范性文件不含规章。"

[2] 《合同法解释（一）》第 4 条。

或者社会公共利益的，人民法院应当认定合同无效。如果强制性规定规制的是当事人的'市场准入'资格而非某种类型的合同行为，或者规制的是某种合同的履行行为而非某类合同行为，人民法院对于此类合同效力的认定，应当慎重把握，必要时应当征求相关立法部门的意见或者请示上级人民法院。"

最高人民法院的这一态度，有对行政权力干预市场进行司法审查的意味；这也是我国立法粗糙、多数情况下并未明确违反相关强制性规定的民事效果的结果。但由于判例在中国没有约束力，而指导性案例的出台程序、速度不能令人满意，现实中必然存在司法不统一的结果。

如上所述，依据《民法总则》及最高人民法院的合同纠纷指导意见，对于法律、行政法规的强制性规定又进行了效力性强制规定和管理性强制规定。

结合最高人民法院相关司法解释，违反法律、行政法规的效力性强制规定，表现为以下几种类型：

一是对市场准入方面的要求，相当于对自然人行为能力的要求。比如根据《建设工程纠纷解释》第1条，建筑施工企业资质会影响建设工程合同的效力；其第5条规定"承包人超越资质等级许可的业务范围签订建设工程施工合同，在建设工程竣工前取得相应资质等级，当事人请求按照无效合同处理的，不予支持。"又比如，《国有土地使用权合同纠纷司法解释》第15条规定："合作开发房地产合同的当事人一方具备房地产开发经营资质的，应当认定合同有效。当事人双方均不具备房地产开发经营资质的，应当认定合同无效。但起诉前当事人一方已经取得房地产开发经营资质或者已依法合作成立具有房地产开发经营资质的房地产开发企业的，应当认定合同有效。"但目前司法实践中，大部分资质或行政许可方面的要求并不影响合同的效力。比如《融资租赁合同纠纷司法解释》第3条："根据法律、行政法规规定，承租人对于租赁物的经营使用应当取得行政许可的，人民法院不应仅以出租人未取得行政许可为由认定融资租赁合同无效。"

二是标的非法对合同效力的影响。比如根据《城镇房屋租赁合同纠纷解释》，出租人就未取得建设工程规划许可证或者未按照建设工程规划许可证的规定建设的房屋，与承租人订立的租赁合同无效（第2条）；出租人就未经批准或者未按照批准内容建设的临时建筑，与承租人订立的租赁合同无效；租赁期限超过临时建筑的使用期限，超过部分无效（第3条）。

三是行为需取得行政许可或登记备案的。比如《商品房买卖合同解释》第2条："出卖人未取得商品房预售许可证明，与买受人订立的商品房预售合同，应当认定无效，但是在起诉前取得商品房预售许可证明的，可以认定有效。"但《外商投资企业纠纷司法解释》第1条规定："当事人在外商投资企业设立、变更等过程中订立的合同，依法律、行政法规的规定应当经外商投资企业审批机关批准后才生效的，自批准之日起生效；**未经批准的，人民法院应当认定该合同未生效**。当事人请求确认该合同无效的，人民法院不予支持。前款所述合同因未经批准而被认定未生效的，不影响合同中当事人履行报批义务条款及因该报批义务而设定的相关条款的效力。"

此外，有格式条款无效的情形（《合同法》第40条）、合同免责条款无效的情形（《合同法》第53条），同时，合同法分则各有名合同有合同无效的具体情形的规定。

4. 行为人与相对人**恶意串通**，损害他人合法权益的民事法律行为无效（民法总则154条）。

【案例9-6-1】嘉吉国际公司与福建金石制油有限公司等买卖合同纠纷案[1]

……本案争议的焦点问题是：福建金石公司、田源公司、汇丰源公司相互之间订立的合同是否构成恶意串通、损害嘉吉公司利益的合同？本案所涉合同被认定无效后的法律后果如何？

（一）关于本案中福建金石公司、田源公司、汇丰源公司相互之间订立的合同是否构成恶意串通、损害嘉吉公司利益的合同。

首先，福建金石公司、田源公司在签订和履行《国有土地使用权及资产买卖合同》的过程中，**其实际控制人之间系亲属关系，且王晓琪和柳锋分别作为福建金石公司与田源公司的法定代表人在《国有土地使用权及资产买卖合同》上签署，王晓琪和柳锋系夫妻关系**，因此，可以认定福建金石公司与田源公司在签署以及履行转让福建金石公司国有土地使用权、房屋、设备的合同过程

---

〔1〕 最高人民法院"（2012）民四终字第1号"民事判决书，指导案例第33号。

中，田源公司对福建金石公司的状况是非常清楚的，对包括福建金石公司在内的金石集团因"红豆事件"被仲裁裁决确认对嘉吉公司形成 1337 万美元债务的事实是清楚的。

其次，《国有土地使用权及资产买卖合同》订立于 2006 年 5 月 8 日，其中约定田源公司购买福建金石公司资产的价款为 2569 万元，其中国有土地使用权作价 464 万元、房屋及设备作价 2105 万元。大连达信会计师事务所有限公司于 2006 年 5 月 5 日出具《资产评估报告书》，载明福建金石公司所提供的机器设备资产在评估基准日 2006 年 4 月 30 日的评估值为 1568.54 万元；漳州天正资产评估有限公司于 2006 年 11 月 20 日出具《评估报告书》，就福建金石公司委托对其拥有的国有土地使用权、厂房、办公楼等建筑物进行评估，认定截止评估基准日 2006 年 5 月 8 日委托资产估值为 10 004 607 元。大连达信会计师事务所有限公司出具的评估报告仅就机器设备进行了评估；漳州天正资产评估有限公司出具的评估报告时间晚于《国有土地使用权及资产买卖合同》签订的时间。显然，**福建金石公司与田源公司签订《国有土地使用权及资产买卖合同》时并未根据会计师事务所的评估报告作价**，因此，福建金石公司、中纺福建公司关于《国有土地使用权及资产买卖合同》是根据两家会计师事务所的评估报告作价的上诉理由，不能成立。一审法院根据福建金石公司一审过程中出具的 2006 年 5 月 31 日的资产负债表，以其中载明**固定资产原价 44 042 705.75 元、扣除折旧后固定资产净值为 32 354 833.70 元**，而《国有土地使用权及资产买卖合同》中对房屋及设备作价仅 2105 万元，认定《国有土地使用权及资产买卖合同》中约定的田源公司购买福建金石公司资产的价格为不合理低价是正确的。在受让人田源公司明知债务人福建金石公司欠债权人嘉吉公司巨额债务的情况下，其以不合理低价购买福建金石公司的主要资产，足以证明田源公司与福建金石公司在签订《国有土地使用权及资产买卖合同》时具有主观恶意，属恶意串通，该合同的履行足以损害债权人嘉吉公司的利益。

……

第四，从公司注册登记资料看，汇丰源公司成立时股东构成似与福建金石公司无关，但在汇丰源公司股权变化的过程中，可以看出，汇丰源公司在与田源公司签订《买卖合同》时对田源公司转让的资产来源以及福建金石公司对嘉吉公司的债务是明知的。《买卖合同》约定的价款为 2669 万元，与田源公司从福建金石公司购入该资产的价格相差不大。汇丰源公司除已向田源公司支付569万元外，其余款项未付。一审法院据此认定汇丰源公司与田源公司签订《买卖合同》时恶意串通并足以损害债权人嘉吉公司的利益，并无不当。汇丰源公司是否实际开展经营活动，以及高文天、张洪毅的证人证言，对一审法院作出上述合理结论并无实质影响。因此，上诉人福建金石公司、中纺福建公司、汇丰源公司关于一审法院对汇丰源公司状况描述错误、汇丰源公司与田源公司之间不构成恶意串通的上诉理由，不能成立，本院不予支持。

5. 可撤销的法律行为被撤销、效力待定的法律行为确定无效后，成为无效的法律行为，自始不发生效力，与无效的法律行为一样处理（《民法总则》第157条）。

（四）无效民事法律行为的处理

无效的法律行为，理论上说自始没有约束力，但中国的司法实践中却有不少务实处理[1]。依据《民法总则》第157条及《合同法》第58、59条，民事法律行为无效、被撤销或者确定不发生效力后，行为人因该行为取得的财产，应当予以返还；不能返还或者没有必要返还的，应当折价补偿。有过错的一方应当赔偿对方由此所受到的损失；各方都有过错的，应当各自承担相应的责任。法律另有规定的，依照其规定。

关于法律行为无效后各当事人返还请求权的性质以及因此所变动之物权是否有效，牵涉物权行为无因性问题并有关社会交易安全，需慎重对待[2]。

---

　　[1]　当然，如前所述，在司法实践中根据目前中国的一些司法解释，有些行为虽然无效，但可能转化为有效或参照有效处理，可以说是对部分僵硬行政管制的务实处理。比如，《建设工程纠纷解释》第2条规定："建设工程施工合同无效，但建设工程经竣工验收合格，承包人请求参照合同约定支付工程价款的，应予支持。"又比如，《城镇房屋租赁合同解释》第5条规定："房屋租赁合同无效，当事人请求参照合同约定的租金标准支付房屋占有使用费的，人民法院一般应予支持。"又比如《商品房买卖合同解释》第2条规定："出卖人未取得商品房预售许可证明，与买受人订立的商品房预售合同，应当认定无效，但是在起诉前取得商品房预售许可证明的，可以认定有效。"《建设工程纠纷解释（二）》第11条规定："当事人就同一建设工程订立的数份建设工程施工合同均无效，但建设工程质量合格，一方当事人请求参照实际履行的合同结算建设工程价款的，人民法院应予支持。……"

　　[2]　关于原因行为无效，相伴之物权变动是否有效，牵涉物权行为及其无因性理论，国内学界存在争议，实务中亦缺乏权威判例。参见翟新辉：《中国物权法的过去、现在与未来》，中国政法大学出版社2016年版，第108~116页。

【案例9-6-2】嘉吉国际公司与福建金石制油有限公司等买卖合同纠纷案[1]

……

（二）关于本案所涉合同被认定无效后的法律后果。对于无效合同的处理，人民法院应当首先根据《中华人民共和国合同法》第五十八条的规定，"合同无效……后，因该合同取得的财产，应当予以返还；不能返还或者没有必要返还的，应当折价补偿。有过错的一方应当赔偿对方因此所受到的损失，双方都有过错的，应当各自承担相应的责任"，判令取得财产的一方返还财产。本案涉及的福建金石公司与田源公司之间于2006年5月8日签订的《国有土地使用权及资产买卖合同》、田源公司与汇丰源公司之间于2008年2月21日签订的《买卖合同》均被认定无效，两份合同涉及的财产相同，其中国有土地使用权已经从福建金石公司经田源公司变更至汇丰源公司名下，在没有证据证明本案所涉房屋已经由田源公司过户至汇丰源公司名下、所涉设备已经由田源公司交付汇丰源公司的情况下，一审法院直接判令取得国有土地使用权的汇丰源公司、取得房屋和设备的田源公司分别就各自取得的财产返还给福建金石公司并无不妥。上诉人福建金石公司、中纺福建公司、汇丰源公司并未举出充分的证据证明所涉房屋和设备均已由汇丰源公司取得，故其关于即使返还财产也应当由汇丰源公司返还的上诉理由没有事实和法律依据，本院不予支持。

《中华人民共和国合同法》第五十九条规定："当事人恶意串通，损害……第三人利益的，因此取得的财产……返还……第三人。"该条应当适用于能够确定第三人为财产所有权人的情况。本案中，**嘉吉公司对福建金石公司享有普通债权，本案所涉财产系福建金石公司的财产，并非嘉吉公司的财产，因此，只能判令将系争财产返还给福建金石公司，不能直接判令返还给嘉吉公司。一审判决适用《中华人民共和国合同法》第五十八条的规定处理本案是正确的，**上诉人福建金石公司、中纺福建公司、汇丰源公司关于本案应当适用《中华人民共和国合同法》第五十九条的规定、一审判决适用法律错误的上诉理由不能

---

[1]　最高人民法院"（2012）民四终字第1号"民事判决书，指导案例第33号。需注意的是，该案判决指出，合同无效、相关当事人应当返还相应财产，但是对相应财产的物权归属，并未作出判断，亦未指明相应返还请求权的性质；如果负返还义务之当事人在返还相应财产之前进入破产程序，则面临需要对应返还财产之物权归属作出判断的问题。

成立，本院不予支持。

（五）民事法律行为的无效：国家对社会的干涉及管理手段

如前所述，法律行为的成立要件主要体现了当事人的意志；而法律行为的生效要件，则主要体现了国家的意志。生效要件中固然体现了人类的一些基本理念，主要是理性主义的理念（比如对行为能力的要求、意思表示品质的要求等），但对国家利益、社会公共利益以及法律、行政法规的强制性规定的特别要求，体现了国家对社会的管制政策[1]。国家对社会的管制愈多，人民就愈不自由，人们的行为就多不为法律所承认，就会有愈多的行为被法律认定为无效。我国自改革开放以来人权状况大大改善，经济方面也愈来愈自由，表现在法律方面，法院对无效行为的认定方面也愈来愈宽松[2]。

第七节　不真正法律行为：法律行为的可撤销与效力待定

一、可撤销的民事法律行为

（一）可撤销的民事法律行为之意义及效果

《民法总则》修改了之前《民法通则》和《合同法》关于法律行为可变更与可撤销的规定，删除了当事人一方可申请变更法律行为或合同的规定，仅规定了法律行为可撤销的情形，应当说体现了尊重当事人意思自治的理念。因为如果允许法院或仲裁庭根据一方当事人的申请变更合同内容，无疑有强制对方当事人接受变更后的合同内容的嫌疑。

可撤销的民事法律行为，满足法律行为的成立要件，但生效要件中的意思表示存在瑕疵或存在法律规定的其他情势，虽也如法律行为般生效，但不稳定，有可能为当事人一方撤销。

如有权要求撤销的一方放弃要求撤销（或其撤销权已过除斥期间），则可

---

〔1〕　参见苏永钦：《走入新世纪的私法自治》，中国政法大学出版社2002年版，第1页及以下。

〔2〕　比如，除了《合同法解释（一）》第4条排除了依据地方法规及行政规章认定合同的无效以外，该解释第3条规定"人民法院确认合同效力时，对合同法实施以前成立的合同，适用当时的法律合同无效而适用合同法合同有效的，则适用合同法"，显示了我国最高人民法院在司法中趋向于认定合同有效，而不是像以前那样动辄认定合同无效。

撤销的民事法律行为会成为一个真正的法律行为；如有撤销权的当事人行使撤销权，撤销了该法律行为，则该法律行为转变为无效的法律行为。

（二）可撤销法律行为的类型

1. **重大误解**的民事法律行为，主要指意思表示错误导致的行为。《民法总则》第147条规定，基于重大误解实施的民事法律行为，行为人有权请求人民法院或者仲裁机构予以撤销。《民通意见》第71条规定，"行为人因对行为的性质、对方当事人、标的物的品种、质量、规格和数量等的错误认识，使行为的后果与自己的意思相悖，并造成较大损失的，可以认定为重大误解。"比如商场营业员误在价值2000元的照相机标价牌上写上200元。

2. 以**欺诈**手段实施的法律行为。《民法总则》第148条规定，一方以欺诈手段，使对方在违背真实意思的情况下实施的民事法律行为，受欺诈方有权请求人民法院或者仲裁机构予以撤销。欺诈，即一方故意把不真实的情况作为真实的情况向对方表示，旨在使对方发生错误并迎合自己做出意思表示。

3. **第三人实施欺诈**行为的情形。《民法总则》第149条规定，第三人实施欺诈行为，使一方在违背真实意思的情况下实施的民事法律行为，对方知道或者应当知道该欺诈行为的，受欺诈方有权请求人民法院或者仲裁机构予以撤销。第三人实施欺诈导致民事法律行为可撤销的情形，是《民法总则》在之前《民法通则》和《合同法》规定的基础上增加的类型，但要求对方知道或应当知道当事人的欺诈行为。

4. **胁迫**。《民法总则》第150条规定，一方或者第三人以胁迫手段，使对方在违背真实意思的情况下实施的民事法律行为，受胁迫方有权请求人民法院或者仲裁机构予以撤销。胁迫，指一方不正当威胁对方使其做出与内心真实意思不一致的表示。

5. **乘人之危而显失公平**。《民法总则》第151条规定，一方利用对方处于危困状态、缺乏判断能力等情形，致使民事法律行为成立时显失公平的，受损害方有权请求人民法院或者仲裁机构予以撤销。乘人之危是一方处于危难境地被对方不当利用，不得已而做出严重不利于己方的意思表示的行为。

【案例 9-7】谷城与吕九墩合同纠纷上诉案[1]

本院认为，《中华人民共和国民法总则》第一百四十七条、第一百四十八条、第一百四十九条、第一百五十条、第一百五十一条分别对基于重大误解、欺诈、胁迫、显失公平的民事法律行为，赋予了法定撤销权。

首先，**针对重大误解的构成要件，应具备表意人作出的意思表示是基于误解而作出，表意人的误解须为重大误解两方面。**一方面，本案协议为谷城自书，其中有"甲方（吕九墩）保证此马血统为血统马，其父为进口汗血系公马"的字样，说明签协议时，约定"血统马"即为父一方，应当说，谷城对马匹父母只有一方为血统马的认知是明确的。二审庭审中，谷城陈述：这个不是血统马，我也给别人看了照片，就是血统马和普通马杂交的。这些陈述可以说明签订协议时双方对马匹品种、质量的意思表示相同。所以，本案事实并不能说明谷城签订协议的意思表示是基于误解而作出。至于谷城认为"杂交马"非"血统马"，是其对"血统马"定义的理解，并不等同于签订协议时的错误认知。另一方面，在买卖的合同性质、吕九墩为对方当事人、马匹的品种、质量、规格等均无错误认识的情况下，谷城亦未能提供其行为后果与自己的意思相悖，造成较大损失的有效证据。依据举证归责原则，当事人对其主张的事实未能提供证据证实的，应承担举证不利的法律后果。综上，本院认为，该协议书不符合法律规定的重大误解构成要件。

第二，就谷城主张构成欺诈问题，**欺诈的构成须有行为人告知对方虚假情况或隐瞒真实情况之故意，现谷城未能提供吕九墩故意隐瞒真实情况的证据，故本案不符合欺诈构成要件。**

第三，**胁迫的构成须有胁迫行为，**谷城提供的录音资料中并没有吕九墩认可签订协议时存在言语威胁或胁迫行为，故胁迫事实同样缺乏有效证据证实。

第四，一方利用对方处于危困状态、缺乏判断能力等情形，致使民事法律行为成立时显失公平的，受损害方有权主张撤销。**显失公平的构成须以利用对方危困或弱势，谋取不正当利益之故意。**本案中，谷城与吕九墩在发生纠纷时本应通过合法途径解决，但在交警在场的情况下，二人选择订立协议自行解

---

〔1〕 北京市第一中级人民法院"（2017）京 01 民终 9731 号"民事判决书，该判决为北京市高级人民法院"（2018）京民申 2147 号"民事裁定书所维持。

决，难以说明谷城的危困状态。

综上，一审法院判决驳回谷城诉讼请求并无不当……

【案例 9-8】宁夏宇鑫热能设备工程有限公司与大同市左云县云宝耐火材料有限责任公司买卖合同纠纷上诉案[1]

本院认为，双方签订买卖合同后，被上诉人按约履行了供货义务，上诉人就应依照合同约定支付货款，在合同约定到期一年多时间里，上诉人仍未全部履行付款义务。**被上诉人方为民营企业，生产经营场所为农村，雇工多为农民工，2017 年 1 月 19 日正值春节之际，被上诉人经营情况急需收取货款支付农民工工资，让农民工安心回家过年，避免因拖欠农民工工资导致群体事件影响社会安定，在此情况下，其被迫签订上诉人提出的以 275 000 元以车辆抵顶货款的协议，且协议签订后，被上诉人仅收取了剩余货款，一直未接收抵顶货款的车辆，抵顶车辆一直由上诉人保管，间接表明其并非是真实认可该抵顶车辆的对价。经审核，本案《还款协议书》中用以抵顶债务的车辆信息显示，该车辆购买时间为 2010 年 4 月 7 日，购买价 237 000 元（含税），上诉人以该车抵顶被上诉人货款时该车已使用近 7 年，抵顶价值 275 000 元明显不符合市场价值。**本案中上诉人与被上诉人签订的《还款协议书》中的以车抵债条款符合《民法总则》第一百五十一条规定的一方利用对方处于危困状态、缺乏判断能力等情形，致使民事法律行为成立时显失公平的，受损害方有权请求人民法院或者仲裁机构予以撤销的情形，故**该案上诉人与被上诉人签订的《还款协议书》中的以车抵债条款应予撤销。**此外，一审法院根据双方均对各自既得利益作出相应让步的意思表示，酌情对被上诉人主张的 275 000 元余欠货款核减 50 000 元，符合本案的实际情况，本院对此予以支持。

（三）撤销权的行使

依据《民法总则》第 152 条，可撤销的民事法律行为，自行为成立时起五年内当事人没有行使撤销权的，撤销权消灭；而且撤销权有下列情形之一的，撤销权消灭：①当事人自知道或者应当知道撤销事由之日起 1 年内、重大误解

---

〔1〕 山西省大同市中级人民法院"（2018）晋 02 民终 148 号"民事判决书。

的当事人自知道或者应当知道撤销事由之日起 3 个月内没有行使撤销权；②当事人受胁迫，自胁迫行为终止之日起 1 年内没有行使撤销权；③当事人知道撤销事由后明确表示或者以自己的行为表明放弃撤销权。

撤销权属于形成权，上述期间属于除斥期间，除斥期间完成的效果是形成权消灭，从而与诉讼时效完成，义务人有权提出抗辩不同。

二、效力待定的民事法律行为

（一）效力待定民事法律行为的意义及效果

效力待定的民事法律行为，系已满足法律行为的成立要件，但不满足法律行为的一般生效要件或特殊生效要件，尚须第三人的行为（同意或不同意）使之效力确定的行为。

效力待定的法律行为，如经有关第三人同意或追认，则成为一个真正的法律行为，效力确定；如果未获同意或追认，或经对方催告后拒绝表示，则归于无效。

（二）效力待定法律行为的类型

综合《民法总则》第 145、171 条及《合同法》，效力待定法律行为有以下类型：

1. 限制民事行为能力人所为的并非纯获利益的行为。《民法总则》第 145 条与《合同法》第 47 条规定类似，但表述稍有调整："限制民事行为能力人实施的纯获利益的民事法律行为或者与其年龄、智力、精神健康状况相适应的民事法律行为有效；实施的其他民事法律行为经法定代理人同意或者追认后有效。相对人可以催告法定代理人自收到通知之日起 1 个月内予以追认。法定代理人未作表示的，视为拒绝追认。民事法律行为被追认前，善意相对人有撤销的权利。撤销应当以通知的方式作出。"

2. 代理权欠缺的行为。《民法总则》第 171 条与《合同法》第 48 条规定类似——"行为人没有代理权、超越代理权或者代理权终止后，仍然实施代理行为，未经被代理人追认的，对被代理人不发生效力。相对人可以催告被代理人自收到通知之日起 1 个月内予以追认。被代理人未作表示的，视为拒绝追认。行为人实施的行为被追认前，善意相对人有撤销的权利。撤销应当以通知的方式作出。"有关代理及代理权，详见"代理"一章。

【讨论】关于《合同法》第 51 条：欠缺处分权的负担行为（如买卖合同）并非效力待定的法律行为

以前不少人依据《合同法》第 51 条的规定，认为处分权欠缺的法律行为也属于效力未定或待定的行为，最高人民法院《关于审理买卖合同纠纷案件适用法律问题的解释》第 3 条否定了这种理解。

《合同法》第 51 条规定，"无处分权的人处分他人财产，经权利人追认或者无处分权的人订立合同后取得处分权的，该合同有效。"应该说该条规定存在问题，因为其似乎意味着无处分权的人签订了"买卖他人之物"的合同（系债权行为或负担行为），如果后来不能取得处分权或不能获得权利人追认，其签订的"买卖他人之物"的合同将无效。而依负担行为与处分行为的划分，纯为负担行为（债权行为）的"买卖他人之物"的合同，并不引起物权的变动，有关债权行为（合同）如果因为卖方在签订合同时"欠缺处分权"而效力待定，这一规定违背常识而且存在体系矛盾，与《物权法》第 106 条有关善意取得的规定不能自洽。对于一个处分行为，如果欠缺处分权会导致该处分行为效力待定——如果转让人（卖方）事后取得处分权或获得追认，变动物权的行为（如交付）对于转让人而言会是一个有效的处分行为；如果转让人（卖方）最终不能取得处分权或不能获得追认，则是所谓的"无权处分"，是一个"无效的处分行为"，这个时候才有善意取得制度（《物权法》第 106 条）的用武之地。

也就是说，作为债权合同、负担行为的买卖合同并不要求卖方（转让人）有处分权方为有效（尽管还有《合同法》第 132 条的规定，要求出卖的标的物应当属于出卖人或出卖人有权处分），随后变动物权的处分行为（如交付）则须转让人有处分权方为一个有效的或真正的处分行为。

鉴于这种情况，最高人民法院《关于审理买卖合同纠纷案件适用法律问题的解释》第 3 条规定："当事人一方以出卖人在缔约时对标的物没有所有权或者处分权为由主张合同无效的，人民法院不予支持。出卖人因未取得所有权或者处分权致使标的物所有权不能转移，买受人要求出卖人承担违约责任或者要求解除合同并主张损害赔偿的，人民法院应予支持。"并且，《物权法解释（一）》第 21 条进一步解释，转让合同因违反《合同法》第 52 条规定而无效或因受让人存在欺诈、胁迫或乘人之危等法定事由被撤销，受让人主张依据《物权法》第 106 条善意取得的规定取得所有权的，法院将不会支持。

中国法的这种混乱，与中国民事法律继受来源多样、德国法与法国法的不同影响、未严格或科学区分处分行为与负担行为有关[1]。

应该说最高人民法院这一解释是正确和科学的，理清了法律适用中的混乱。

虽然如此，讨论最高人民法院是否有权力做出似乎改变《合同法》第51条的这一解释，是个有意思的问题[2]。

三、可撤销法律行为被撤销、效力待定法律行为效力确定的法律后果

可撤销之民事法律行为，被有撤销权之人撤销后，成为无效的民事法律行为；效力待定的民事法律行为确定不发生效力后，亦成为确定无效的民事法律行为。它们的法律效果及处理与无效的民事法律行为相同，按照《民法总则》第157条的规定，即"行为人因该行为取得的财产，应当予以返还；不能返还或者没有必要返还的，应当折价补偿。有过错的一方应当赔偿对方由此所受到的损失；各方都有过错的，应当各自承担相应的责任。法律另有规定的，依照其规定"。

思考题：

1. 什么是法律行为？法律行为在法律事实中居于怎样的地位？
2. 法律行为的概念与民法典的编纂有什么关系？
3. 什么是意思表示？意思表示与法律行为是什么关系？
4. 意思表示有哪些类型？
5. 法律行为的成立要件与生效要件分别有哪些？
6. 你觉得是否有必要区分法律行为的成立与生效？为什么？

---

〔1〕 参见翟新辉：《中国物权法的过去、现在与未来》，中国政法大学出版社2016年版，第108~116页。

〔2〕 另，据全国人大网（http：//www.npc.gov.cn）公布之"民法典合同编（草案）（二次审议稿）"，现《合同法》第51条的内容已经删去，该草案第385条关于买卖合同的定义虽然与现合同法第130条完全一样，但草案第387条已与《合同法》第132条不同，该草案第387条规定："因出卖人未取得处分权致使标的物所有权不能转移的，买受人可以解除合同并要求出卖人承担违约责任。法律、行政法规禁止或者限制转让的标的物，依照其规定。"可见，草案关于买卖合同的规则并不要求卖方对标的物有处分权，与前一审议稿相比又有了变化，删去了"出卖人应当对出卖的标的物有处分权"的要求。http：//www.npc.gov.cn，2019年1月19日访问。

7. 法律行为如何进行分类？

8. 请区分如下概念：

单方行为与多方行为；

身份行为与财产行为、处分行为与负担行为；

要式行为与不要式行为；

要物行为（实践行为）与不要物行为（诺成行为）；

主行为与从行为；

有因行为（要因行为）与无因行为（不要因行为）。

9. 什么是附条件或附期限的法律行为？

10. 什么情况下法律行为无效？法律行为无效有什么法律效果？

11. 什么情形下法律行为可撤销？可撤销的法律行为有什么法律效果？

12. 什么情况下法律行为效力待定？

第十章

代理

第一节　代理概述

一、《民法总则》规定的代理：含义及制度价值

根据语言学常识，一个语词有"能指"（即可能指称的含义）及"所指"（即在一个具体的文本中根据上下文所确定指称的含义），自然语言能指丰富，因此会有一语双关、模棱两可的效果。而一门科学为求逻辑严密，则会要求概念精准，尽量避免歧义和多解，法律用语尤其如此，民法中就有诸多"人工语言"，其不同于自然语言的丰富能指，具有严密逻辑的内涵及外延，如"权利能力""行为能力""法律行为"等。

代理一词在日常生活中亦有丰富含义，而《民法总则》规定的代理属于直接代理和显名代理，与日常生活中所述的其他"代理"有明显区别，后面也会对与《民法总则》规定之代理相近的制度略作比较。

《民法总则》所述代理，系代理人在代理权限内，以被代理人名义实施法律行为，法律效果归于本人（即被代理人）或者说对本人发生效力的制度（《民法总则》第162条），代理人须适当履行职责、维护本人合法权益（《民法总则》第164条）。依据该定义可见，《民法总则》所述之代理：①代理人须有代理权限；②代理人须以本人名义；③代理人以本人名义实施的须为民事法律行为；④代理人须维护本人合法权益、适当履行职责；⑤代理人在代理权限内以本人名义实施之法律行为效果由本人承受。

代理人如没有代理权或超越代理权限，则构成无权代理，其法律效果详见后述。代理人不适当履行职责给本人造成损害的，应当承担民事责任；代理人和相对人恶意串通，损害被代理人合法权益的，代理人和相对人应当承担连带责任（《民法总则》第164条）。

《民法总则》规定之代理制度，对于完全民事行为能力人而言，有扩充其自治能力的价值——"代理制度，给与完全民事行为能力人以分身之术，使之得以超越时空限制，突破本身知识、才干、经验以及体力和脑力诸局限，更加广泛和深入地参与民事生活"[1]；对于无民事行为能力及限制民事行为能力人而言，有补足其意思能力、帮助其参与市民社会生活的意义。

【案例10-1】彭韵诉彭卓等建设用地使用权纠纷再审案[2]

本院再审认为，本案的争议焦点是：案涉合浦县三合口农场红旗住宅区西四区〈一〉387号建设用地使用权（以下简称案涉土地使用权）是归彭韵所有，还是归彭景伟所有。

首先，根据原审查明、双方无异议的事实，1989年合浦县人民政府为照顾合浦籍老干部，从合浦县三合口农场划拨部分土地作为老干部宅基地。彭景伟是合浦籍老干部，但没有居住在合浦，彭景伟与彭韵系叔侄关系，彭韵以彭景伟名义购买了案涉土地使用权。彭韵及其父亲彭景超在1989年支付了购买案涉土地使用权的4045元，以及手续费200元，收款票据上的购买人均载明为彭景伟，并注明彭韵代、彭景超代。1992年合浦县人民政府发放案涉土地使用证书，登记名字是彭景伟，该证由彭韵领取并一直持有，直至2006年底，彭韵将该证书交给彭景伟的儿子彭卓。彭韵实际支付了案涉土地使用权的全部费用，彭景伟至今没有将该费用还给彭韵，且在本案诉讼之前，始终没有支付该费用给彭韵的意思表示。

其次，彭韵和彭景伟来往的多封书信内容均表明：彭景伟认可彭韵以其名义购买案涉土地使用权，并明确表示该土地使用权属于彭韵，同意办理过户手续。应视为双方对案涉土地使用权的归属和办理过户手续达成了一致意思表

---

〔1〕 张俊浩主编：《民法学原理》，中国政法大学出版社2000年版，第309页。
〔2〕 最高人民法院"（2017）最高法民再169号"民事判决书。

示。原判决认定双方没有达成一致意见，不符合本案事实。

第三，原判决认定案涉土地使用权是合浦县人民政府对此类特殊身份的人在宅基地政策上的照顾和优惠，具有一定的人身依附性，彭韵主张买地后期放宽政策，不具有合浦籍离休老干部身份的也能购买，未提供直接证据证明，该认定不符合本案事实。据二审证人刘某出庭证言及刘某提供的书证证明，案涉宅基地除离休干部具有买卖资格外，其他人亦可以自己名义和同样的价格购买。刘某在 1989 年时担任合浦县老干部局副局长，是安排该住宅区的负责人，其证言具有较高证明力。彭韵已提供证据证明其该项主张，而彭景伟对于彭韵提供的上述证据并没有提供证据反驳。原判决关于彭韵没有提供证据证明该项主张的认定，确有不当。

综上，**案涉土地使用权是彭韵以彭景伟名义购买，并非彭韵受彭景伟委托代理购买，原判决认定彭韵与彭景伟之间只存在代理付款的债权债务关系，系适用法律错误。**案涉土地使用权应归彭韵所有。

《民法总则》规定之代理结构图见下图（图 10-1）：

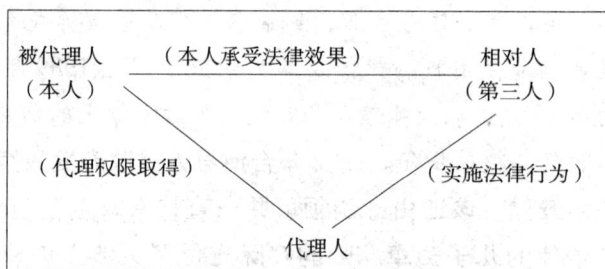

被代理人	（本人承受法律效果）	相对人
（本人）		（第三人）
（代理权限取得）		（实施法律行为）
	代理人	

图 10-1　代理结构图

二、《民法总则》规定的代理：代理事项须为民事法律行为

依据《民法总则》第 161 条及第 164 条，代理人只能代理被代理人实施民事法律行为。但并非所有的民事法律行为均可代理，依法理，代理事项一般仅为民事法律行为中的财产行为及形成权行使行为（见表 9-1 关于法律行为的分类），身份行为（身份合同，如结婚、协议离婚、收养等）不得代理，一般认为事实行为亦不得代理[1]。当然，代理之行为须合法，违法行为不得代理，《民法总则》第167条规定："代理人知道或者应当知道代理事项违法仍然实施代理行为，或者被代理人知道或者应当知道代理人的代理行为违法未作反对表示的，被代理人和代理人应当承担连带责任。"《民法总则》第161条第2款规定，"依照法律规定、当事人约定或者民事法律行为的性质，应当由本人亲自实施的民事法律行为，不得代理。"

现实中，诉讼及行政关系中也会存在"代理"，如代理诉讼、报税、办理报关手续、办理工商登记等申请、申报行为，该等代理，一般准用《民法总则》关于代理的规则，相应法律效果亦由本人承担。需说明的是，诉讼及行政关系中的代理，代理人与被代理人之间的关系适用《民法总则》，可以系基于意定、授权取得代理权限，也可以基于法律规定而取得代理权限。

因代理事项为法律行为，故代理人须有民事行为能力。因此，依据《民法总则》第173及第175条，代理人丧失行为能力，是意定代理（委托代理）及法定代理终止的情形之一。

【案例10-2】张福森与高建喜等排除妨害纠纷上诉案[2]

一审法院认为，**民事主体可以通过代理人实施民事法律行为。代理人在代理权限内，以被代理人名义实施的民事法律行为，对被代理人发生效力。本案中，首先，高建喜、王友刚和张福森提交的授权书均证明高建喜和王友刚是接受西智经济合作社、西智村委会的授权对西智村原砂石料厂的房屋进行施工作业，高建喜和王友刚行为对西智经济合作社、西智村委会发生效力，相应民事责任亦应由西智经济合作社、西智村委会承担；**其次，张福森从自家果园北侧的房屋出发通过砂石厂的道路并不是其到达果园南侧的牛棚与鸡舍的唯一道路。综上，对张福森请求排除妨碍，恢复道路畅通的诉讼请求，，法院不予支

---

[1]　参见张俊浩主编：《民法学原理》（上册），中国政法大学出版社2000年版，第322页。事实行为虽一般不得代理，但有些事实行为得委托他人实施，比如委托他人建造、拆除房屋等，但此类委托他人完成某种事实行为，构成承揽合同或建设工程合同，与民法总则规定的代理迥异。

[2]　北京市第三中级人民法院"（2018）京03民终2576号"民事判决书。依据该判决，一审法院认为被告系基于他人授权对房屋进行施工，引用民法总则关于代理的规则适用法律，认为被告行为对授权人发生效力。二审法院虽未引用民法总则关于代理的规则，且表述被告之行为为"职务行为"，但认为一审判决"适用法律正确"。

持。依照《中华人民共和国物权法》第八十四条、《中华人民共和国民法总则》第一百六十一条、第一百六十二条，《中华人民共和国民事诉讼法》第六十四之规定：驳回张福森的诉讼请求。

......

本院认为，本案中，高建喜、王友刚和张福森提交的授权书均证明高建喜和王友刚是接受西智经济合作社、西智村委会的授权对西智村原砂石料厂的房屋进行施工作业，**高建喜、王友刚行为系职务行为，其行为后果应由西智经济合作社、西智村委会承担**，因此，张福森以高建喜、王友刚为被告提起排除妨碍之诉，于法无据。张福森从自家果园北侧的房屋出发通过砂石厂的道路并不是其到达果园南侧的牛棚与鸡舍的唯一道路。综上，张福森的相关上诉请求缺乏事实和法律依据，不能成立，应予驳回；一审判决认定事实清楚，适用法律正确，应予维持。

第二节　《民法总则》规定的代理类型及相近制度

依据不同的标准，《民法总则》规定的代理有不同的分类。此外，本节还将讨论与《民法总则》规定的代理相近似而易混淆的一些民法制度，比如《合同法》第402条、第403条关于委托合同的规定以及行纪、居间等制度。

一、意定代理与法定代理

依据代理权的来源依据不同，代理分为意定代理和法定代理。《民法通则》第64条称"代理包括委托代理、法定代理和指定代理"，而《民法总则》第163条则规定"代理包括委托代理和法定代理"，盖因《民法通则》所谓之"指定代理"亦为有权机关或组织依法指定法定代理人，亦属法定代理之一种，所以《民法总则》第163条有此修改。

1. 意定代理。所谓意定代理，系指代理人之代理权来源于被代理人的意思，即源于被代理人的授权。《民法总则》继承了《民法通则》，将代理分为委托代理和法定代理，其中委托代理实为意定代理。《民法总则》继承《民法通则》的"委托代理"易生混淆——所称之代理中代理人之代理权是否基于委托（合同）产生，或者有委托就有代理权呢？实际上并非如此，因为所谓委托代理中代理人的代理权不一定基于委托（合同）产生，而且有委托却不一定有代理权。

意定代理中，代理人的代理权来源于被代理人的单方授权行为，至于授权的原因，可能是有委托合同的存在，也可能是有雇佣合同（劳动合同）、合伙合同或其他法律关系的存在，这些法律关系或法律行为被称为是代理权授予行为的原因关系、基础关系或原因行为。关于代理权授予行为（本身是一个单方法律行为）是否要因，以无因说更利于保护交易安全而更为合理，即不论授权行为的原因行为（或基础法律关系）是否有效，授权行为的效力均不受影响[1]。

意定代理的法律关系结构见下图（图10-2）：

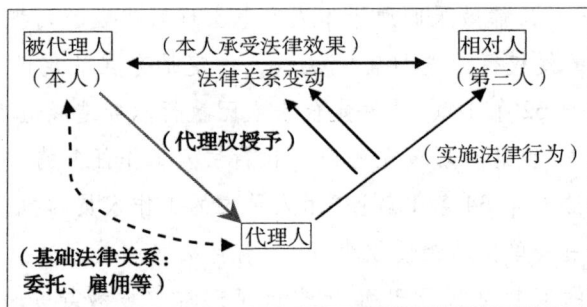

图10-2 意定代理法律关系结构图

《民法总则》在"委托代理"一节中第170条规定了职务代理，"执行法人或者非法人组织工作任务的人员，就其职权范围内的事项，以法人或者非法人组织的名义实施民事法律行为，对法人或者非法人组织发生效力。法人或者非法人组织对执行其工作任务的人员职权范围的限制，不得对抗善意相对人"。同时，我国的《民法总则》《公司法》等法律又规定有法定代表人制度。

---

〔1〕 参见张俊浩主编：《民法学原理》（上册），中国政法大学出版社2000年版，第321页。

【资料 10.1】朱庆育：法定代表人与职务代理

"职务代理"是一个极具中国特色的东西。我们的法人代理制度实行双轨制——法定代表人的代理和所谓的"职务代理"（"执行法人或者非法人组织工作任务的人员""就其职权范围内的事项"的代理）。法定代表人的代理被称作"代表"，其他代理人才是"代理"。相应的，规则设置也分两个地方：第61条法定代表人的代理位处《民法总则》第三章"法人"第一节"一般规定"，第170条的职务代理则在第七章"代理"第二节"委托代理"。

双轨制让我们认为，"代表"和"代理"是不一样的。为了说明确实不一样，许多学者会说：代表的对象可以是非法律行为，代理则只是法律行为的代理。这个说法很奇怪。非法律行为的实施不需要意思表示，不需要效果意思，"代表人"怎么表示法律效果归属于本人？怎么理解代表公司把客户揍了一顿？如果法定代表人的侵权行为被归属于法人，一定是存在法定的效果归属规范，如《民法总则》第62条1款："法定代表人因执行职务造成他人损害的，由法人承担民事责任。"但这种规范在普通"执行法人工作任务的人员"里也会有，比如《侵权责任法》第34条1款："用人单位的工作人员因执行工作任务造成他人损害的，由用人单位承担侵权责任。"有什么实质差别呢？

代表和代理的双轨从民国开始就流行了，常常被教导是受德国法影响所致。这好像跟翻译有关。《德国民法典》第26条规定董事会是社团法人的"gesetzlicher Vertreter"，有权以社团名义对外实施"Vertretung"，汉语法学家经常把这两个词分别译成"法定代表人"和"代表（行为）"，即使是新近出版的台译《德国民法典》也还是如此。但实际上，"Vertreter"和"Vertretung"这两个词与第3章"法律行为"第5节"代理及代理权"（Vertretung und Vollmacht）中的用语没有任何区别，汉语对译是"代理人"和"代理（行为）"。不知道为什么相同的语词要做不同的翻译？如果注意到《德国民法典》中自然人的"gesetzlicher Vertreter"又被译者正常译作"法定代理人"（例如第8条），把法人的"gesetzlicher Vertreter"刻意译作"法定代表人"就显得更奇怪了。难道只是为了表明我们区分代表和代理的做法确实来自于德国法？

个人认为，所谓的代表与代理其实适用同一套规则。如果有差别，只是代理范围的差别，这会影响到无权代理时相对人善意的判断以及表见代理的认定。

中国的特殊情况是，法律规定所有法人有且仅有一个法定代表人，这种"法定代表"制度，照我的理解，是比照行政机关首长负责制来构建的，尤其是以前的国企、集体企业，都是国家之手的延伸，所以需要厂长、经理作为法定负责人，就好像是一个局的局长。可是，私法人和公法人的构造逻辑完全不一样。私法人基本只涉及私人利益，应该怎么构造才符合私人最佳利益，应该主要交由私法人自己决定；行政机关则关系到公权力行使和监督制约的问题，机构设置需要法律强行规定。

比照行政首长负责制为法人设置唯一一个法定代表人后，对外交往时，会让对方形成一种一般性的期待——法定代表人有权全面代表法人，所以在涉及无权代理判断相对人善意与否以及是否构成表见代理时，和普通"执行法人工作任务"的职务代理人不同。后者需要出示授权书，相对人才能声称"有理由相信"有代理权进而主张自己的善意，前者则只需要表明自己的法定代表人身份，通常即可满足相对人善意的条件。（摘自朱庆育："《民法总则》代理规则的新发展"，载中国社会科学网，http：//law. cssn. cn/fx/fx_ msfx/201803/t20 180314_ 3875634. shtml，2019 年 2 月 17 日访问。）

2. 法定代理。如上所述，《民法通则》曾规定代理包括委托代理、法定代理和指定代理，而《民法总则》仅规定了委托代理和法定代理，但在代理一章，仅有两个条文即第 163 条及第 175 条涉及法定代理，第 163 条规定："代理包括委托代理和法定代理。委托代理人按照被代理人的委托行使代理权。法定代理人依照法律的规定行使代理权。"第 175 条则涉及法定代理的终止。

法定代理，系代理人的代理权来源于法律规定而非被代理人的授权的代理。从这个意义上说，《民法通则》所谓的"指定代理"，属于法定代理之一种。法定代理制度旨在补足无民事行为能力人及限制民事行为能力人的意思能力，帮助他们作出决定、参与市民社会。

《民法总则》第 23 条规定，"无民事行为能力人、限制民事行为能力人的监护人是其法定代理人"。如对监护人的确定有争议，则依照《民法总则》第 31 条的规定指定监护人。

二、单独代理与共同代理

依据对同一事项是一人有代理权还是数人有代理权，可以将代理分为单独代理和共同代理，如果只有一人有代理权则为单独代理，如数人有代理权则为共同代理。

《民法总则》第166条规定，"数人为同一代理事项的代理人的，应当共同行使代理权，但是当事人另有约定的除外"。依据该条，除非当事人另有约定，共同代理之代理人应当共同行使代理权，而不能单独或分别行使代理权。

三、本代理与复代理

委托代理（意定代理）中，本代理即被代理人直接授予代理人代理权的代理，又称原代理；复代理，又称再代理、转代理或次代理，是代理人转授权他人（次代理人）作为被代理人的代理人的代理。

需说明的是，复代理以存在一个本代理为前提；其次，次代理人系由代理人选任而非由被代理人直接选任，否则如由被代理人直接选任或授权则本身构成本代理；第三，次代理人仍然是被代理人的代理人，而非代理人的代理人。

《民法总则》第169条规定了复代理的相关规则：①除非事先约定代理人有转委托权，原则上，代理人需要转委托当事人代理的应当取得被代理人的同意或追认，但有例外情形。②转委托代理得到被代理人的同意或追认，被代理人可就代理事务直接指示转委托的第三人，而代理人仅就第三人的选任及对第三人的指示承担责任。③转委托代理未获被代理人的同意或追认，代理人应当对转委托的第三人的行为承担责任，但"在紧急情况下代理人为了维护被代理人的利益需要转委托第三人代理的除外"。

就上述代理人转委托他人的"紧急情况"，《民通意见》第80条规定，"由于急病、通讯联络中断等特殊原因，委托代理人自己不能办理代理事项，又不能与被代理人及时取得联系，如不及时转托他人代理，会给被代理人的利益造成损失或者扩大损失的，属于《民法通则》第68条中的'紧急情况'"。

四、一般代理与全权代理

根据代理权限的范围不同，实践中常有一般代理与全权代理或特别授权代理的称谓。《民法总则》中并未规定这种分类，相反，《民法总则》第165条规定，"委托代理授权采用书面形式的，授权委托书应当载明代理人的姓名或者名称、代理事项、权限和期间，并由被代理人签名或者盖章"。

在民事诉讼中律师代理情形下，实务中有一般代理与特别授权代理的称谓。但所谓特别授权代理，一般也应详细列明授权事项，比如：包括但不限于签署起诉状、变更诉讼请求、承认对方的诉讼请求、代为和解、代为调解、代为提起上诉、代为签署民事调解书、代为申请执行、代为收取执行款项等，而所谓一般代理则不包括上述权限。

又比如被代理人授权代理人办理某房屋出售事宜，如果仅表述为"授权该代理人全权处理某房屋出售相关的所有事宜"，则不够清晰，易生纠纷，而最好详列拟授权事项，比如授权该代理人签署房屋买卖合同、代为收取售房款项、代为办理房屋买卖登记手续、代为交房等。

五、与《民法总则》规定之代理相近的一些制度

（一）《合同法》委托合同中第 402 条及第 403 条的规定：隐名代理或间接代理

除了《民法通则》规定的代理（属显名代理、直接代理）外，现实生活中，还有所谓隐名代理或间接代理。各学者就隐名代理或间接代理的界定和区别并不十分清晰，但共同点是：在这些"代理"中，"代理人"与"被代理人"之间有委托合同关系，是委托人与受托人之间的关系；而且"代理人"是以自己的名义而不是以"被代理人"的名义与第三人实施法律行为。其中的差别是第三人是否知道委托关系的存在以及委托人的信息。所谓隐名代理即"代理人"不披露委托关系或委托人信息，从而第三人不知道与其实施法律行为的"代理人"与他人有委托关系或委托人的具体信息[1]。

社会生活中会存在对这种"代理"的需求：一方面，有时候你委托他人代你去买个东西，这个人在代你买东西的时候没必要告诉卖方有委托关系及委托人的存在；另一方面，受托人可能基于商业秘密的考虑，杜绝委托人与第三人的信息沟通。

《合同法》第 402 条及第 403 条的出台与之前的外贸代理有关：之前中国施行外贸管制政策，进出口经营权由外贸公司（主要是各种国有的进出口公司）垄断，国内企业要从国外买或向国外卖东西，只能通过外贸公司；随着改革开放的进行，外国人开始涌进中国、国人也开始大量走出国门，但由于进出口经营权的垄断，即使外国人和某国内企业谈妥了生意，也不能直接签署合同——因为该国内企业没有进出口经营权，只能以外贸公司的名义与外商签署

---

〔1〕　参见翟新辉：《中国合同法：理论与实践》，北京大学出版社 2018 年版，第 245~247 页。

合同。

外贸公司有自营进出口业务——即自己与国内企业和外商分别签署买卖合同和国际贸易合同，这是正常的两次买卖；外贸公司的另一块业务，就是所谓的外贸代理业务，由于国内企业不具有进出口经营权，只能以外贸公司的名义与外商签署合同，而这种外贸代理业务中，不少情形是国内企业和外商相互知道，只是限于进出口经营权的垄断，只能以外贸公司名义与外商签订合同，而外贸公司就一单外贸代理业务通常的收费约 1.5%，而且一般仅负责中国国内的进出口报关手续的办理。在这种情况下，如果外商或国内企业违约，要外贸公司对外承担违约责任，其会认为收费低而风险过高，遂有《合同法》第 402及第 403 条的规定。但《合同法》第 402 条、第 403 条直接使用"代理"一词，确实易与《民法通则》及《民法总则》所述代理产生混淆。

随着中国的持续改革开放，外商投资规模越来越大，进出口贸易额增长迅速，中国在进出口经营权方面也逐步放开，不再由外贸公司垄断，国内企业可以自行进出口，专营进出口的外贸公司几乎销声匿迹，所谓的"外贸代理制"也成为历史，《合同法》中相关制度也值得再讨论[1]。

（二）行纪合同

行纪合同系委托合同的一种，"行纪合同是行纪人以自己的名义为委托人从事贸易活动，委托人支付报酬的合同"（《合同法》第 414 条）。

行纪合同中，以自己的名义为委托人从事贸易活动并收取报酬的人，称为行纪人。行纪合同与委托合同都是一方为另一方办理委托事务的合同，都以处理委托事务为目的，以当事人之间的互相信任为基础。行纪合同实际上是委托合同的一种，因此《合同法》第 423 条规定，"本章没有规定的，适用委托合同的有关规定"。

行纪合同的典型是寄售商店，寄售商店以自己的名义为委托人销售寄托销售的物品。行纪合同还大量存在于证券及期货行业，比如证券公司的经纪业务，证券公司作为证券交易所的会员，根据客户委托指令其在证券交易所的交易员买卖证券并根据交易金额收取佣金，但应首先适用证券、期货方面的特别法。

---

〔1〕 但据全国人民代表大会 2019 年 1 月为征求意见公布的《民法典合同编（草案第二次审议稿）》第 708 及第 709 条，其与《合同法》第 402 及第 403 条的表述一样，同样使用了"代理"的表述。

行纪与《民法总则》规定的代理的明显区别是，行纪合同中，行纪人是以自己的名义从事贸易活动的。

（三）居间合同或中介合同

居间合同，又称为中介合同或中介服务合同，即居间人向委托人报告订立合同的机会或者提供订立合同的媒介服务，委托人支付报酬的合同（《合同法》第424条）〔1〕。其中，报告订立合同的机会或者提供订立合同的媒介服务的一方为居间人，支付报酬的一方为委托人。

居间与《民法总则》规定的代理及前述的行纪不同，居间人或中介人仅向委托人报告订立合同的机会或提供媒介服务、促成交易，而并不受委托人的委托以委托人的名义或以自己的名义与第三人订立合同。

（四）传达

传达人向第三人传达委托人的意思而并没有自己的意思，类似于"信使"的地位，与《民法总则》规定之代理不同，后者中代理人系根据授权自己作出意思表示。

第三节　代理权

一、代理权概述

代理权实际上是一种权限，既包含权利的内容亦包含义务的内容。有人称其实为一种资格或能力〔2〕，值得赞同。代理权即根据法律规定或根据被代理人的授权，代理得以被代理人名义实施法律行为而法律效果归于本人的权限或资格。

如上所述，代理权的来源有二：一是来源于被代理人的授权，构成意定代理，又称委托代理，但被代理人与代理人之间的基础法律关系可能是委托，也可能是雇佣（劳动合同）或合伙等法律关系；二是基于法律规定取得，如《民法总则》第23条规定，"无民事行为能力人、限制民事行为能力人的监护人是其法定代理人"。如对监护人的确定有争议，"由被监护人住所地的居民委员

---

〔1〕　全国人民代表大会2019年1月为征求意见公布的《民法典合同编（草案第二次审议稿）》第二十六章的章名为"中介合同"，更改了"居间合同"的用语。

〔2〕　参见张俊浩主编：《民法学原理》（上册），中国政法大学出版社2000年版，第318页。

会、村民委员会或者民政部门指定监护人，有关当事人对指定不服的，可以向人民法院申请指定监护人；有关当事人也可以直接向人民法院申请指定监护人"（《民法总则》第31条）。

法定代理人作为限制民事行为能力人或无民事行为能力人的监护人，其代理权限是概括性和全面性的；而意定代理中代理人的代理权限则由被代理人的授权所确定。需说明的是，被代理人对代理人的授权行为是一个单方法律行为，自应根据法律行为的要件判断代理权的发生及有效。

二、代理权的行使

1. 代理人承担忠实、勤勉、诚信义务，维护被代理人合法权益。《民法总则》第164条规定，"代理人不履行或者不完全履行职责，造成被代理人损害的，应当承担民事责任。代理人和相对人恶意串通，损害被代理人合法权益的，代理人和相对人应当承担连带责任。"

代理人应当适当履行职责，尽到忠实、勤勉、诚信义务，维护被代理人的合法权益，否则可能承担民事责任。

【案例 10-3】王沛清等诉朱广健委托合同纠纷案[1]

本院认为，本案二审当事人争议的焦点问题为：（一）朱广健的行为是否构成职务代理行为；（二）朱广健应否承担代理人的民事责任。

关于朱广健的行为是否构成职务代理行为的问题。《中华人民共和国民法总则》第一百七十条第一款规定："执行法人或者非法人组织工作任务的人员，就其职权范围内的事项，以法人或者非法人组织的名义实施民事法律行为，对法人或者非法人组织发生效力。"因此，所谓职务代理，是指代理人根据其在法人或者非法人组织中所担任职务，依据其职权对外实施民事行为的代理。本案中，朱广健认为其与王沛清、李淑兰、王玲丽签订公证委托书的行为是基于墟银公司的职务代理行为，对此，朱广健应当提交证据证明符合职务代理的构成要件：其一，朱广健是墟银公司的工作人员；其二，朱广健实施的必须是其职权范围内的事项；其三，必须是以墟银公司的名义实施民事行为。现朱广健在本案中提交的证据并不能证明满足上述三个基本的构成要件，故朱广健抗

---

〔1〕 广东省广州市中级人民法院"（2017）粤01民终20549号"民事判决书。

辩其行为属于职务行为，缺乏事实及法律依据，本院不予采信。

关于朱广健应否承担代理人的民事责任的问题。《中华人民共和国民法总则》第一百六十四条第一款的规定："代理人不履行或者不完全履行职责，造成被代理人损害的，应当承担民事责任。"据此可知，**代理人行使代理权时要履行的义务是要以善良管理人的注意义务标准忠实诚信地为委托人利益在代理权限内进行从事代理活动，否则就要承担相应的民事责任**。本案中，朱广健作为王沛清、李淑兰、王玲丽的代理人就案涉房屋办理了公证委托，虽然委托权限中有"待上述房屋符合出售条件时，代为出售上述房屋。"但是，双方当事人均表示授权并没有明确具体房屋的出售条件范围，因此，对于房屋的出售条件、出售情况以及出售价格，均是影响被代理人王沛清、李淑兰、王玲丽利益的重大事项，朱广健作为代理人应当向被代理人王沛清、李淑兰、王玲丽如实报告，现**朱广健没有就案涉房屋与案外人签订买卖合同的事项如实披露及报告，因此，朱广健的上述行为违反了民法的诚实信用原则，损害了王沛清、李淑兰、王玲丽的利益**。同时，根据案涉房屋出售时点的估价结果显示房屋的市场价值为 914 598 元，而朱广健出售案涉房屋的对价仅为 650 000 元，房屋买卖合同项下的房款亦没有证据显示向王沛清、李淑兰、王玲丽进行支付，因此，朱广健低价出售案涉房屋的行为严重损害了被代理人的合法利益。综上，**朱广健作为代理人在行使代理权的过程中没有尽到法定的忠实、谨慎的义务，且损害了被代理人的利益**，依据上述法律规定，朱广健应当向王沛清、李淑兰、王玲丽返还买卖合同项下的购房款 650 000 元，以及赔偿因低价出售案涉房屋所产生的差价损失 264 598 元（264 598 元＝914 598 元－650 000 元）。

2. 不得代理违法事项。《民法总则》第 167 条规定，"代理人知道或者应当知道代理事项违法仍然实施代理行为，或者被代理人知道或者应当知道代理人的代理行为违法未作反对表示的，被代理人和代理人应当承担连带责任"。

【案例 10-4】杜占国与十堰庄胜工贸有限公司等买卖合同纠纷上诉案[1]

本院认为，本案二审争议的焦点问题是杜占国对随州顺鑫公司欠付的购车

---

〔1〕　湖北省随州市中级人民法院"（2017）鄂 13 民终 628 号"民事判决书。

款是否应当承担连带责任问题。……《中华人民共和国民法总则》第一百六十七条规定："代理人知道或者应当知道代理事项违法仍然实施代理行为，或者被代理人知道或者应当知道代理人的代理行为违法未作反对表示的，被代理人和代理人应当承担连带责任。"本案中，随州顺鑫公司购买的涉案底盘改装后的勾臂式垃圾车，是随州顺鑫公司与德令哈市环境保护局之间签订的《产品供需合同》中约定的标的物中的一部分。**杜占国明知随州顺鑫公司不符合德令哈市环境保护局招标条件，亦明知事后补办招投标手续违法的情况下，仍然接受随州顺鑫公司的委托，实施上述行为。**杜占国虽不是随州顺鑫公司与十堰庄胜公司买卖关系的相对人，但从杜占国代理随州顺鑫公司与德令哈市环境保护局签订了《产品供需合同》、代为履行交付义务、又代为以随州骏丰公司的名义与德令哈市环境保护局签订中标合同，同时又约定德令哈市环境保护局支付的货款全部由其支配来看，随州顺鑫公司购买该底盘是因杜占国代理随州顺鑫公司与德令哈市环境保护局之间的交易引起的，杜占国亦实际占有了德令哈市环境保护局支付的 855 400 元货款。《中华人民共和国合同法》第五条规定："当事人应当遵循公平原则确定各方的权利和义务。"本案中，**杜占国的违法代理行为，并因该违法代理行为获得利益，且杜占国获得的利益与随州顺鑫公司向十堰庄胜公司购买底盘存在因果关系，一审判决杜占国承担连带责任符合法律规定。**杜占国上诉称其代理补办招投标手续违法，其仅对招标合同的损害承担连带责任，对本案货款不应当承担连带责任的上诉请求不能成立，本院不予支持。官汉敏虽是随州顺鑫公司的股东，但随州顺鑫公司属于有限责任公司，公司的法人资格存在，且无证据证明官汉敏存在非法抽逃出资或存在损害公司利益的行为，杜占国上诉称官汉敏应当对随州顺鑫公司的债务承担责任的上诉理由不能成立，本院不予支持。

综上所述，杜占国的上诉请求不能成立，应予驳回……

3. 原则上禁止自己代理与双方代理。自己代理，即代理人以被代理人名义与代理人自己实施法律行为。因常识假定每个人会为自己的利益最大化考虑，代理人自己的利益会与代理人须维护的被代理人的利益相冲突，因此，原则上禁止自己代理。

双方代理，即代理人以被代理人的名义与第三人实施法律行为，而该代理人同时又是该第三人在该事项上的代理人，即代理人充任双方的代理人。因双方利益冲突，与代理制度的代理人须维护被代理人利益的理念冲突，因此，原则上禁止双方代理。

但《民法总则》并未僵硬地一律禁止，而是规定被代理人同意或追认的情形除外，可以说进一步肯认了当事人意思自治，避免了"家长式"的武断，值得称赞。

《民法总则》第 168 条规定："代理人不得以被代理人的名义与自己实施民事法律行为，但是被代理人同意或者追认的除外。代理人不得以被代理人的名义与自己同时代理的其他人实施民事法律行为，但是被代理的双方同意或者追认的除外。"

三、代理权的终止

1. 意定代理权的终止。依据《民法总则》第 173 条，有下列情形之一，意定代理（委托代理）终止：

（1）代理期间届满或者代理事务完成；

（2）被代理人取消委托或者代理人辞去委托[1]；

（3）代理人丧失民事行为能力；

（4）代理人或者被代理人死亡；

（5）作为代理人或者被代理人的法人、非法人组织终止。

但依据《民法总则》第 174 条，在被代理人死亡的情况，有下列情形之一的，代理人以被代理人名义实施的法律行为有效（即一方面对第三人有效，另一方面的法律效果归于死亡的被代理人的遗产）：

（1）代理人不知道并且不应当知道被代理人死亡；

（2）被代理人的继承人予以承认；

（3）授权中明确代理权在代理事务完成时终止；

（4）被代理人死亡前已经实施，为了被代理人的继承人的利益继续代理。

作为被代理人的法人、非法人组织终止的，参照《民法总则》第 174 条第 1 款规定。

---

〔1〕《民法总则》在此项中"委托"的表述，也易生混淆，也许使用"授权"会好些。见前述关于意定代理与委托代理名称的讨论。

2. 法定代理权的终止。依据《民法总则》第 175 条的规定，有下列情形之一的，法定代理终止：

（1）被代理人取得或者恢复完全民事行为能力；

（2）代理人丧失民事行为能力；

（3）代理人或者被代理人死亡；

（4）法律规定的其他情形。

【案例 10-5】前锐（上海）商务咨询有限公司诉徐诗霖服务合同纠纷案[1]

本院认为，原告与被告监护人以被告名义签订的《体育经纪及商业代理协议》系双方当事人的真实意思表示，并不存在法律或行政法规规定的无效之情形。

本案的争议焦点：一、关于《体育经纪及商业代理协议》自被告成年后的效力问题。被告认为，《体育经纪及商业代理协议》签订时，被告尚未成年，被告法定监护人代表被告签字，该协议属于效力待定。被告已于 2016 年 1 月 10 日年满 18 周岁，现对协议不予确认，故《体育经纪及商业代理协议》自 2016 年 1 月 10 日被告成年后无效。对此本院认为，《体育经纪及商业代理协议》签订时，被告未成年，其行使民事行为应由其法定监护人作出，被告父亲作为法定监护人具有代表被告签订协议的权利，且该协议未损害被告的利益，故上述协议有效，对被告具有约束力。合同法相关解释规定，行为人没有代理权、超越代理权或者代理权终止后以被代理人名义订立的合同，未经被代理人追认，对被代理人不发生法律效力，由行为人承担责任。而上述协议系在被告监护人具有代理权限的期间签订，不属于上述法律规定的行为人没有代理权、超越代理权或者代理权终止后以被代理人名义订立的合同情形，且法律无规定有法定监护人签订的协议中被监护人成年后必须要由被监护人进行追认才继续

_____

〔1〕 上海市静安区人民法院"（2016）沪 0106 民初 4955 号"民事判决书，该判决书系本书作者自上海瀛泰律师事务所合伙人谢同春律师处获得，在此致谢，该判决亦经核对裁判文书网。另据上海市第二中级人民法院"（2017）沪 02 民终 3941 号"民事裁定书（亦由谢同春律师提供），一审被告就前述判决提起上诉，上海市第二中级人民法院撤销了前述判决，案件已发回上海市静安区人民法院重审，因此该判决书未生效。不过，该案中法定代理人以被代理人名义签署之合同跨越被代理人成年，该协议在被代理人成年后对被代理人的约束力值得讨论；本案中有被代理人成年前一个月承认该协议的情势；此外，即使协议在被代理人成年后对其不具约束力，法定代理人的责任亦值得讨论。

有效。当然，被监护人成年后具有完全的民事行为能力，可以单独行使民事权利，但其若认为前述合同存在侵犯其合法权益、显失公平、违反法律禁止性规定等情况的，应通过法定途径行使撤销权或请求确认无效。对被告本案中关于合同无效的抗辩意见，本院不予采纳。被告反诉请求确认《体育经纪及商业代理协议》自 2016 年 1 月 10 日被告成年起无效的请求，本院不予支持。

　　二、关于原告主张的赔偿问题。本院认为，随着世界范围内体育职业化，体育经纪业伴随着体育职业化的不断发展，对于活跃体育市场和促进体育产业发展、发掘和培养高素质运动员等方面具有不可替代的作用。体育经纪人运用自己掌握的商业信息、人际关系、谈判技巧等促成体育经济活动中双方达成合同，进而获得相应报酬。因此，依法保护体育经济人（注：原文如此）的合法权益，规范体育经纪业的有序发展，引导树立诚信守约定行业风气，对于体育经济业（注：原文如此）的长远发展具有重要意义。本案中，原、被告签订《体育经纪及商业代理协议》后，原告通过其专业化的服务，为被告提供了包括阿迪达斯公司在内的、在行业内具有相当影响力的商业赞助及合作机会，加之被告自身的能力与努力，使得被告能够成为目前颇具一定知名度的优秀运动员。原告基本较好地履行了合同义务。而根据原、被告的当庭陈述以及提供的双方往来邮件等证据显示，在《体育经纪及商业代理协议》履行期内，原与阿迪达斯公司协议将要到期时，原告与阿迪达斯公司就续约问题进行了实质性谈判并取得实质性结果（续约合同最后修改意见完成），但被告最终单独与阿迪达斯公司另外达成协议。《体育经纪及商业代理协议》中约定，未经商业代理公司事先许可，运动员不得擅自签订任何具有法律效力的与本体育经济及市场开发事项相关并冲突的合同；运动员应就其不当解除商业代理公司的职责而导致商业代理公司所遭受的任何和全部损失承担赔偿责任。故原告称被告违反协议约定，构成违约，致使原告合同可期待利益无法实现，可予认定，被告应根据协议约定承担赔偿责任。鉴于被告未提供与阿迪达斯公司间协议约定，本院酌情参照原告母公司前维公司与阿迪达斯公司间续约合同（最后修改意见）约定确定原告的相应损失。……

第四节　无权代理

一、无权代理概述：广义无权代理与狭义无权代理

广义的无权代理，指行为人没有代理权、超越代理权或代理权终止后，仍然以被代理人名义实施法律行为。这种情况下无权代理人以被代理人名义实施的行为，一般不对被代理人发生效力，但是在构成表见代理（详见下述）的情形下，虽然代理人实际上无代理权，但当事人有理由相信无权代理人有代理权，则无权代理人以被代理人名义实施的该行为仍对被代理人发生效力。

狭义的无权代理，单指不构成表见代理的无权代理，即无权代理人以被代理人的名义实施的行为对被代理人不发生效力的情形。

因此，可以说广义的无权代理包括狭义的无权代理和表见代理两种情形。

二、狭义的无权代理

1. 狭义无权代理概述。如上所述，狭义的无权代理，即"行为人没有代理权、超越代理权或者代理权终止后，仍然实施代理行为，未经被代理人追认的，对被代理人不发生效力。"（《民法总则》第 171 条第 1 款）

在构成狭义无权代理的情形时，须规范这种情形下三方当事人即被代理人、无权代理人以及相对人（或第三人）各自的权利、义务。

2. 狭义无权代理中被代理人的权利与义务。在狭义的无权代理情形下，一般来说，无权代理人以被代理人名义实施的行为不会对被代理人发生效力，除非及时获得被代理人的追认。

被代理人追认权。依据《民法总则》第 171 条第 1 款反向解释，即使代理人没有代理权、超越代理权或者代理权终止后，仍然以被代理人名义实施代理行为，但如获被代理人及时追认，则该行为对被代理人发生效力，即因无权代理行为及时获得追认，而在被代理人和第三人间发生法律关系变动。但需注意的是，由于善意相对人在无权代理人实施的行为被追认前有撤销权（《民法总则》第 171 条第 2 款），因此，被代理人的追认须在善意相对人撤销之前，否则亦不发生效力，即在被代理人和第三人之间不会因无权代理行为有法律关系变动。

如无权代理行为及时获得追认，则转化为正常、有效的代理。

3. 狭义无权代理中相对人或第三人的权利与义务。①第三人的催告权。《民法总则》第 171 条第 2 款规定："相对人可以催告被代理人自收到通知之日起一个月内予以追认。被代理人未作表示的，视为拒绝追认。行为人实施的行为被追认前，善意相对人有撤销的权利。撤销应当以通知的方式作出。"②善意第三人的撤销权。同样依据《民法总则》第 171 条第 2 款，无权代理人以被代理人名义实施的行为被追认前，善意相对人有撤销权。此所谓第三人或相对人之善意，意为其与无权代理人实施法律行为时不知道或不应当知道无权代理人系无权代理。③无权代理未获追认，善意第三人对无权代理人的求偿权。行为人实施的行为未被追认的，善意相对人有权请求行为人履行债务或者就其受到的损害请求行为人赔偿，但是赔偿的范围不得超过被代理人追认时相对人所能获得的利益（《民法总则》第 171 条第 3 款）。④无权代理未获追认情形下恶意第三人与无权代理人的关系。《民法总则》第 171 条第 4 款规定，相对人知道或者应当知道行为人无权代理的，相对人和行为人按照各自的过错承担责任。此所谓"恶意"即第三人（或相对人）在与无权代理人实施法律行为时知道或应当知道无权代理人系无权代理。

4. 狭义无权代理中无权代理人责任。①无权代理未获追认，对善意第三人的责任。如上所述，无权代理未获被代理人追认，善意相对人有权要求无权代理人履行债务或赔偿损失（《民法总则》第 171 条第 3 款）。②无权代理未获追认情形下无权代理人与恶意第三人的关系。如上所述，无权代理未获追认情形下，无权代理人与恶意第三人（即在与无权代理人实施法律行为时知道或应当知道无权代理人系无权代理的人）按照各自的过错承担责任（《民法总则》第 171 条第 4 款）。

三、表见代理

《民法总则》第 172 条规定了表见代理的情形："行为人没有代理权、超越代理权或者代理权终止后，仍然实施代理行为，相对人有理由相信行为人有代理权的，代理行为有效。"另见《合同法》第 49 条。如果构成表见代理，则虽然代理人无权代理，但在被代理人和相对人之间仍然成立有效的合同法律关系。

表见代理仍属广义的无权代理，只是虽然行为人没有代理权，但相对人"有理由相信"行为人有代理权，这种情形下，无权代理人以被代理人名义实施之民事法律行为，仍然对被代理人和相对人发生效力。

1. 表见代理中被代理人的权利与义务。无权代理中，被代理人有追认权，一旦被代理人追认无权代理人的"代理"行为，则转化为正常的代理，已如上述。

（1）表见代理中，无权代理人的行为对被代理人发生效力。依据上引《民法总则》第 172 条、《合同法》第 49 条，尽管无权代理人无代理权，但相对人有理由相信行为人（无权代理人）有代理权，"代理行为有效"，意味着相对人有权主张无权代理人的表见代理行为对被代理人发生效力。

（2）表见代理中，被代理人对无权代理人的追偿权。依据《合同法解释（二）》第 13 条，"被代理人依照合同法第 49 条的规定承担有效代理行为所产生的责任后，可以向无权代理人追偿因代理行为而遭受的损失。"

2. 表见代理中相对人（第三人）的权利与义务。如上所述，表见代理系广义无权代理之一种。相对人要主张构成表见代理，须负举证责任证明其"有理由相信行为人有代理权"；如相对人不主张成立表见代理或其主张不能成立，则为狭义无权代理，相对人自有催告、撤销、向无权代理人求偿等权，已如上述。

表见代理中，相对人有权主张表见代理对被代理人发生效力。

如相对人关于表见代理的主张得到支持、无权代理人之无权代理构成表见代理，则对于相对人而言，等同于一个有效的代理，相对人自可向被代理人主张该表见代理对被代理人发生效力，要求被代理人为无权代理人的行为负责。

当然，相对人也可以选择不主张无权代理人的行为构成表见代理，而选择狭义无权代理情形下的催告、撤销等权利，但这种情形，则不属于表见代理的情形。

3. 表见代理中无权代理人的责任。构成表见代理，被代理人须对无权代理人的行为向相对人负责；如果被代理人因此遭受损失，其有权向无权代理人追偿（《合同法解释（二）》第 13 条），即无权代理人须向被代理人就其损失负责。表见代理中被代理人对无权代理人之求偿权的法理基础或请求权基础，或者是基于两者之间的基础合同关系（比如委托、雇佣等），或者基于侵权法。

【案例 10-6】张玉航与中太建设集团股份有限公司、张玉民间借贷纠纷再审案[1]

本案的争议焦点是张玉的借款行为是否构成表见代理。关于表见代理，《中华人民共和国合同法》第四十九条规定，行为人没有代理权、超越代理权或者代理权终止后以被代理人名义订立合同，相对人有理由相信行为人有代理权的，该代理行为有效。依据该规定，**张玉航主张张玉的借款行为构成表见代理，应当承担举证责任，一方面需举证证明张玉的代理行为存在有权代理的客观表象形式要素，另一方面需证明其善意且无过失地相信张玉具有代理权。首先，从张玉航提交的借款合同及收款条上看，张玉在借款合同及收款条中均注明借款人为中太集团香格今典项目部，且加盖了中太集团香格今典项目部的印章，具备一定的有权代理的客观表象。但是，从张玉航出借款项的流向上看，相关款项系直接存入或转账存入张玉的会计田美娟、张春莲个人的银行卡，而非存入中太集团香格今典项目部或者中太集团的账户，形式要素上有所欠缺。其次，张玉航与张玉系表兄弟关系，张玉航对张玉的身份、借款的具体用途等情况应当是知晓的。张玉航未能证明其善意且无过失地相信张玉具有代理权，能够代表中太集团借款，故不符合表见代理的构成要件。**

【案例 10-7】中国石油天然气股份有限公司与白城市第一建筑工程总公司等建设工程施工合同纠纷再审案[2]

根据原审查明的事实，栾圳龙于 2011 年 8 月至 2014 年 7 月在担任中石油绥化物流中心副经理期间，实施了伪造上级公司授权其全权负责油库项目建设的授权委托书、施工效果图及会议纪要等证明建设项目真实存在的相关文件材料，在其办公室签订案涉合同并加盖单位真实公章等不法行为。虽然本案双方的民事行为与刑事犯罪行为系基于同一事实，签订案涉合同并非中石油绥化物流中心的真实意思表示，但**结合栾圳龙的职务身份、签订合同的特殊地点、任职公司真实的项目建设报批文件和单位公章等案件事实，足以使民事合同相对人白城一建公司相信栾圳龙有权代表中石油绥化物流中心对外签约。原审据此**

---

〔1〕　最高人民法院"（2015）民申字第 1895 号"民事裁定书。
〔2〕　最高人民法院"（2018）最高法民申 2619 号"民事裁定书。

认定，白城一建公司与中石油绥化物流中心成立民事合同关系，具有事实依据。但案涉民事合同效力存在缺陷，双方均存在缔约过错，且事实上该合同自始即难以履行，原判判令因该合同取得的财产予以返还，占用保证金期间的利息等损失不予赔偿，符合本案实际，也体现了白城一建公司应承担的民事责任，裁判结果并无不当。

思考题：

1. 什么是《民法总则》规定的代理？什么事项可以代理？

2. 与《民法总则》规定的代理相近的有哪些制度？

3. 请区分以下概念：

意定代理与法定代理；

单独代理与共同代理；

本代理与复代理。

4. 代理权的行使有哪些原则？

5. 代理权如何终止？

6. 什么是无权代理？

7. 什么是表见代理？

第十一章

诉讼时效、除斥期间与期间计算

第一节　时效概述

一、时效制度概述

时效制度，是特定事实持续经过法定期间，产生法定的民事法律效果或者说发生一定的民事权利义务变动的制度。

时效制度包括消灭时效即诉讼时效制度和取得实效制度。

消灭时效或诉讼时效制度，是权利不行使的状态持续经过法定期间，权利人会有不利后果的制度。就诉讼时效期间届满的法律效果，我国曾经历"诉权消灭说""胜诉权消灭说""抗辩权发生说"等不同的学说和司法实践的态度，目前我国《民法总则》采"抗辩权发生"说（《民法总则》第192、193条），应该说更有利于保护民事权利并更加体现民事诉讼的程序公平理念，详见下述。

取得时效，是特定事实（比如，以所有之意思，和平、公然、持续占有他人财产）持续经过法定期间，取得相应权利的制度。

时效的制度目的在于维持法秩序和促进资源的流转，提高解决纠纷的效率。从经济学角度来看，资源或财产（主要是相应的财产权利）不断流转，才能更好发挥其价值或使资源更优配置，才能有利于社会经济发展。就消灭时效而言，权利人长期怠于行使其权利，将会承受不利后果，客观上有促使其及时行使权利的效果；就取得时效而言，非权利人长期以所有之意思占有并利用某财产而未受原权利人挑战，就取得某财产权利，有利于维护现有法秩序、促进资源的利用及合法流转，该制度有维护法秩序和促进效率的价值。此外，由于时间流逝，证据湮灭，没有时效制度，解决纠纷的成本也会加大。

二、取得时效

我国大陆目前没有取得时效制度，已经颁布的《民法总则》未规定取得时效制度[1]。但不少法域均有取得时效制度，比如我国台湾地区和我国澳门特别行政区。

我国台湾地区"民法"[2] 于第三编物权、第二章所有权规定了取得时效制度。其相关条文如下：

第768条规定："以所有之意思，十年间和平、公然、继续占有他人之动产者，取得其所有权。"

第768-1条规定："以所有之意思，五年间和平、公然、继续占有他人之动产，而其占有之始为善意并无过失者，取得其所有权。"

第769条规定："以所有之意思，二十年间和平、公然、继续占有他人未登记之不动产者，得请求登记为所有人。"

第770条规定："以所有之意思，十年间和平、公然、继续占有他人未登记之不动产，而其占有之始为善意并无过失者，得请求登记为所有人。"

第771条规定了取得时效中断的情形，如占有人变为不以所有之意思而占有、变为非和平或非公然占有、自行中止占有、非基于自己之意思而丧失其占有等情形。

第772条规定："前五条之规定，于所有权以外财产权之取得，准用之。于已登记之不动产，亦同。"

我国《澳门特别行政区民法典》第三卷物权之第一编占有之第六章为"取得时效"（第1212~1225条）。其第1212条规定，"取得时效系指占有人对涉及所有权及其他用益物权之占有持续一定期间后，即可取得与其行为相对应之权利，但另有规定者除外。"

理论上，有消灭时效的存在，就应当有取得时效制度。因为，一方面，权

---

〔1〕 据全国人民代表大会为征求意见公布的《民法典物权编（草案）》部分亦未列入取得时效制度。

〔2〕 2013年12月11日最新修正。

利人因消灭时效完成，其权利行使受到障碍，不能实现；而另一方面，非权利人虽可继续占有或利用某财产、拒绝权利人的请求，但如无法取得该财产相应之权利，则永远无法（通过法律行为）合法转让该财产，他人合法取得该财产，唯有通过善意取得一途。而"善意取得"只能是取得权利的特殊方法，并非常态。

特别地，依据我国《民法总则》第 196 条，未登记之动产物权的权利人请求返还财产之请求权适用诉讼时效[1]的规定，如果没有相应的取得时效制度，这种情形日积月累，必然导致社会上一批资源无法合法流转，但事实上可能会不断地流转，则必然导致对现有法秩序的挑战，不利于社会经济的发展。

【讨论】诉讼时效制度是实体法（规范）还是程序法（规范）？

诉讼时效制度（以及整个时效制度）是实体法规范还是程序法规范？

从诉讼时效制度规定于民法总则、并在民法课程中讲授和讨论，而不是规定于民事诉讼法来看，似乎就可以简单得出诉讼时效制度是（民事）实体法规范，而非民事程序法规范。但仍有必要略讨论一下民事实体法与民事程序法的区别。

我们可以先讨论一下追问这一问题的实益。

在涉外民事法律关系中，当事人可以选择其法律关系适用的法律。《涉外民事关系法律适用法》第 3 条规定："当事人依照法律规定可以明示选择涉外民事关系适用的法律。"《合同法》第 126 条规定："涉外合同的当事人可以选择处理合同争议所适用的法律，但法律另有规定的除外。涉外合同的当事人没有选择的，适用与合同有最密切联系的国家的法律。在中华人民共和国境内履行的中外合资经营企业合同、中外合作经营企业合同、中外合作勘探开发自然资源合同，适用中华人民共和国法律。"《民法通则》第 145 条亦规定："涉外合同的当事人可以选择处理合同争议所适用的法律，法律另有规定的除外。涉外合同的当事人没有选择的，适用与合同有最密切联系的国家的法律。"《民通意见》第 178 条亦规定："凡民事关系的一方或者双方当事人是外国人、无国

---

[1] 《民法总则》第 196 条规定不适用诉讼时效的请求权之第 2 项为"不动产物权和登记的动产物权的权利人请求返还财产"，那么反向解释，则未登记之动产物权权利人请求返还财产之请求权将适用诉讼时效。

籍人、外国法人的；民事关系的标的物在外国领域内的；产生、变更或者消灭民事权利义务关系的法律事实发生在外国的，均为涉外民事关系。人民法院在审理涉外民事关系的案件时，应当按照《民法通则》第八章的规定来确定应适用的实体法。"

问题是，涉外民事关系中，当事人可以选择适用的法律是实体法还是程序法？

涉外民事关系中，当事人可以选择适用的法律只能是实体法，而不能是程序法。上引《民通意见》第178条明确了审理涉外民事关系适用之实体法的确定规则，合同法及涉外民事关系法律适用法亦明确了选择之法律是适用于相应之涉外民事关系（包括合同关系）。规范民事关系之法当然是民法（实体法）。而作为常识，程序法因事关一国主权，不允许选择适用。《民事诉讼法》第4条规定："凡在中华人民共和国领域内进行民事诉讼，必须遵守本法。"

民法规范民事权利（实体权利）的变动，而民事诉讼法作为程序法则是有关法院管辖、审理程序、组织的规则。不同法域的实体法及程序法均会有差异，比如实体法方面，关于行为能力的规定就会有差异，程序法方面可能差异更大，比如美国和我国香港特别行政区会有陪审团。涉外民事关系中，当事人只能选择规范该关系的实体法，而不能选择程序法，比如在中国由中国法院审理该纠纷，就不能要求适用其他法域的陪审团制度。

现在再来谈谈诉讼时效为什么是实体法规范而非程序法规范。

诉讼时效（包括整个时效制度）之所以是实体法规范，不单因为其规定在民法（如民法总则）而非民事诉讼法之中，主要在于诉讼时效制度的法律效果是直接引起民事（实体）权利的变动，不论是诉讼时效完成诉权消灭或胜诉权消灭或抗辩权发生，均是民事权利的直接变动，因此，诉讼时效制度是民法规则，是实体法。而程序法规则不会直接导致实体民事权利的变动，比如超过举证期限、超过答辩期限等，可能程序权利会受到影响，而并不一定导致民事权利的变动。

时效制度，各个法域规定不同，一如上述不少法域规定有取得时效制度，又如我国台湾地区"民法"第125条规定："请求权，因十五年间不行使而消灭。但法律所定期间较短者，依其规定。"又如我国《澳门特别行政区民法典》第302条规定"时效之一般期间为十五年"，其第303条则规定部分给付时效

（如租金等）期间为五年。

鉴于时效制度系实体法规范，故在涉外民事关系中，当事人可以选择适用该等规范。

第二节　诉讼时效

一、诉讼时效概述

如上所述，诉讼时效，又称消灭时效，系指请求权不行使的状态持续经过法定期间，权利人会遭受不利后果的制度。

《民法总则》第 192 条规定，"诉讼时效期间届满的，义务人可以提出不履行义务的抗辩。诉讼时效期间届满后，义务人同意履行的，不得以诉讼时效期间届满为由抗辩；义务人已自愿履行的，不得请求返还。"依据该条，我国目前就诉讼时效完成的效果采取"抗辩权发生说"，即诉讼时效完成，权利人之权利没有任何变化，但义务人产生了可以不履行义务的抗辩权。

同样如上所述，诉讼时效不是程序法的制度。抗辩权作为民事权利的一种，诉讼时效完成的效果是义务人产生可以不履行义务的抗辩权，系直接导致民事权利的发生，因此，诉讼时效系民事实体法（民法）的制度，规定于民法之中，因为民法就是关于民事权利变动（产生、变更、消灭）的规则。

鉴于诉讼时效的制度目的，诉讼时效属于强制性规定，当事人预先放弃诉讼时效利益无效，即等同没有放弃。《民法总则》第 197 条规定："诉讼时效的期间、计算方法以及中止、中断的事由由法律规定，当事人约定无效。当事人对诉讼时效利益的预先放弃无效。"

二、诉讼时效完成的法律效果

关于诉讼时效完成或者说诉讼时效期间届满的法律效果，我国司法实践及学说经历了诉权消灭说、胜诉权消灭说以及"抗辩权发生说"，目前采抗辩权发生说。应该说，目前的抗辩权发生说更有利于保护权利人之民事权利，并且更符合民事诉讼程序公平的理念。

1. 诉权消灭说及胜诉权消灭说。《民法通则》并未明确诉讼时效完成的效果，而只是规定"**向人民法院请求保护民事权利的诉讼时效期间为 2 年**"（第135 条）、"从权利被侵害之日起超过 20 年的，**人民法院不予保护**"（第 137

条），但就诉讼时效完成的具体法律效果，《民法通则》并未详细规定。

早期司法实践中，有法院在立案时会主动审查诉讼时效，并会以诉讼时效已完成为由拒绝受理案件。就此，《民事诉讼法意见》第153条特别作出规定："当事人超过诉讼时效期间起诉的，人民法院应予受理。受理后查明无中止、中断、延长事由的，判决驳回其诉讼请求。"该条可以说明确摈弃了诉讼时效完成诉权消灭说，也就是说即使诉讼时效期间已经届满，权利人仍然有权提起诉讼，而法院不得拒绝受理。但该条亦支持了"胜诉权消灭说"。

《民法通则》颁布后的一段时间，学说也一般支持"胜诉权消灭说"，即诉讼时效期间届满，权利人之"胜诉权"消灭。而所谓胜诉权，即（法律）权利所包含之"法律之力"，丧失胜诉权之"权利"，已不是严格意义上的"法律"权利，而类似于"自然权利"，类如"赌债"。丧失胜诉权之权利，可以构成受领利益的合法原因，即债务人自愿履行、权利人受领利益不会构成不当得利，并且义务人履行后亦不能以诉讼时效已完成为由反悔[1]。

但胜诉权消灭说认为诉讼时效完成之法律效果，系权利人之（法律）权利发生了实质性变化——丧失了法律之力、丧失了胜诉权。那么权利人提起诉讼，又需证明其拥有一个完整的法律权利，这又导致司法实践中会有法院主动查明诉讼时效是否完成并进而查明权利人是否拥有一个完整的没有丧失胜诉权的法律权利，从而有违民事诉讼的程序公平理念——似乎偏帮了义务人。

鉴于我国民事权利保护状况不容乐观[2]以及司法审判理念转变的现实，学说及我国司法实践开始转向"抗辩权发生说"[3]。

2. 抗辩权发生说。《最高人民法院关于审理民事案件适用诉讼时效制度若干问题的规定》开始明确采"抗辩权发生说"。

《最高人民法院关于审理民事案件适用诉讼时效制度若干问题的规定》第

---

[1] 《民通意见》第171条规定："过了诉讼时效期间，义务人履行义务后，又以超过诉讼时效为由翻悔的，不予支持。"

[2] 我国诉讼时效期间规定较短，《民法通则》规定的一般诉讼时效期间是2年，而且实践中债务人以诉讼时效期间已过为由赖账的现象不少见。《民法总则》将一般诉讼时效期间修改为3年，并且明确采"抗辩权发生说"，与加强民事权利保护的目标不无关系。

[3] 但司法实践中，仍有判决持"丧失胜诉权"的观点。如最高人民法院在"（2017）最高法民终471号"（判决日期为2017年9月28日）民事判决书中称："由于本案诉讼时效期间已过，中铁十八局已丧失本案胜诉权，对于其提出的其他上诉理由，本院不再审查评判。"

1 条规定，"当事人可以对债权请求权提出诉讼时效抗辩，但对下列债权请求权提出诉讼时效抗辩的，人民法院不予支持……"。

《关于审理民事案件适用诉讼时效制度若干问题的规定》第 3 条亦明确规定"当事人未提出诉讼时效抗辩，人民法院不应对诉讼时效问题进行释明及主动适用诉讼时效的规定进行裁判。"为加强民事权利保护，该解释还对诉讼时效中断等制度作出了有利于权利人的解释。

《民法总则》采纳了上述规则，其在第 192 条规定了诉讼时效完成的法律效果："诉讼时效期间届满的，义务人可以提出不履行义务的抗辩。诉讼时效期间届满后，义务人同意履行的，不得以诉讼时效期间届满为由抗辩；义务人已自愿履行的，不得请求返还。"诉讼时效期间届满，义务人同意履行或者自愿履行，意味着抗辩权的放弃。

依据"抗辩权发生说"，诉讼时效期间届满或诉讼时效完成，权利人的权利没有变化，只是义务人发生可以不履行义务的抗辩权。而抗辩权作为一种民事权利，义务人可以选择行使，也可以选择不行使——这样，在民事诉讼中，法院就不应主动查明诉讼时效是否完成或向一方主动释明诉讼时效已完成，从而使法院真正处于一个中立的裁判者地位，也更加符合司法程序公平的理念。我国《澳门特别行政区民法典》第 296、297 条亦有类似规定。

三、诉讼时效适用的对象或客体

一般来说，诉讼时效适用的对象为请求权[1]。但并非所有请求权均适用诉讼时效，需结合实定法，检索各请求权之基础，确定各请求权是否适用诉讼时效。

1. 学理分析。债权请求权一般来说适用诉讼时效，除非法律另有规定。而债权请求权的发生，依据债的发生的原理，一般包括契约（合同）、侵权、无因管理、不当得利及其他依据法律规定产生的债权请求权（如缔约过失责任）。

就人身权而言，分为人格权与身份权。①基于人格权产生的请求权，一般

---

　　[1]　我国台湾地区"民法"于第一编总则之第六章"消灭时效"第125条明确规定："请求权，因十五年间不行使而消灭。但法律所定期间较短者，依其规定。"我国《澳门特别行政区民法典》第291条规定："①凡非为不可处分之权利或法律并无表明免受时效约束之权利，均因其不在法律所定之时间内行使而受时效约束。②对于按照法律或各当事人之意思而应在一定期间内行使之权利，适用失效之规则，但法律明确指出适用时效规则者除外。③所有权、用益权、使用权、居住权、地上权及地役权均不受时效约束，但在法律特别规定之情况下该等权利得因不行使而消灭；在后一情况下，适用失效之规则，但另有规定者除外。"

系人格权遭受侵害而产生的债权请求权，如损害赔偿请求权，一般应适用诉讼时效，但因之而生的停止侵害、排除妨碍等请求权，为保护人格利益计，一般无诉讼时效的适用。②就身份权而言，会有纯粹基于身份关系而产生的请求权，如基于夫妻关系而生之同居请求权、基于父母子女关系而生之请求第三人交还未成年子女的请求权等，应无诉讼时效的适用〔1〕；非纯粹身份关系的请求权，如夫妻间的损害赔偿请求权应适用诉讼时效。但依据我国《民法总则》第196条，"请求支付抚养费、赡养费或者扶养费"的请求权亦不适用诉讼时效。

财产权分为物权与债权。如上所述，债权一般适用诉讼时效。就物权而言，有基于对物权之侵害而生之损害赔偿请求权等债权性质的请求权，自应适用诉讼时效，但有基于物权效力而生之请求权——如传统所述之物上请求权，是否适用诉讼时效，则需讨论。物上请求权包括所有物返还请求权、妨害排除请求权与妨害防止请求权，一般认为妨害排除请求权与妨害防止请求权不适用诉讼时效，而所有物返还请求权则可能会有诉讼时效的适用，但对于已登记之所有物（包括动产与不动产），为维护国家登记之公信力，我国《民法总则》规定不动产及已登记的动产的权利人请求返还财产的请求权不适用诉讼时效〔2〕。就担保物权如抵押权、质权、留置权而言，我国台湾地区"民法"第880条规定："以抵押权担保之债权，其请求权已因时效而消灭，如抵押权人，于消灭时效完成后，5年间不实行其抵押权者，其抵押权消灭。"我国《物权法》第202条规定："抵押权人应当在主债权诉讼时效期间行使抵押权；未行使的，人民法院不予保护。"〔3〕

就社员权或投资性权利，基于对该等权利的侵害所生之债权，一般有诉讼时效的适用；而"基于投资关系产生的缴付出资请求权"，依据前引《最高人民法院关于审理民事案件适用诉讼时效制度若干问题的规定》第1条，不适用诉讼时效。

2.《民法总则》的规定。《民法总则》虽未明确诉讼时效的适用对象为请

---

〔1〕 参见王泽鉴：《民法总则》，中国政法大学出版社2001年版，第523~524页。
〔2〕 依据我国台湾地区"民法"第768~772条，对于动产与不动产，无论是否登记，均有取得时效的适用。
〔3〕 参见翟新辉："诉讼时效、物权及相关问题研究"，载《法治论丛》2003年第1期。

求权，但从《民法总则》第192条关于诉讼时效完成的法律效果并结合其他条文可以推断，由于诉讼时效期间届满，"义务人可以提出不履行义务的抗辩"，因此，诉讼时效的客体应为请求权。因为绝对权与相对权、对世权（对物权）与对人权是民事权利的基本划分，而只有相对权的义务人才是特定的。另外，所谓抗辩权，就是可以阻止请求权的权利。

【案例11-1】天津开发区翔达房地产开发有限公司、天津市河西区建设管理委员会房屋拆迁安置补偿合同纠纷二审民事判决书[1]

本院认为，本案二审审理的焦点问题为：翔达公司的诉讼请求是否已经超过诉讼时效。具体分析认定如下：第一，**翔达公司向一审法院提出起诉，以河西建委的交地行为违反合同约定义务为由向河西建委主张违约金，其请求权基础为债权请求权，依法应当适用诉讼时效的规定。**第二，双方当事人2003年7月7日所签《补充协议》约定，"截止到2003年7月2日，翔达公司已支付拆迁费1.4亿元，至此原协议中约定的拆迁费已全部支付完毕。双方重新确认的拆迁结束后交地日期为2003年8月18日。交地标准等其他合同条款仍按原协议执行。"根据一审法院已经查明的事实，**2009年12月31日涉诉地块全部拆迁完毕交付翔达公司，翔达公司在此之前已经在部分涉诉地块上分期进行开发建设。对河西建委晚于合同约定时间交地一事，翔达公司一直是清楚的，其理应知道权利受到了损害。因此，翔达公司主张追究对方的违约责任，应当在法律规定的期限内提出。结合本案河西建委陆续交地的实际情况，翔达公司主张河西建委支付违约金的请求权，最迟也应当自2009年12月31日涉诉土地全部交付完毕时起，开始计算诉讼时效期间。**翔达公司于2016年12月14日向一审法院提出本案诉讼，如果其不能证明本案存在诉讼时效中止、中断的情形，则其起诉已经超过诉讼时效。第三，翔达公司提供了记载日期为2011年10月20日的《情况说明》，但是并没有证明该材料已经如期送达给了河西建委一方，本院无法据此认定翔达公司在诉讼时效届满前有向河西建委主张权利的行为。而且，翔达公司制作津翔2013第2号函时，其基于双方合同关系主张违约金的请求权已经超过了诉讼时效。河西区配套办2013年的复函中，只载明收到了

---

〔1〕 最高人民法院"（2018）最高法民终32号"民事判决书。

津翔 2013 第 2 号函，但对翔达公司的申请没有作出任何承诺。加之一审、二审期间，河西建委始终认为翔达公司的诉请已过时效，说明翔达公司在已经超过诉讼时效后提出请求的主张，并未得到河西建委的追认。综上，翔达公司向人民法院提出本案诉讼请求，已经超过诉讼时效，一审判决结果正确，应予维持。

3. 不适用诉讼时效的请求权。依据《民法总则》第 196 条，下列请求权不适用诉讼时效：

（1）请求停止侵害、排除妨碍、消除危险；

（2）不动产物权和登记的动产物权的权利人请求返还财产；

（3）请求支付抚养费、赡养费或者扶养费；

（4）依法不适用诉讼时效的其他请求权。

另依据《最高人民法院关于审理民事案件适用诉讼时效制度若干问题的规定》，对下列债权请求权提出诉讼时效抗辩的，法院会不予支持：

（1）支付存款本金及利息请求权；

（2）兑付国债、金融债券以及向不特定对象发行的企业债券本息请求权；

（3）基于投资关系产生的缴付出资请求权；

（4）其他依法不适用诉讼时效规定的债权请求权。

【案例 11-2】山西省经济建设投资集团有限公司、首钢长治钢铁有限公司企业借贷纠纷再审案[1]

本院认为，本案争议的焦点为：诉讼时效期间的认定问题。

一、确定本案诉讼时效期间起算时间的法律适用问题。（一）关于《最高人民法院关于贯彻执行〈中华人民共和国民法通则〉若干问题的意见（试行）》（以下简称民通意见）第 170 条的适用问题。该条规定："未授权给公民、法人经营、管理的国家财产受到侵害的，不受诉讼时效期间的限制。"本案是否适用该规定，就要认定案涉债权何时授权给经建投公司经营管理的事实。1. 山西省计划委员会于 1990 年 6 月 22 日下发晋计基重字〔90〕第 456 号《关于对左权、黎城、壶关县连麻沟等八个铁矿区（采场）配套建设设计任务

---

〔1〕 最高人民法院"（2017）最高法民申 165 号"民事裁定书。

书的批复》文件，1990 年 8 月 16 日，省政府办公厅对省计委下发的《关于山西省经济建设投资公司有关事宜的批复》（〔90〕晋政办函 81 号），该批复确定了山西省农业原材料加工工业投资公司（经建投公司前身）的企业性质和主要任务，载明根据全省国民经济发展计划，经建投公司从事经营性固定资产投资业务；负责省已投入的生产经营性债权债务管理；受省计委委托，行使对口行业的基本建设资金管理、使用和回收等职能。2. 山西省农业原材料加工工业投资公司（经建投公司前身）作为合同的一方主体与山西长治钢铁公司（长钢公司前身）分别于 1990 年 12 月 24 日、1991 年 6 月 8 日、1992 年 6 月 30 日、1993 年 8 月 7 日、1994 年 8 月 15 日签订《山西省农业原材料加工工业投资公司基本建设借款合同》五份共计贷款 1984 万元，最后一笔还款日期为 2003 年 12 月。3. 结合经建投公司与中国建设银行山西省分行于 2003 年 5 月 12 日，联合下发晋建投财〔2003〕39 号《关于下发〈基本建设贷款委托办法〉的通知》，其中第十条规定委托贷款情况反馈和涉诉案件的处理情形，双方约定需通过法律程序的案件，投资公司直接对借款人提起诉讼……。根据上述文件内容，**经建投公司成立之时，该公司职能已经明确，系受山西省计划委员会的授权委托负责省已投入的生产经营性债权债务管理，行使对口行业的基本建设资金管理、使用和回收等职能。而且根据原审判决查明的事实，实际上经建投公司也已经以自己的名义签订涉案合同、委托省建行办理有关贷款事宜以及明确约定如何行使民事权利，可以证明经建投公司管理相关资金是经过授权的，并可以以自己的名义依照法律规定行使相关权利和义务。因此，原审判决认定本案纠纷不属于民通意见第 170 条的规定情形，并无不当。**（二）关于《最高人民法院对湖北省高级人民法院关于中国黄金集团公司与中国建设银行股份有限公司武汉省直支行等委托贷款合同纠纷一案如何适用法律问题的请示的答复》（〔2006〕民二他字第 51 号）的适用问题。首先，**该答复只是对个案处理的意见，在本案中是否参照，不属于法律适用问题。其次，该答复所涉案件情况与本案经建投公司成立之时即得到授权有所不同，原判决未参照适用并无不当。**故经建投公司认为诉讼时效应从确定国家资本金之日即 2009 年 5 月 18 日起算，缺乏事实及法律依据，认为原判决适用法律错误，不能成立。本案如无时效中断情形，则案涉债权授权给经建投公司经营管理之日，诉讼时效开始起算。

二、本案诉讼时效中断情形的认定问题。（一）2004 年 12 月 31 日存在时效中断情形的认定。根据查明的事实，经建投公司于2004年12月31日，委托中国建设银行股份有限公司长治故县支行与长钢公司对账，长钢公司在对账单上盖章确认，共欠经建投公司贷款本息合计4 806.4 912万元，双方当事人均予以认可，构成时效中断，此后长钢公司未按照合同约定的期限分期还款。

（二）2005年1月1日至2006年12月31日间是否存在时效中断情形的认定。经建投公司为了证明其在诉讼时效未届满之时向长钢公司主张了还款权利，提交了一系列证据予以证明。首先，对经建投公司关于2005年1月1日至2006年12月31日之间对时效中断提交的证据进行分析如下：1. 在一、二审期间，经建投公司提交的证人彭某2011年9月2日出具的对账情况说明，称其在长治××故县支行从事信贷工作，2007年12月前该行每年向长钢公司送达一次对账单，2008年后至今该公司拒绝接受，但该行仍按期履行对账职责，上门要求对账，并将企业不对账情况上报市行等，但彭某未能出庭作证，经建投公司亦未提供其他证据予以佐证，一审法院对彭某的证言依法不予采纳并无不当。2. 申请再审期间，经建投公司提交的证据主要有：（1）其员工岳翔的证言，以证明经建投公司2004年至2009年期间一直在主张债权；（2）《长治钢铁集团调查报告》，以证明经建投公司2005年9月在主张权利；（3）《关于长钢统贷资金问题的报告》、电脑截屏资料，以证明经建投公司2006年3月在主张债权；（4）经建投公司财务部《差旅费报销单》（2005年-2009年），以证明2005年至2009年间，岳翔等人多次到长钢主张债权。上述证据均系二审庭审前均已存在，非客观原因无法提取的情形，不属于新证据；岳翔系其内部员工，调查报告、调研报告、差旅费报销单均系单方出具，尤其是《关于长钢统贷资金问题的报告》只是打印件，无单位盖章，无任何人签名，长钢公司对上述证据均不予认可，又鉴于其提供的《经建投公司财政资金委托贷款项目明细表》及公告中均显示其在长治有多家债务单位，故差旅费报销凭证只能证实有派人去长治，但不能证实是去向长钢公司主张债权。故经建投公司所提证据不能证明2005年1月1日至2006年12月31日间存在诉讼时效中断情形。其次，鉴于经建投公司所提交的2006年12月31日时间点之后的时效中断证据因无法与前述时效中断情形相连接，故不再予以审查评价。因此，原判决认定本案诉讼时效应从2005年1月1日起算，至2006年12月31日诉讼时效届满并无不当。

综上，经建投公司再审申请理由均不能成立……

4. 诉讼时效与仲裁时效。对于民事主体间一般的合同纠纷或其他财产权益纠纷（《仲裁法》第 2 条），当事人可以选择仲裁，仲裁中也会牵涉时效问题。就此，《民法总则》第 198 条规定："法律对仲裁时效有规定的，依照其规定；没有规定的，适用诉讼时效的规定。"《仲裁法》（2017 修正）第 74 条亦规定，"法律对仲裁时效有规定的，适用该规定。法律对仲裁时效没有规定的，适用诉讼时效的规定"。

5. 诉讼时效与申请执行的期限。值得一提的是，《民事诉讼法》（2017 年修正）第 239 条规定："申请执行的期间为 2 年。申请执行时效的中止、中断，适用法律有关诉讼时效中止、中断的规定。前款规定的期间，从法律文书规定履行期间的最后一日起计算；法律文书规定分期履行的，从规定的每次履行期间的最后一日起计算；法律文书未规定履行期间的，从法律文书生效之日起计算。"

四、诉讼时效期间及其计算

1. 一般诉讼时效期间。依据《民法总则》第 188 条，"向人民法院请求保护民事权利的诉讼时效期间为 3 年。法律另有规定的，依照其规定"。因此，一般诉讼时效期间或谓普通诉讼时效期间为 3 年。相比《民法通则》规定的 2 年，《民法总则》规定的一般诉讼时效期间有所延长，也是为了加强对民事权利的保护。但即使如此，相比其他立法例（包括我国台湾地区和澳门特别行政区），3 年也属于比较短的。

2. 特殊诉讼时效期间。在 3 年的一般诉讼时效期间以外，《民法总则》并未规定特殊的诉讼时效期间。《民法通则》曾规定有 1 年诉讼时效期间的情形[1]，但依据《最高人民法院关于适用〈中华人民共和国民法总则〉诉讼时效制度若干问题的解释》，"《民法总则》施行后诉讼时效期间开始计算的，应当适用《民法总则》第 188 条关于 3 年诉讼时效期间的规定。当事人主张适用《民法通则》关于 2 年或者 1 年诉讼时效期间规定的，人民法院不予支持"（第 1 条）；"《民法总则》施行之日，诉讼时效期间尚未满《民法通则》规定的 2 年或者 1 年，当事人主张适用民法总则关于 3 年诉讼时效期间规定的，人民法院应予支持"（第 2 条）；但依据旧法规定的诉讼时效在《民法总则》施行前

---

〔1〕《民法通则》第 136 条规定："下列的诉讼时效期间为 1 年：①身体受到伤害要求赔偿的；②出售质量不合格的商品未声明的；③延付或者拒付租金的；④寄存财物被丢失或者损毁的。"

已届满的，不适用《民法总则》3 年的诉讼时效期间（第 3 条）。

其他法律会有不同于一般诉讼时效期间的规定。比如《合同法》第 129 条规定："因国际货物买卖合同和技术进出口合同争议提起诉讼或者申请仲裁的期限为 4 年，自当事人知道或者应当知道其权利受到侵害之日起计算。因其他合同争议提起诉讼或者申请仲裁的期限，依照有关法律的规定。"[1]

3. 权利的最长保护期限。依据《民法总则》第 188 条，"自权利受到损害之日起超过 20 年的，人民法院不予保护；有特殊情况的，人民法院可以根据权利人的申请决定延长"。

该 20 年被认为是权利的最长保护期限。有人称之为"最长诉讼时效"或"长期诉讼时效"，实为不妥。因为诉讼时效一般自权利人知道或应当知道权利受到损害以及义务人之日起算，而该 20 年系自权利受到损害之日起算——起算点不同；而且诉讼时效有中止和中断规定的适用，但该 20 年作为权利的最长保护期限，不适用诉讼时效中止或中断的规定[2]，但人民法院对于特殊情况可以根据权利人的申请延长。

4. 诉讼时效期间的计算。依据《民法总则》第 188 条，"诉讼时效期间自权利人知道或者应当知道权利受到损害以及义务人之日起计算。法律另有规定的，依照其规定。"

就分期履行的债务，《民法总则》第 189 条规定，诉讼时效期间自最后一期履行期限届满之日起计算。

为保护无民事行为能力人的利益，《民法总则》第 190 条规定，"无民事行为能力人或者限制民事行为能力人对其法定代理人的请求权的诉讼时效期间，自该法定代理终止之日起计算"。

就未成年人遭受性侵害的情形，《民法总则》第 191 条特别规定，"未成年人遭受性侵害的损害赔偿请求权的诉讼时效期间，自受害人年满 18 周岁之日起计算"。

---

〔1〕 据全国人民代表大会 2019 年 1 月为征求意见公布的《民法典合同编（草案第二次审议稿）》第 384 条，该条规定没有变化。

〔2〕 依据《民通意见》第 175 条，"《民法通则》第 137 条规定的'20 年'诉讼时效期间，可以适用《民法通则》有关延长的规定，不适用中止、中断的规定。"有意思的是，《民通意见》该条把该 20 年也称为"诉讼时效期间"。

【案例 11-3】马莉琴诉佛山电器照明股份有限公司证券虚假陈述责任纠纷再审案[1]

本院再审认为，根据原审法院已查明的事实，中国证券监督管理委员会广东监管局曾作出（2013）1 号处罚决定书，对佛山照明公司及相关当事人的信息违法违规行为进行行政处罚；根据与本案相关联的其他若干案件查明的事实，该处罚决定书于 2013 年 2 月 28 日发布，本院再审询问时，当事人对此事实亦予以确认。2013 年 3 月 6 日，佛山照明公司发布了《关于收到中国证监会广东监管局行政处罚决定书的公告》，对（2013）1 号处罚决定书的具体内容予以公告。**根据《最高人民法院关于审理证券市场因虚假陈述引发的民事赔偿案件的若干规定》第五条第一款第一项的规定，投资人对虚假陈述行为人提起民事赔偿的诉讼时效期间，适用民法通则第一百三十五条的规定，自中国证券监督管理委员会或其派出机构公布对虚假陈述行为人作出处罚决定之日起算，而非从被处罚人自行发布处罚决定公告之日起算。**原审法院直接以佛山照明公司自行公布处罚决定之日即 2013 年 3 月 6 日作为本案诉讼时效期间的起算时间，适用法律欠当。本案诉讼时效期间应从 2013 年 2 月 28 日起算，至 2015 年 2 月 28 日届满，**但由于 2015 年 2 月 28 日为星期六，故应以休假日的次日即 2015 年 3 月 2 日作为诉讼时效期间的最后一天，本案诉讼时效期间届满之日应为 2015 年 3 月 2 日。**

本案中，马莉琴主张其在向一审法院起诉时曾提交过《律师函》《公证书》等证据材料，证明其在 2015 年 2 月 28 日以《律师函》的形式向佛山照明公司主张过民事权利，但从其提交的证据目录及一审在卷证据看，上述材料未有显示，在无其他证据相佐证的情况下，无法证实其向一审法院提交过上述材料。在本案二审法院庭询结束后，其提交《律师函》《公证书》及邮寄单等证据材料，拟证明在案涉纠纷诉讼时效期间届满前向佛山照明公司主张过民事权利。上述证据材料不属于二审新证据，然而，从其内容看，该证据材料可直接反映马莉琴是否在案涉纠纷诉讼时效期间届满前向佛山照明公司主张过民事权利。根据《最高人民法院关于适用〈中华人民共和国民事诉讼法〉的解释》第一百零二条的规定，对于马莉琴逾期提交的上述证据材料，二审法院应按法定程序

---

〔1〕 最高人民法院"（2017）最高法民再 367 号"民事裁定书。

进行审查判断和认定，如确与案件基本事实有关，应依法予以采纳，同时，对其逾期提交证据的行为，可依据上述法律规定，予以相应处罚。二审法院未审查认定上述证据材料不妥，应予纠正。

从马莉琴的代理律师罗雪红提交的《授权委托书》看，马莉琴曾委托罗雪红就案涉纠纷赔偿事宜向佛山照明公司主张权利。《授权委托书》的落款显示，其是在 2015 年 2 月 28 日罗雪红向佛山照明公司邮寄《律师函》之后出具的，而《公证书》及所附股民名单等证据材料中有马莉琴姓名在列。在罗雪红寄送《律师函》之前，马莉琴并未委托罗雪红行使此项权利，然而，其于事后向罗雪红出具《授权委托书》，应属对罗雪红代理行为的追认，并产生相应的法律效果。从《公证书》《律师函》《授权委托书》等证据材料的内容看，其可证明罗雪红代表马莉琴确曾于 2015 年 2 月 28 日向佛山照明公司邮寄过《律师函》，邮寄单"文件名称"亦写明所邮寄的即为主张权利的《律师函》，且邮寄过程有公证机构进行公证，各证据材料可以相互印证。根据证据材料显示，佛山照明公司签收《律师函》的日期为 2015 年 3 月 1 日，如无相反证据，应予认定，案涉纠纷诉讼时效于 2015 年 3 月 1 日中断。马莉琴于 2015 年 4 月 23 日向法院提起诉讼，并未超法定期限。若此，本案应就马莉琴因佛山照明公司虚假陈述行为遭受的损失这一基本事实予以查明，并进而对佛山照明公司应否赔偿及赔偿数额等作出认定。《最高人民法院关于民事审判监督程序严格依法适用指令再审和发回重审若干问题的规定》第四条规定，人民法院按照第二审程序审理再审案件，发现原判决认定基本事实不清的，一般应当通过庭审认定事实后依法作出判决。但原审人民法院未对基本事实进行过审理的，可以裁定撤销原判决，发回重审。本案即存在原判决未对案件基本事实进行审理和适用法律欠当的情形。为充分保障当事人合法权益，本案应发回原审法院重审。

【案例 11-4】重庆发能科技有限公司、重庆涪陵电力实业股份有限公司技术合同纠纷再审案[1]

本院认为，本案争议焦点是，发能公司提起本案诉讼是否超过诉讼时效。本案中，2009 年 12 月 15 日，发能公司与水江公司签订《FN 节煤助燃催化剂

---

〔1〕 最高人民法院"（2017）最高法民申 327 号"民事裁定书。

试烧试验补充协议》，该补充协议确认水江公司支付发能公司 20 万元试验费用，水江公司分别于 2009 年 12 月 15 日和 2010 年 1 月 18 日各支付 5 万元，尚有 10 万元未支付。**该补充协议没有约定水江公司履行还款义务的期限，因此，发能公司可以随时要求水江公司履行，水江公司可以随时主动履行债务。**2013 年 9 月 20 日，涪陵电力公司与水江公司签订《吸收合并协议》，涪陵电力公司出具《债务清偿或债务担保的说明》，承诺原水江公司的所有债务均由涪陵电力公司负责偿还。发能公司以涪陵电力公司为被告，提起本案诉讼，请求涪陵电力公司支付试验费用 10 万元及从 2009 年 12 月 15 日起至实际付清之日止的利息损失。**涪陵电力公司主张该 10 万元的债权已经超过诉讼时效，其应对诉讼时效起算点负有证明责任。**《中华人民共和国民法通则》第一百三十五条规定："向人民法院请求保护民事权利的诉讼时效期间为二年，法律另有规定的除外。"第一百三十七条规定："诉讼时效期间从知道或者应当知道权利被侵害时起计算。但是，从权利被侵害之日起超过二十年的，人民法院不予保护。有特殊情况的，人民法院可以延长诉讼时效期间。"《最高人民法院关于审理民事案件适用诉讼时效制度若干问题的规定》第六条规定："未约定履行期限的合同，依照合同法第六十一条、第六十二条的规定，可以确定履行期限的，诉讼时效期间从履行期限届满之日起计算；不能确定履行期限的，诉讼时效期间从债权人要求债务人履行义务的宽限期届满之日起计算，但债务人在债权人第一次向其主张权利之时明确表示不履行义务的，诉讼时效期间从债务人明确表示不履行义务之日起计算。"根据上述规定，对于未约定还款期限的债权，债权人要求债务人履行义务的宽限期届满之日或者债务人第一次明确表示不履行义务之日等情形，属于债权人知道或者应当知道其债权被侵害。本案中，涪陵电力公司没有证据证明存在上述发能公司知道或者应当知道其债权被侵害的情形。如果按照发能公司主张的其同意水江公司破产清算完毕之日为本案 10 万元债权的宽限期，水江公司在涪陵电力公司公告吸收合并水江公司之日即 2013 年 9 月 25 日之前未向发能公司支付本案 10 万元债权，从此时起发能公司应当知道自己的权利被侵害，发能公司于 2015 年 5 月 12 日提起本案诉讼，未超过两年诉讼时效。**二审判决关于本案诉讼时效应当从发能公司主张债权之日的 6 个月后即 2010 年 7 月 25 日开始计算的认定存在错误**，发能公司的申请再审理由成立，本院予以支持。

五、诉讼时效的中止

诉讼时效中止，系指诉讼时效期间的最后 6 个月，发生法定事由，导致权利人不能行使请求权，诉讼时效期间暂停计算，待中止事由消除后，诉讼时效继续计算的制度。诉讼时效中止制度，旨在排除诉讼时效期间最后 6 个月导致权利人不能行使权利的客观情况对权利人的不利影响，在保护民事权利与诉讼时效制度目的两种价值之间进行平衡。

《民法总则》第 194 条规定了诉讼时效中止的事由："①不可抗力；②无民事行为能力人或者限制民事行为能力人没有法定代理人，或者法定代理人死亡、丧失民事行为能力、丧失代理权；③继承开始后未确定继承人或者遗产管理人；④权利人被义务人或者其他人控制；⑤其他导致权利人不能行使请求权的障碍。"

所谓不可抗力，一般指不能预见、不能避免并不能克服的客观情况（《合同法》第 117 条）。

【案例 11-5】开阳县农村信用合作联社、凯里市银时房地产开发有限责任公司债权转让合同纠纷再审案[1]

开阳农信社申请再审称，依据《中华人民共和国民事诉讼法》第二百条第二项、第六项申请再审，请求本院撤销二审判决；驳回银时公司起诉；诉讼费用由银时公司承担。事实与理由：（一）案涉债权转让均属于"一般债权转让"，不能通过报纸公告形式通知开阳农信社转让事实。银时公司提供 EMS 单据及邮件查询单，不能证明开阳农信社收到《债权转让暨债务催收通知》，开阳农信社对此通知内容不清楚。开阳农信社未收到中国农业银行股份有限公司开阳支行（以下简称农行开阳支行）提交法院的《撤诉申请书》，仅凭（2017）黔 0121 民初 917 号民事裁定，开阳农信社无法得知案涉债权转让事实。（二）最高人民法院发布涉及农业银行与农信社脱钩遗留问题通知 [法（立）明传（2002）10 号]，导致本案诉讼时效中止，但 2005 年 6 月 21 日恢复该类纠纷的受理、审理和执行，诉讼时效中止原因消除，应继续计算时效，

---

〔1〕 最高人民法院"（2018）最高法民申 6215 号"民事裁定书。

本案诉讼时效已过。贵银发〔2000〕191号文件和中国人民银行贵阳中心支行公告废止贵银发〔2000〕191号文件，不属于诉讼时效中断事由。

　　……

　　关于案涉债权是否超过诉讼时效的问题。就本案而言，虽然最高人民法院恢复了对上述类型案件诉讼程序，**但中国人民银行贵阳中心支行并未废止贵银发〔2000〕191号文件，农业银行仍受该文件约束，在当时情况下尚不能催收或进行诉讼解决纠纷。**中国人民银行贵阳中心支行于2010年7月13日明令废止上述文件，同年10月12日该行以会议纪要的形式明确了对有争议纠纷可以通过仲裁或诉讼解决。**故本案诉讼时效应从中国人民银行贵阳中心支行废止贵银发〔2000〕191号文件的时间2010年7月13日起算。**农业银行开阳支行于2011年1月11日向贵州省开阳县人民法院提起本案诉讼，并未超过诉讼时效期间，故开阳农信社主张案涉债权超过诉讼时效没有事实和法律依据，本院不予支持。

【案例11-6】符向阳与海南椰之味食品饮料有限公司、海南南大高新股份有限公司等金融不良债权追偿纠纷再审案[1]

　　本院经审查认为，中国工商银行海南省分行及中国工商银行文昌市支行于2000年6月14日将案涉债权转让给中国华融资产管理公司海口办事处（以下简称华融海口办）之后，华融海口办于2001年向日中糖业公司送达了《逾期贷款催收通知书》，日中糖业公司于同年4月28日在《逾期贷款催收回执》上盖章予以确认。后华融公司海口办又分别于2003年1月24日、2005年1月16日在《海南日报》刊登公告，催收对包括本案日中糖业公司在内的债权。2006年11月30日，华融海口办将案涉债权转让给海南省烟花炮竹厂后，于同年12月13日在《海南日报》刊登有催收内容的债权转让通知。根据本院《关于审理涉及金融资产管理公司收购、管理、处置国有银行不良贷款形成的资产的案件适用法律若干问题》第十条、《关于审理涉及金融不良债权转让案件工作座谈会纪要》第十一条之规定，案涉债权的诉讼时效因日中糖业公司的确认债务行为和华融公司海口办的公告催收行为发生多次中断，案涉债权的诉讼时效应

---

　　〔1〕　最高人民法院"（2014）民申字第2032号"民事裁定书。

当自 2006 年 12 月 14 日起开始重新计算。此后，海南省烟花炮竹厂、文昌市勇达实业开发有限公司、琼山市政公司依次受让案涉债权后，虽均在省级报纸上刊登了《债权转让通知》或《债权转让及催收通知》，但**根据本院《关于审理涉及金融不良债权转让案件工作座谈会纪要》第十一条之规定，在全国或省级有影响的报纸上发布有催收内容的债权转让通知或公告构成诉讼时效中断的规定仅适用于国有银行和金融资产管理公司，故前述受让人将案涉债权再行转让后在报纸上发布债权转让公告的行为，不能产生诉讼时效中断的法律后果，故案涉债权的诉讼时效期间应当认定为自 2006 年 12 月 14 日起至 2008 年 12 月 14 日届满。**在此期间，海南省高级人民法院于 2008 年 1 月 22 日下发《关于涉及金融资产管理公司处置国有不良贷款案件暂不受理、中止诉讼、中止执行的通知》（琼高法明传〔2008〕5 号，以下简称琼高法明传〔2008〕5 号通知），要求在最高人民法院作出相关司法解释之前，该省各级人民法院对该类案件尚未受理的暂不受理，已经受理的中止诉讼，正在执行的中止执行。至 2009 年 4 月 21 日，海南省高级人民法院下发《关于转发最高人民法院＜关于审理涉及金融不良债权转让案件工作座谈会纪要＞的通知》（琼高法〔2009〕123 号，以下简称琼高法〔2009〕123 号通知），停止执行琼高法明传〔2008〕5 号通知。**根据上述通知，自 2008 年 1 月 22 日起至 2009 年 4 月 21 日这段期间，当事人无法就案涉债权通过向人民法院提起民事诉讼的方式主张权利。**故申请人符向阳所主张的琼山市政公司在 2008 年 6 月 15 日向人民法院提起诉讼的事实即便属实，依法亦不能产生诉讼时效中断的法律后果，其所提交的《证明书》不足以推翻原审判决。作为权利主张障碍的救济，《中华人民共和国民法通则》第一百三十九条规定："在诉讼时效期间的最后六个月内，因不可抗力或者其他障碍不能行使请求权的，诉讼时效中止。从中止时效的原因消除之日起，诉讼时效期间继续计算"。**根据这一规定，案涉债权的诉讼时效期间自海南省高级人民法院 2009 年 4 月 21 日下发琼高法〔2009〕123 号通知之日继续计算六个月，至 2009 年 10 月 21 日诉讼时效届满。因琼山市政公司并未在此延长期间内向日中糖业公司主张权利，故原审认定申请人符向阳于 2010 年 2 月 10 日受让案涉债权时该债权已经超过法定的诉讼时效的认定，适用法律正确，本院予以维持。**申请人符向阳关于本案债权的诉讼时效应持续中断，直至法院下发恢复受理的通知之日起开始重新计算的申请理由，因无法律依据，本院不予支持。

六、诉讼时效的中断

依据《民法总则》第 195 条，下列情形之一可引起诉讼时效中断，"从中断、有关程序终结时起，诉讼时效期间重新计算：①权利人向义务人提出履行请求；②义务人同意履行义务；③权利人提起诉讼或者申请仲裁；④与提起诉讼或者申请仲裁具有同等效力的其他情形"。

如前所述，诉讼时效的制度目的在于加快资源流转、维持法秩序稳定，客观上有促使权利人及时行使权利的效果。而上述《民法总则》第 195 条所列情形，可以说一定程度上实现了制度目的，因此，在上述情形下诉讼时效重新起算。

诉讼时效中断与前述的诉讼时效中止效果不同。前述诉讼时效中止，系在诉讼时效期间的最后 6 个月，因客观情况导致权利人无法行使权利，诉讼时效期间**暂停**计算，待该等障碍消除，诉讼时效**继续**计算，原已经过之诉讼时效期间仍然有效；而诉讼时效中断，系因为发生法定事由，原已经过之诉讼时效期间归于无效，诉讼时效期间**重新**计算。

【案例 11-7】鸡西琳丰成品油销售有限公司、鸡西市滴道区人民政府财产损害赔偿纠纷再审案[1]

关于本案是否超过诉讼时效的问题。本案系琳丰公司主张滴道区政府实施了四项侵权行为，侵犯其合法权益，给其造成相应的损失，要求滴道区政府承担赔偿责任。本案中，琳丰公司主张的四项侵权行为分别为：2006 年 7 月 17 日，鸡西市商务局废除琳丰公司《成品油零售经营批准证书》；2007 年 10 月 31 日，鸡西市工商行政管理局吊销琳丰公司营业执照；2008 年 4 月 18 日，鸡西市国土资源局滴道分局作出《责令停止国土资源违法行为通知书》，同日，滴道区执法局拆除琳丰公司加油站营业室墙体；2010 年，滴道区城市建设局牵头对案涉电线杆进行迁移，鸡西市郊区农电局农电安装队进行具体施工。**可见，上述四项行为的实施主体均非滴道区政府。当事人应当在法定期间内及时主张自己的权利。**因此，根据《中华人民共和国民法总则》第一百八十八条规

---

〔1〕 最高人民法院 "（2018）最高法民申 1996 号"民事裁定书。

定："向人民法院请求保护民事权利的诉讼时效期间为三年。法律另有规定的，依照其规定。诉讼时效期间自权利人知道或者应当知道权利受到损害以及义务人之日起计算。法律另有规定的，依照其规定。但是自权利受到损害之日起超过二十年的，人民法院不予保护；有特殊情况的，人民法院可以根据权利人的申请决定延长。"据此，琳丰公司应当自知道或应当知道权利受到损害之日起三年内主张权利。滴道区政府作出两份《关于协调办理滴道河乡加油站有关手续的函》的时间分别为 2004 年 2 月 13 日和 2005 年 4 月 5 日，上述四项侵权行为分别发生于 2006 年 7 月 17 日、2007 年 10 月 31 日、2008 年 4 月 18 日及 2010 年，至 2017 年 1 月 4 日琳丰公司提起本案诉讼，已经超过诉讼时效期间。即使从 94 号民事判决确定加油站内七项财产归琳丰公司股东张立君所有的时间，即 2011 年 7 月 28 日起算，亦超过法定诉讼时效。**至于琳丰公司主张其一直通过信访主张权利，但信访行为不属于可引起诉讼时效中断的事由。其还主张本案系行使物权请求权，不适用诉讼时效制度，但其诉讼请求明确为如不能恢复案涉加油站经营标准和条件，则变更为赔偿损失，其诉讼请求的实质仍为债权请求权，仍应适用诉讼时效制度。**一审、二审法院认定琳丰公司的诉讼请求已超过诉讼时效，并无不当，本院予以维持。

【案例 11-8】东台市中元农村小额贷款股份有限公司等诉顾正国民间借贷纠纷再审案[1]

关于原审判决认定诉讼时效中断是否缺乏证据证明及适用法律错误的问题。依据原审查明的事实，中元小贷公司最后一次还款时间是 2012 年 7 月 3 日，一审中顾正国提交的 EMS 快递单显示其于 2014 年 6 月 12 日通过律师向中元小贷公司法定代表人周飞发出律师函，一审法院亦向邮局相关经办人员调查核实了该收寄情况。**中元小贷公司虽辩称未收到催收函，但二审中顾正国提交了被退回的该份 EMS 特快专递原件，快递退改批条显示退回原因系收件人拒收，中元小贷公司亦确认快递单上填写的收件人周飞的手机号码系其本人号码。**因此，原审判决认定顾正国在诉讼时效内已向中元小贷公司主张过债权，构成诉讼时效中断并不缺乏证据证明，适用法律亦无不当。中元小贷公司虽申

---

〔1〕 最高人民法院"（2017）最高法民申 4160 号"民事裁定书。

请对邮件形成时间进行鉴定，但并未有充分证据证实邮件时间存在虚假的可能性，原审判决对其该项申请不予准许并无不当。

【案例11-9】北京网尚文化传播有限公司与珠海市星星火网吧侵害作品信息网络传播权纠纷再审案[1]

本院认为，根据网尚公司申请再审的请求和理由，本案现争议焦点是：网尚公司在本案中的请求权是否超过了诉讼时效期间；一审、二审法院是否存在认定事实不清、违反法律程序问题。

一、关于网尚公司在本案中的请求权是否超过了诉讼时效期间问题

本案中判断网尚公司在本案中的请求权是否超过了诉讼时效期间，具体涉及三个问题：一是本案应否适用两年的诉讼时效期间；二是本案诉讼时效期间起算点应如何确定；三是本案是否存在诉讼时效中断的事由。

关于本案是否适用两年诉讼时效期间的问题。《中华人民共和国民法通则》（简称《民法通则》）第一百三十五条规定，向人民法院请求保护民事权利的诉讼时效期间为二年，法律另有规定的除外。《最高人民法院关于审理著作权民事纠纷案件适用法律若干问题的解释》（简称《著作权司法解释》）第二十八条规定，侵犯著作权的诉讼时效为两年。本案中，网尚公司主张星星火网吧侵害其《大灌篮》等12部影视作品的信息网络传播权，本案属于侵害著作权纠纷案件，根据上述规定，应适用两年诉讼时效期间的规定。**网尚公司关于本案涉及知识产权，不应适用两年诉讼时效期间的主张，无法律依据，本院不予支持。**

关于本案诉讼时效期间的起算点应如何确定问题。《民法通则》第一百三十七条规定："诉讼时效期间从知道或应当知道权利被侵害之时起算。"《著作权司法解释》第二十八条规定："侵害著作权纠纷的诉讼时效自著作权人知道或者应当知道侵权行为之日起计算。"**本案中，网尚公司的委托代理人与公证人员到星星火网吧进行证据保全的时间为2009年11月3日，该时间应为网尚公司知道或应当知道涉嫌侵权人及具体侵权行为相关信息的时间，故二审法院**

---

〔1〕　最高人民法院"（2013）民申字第1954号"民事裁定书。虽然该案发生在《民法总则》颁布之前，但法律文书相关说理仍值得注意。

将该时间作为本案诉讼时效期间的起算点具有合理性。网尚公司关于"知道或应当知道"的时间"应延至其具有主张权利条件,即公证机关出具公证书之时"主张,缺乏法律依据,本院难予采纳。

关于本案是否存在诉讼时效中断事由的问题。民法通则第一百四十条规定:"诉讼时效因提起诉讼、当事人一方提出要求或者同意履行义务而中断。从中断时起,诉讼时效期间重新计算。"本案是否存在诉讼时效中断的事由,应由网尚公司提交相关有效证据予以证明。**首先,**网尚公司主张其曾向星星火网吧发律师函主张权利的行为产生诉讼时效中断的效力,但因其所提交的律师函未加盖公章,未填写内容,也未提交快递单等证据证明该律师函于本案诉讼时效期间届满之日前送达至星星火网吧,二审法院以该证据缺乏真实性、合法性和关联性为由不予确认并无不妥。**其次,**网尚公司主张应将"知道和应当知道"的时间从申请公证日起"延伸至公证机关出具公证书之时",即应从公证书出具之时起,重新计算诉讼时效。**对此,本院认为,**证据保全公证是公证机关根据当事人申请,为使诉讼后可能发生证据灭失或难以提取而采取的保全措施,它是发生在公证机关与申请证据保全的申请人之间的活动。在本案诉讼时效期间的起算点确定后,如网尚公司未在两年诉讼时效期间届满前的 2011 年 11 月 3 日向法院提起诉讼或向对方当事人提出要求,或者本案并不存在需要延长诉讼时效期间的特殊情况,一审、二审法院未采纳网尚公司该项诉讼时效期间中断的主张,并以网尚公司于 2011 年 12 月 2 日提起本案诉讼,在其未举证证明星星火网吧的侵权行为仍在持续的情况下,其请求权已经超过了诉讼时效期间为由,驳回网尚公司的诉讼请求,并无不当。

第三节　除斥期间

一、除斥期间概述

《民法总则》第 199 条规定:"法律规定或者当事人约定的撤销权、解除权等权利的存续期间,除法律另有规定外,自权利人知道或者应当知道权利产生之日起计算,不适用有关诉讼时效中止、中断和延长的规定。存续期间届满,撤销权、解除权等权利消灭。"

该条在学理上被认为系"除斥期间"的规定。

二、除斥期间与诉讼时效的不同

与诉讼时效适用于请求权不同，除斥期间适用于形成权，如解除权、撤销权等；诉讼时效有中止、中断、延长的规定，而除斥期间不存在中止、中断、延长的情形；最后，两者的效果不同，如前所述，诉讼时效完成的效果系义务人产生抗辩权，权利人之权利并无变化，而除斥期间完成，相应之形成权消灭，权利人之形成权（如撤销权、解除权等）不再存在。

【案例 11-10】万宁香格里拉房地产开发有限公司、海南台利旅业有限公司与刘荣和、刘益成股权转让纠纷再审案[1]

本院经审查认为，《中华人民共和国合同法》第五十五条规定："有下列情形之一的，撤销权消灭：（一）具有撤销权的当事人自知道或者应当知道撤销事由之日起一年内没有行使撤销权；（二）具有撤销权的当事人知道撤销事由后明确表示或者以自己的行为放弃撤销权。"**撤销权属于形成权，适用除斥期间。上述法条规定的一年期间为不变期间，不适用诉讼时效中止、中断或者延长的规定。如果具有撤销权的当事人没有在法定期间内行使撤销权，撤销权即归于消灭。**从原审已查明的事实看，在海南省第一中级人民法院审理（2014）海南一中民三初字第 11 号案件期间，刘益成曾将案涉《财产分配协议书》作为证据提交法庭，台利公司亦对该证据发表了质证意见，该案判决于 2015 年 8 月 10 日作出。**可见，至迟于（2014）海南一中民三初字第 11 号案件审理期间，台利公司即已知道案涉《财产分配协议书》的存在，作为台利公司控股股东的香格里拉公司亦应知晓该事实的存在。香格里拉公司、台利公司于 2016 年 10 月 12 日才向一审法院提起本案诉讼，请求撤销案涉《财产分配协议书》中有关台利公司股权转让的约定，已超过法律规定的撤销权行使期限，该项权利已消灭，不再受法律保护。**此外，二审判决书关于案号等表述应为笔误，可由二审法院依法予以补正，但不构成本案应进入再审的法定情形。综上，香格里拉公司和台利公司的申请再审主张均不能成立，本院不予支持。

---

〔1〕　最高人民法院"（2018）最高法民申 2582 号"民事裁定书。

【案例 11-11】天津市仁通物流有限公司与中国铁路物资天津有限公司等买卖合同纠纷再审案[1]

本院经审查认为，本案争议的主要问题是：一、原审认定交付提货单后能否实际提取货物及货物风险转移到仁通公司是否属于认定事实和适用法律错误；二、诉讼时效期间已经超过的相关事实认定是否正确。

关于原审认定交付提货单后能否实际提取货物及货物风险转移到仁通公司是否属于认定事实和适用法律错误的问题。《钢材购销合同》约定，中铁公司的义务是交付提货单，出卖人交付提货单时，货物所有权转移并转移风险，由此可见，依据当事人的约定，提货单的交付视为货物交付。《中华人民共和国合同法》第一百三十五条规定："出卖人应当履行向买受人交付标的物或者交付提取标的物的单证，并转移标的物所有权的义务。"第一百五十七条规定："买受人收到标的物时应当在约定的检验期内检验。没有约定检验期间的，应当及时检验。"第一百五十八条规定："当事人约定检验期间的，买受人应当在检验期间内将标的物的数量或者质量不符合约定的情形通知出卖人。买受人怠于通知的，视为标的物的数量或者质量符合约定。当事人没有约定检验期间的，买受人应当在发现标的物的数量或者质量不符合约定的合理期间内通知出卖人。买受人在合理期间内未通知或者自标的物收到之日起两年内未通知出卖人的，视为标的物的数量或者质量符合约定，但对标的物有质量保证期的，适用质量保证期，不适用该两年的规定。出卖人知道或者应当知道提供的标的物不符合约定的，买受人不受前两款规定的通知时间的限制。"**《最高人民法院关于审理买卖合同纠纷案件适用法律问题的解释》第十七条第二款规定："合同法第一百五十八条第二款规定的'两年'是最长的合理期间。该期间为不变期间，不适用诉讼时效中止、中断或者延长的规定。"第二十条规定："合同法第一百五十八条规定的检验期间、合理期间、两年期间经过后，买受人主张标的物的数量或者质量不符合约定的，人民法院不予支持。"**根据上述规定，买受人对产品数量和质量应在法定或者约定的期间内检验和通知，怠于通知的，视为标的物数量或者质量符合约定。本案中，提货单交付之后，仁通公司并未在合理期间内对货物的数量及质量提出异议，现提出的异议不应得到支持。

---

〔1〕 最高人民法院"（2017）最高法民申 1740 号"民事裁定书。

关于诉讼时效期间已经超过的事实认定是否正确的问题。如前所述，**由于本案返还货款的请求权本身不能成立，因此并不涉及诉讼时效起算和计算问题。退一步讲，即使涉及时效问题，仁通公司提交的通信记录仅系通话时间，没有通话记录，因此无法证明通话内容；且仁通公司及其关联公司存在一定的人员交叉，均与中铁公司进行过合作，现有证据不足以排他地认定该通信记录必然为仁通公司与中铁物流间就本案的交涉，该通信记录不足以证明仁通公司的主张。**

第四节　期间计算

一、期日与期间

期日为某一日，期间开始计算之日、结束之日均为期日，期日也可能是期间中的某一日。

期间可以是法律规定的期间，也可能是当事人约定的期间，期间可能按期日计算，也可能按其他时间段计算，比如按小时计算。比如法律规定的诉讼时效期间和除斥期间一般会按日计算；当事人可能约定要约的有效期间，可能会按小时计算。

法律规定或当事人约定的期间，可能导致当事人的民事权利的得、丧、变更。

二、期间的计算

依据《民法总则》第 200 条，民法所称的期间按照公历年、月、日、小时计算。就期间的起算，《民法总则》第 201 条规定，按照年、月、日计算期间的，开始的当日不计入，自下一日开始计算；按照小时计算期间的，自法律规定或者当事人约定的时间开始计算。就期间截止的计算，《民法总则》第 202 条规定，按照年、月计算期间的，到期月的对应日为期间的最后一日；没有对应日的，月末日为期间的最后一日（比如闰二月的情形）。但就截止日为法定休假日的情形及截止时间，《民法总则》第 203 条规定，期间的最后一日是法定休假日的，以法定休假日结束的次日为期间的最后一日。期间的最后一日的截止时间为二十四时；有业务时间的，停止业务活动的时间为截止时间。

此外，《民法总则》第 204 条规定，"期间的计算方法依照本法的规定，但是法律另有规定或者当事人另有约定的除外。"该条体现了民法对意思自治的尊重，当事人通过法律行为确定的期间会得到尊重。但需注意的是，由于诉讼时效期间及除斥期间系强制性规定，其期间的计算方法，没有当事人另外约定的余地。

【案例11-12】宁波市奉化区春旺洗浴有限公司与王泽璐劳动争议上诉案[1]

本案的另一争议焦点是被上诉人关于未签订书面劳动合同的二倍工资的请求是否超过仲裁时效。被上诉人于2015年3月6日入职，其主张二倍工资的仲裁时效应自2016年3月6日起算，于2017年3月5日届满。根据法律规定，期间的最后一日是法定休假日的，以法定休假日结束的次日为期间的最后一日。仲裁时效应属期间的一种，而2017年3月5日为周日，因此被上诉人于2017年3月6日申请仲裁并未超过仲裁时效。

另外，就数字相关表述含义，民法所称的"以上""以下""以内""届满"，包括本数；所称的"不满""超过""以外"，不包括本数（《民法总则》第205条）。

思考题：

1. 什么是时效制度？其意义何在？

2. 简述消灭时效与取得时效的关系。你认为规定取得时效制度有必要吗？

3. 什么是诉讼时效？诉讼时效的规定是实体法的规定还是程序法的规定，为什么？

4. 我国诉讼时效的期间是怎么规定的？什么是权利的最长保护期限？

5. 诉讼时效完成有什么效果？什么是诉讼时效的中止和中断？

6. 诉讼时效的适用对象是什么？

7. 哪些请求权不适用诉讼时效？

8. 什么是除斥期间？除斥期间与诉讼时效有什么区别？

---

[1] 浙江省宁波市中级人民法院"（2017）浙02民终3743号"民事判决书。